登田龍彦先生近影（長女繭子撮影）

ことばを編む

ことばを編む

西岡宣明・福田　稔
松瀬憲司・長谷信夫
緒方隆文・橋本美喜男
［編］

開拓社

は　し　が　き

　登田龍彦先生は 2018 年 3 月末で，定年により熊本大学を退職されます．先生は名古屋大学大学院文学研究科博士課程前期課程で英語学を修められ，1979年 4 月に福岡大学人文学部にお勤めになられた後，1981 年 4 月に熊本大学教育学部へ赴任されました．それ以降，37 年間の長きにわたり，研究，教育に力を尽くされ，学内外で多大なご貢献をなされました．学会におかれては，長年にわたり，日本英語学会評議員，日本英文学会九州支部理事，評議員，編集委員をお務めになられました．学内では，国立大学教育学部の大改革が話題となる最中，教育学部副学部長を 3 年間，学部長，研究科長，評議員の諸要職を 6 年間務められ，教育学部，研究科ならびに熊本大学の運営に寄与なされました．また，その他にも教科用図書検定調査審議会調査員，教科科目第一委員会委員，長崎大学教育学部運営評価委員会委員長，熊本県教科用図書選定審議会会長，熊本県立教育センター協議会委員，琉球大学教育学部外部評価委員会委員などを務められ，学外でも様々な社会的貢献をなされました．

　登田先生は人とのつながり，ご縁を大事にされます．恩師や先輩，ご友人の話を時々なされ，特に恩師の荒木一雄先生，安藤貞雄先生，縄田鉄男先生とのご縁やお受けになった学問的影響のお話を伺ったことがありますが，まさに私たちは登田先生とのご縁と先生からいただいたご恩により，現在があることを痛感せずにはいられません．先生の豊かな学識と洞察に満ちたお話にいつも知的興奮と刺激を得るのですが，それだけではなく先生の温かい寛容なお人柄に魅了されてきました．先生は，教育とは知識だけを与えるものだけではないことを体現されてきました．また，ハーバード大学言語学科客員研究員として留学された際には，久野暲先生に師事され，研究成果を国際誌に発表されて，研究者として常に学ぶ姿勢の大切さを示されました．

　本書は登田先生とのご縁でつながった親交の深い同僚・友人，ならびに先生を慕う教え子によるご退職を記念した計 40 篇の論文を収めた論文集です．本書の刊行にあたり，大室剛志，上田功，斎藤弘子，越水雄二の諸先生方には特にご寄稿をお願いいたしました．きわめてご多忙の中，貴重な論文をお寄せい

v

ただき，心よりお礼申し上げます．

　本書は上記の4名の方々の論文に続き，大雑把に統語論・言語習得，音声学・音韻論・形態論，意味論・語用論・機能論・語法，方言学・文体論・文学，英語教育の分野に分け，著者名の五十音順に掲載しました．

　最後になりますが，この論文集を出版する企画を快く引き受けて下さった開拓社，特に編集の段階でひとかたならぬお世話になりました開拓社の川田賢氏に厚くお礼申し上げます．

　登田先生の長年にわたる研究と教育に感謝と敬意の念をこめて，本書を先生に捧げます．

2017年秋　編　者

登田龍彦先生略歴・著作目録

1952 年 8 月 22 日　鳥取県米子市に生まれる

学　歴

1965 年　3 月　鳥取県米子市立義方小学校卒業
1968 年　3 月　鳥取県米子市立第四中学校卒業
1971 年　3 月　鳥取県立米子東高等学校卒業
1971 年　4 月　島根大学教育学部中学校教員養成課程英語科入学
1975 年　3 月　島根大学教育学部中学校教員養成課程英語科卒業
1977 年　4 月　名古屋大学大学院文学研究科博士課程前期課程（英語学専攻）
　　　　　　　入学
1979 年　3 月　名古屋大学大学院文学研究科博士課程前期課程（英語学専攻）
　　　　　　　修了

職　歴

1979 年　4 月　福岡大学人文学部助手
1980 年 10 月　福岡大学人文学部講師
1981 年　4 月　熊本大学教育学部講師
1985 年　4 月　熊本大学教育学部助教授
2001 年　1 月　熊本大学教育学部教授
2001 年　3 月　ハーバード大学言語学科客員研究員（～ 2002 年 1 月）
2007 年 11 月　熊本大学教育学部副学部長（～ 2010 年 3 月）
2010 年　4 月　熊本大学教育学部長（～ 2016 年 3 月）
2010 年　4 月　熊本大学教育学研究科長（～ 2016 年 3 月）
2010 年　4 月　熊本大学教育研究評議会評議員（～ 2016 年 3 月）
2018 年　3 月　熊本大学定年退職

vii

viii

学会及び社会における活動等

教科用図書検定調査審議会調査員（1996 年 3 月〜1997 年 2 月）
教科科目第一委員会委員（2004 年 4 月〜2006 年 3 月）
日本英文学会九州支部編集委員（2007 年 1 月〜2018 年 3 月）
日本英語学会評議員（2007 年 4 月〜）
長崎大学教育学部運営評価委員会委員長（2013 年 3 月〜2014 年 3 月）
熊本県教科用図書選定審議会会長（2013 年 4 月〜2017 年 8 月）
熊本県立教育センター協議会委員（2014 年 7 月〜2016 年 3 月）
琉球大学教育学部外部評価委員会委員（2015 年 1 月〜2015 年 3 月）

著作目録

1979 年

"On the Derivation of the *There* Construction," 福岡大学人文論叢 第 11 巻, 465–495.

1980 年

「数量詞の作用域は表層構造で決定できるか」福岡大学人文論叢 第 12 巻, 35–62.

"Predicate Restriction," *Linguistics and Philology* 1, 101–109, Aratakeshuppan.

1981 年

「場所の副詞の倒置構文に関する覚え書」福岡大学人文論叢 第 12 巻, 1561–1568.

1982 年

「英語の受動文の統語変化をめぐって：格と語順」熊本大学教育学部紀要 人文科学, 第 31 号, 89–100.

"A Note on Verbal *There* Sentences in Chaucer," *Studies in Linguistic Change in Honour of Kazuo Araki*, ed. by Hirozo Nakano, Kenji Kondo and Hidetoshi Iida, 251–260, Kenkyusha.

1983 年

「外置要素からの摘出可能性」『NIDABA』12, 26–39, 西日本言語学会.

「他動詞型の There 構文：統語変化の過渡的現象」熊本大学教育学部紀要 人文科学, 第 32 号, 101–114.

1984 年

「主語・助動詞倒置に関する覚書き」熊本大学教育学部紀要　人文科学，第 33 号，149-159.

1986 年

"A Note on Auxiliary Contraction in English," *Linguistics and Philology* 6, 167-181, Eihousha.

「PRO の先行詞と Θ 役割に関する覚書」熊本大学教育学部紀要　人文科学，第 35 号，161-167.

『英語正誤辞典』荒木一雄（編），研究社（数量詞，補文選択，否定極性を持つ語（句），分担執筆）.

1988 年

「派生名詞形における PRO の存否について」熊本大学教育学部紀要　人文科学，第 37 号，221-230.

1989 年

「チョーサーに於ける There 構文についての覚書」熊本大学教育学部紀要　人文科学，第 38 号，173-183.

『話題源英語　上』井上雍雄（編），東京法令出版（態（受動態（1）be＋過去分詞），分担執筆）.

1990 年

"The Transitive *There* Construction and Parameters,"『ことばと文学と文化と』安藤貞雄博士退官記念論文集，澤田治美ほか（編），67-81，英潮社.

1991 年

「英語の存在文と Jackendoff の概念構造」『NIDABA』20, 48-57, 西日本言語学会.

「Have 存在文の成立条件について」『言葉の構造と歴史』荒木一雄博士古希記念論文集，中野弘三ほか（編），367-376, 英潮社.

「書評：『機能文法のすすめ』（M.A.K. ハリデー・R. ハッサン著　筧　壽雄（訳）(1991)，大修館書店)，『英語教育』12 月号，95-96.

1992 年

『チョムスキー理論辞典』原口庄輔・中村　捷（編），研究社（coanalysis, free morpheme, infixation, inheritance, no phrase constraint, possible vs. actual word, strong boundary condition, verbal compound, 分担執筆).

『現代英文法辞典』荒木一雄・安井　稔（編），三省堂（adjective numeral, cardinal (numeral), distributive numeral, iterative numeral, multiplicative, numeral, numerative, ordinal (numeral), subject-aux inversion, word-order, 分担執筆).

1993 年

"Periphrastic Existential Sentences and Secondary Predicate Licensing,"『言語学からの眺望』, 福岡言語研究会（編）, 89-102, 九州大学出版会.

「日英語に於ける「存在」の表現に就いて」熊本大学教育学部紀要　人文科学, 第42 号, 131-138.

1994 年

「Have got に就いて」『近代英語研究』10, 57-64, 近代英語協会.

1996 年

「反意接続詞の文法化について」『言語の深層を探ねて』中野弘三博士還暦記念論文集, 天野政千代ほか（編）, 507-518, 英潮社.

『現代英語正誤辞典』荒木一雄（編）, 研究社（外置構文, 限定詞, 譲歩節, 数量詞, 属格形, 代用表現, There 構文, 副詞的名詞句, 不変化詞, 名詞, 分担執筆）.

「書評：*From Etymology to Pragmatics: Metaphorical and Cultural Aspects of Semantic Structure* (Sweetser, Eve (1990), Cambridge University Press)『近代英語研究』12, 51-57, 近代英語協会.

1997 年

「時を表わす接続詞 since と when の意味変化と文法化」『英語のこころ』山中猛士先生退官記念論文集, 早瀬博範ほか（編）, 193-203, 英宝社.

1998 年

「完了表現の発達と主観化について」（橋本美喜男と共著）熊本大学教育学部紀要　人文科学, 第 47 号, 101-111.

1999 年

「英語聞き取り試験導入と熊本大学入学者の英語能力（2）」（高木信之・島谷浩・吉田道雄・A. ローゼン・松瀬憲司・鈴木蓮一・村里泰昭・新井英永・荘口博雄と共著）熊本大学教育学部紀要　人文科学, 第 48 号, 39-47.

『英語学用語辞典』荒木一雄（編）, 三省堂（address term, adverbial particle, conditional-concessive clause, converse relationship, discontinuous immediate constituent, focus topicalization, grammatical cohesive device, interrogative tag, ほか 79 項目, 分担執筆）.

2000 年

"A Note on Bare Existential Sentences," *Synchronic and Diachronic Studies on Language: A Festschrift for Dr. Hirozo Nakano* (*Linguistics and Philology*, 19), ed. by Masachiyo Amano et al., English Linguistics Department, Nagoya University, 191-201.

"On the Distribution of Expletive *There* in Perception Complements,"『英語教

育と英語研究』，山田政美教授退官記念号，第 17 号，93-98，島根大学.

「所有の HAVE 動詞の意味記述を巡って」『言語文化論叢』縄田鉄男教授退官記念論文集，登田龍彦ほか（編），159-169，縄田鉄男教授退官記念論文集刊行会.

2001 年

「Be 存在文の制約について」『英語英文学』第 44 号，47-57，熊本大学英文学会.

『ワードパル和英辞典』荒木一雄・天野政千代（編），小学館（おいこむ，おいしい，おいだす，かねる，かのう，けんこう，けんさ，げんざい，たにん，たね，て，てい，あん，とらえる，ふりむく，ふる，ほか 76 項目，分担執筆）.

「書評：*Foreign Language and Mother Tongue* (Kecskes, Istvan and Tünde Papp, (2000), Lawrence Erlbaum)『英語教育』5 月号，92.

2002 年

「「〜がする」構文と「〜にする」構文に関する覚え書」熊本大学教育学部紀要　人文科学，第 51 号，39-46.

2003 年

「日本語における存在文と所有文の主語と尊敬語化について」熊本大学教育学部紀要　人文科学，第 52 号，49-59.

2004 年

「挨拶表現「お疲れ（さま）」について：誤用における相互主観化」熊本大学教育学部紀要　人文科学，第 53 号，1-7.

2005 年

「文法化と中和：虚辞 There からの眺望」熊本大学教育学部紀要　人文科学，第 54 号，67-76.

『PCOLA　デジタル版英語科教育授業実践資料集　理論編　1』和田　稔（監修），ニチブン（状況・場面と言語表現と意味：Land と Ground は違うものか，分担執筆）.

2006 年

「日常の言語生活と英文法指導の面白さ」『英語熊本』第 40 号，25-35，熊本県高等学校教育研究会英語部会.

「I hugged him good-bye について：非言語的伝達動詞と二重目的語構文」『ことばの絆』藤原保明博士還暦記念論文集，卯城祐司ほか（編），175-188，開拓社.

「英語項省略と認知と構文文法：虚辞 There からの眺望」熊本大学教育学部紀要　人文科学，第 55 号，165-178.

2007 年

"*So*-Inversion Revisited," *Linguistic Inquiry* 38, 188-195, MIT Press.

"Argument Omission in English," *Exploring the Universe of Language: A Fest-*

schrift for Dr. Hirozo Nakano on the Occasion of His Seventieth Birthday, ed. by Masachiyo Amano et al., 405-418, Department of English Linguistics, Nagoya University.

「項と付加詞の出没——投射主義アプローチの検証——」IVY 40, 19-43, 名古屋大学英文学会.

「多義性と意味変化における構文の役割について」熊本大学教育学部紀要　人文科学, 第 56 号, 219-228.

2008 年

「動詞 hand, write, wave における与格交替——使役移動と使役所有——」熊本大学教育学部紀要　人文科学, 第 57 号, 49-57.

2009 年

"On the Role of Constructions in Semantic Change and Polysemy," *Ivy Never Sere: The Fiftieth Anniversary Publication of The Society of English Literature and Linguistics, Nagoya University*, ed. by Mutsumu Takikawa, Masae Kawatsu and Tomoyuki Tanaka, 493-506, Otowa-Shobo Tsurumi-Shoten.

「軽動詞 do と二重目的語構文について」熊本大学教育学部紀要　人文科学, 第 58 号, 89-98.

2010 年

"Implicature and Meaning Change," *Synchronic and Diachronic Approaches to the Study of Language: A Collection of Papers Dedicated to the Memory of Professor Masachiyo Amano*, ed, by Hirozo Nakano et al., 385-398, Eicho-sha Phoenix.

2014 年

「He waved a taxi to stop について：その文意と含意」熊本大学教育学部紀要, 第 63 号, 63-71.

2016 年

「言語教育におけることばへの気づき」『英語教育』第 46 号, 13-16, 熊本県中学校英語教育研究会.

「She made him a good wife について：統語構造と意味のミスマッチ」熊本大学教育学部紀要, 第 65 号, 55-64.

2017 年

「二重目的語構文における所有関係再考——形式と意味との対応関係——」熊本大学教育学部紀要, 第 66 号, 61-76.

目　　次

はしがき　　v

登田龍彦先生略歴・著作目録　　vii

I.　特別寄稿

同族目的語の修飾要素の義務性と付加詞規則

………………………………………………………………大室　剛志　　2

等位節省略再訪

………………………………………………………………上田　功　　17

A Longitudinal Study of L2 English Intonation
— Does Studying Abroad Make Any Difference? —

………………………………………………………………Hiroko Saito　　27

シャルル・ロラン（1661-1741）のフランス語教育論

………………………………………………………………越水　雄二　　38

II.　統語論・言語習得

V2 から残留 V2 へ

………………………………………………………………阿部　幸一　　52

韓国語母語話者日本語学習者及び中国語母語話者
　日本語学習者における統語的複合動詞の習得

………………………………一瀬陽子・團迫雅彦・木戸康人　　62

xiii

Minimality Effect in Early Child English Grammar
.... Yusaku Oteki　73

"*There*＋Modal＋Subj＋V" の構文について
.... 加藤　正治　82

Notes on *Tough*-Constructions:
　A *Third-Facto*r Approach
.... Norio Suzuki　90

日本語の否定の作用域とラベリング
.... 西岡　宣明　102

Upward Inheritance of Phasehood
.... Minoru Fukuda　113

III.　音声学・音韻論・形態論

日本語複合名詞のアクセントについて
.... 太田　聡　126

母音融合と同化
.... 小野　浩司　136

N-less-ness と N-less-ly の派生について
.... 高橋　勝忠　147

Plato's Problem and Recursiveness in English Word
　Stress Theory: The Case of *SPE*
.... Eiji Yamada　156

IV. 意味論・語用論・機能論・語法

It is just that 節構文に観察される発話休止と情報補完
……………………………………………………… 大竹　芳夫　170

同族目的語構文と副詞構文
　—コーパスに基づく分析—
……………………………………………………… 大橋　浩　179

二重目的語構文と意味のネットワーク
……………………………………………………… 緒方　隆文　189

疑似目的語結果構文と修辞性
……………………………………………………… 木原　美樹子　203

名詞の意味機能からみる所有構文の定性効果
……………………………………………………… 小深田　祐子　212

Everything 再び
……………………………………………………… 長谷　信夫　224

Be 動詞を含む英語の疑問文形成方法は特殊なのか
……………………………………………………… 濱崎　孔一廊　235

Distribution of Transitive/Intransitive Constructions
　in Japanese and English
……………………………………………………… Haruhiko Murao　246

The other day の語法
……………………………………………………… 八幡　成人　256

V. 方言学・文体論・文学

ベルトルト・フォン・レーゲンスブルクのドイツ語説教を読む
　　──第10説教『天使とキリスト教徒の10の合唱隊について』を例にして──
　　……………………………………………………………………… 荻野　蔵平　266

動詞の自他対応による方言の成立とその分布
　　──「かたる」と「のさる」をめぐって──
　　……………………………………………………………………… 堀畑　正臣　275

『ダーバヴィル家のテス──清純な女──』試論
　　──〈光〉と〈闇〉の織りなす世界──
　　……………………………………………………………………… 光永　武志　286

VI. 英語教育

ウィルソン第一読本独習書に関する研究
　　……………………………………………………………………… 馬本　勉　296

英語心内辞書変容のための自律的語彙学習
　　──事前・事後の語彙項目間類似度のペアワイズ比較──
　　………………………… 折田　充・村里　泰昭・小林　景・神本　忠光
　　　　　　　　　　　吉井　誠・Richard Lavin・相澤　一美　307

An Investigation into Person Misfit and Ability Measures:
　　A Focus on Performance on English Proficiency Tests
　　……………………… Hiroshi Shimatani, Ken Norizuki and Akihiro Ito　317

第二言語習得におけるダミー be 助動詞
　　……………………………………………………………………… 末永　広大　329

Application of Comprehensibility to
　　the IELTS Pronunciation Assessment
　　……………………………………………………………………… Yui Suzukida　338

英語教師のイントネーションに関する知識について
……………………………………………………………… 津江　親博　349

Reflecting to Learn from Experience:
　Issues of Teacher Cognition and Affect
　……………………………………………… Toshinobu Nagamine　358

航空英語リスニング試験に関する予備的分析
……………………………………………………………… 縄田　義直　369

英語の時制と相の指導に関する一考察
……………………………………………………………… 橋本　美喜男　380

中学生が意欲的にライティング活動に取り組む指導についての実践研究
　──スモールステップを踏んだ指導の試み──
……………………………………………………………… 原田　尚孝　389

学校英文法における「法」について
　──英語史的観点から──
……………………………………………………………… 松瀬　憲司　399

ライティング方略の言語間転移に関する事例研究
……………………………………………………………… 松永　志野　410

English as a Lingua Franca:
　A New Window to English Language Teaching
……………………………………………………… Takayuki Minami　420

執筆者一覧 ……………………………………………………………… 428

I. 特別寄稿

同族目的語の修飾要素の義務性と付加詞規則

大室　剛志

名古屋大学

1.　はじめに

　同族目的語構文における同族目的語は，一般に修飾要素が義務的であると言われている．したがって，下記（1a）は非文法的となるのに対し，下記（1b）は文法的である．

(1) a. *He smiled a smile.
   b. Miss Marple smiled a deprecating smile.　　　　（大室（1990: 74））

　大室（1990）で論じたように，この同族目的語の修飾要素の義務性自体は，既に諸家の指摘していることであるが，特に注目すべきは，この修飾要素の義務性が，通常の名詞句の内部構造と比較した時，きわめて特異な属性であるということである．通常の名詞句では，修飾要素は，言うまでもなく，随意的であるからである（大室（1990: 74）参照）．

　この同族目的語の修飾要素の義務性に関連して，Jespersen（1927: 234-235）は，（2）のように述べている．

(2) Many grammars give as examples sentences like "I dreamed a dream"; but (as I said in PG 138) I very much doubt the occurrence in natural speech of such combinations; *the object would be inane and add nothing in the verbal notion.*

　　　　　　　　　　（Jespersen（1927: 234-235; 斜字体は大室））

　つまり，Jespersen（1927）は，I dreamed a dream のように同族目的語の名詞に修飾要素が無いような文は，実際に生起することはなく，修飾要素が無いと，その同族目的語は，動詞で述べてしまっている概念に何も加えていないことになってしまうと考えている．この Jespersen の同族目的語の修飾要素の

2

義務性に関する見解は，修飾要素のない a dream のような同族目的語は，先行する動詞 dreamed がすでに示してしまっている情報に何らの情報を新たに加えるものではないので，不可となるという情報構造に基づいた見解と捉えることができる．この Jespersen（1927）の情報構造に基づいた同族目的語の修飾要素の義務性に関する説明にも一理あるとは考えられるが，本論文では，Jackendoff（1990）が，同族目的語構文とは全く関係の無い文脈において，意味と形の対応／意味と形のインターフェイスの一部として提出した3つの付加詞規則の一般的属性である非余剰性条件に同族目的語の修飾要素の義務性を帰着させることができると論じる．

　本論文の構成は，以下のようである．第2節で，Jackendoff（1990）が提案した意味と形の対応規則／意味と形のインターフェイスの規則の一部として提出した3つの付加詞規則について紹介する．第3節で，同族目的語の修飾要素の義務性を第2節で紹介した3つの付加詞規則が持つ一般的属性である非余剰性条件に帰着させる可能性について論じる．第4節は結論である．

2. Jackendoff（1990）の3つの付加詞規則

　Jackendoff（1990）は，同族目的語構文とは全く関係のない次のような文脈で3つの付加詞規則を提案している．

　Jackendoff（1990）は，統語的付加詞が，意味的には，動詞の意味を構成している意味関数の項に対応するという（意味では項だが，形では付加詞）意味と形のミスマッチが生じている現象を捉えるため，また同時に，動詞の語彙記載項を簡潔化するために，次の3つの付加詞規則を提案している．3つの付加詞規則とは，With-主題付加詞規則（*With*-Theme Adjunct Rule），Of-主題付加詞規則（*Of*-Theme Adjunct Rule），前置詞句付加詞規則（*PP*-Adjunct Rule）である．以下の下位節においてこの順でそれぞれの付加詞規則とその付加詞規則で記述される現象の一部について見ておくことにする．

2.1. With-主題付加詞規則

　Jackendoff（1990: 166）が提案している With-主題付加詞規則は，（3）である．

（3）　With-*Theme Adjunct Rule*（version 3）
　　　If V corresponds to [… BE（[X], …）…], with [X] unindexed, and

NP corresponds to [Y], then [$_S$ … [$_{VP}$ V … [$_{PP}$ with NP] …] …] may correspond to [… BE ($\begin{bmatrix}X\\Y\end{bmatrix}$, …) …], where $\begin{bmatrix}X\\Y\end{bmatrix}$ is the fusion of [X] and [Y] and is distinct from [X].　　　　　(Jackendoff (1990: 166))

(3) を一応日本語に直しておくと (4) になる.

(4)　With-主題付加詞規則 (3 版)
　　もし, V が [… BE ([X], …) …] に対応しており, ここで [X] に指標が付与されていない時, そして NP が次の [Y] に対応している時, [$_S$ … [$_{VP}$ V … [$_{PP}$ with NP] …] …] は, [… BE ($\begin{bmatrix}X\\Y\end{bmatrix}$, …) …] に対応してもよい. ここで, $\begin{bmatrix}X\\Y\end{bmatrix}$ は, [X] と [Y] の融合であって, $\begin{bmatrix}X\\Y\end{bmatrix}$ は [X] とは, 区別のきくものでなければならない.
　　　　　　　　　　　　　　　　　　　　　　(Jackendoff (1990: 166))

　(4) で注目すべきは, 最後の箇所で述べられている条件の部分である. すなわち, $\begin{bmatrix}X\\Y\end{bmatrix}$ は, [X] と [Y] の融合であって, $\begin{bmatrix}X\\Y\end{bmatrix}$ は [X] とは, 区別のきくものでなければならない, という条件の部分である. この条件について, とりわけ, $\begin{bmatrix}X\\Y\end{bmatrix}$ は [X] とは, 区別のきくものでなければならない, つまり, $\begin{bmatrix}X\\Y\end{bmatrix}$ は [X] とは完全に余剰的であってはならない, という条件について, Jackendoff (1990: 166) は, (5) の見解を示している.

(5)　Tentatively, then, I will make the nonredundancy condition part of the adjunct rule; it will turn out to be a general characteristic of all the adjunct rules we develop.　　　　(Jackendoff (1990: 166))

　$\begin{bmatrix}X\\Y\end{bmatrix}$ は [X] とは, 区別のきくものでなければならない, つまり, $\begin{bmatrix}X\\Y\end{bmatrix}$ は [X] とは完全に余剰的であってはならない, という条件は, 暫定的ではあるが, (4) の With-主題付加詞規則の一部と考え, 実際にやってみると, これから提案する全ての付加詞規則の一般的な特徴なのである, という見解を示している. 実際, Jackendoff (1990) は, この非余剰性条件を (4) の With-主題付加

詞規則だけにではなく，これから見る Of-主題付加詞規則と前置詞句付加詞規則にも条件として書き込んでいるのである．

With-主題付加詞規則によって記述される現象の一部（もちろん，ここで見る以外の現象についてもこの規則は記述している）について見ておくことにする．

With-主題付加詞規則は，英語における名詞からゼロ派生された次のような動詞の振る舞いを記述する．英語には，butter（バターをぬる），powder（粉をふりかける），water（水をまく），ice（表面を凍らせる），frost（表面を霜状におおう）といった名詞から派生された一連の動詞が存在する．これらの動詞は，動詞の概念構造を書いた時，元の名詞が，その動詞の意味を表す述語に組み込まれた主題項に出て来るという性質を持つ．例えば，butter の語彙記載項は，(6) のようになる．

(6)　butter
　　　[$_v$ N]
　　　＿＿NP$_j$
　　　[CAUSE ([　　]$_i$, [INCH [BE ([BUTTER], [ON$_d$ [　　]$_j$])])])]
　　　　　　　　　　　　　　　　　　　　　　(Jackendoff (1990: 164))

(6) の動詞 butter の語彙記載項が述べていることは，概略以下のようである．動詞 butter は butter という音韻構造を持ち，それは名詞（N(oun)）からゼロ派性された動詞（V）であり，butter という動詞の後に目的語として NP$_j$ を取るという統語構造を持ち，主語$_i$ が BUTTER が目的語名詞 NP$_j$ の上 (ON) 全体に広がって (d(istributive)) ある (BE) ような状態になる (INCH) ようにする (CAUSE) という語彙概念構造を持つ，ということである．ここで，butter という動詞はその動詞句内に with 句という形の上での付加詞を取ることができるが，その情報は (4) の一般的な With-主題付加詞規則によって与えられるので，語彙記載項の簡潔化の観点から，(6) の語彙記載項には書かれていない．ここで，BUTTER には連結指標が付与されておらず，連結指標$_i$ により，動作主が主語として具現化し，ON$_d$ の項が目的語として具現化するわけだから（そのことは $_j$ によって示されている），その他の残りのものが butter の意味ということになり，その中には CAUSE (INCH (BE...ON$_d$) などの意味が組み込まれていることになる．注意すべきは，少し上で述べたように，(6) の語彙概念構造における BE 関数の第一項，つまり主題項である BUTTER と同類のもの（非余剰的なもの）が with 句として出て来る（意味で

6 I. 特別寄稿

は，BE 関数の（主題）項であるが，形の上では with 句という付加詞という意味と形のミスマッチが生じている点にも注意）ことが（7）のように出来るという点である．

(7)　We buttered the bread with cheap margarine/with soft, creamy un-salted butter.　　　　　　　　　　　　　　　　　(Jackendoff (1990: 164))

(7) での with 句，with cheap margarine と with soft, creamy unsalted butter は，少なくとも道具の（with 句）ではなくて，動詞の意味に組み込まれている BE 関数の主題項に相当するものと考えられる．では，どのようにして，この with 句の解釈が動詞の解釈に組み込まれることになるのか，というと，上でも少し述べたが，それを行うのがまさに（4）の With-主題付加詞規則である．

(7) で with 句は VP 内に生成されていて，（6）の語彙概念構造の主題項には連結指標が付与されていないので，（7）は（4）の付加詞規則の構造記述（structure description）を満足し，（4）がかかり，例えば cheap margarine が BUTTER に融合（fuse）することになる（$\begin{bmatrix} X \\ Y \end{bmatrix}$ は [X] と [Y] の融合（fusion）である（(4) 参照））．すなわち，with 句は形では付加詞であるが，意味の方では，BE 関数の第一項である主題項として振る舞うことになる．ただし，その主題項は，主要語の V が決定し，項融合によってその解釈が得られるという通常の主題項とは異なり，With-主題付加詞規則という（4）の対応規則によってその解釈が得られる主題項であるということになる．

さて，名詞から派生された動詞 butter を含んだ文に with 句を加えた時の 1 つの効果というのは，それまで連結指標の付いていない主題項を付加詞規則の（4）により with 句の NP と対応付けするため，その主題項の中に書き込まれている意味情報 BUTTER が with 句にかかる選択制限として機能することになる点である．

BUTTER が with 句にかかる選択制限の機能を果たしていることを明らかにするために，下記（8）を考えてみる．（8a）は，pineapple juice であり，BUTTER のようなものではないので，（8a）は意味的逸脱性が生じる．

(8)　a. #We buttered the bread with pineapple juice.

(Jackendoff (1990: 165))

また，下記（8b）では，that stuff は butter のようなものとして解釈される

ことになる.

(8) b. We buttered the bread with [that stuff you bought yesterday].

(Jackendoff (1990: 165))

今述べたことは，(4) により，BUTTER という選択制限に with 句の NP が融合されるという融合という操作から出て来る当然の帰結ということになる．さらに，(9) を考えてみる．

(9) a. ?We buttered the bread with butter.
    b. ?We buttered the bread with something.

(Jackendoff (1990: 165))

(9) では，バターに類したもの (nonredundant) を塗ると言っておいて butter を塗るとか，なにかを塗るというのは，選択制限の BUTTER から見て，余剰的であるから，奇妙に響くことになる．つまり，with 句は，ただのバターではなく，非余剰的な情報を加えている時だけ適格となる．まさに，この点を (4) の非余剰性条件（$\begin{bmatrix} X \\ Y \end{bmatrix}$ は [X] とは，区別のきくものでなければならない）が記述していることなる．そして，この非余剰性条件は，(5) で述べられているように，(4) の With-主題付加詞規則だけではなくて，すべての付加詞規則の一般的な特徴なのである．

2.2. Of-主題付加詞規則

Jackendoff (1990: 168) が提案している Of-主題付加詞規則は，(10) である．

(10) Of-*Theme Adjunct Rule*
      If V corresponds to [... NOT BE ([X], ...) ...], with [X] unindexed, and NP corresponds to [Y], then [$_s$ ... [$_{VP}$ V... [$_{PP}$ of NP] ...] ...] may correspond to [... NOT BE ($\begin{bmatrix} X \\ Y \end{bmatrix}$, ...) ...], where $\begin{bmatrix} X \\ Y \end{bmatrix}$ is distinct from [X].

(Jackendoff (1990: 168))

(10) を一応日本語に直しておくと (11) になる．

(11) Of-主題付加詞規則
      もし，V が [... NOT BE ([X], ...) ...] に対応しており，ここで [X]

8 I. 特別寄稿

に指標が付与されていない時，そして NP が次の [Y] に対応している

時，$[_S ... [_{VP} V ... [_{PP}$ of NP] ...] ...] は，$[... NOT BE (\begin{bmatrix} X \\ Y \end{bmatrix}, ...) ...]$

に対応してもよい．ここで，$\begin{bmatrix} X \\ Y \end{bmatrix}$ と [X] は，互いに区別のきくもので

なければならない． (Jackendoff (1990: 168))

Of-主題付加詞規則によって記述される現象としては，動詞 empty の振る舞いがある．下記 (12) に見るように，動詞 empty の場合，with 付加詞ではなくて，かわりに of 付加詞であれば，主題を示すことが出来る．

(12) a. Bill emptied the tank (*with water). (with 句があると不可)
 b. Bill emptied the tank of water. (Jackendoff (1990: 166))

(12b) の使役版の empty は，(13) の語彙記載項を持つものと考えられる．

(13) empty
 V
 ____NP$_j$
 [CAUSE ([ ]$_i$, [INCH [NOT BE ([ ], [IN$_d$ [ ]$_j$])]])]

(Jackendoff (1990: 168))

(13) の語彙記載項に含まれる語彙概念構造は，NP$_j$ に満たされて有った物を無い状態になるようにする (empty の使役版の意味) という意味である．(12b) で of 句は VP 内に生成されていて，(13) の語彙概念構造の主題項には連結指標が付与されていないので，(12b) は (11) の付加詞規則の構造記述 (structure description) を満足し，(11) がかかり，NP$_j$ である tank の中をいっぱいに満たしていた water がなくなることになる．すなわち，of 句は形では付加詞であるが，意味のほうでは，BE 関数の第一項である主題項として振る舞うことになる．ただし，その主題項は，主要語の V が決定し，項融合によってその解釈が得られるという通常の主題項とは異なり，Of-主題付加詞規則という (11) の対応規則によってその解釈が得られる主題項であるということになる．ここで注意していただきたいことは，empty の場合，特に必要があるのか不明なのであるが，(5) に述べた趣旨から，Jackendoff (1990) が，

Of-主題付加詞規則という (11) の付加詞規則の場合にも問題の $\begin{bmatrix} X \\ Y \end{bmatrix}$ と [X]

同族目的語の修飾要素の義務性と付加詞規則　　　　9

は，互いに区別のきくものでなければならないという非余剰性条件を書き込ん
でいるという点である．

2.3.　前置詞句付加詞規則

Jackendoff (1990: 170) が提案している前置詞句付加詞規則は，(14) であ
る．

(14)　*PP-Adjunct Rule*
If V corresponds to [... GO/BE (..., [X]) ...], with [X] unindexed,
and PP corresponds to [Y], then [$_s$ ... [$_{VP}$ V ... PP ...] ...] may co-
rrespond to [... GO/BE (..., $\begin{bmatrix} X \\ Y \end{bmatrix}$) ...], where $\begin{bmatrix} X \\ Y \end{bmatrix}$ is distinct from
[X].　　　　　　　　　　　　　　　　　　　　　　　(Jackendoff (1990: 170))

(14) を一応日本語に直しておくと (15) になる．

(15)　前置詞句付加詞規則
もし，V が [... GO/BE (..., [X]) ...] に対応しており，ここで [X]
に指標が付与されていない時，そして PP が次の [Y] に対応している
時，[$_s$ ... [$_{VP}$ V ... PP ...] ...] は，[... GO/BE (..., $\begin{bmatrix} X \\ Y \end{bmatrix}$) ...] に対応
してもよい．ここで，$\begin{bmatrix} X \\ Y \end{bmatrix}$ と [X] とは，互いに区別のきくものでなけ
ればならない．　　　　　　　　　　　　　　　　　(Jackendoff (1990: 170))

前置詞句付加詞規則によって記述される現象について見ておくことにする．
前置詞付加詞規則もまた，英語における名詞からゼロ派生された (16) のよう
な動詞の振る舞いを記述する．英語には，bottle（ボトルに詰める），pocket
（ポケットに突っ込む），package（包装する），といった名詞から派生された一
連の動詞が存在する．

(16)　a.　Fred bottled the wine.
　　　b.　Herb deftly pocketed the money.
　　　c.　We finally packaged the potato chips.

(Jackendoff (1990: 170))

2.1 節で見た名詞由来の動詞はその動詞で示されたものが，主題として，そ

の動詞の概念構造に組み込まれていたが，ここでの名詞由来の動詞，bottle,
pocket, package は，それが主題ではなくて，着点として動詞の概念構造に組
み込まれる．というのも，例えば，bottle は，大雑把に言えば，put the wine
into bottles であることから分かる．よって，動詞 bottle の語彙概念構造は，
それを GO 関数を使った動詞と考えるならば（17a），INCH BE 関数を使った
動詞と考えるならば（17b）となる（なお，GO 関数と INCH BE 関数との関
係について詳しくは，Jackendoff (1996) を参照）．

(17) bottle
　　　[$_V$ N]
　　　___NP$_j$
　　a.　[CAUSE ([　]$_i$, [GO ([　]$_j$, [TO [IN [BOTTLE<S>]]])])]
　　b.　[CAUSE ([　]$_i$, [INCH [BE ([　]$_j$, [IN [BOTTLE<S>]])]])]
　　　　　　　　　　　　　　　　　　　　　　　　　(Jackendoff (1990: 170))

　これらの動詞は，主題ではなく着点を動詞の概念構造に組み込んでいる点
で，2.1 節の名詞由来の動詞とは異なるが，主題の最終的位置に関するより詳
細な情報を示す PP 句をとることが出来る点では，2.1 節の名詞由来の動詞と
似ている．(18) はそのことを示している．

(18) a.　Fred bottled the wine in tall green bottles/*in bottles.
　　b.　Herb deftly pocketed the money in his left pocket/*in his pocket.
　　c.　We finally packaged the potato chips in air-cushioned packets/*in
　　　　packages.　　　　　　　　　　　　　　　　　　(Jackendoff (1990: 170))

　(18) に示された文法性の対比をまさに記述しているのが，ここで問題にし
てきた，$\begin{bmatrix} X \\ Y \end{bmatrix}$ と [X] とは，互いに区別のきくものでなければならないという
非余剰性条件である．

　(15) の前置詞句付加詞規則は，例えば，(18a) の in tall green bottles とい
う PP に適用され，概念構造で指標が付いていない暗黙項の [IN [BOTTLE
<S>]] に，その解釈を融合することになる．しかし，in bottles であった時に
は，暗黙項の [IN [BOTTLE<S>]] と区別がきく (distinct) とは言えないので，
対応規則が適用されず，解釈が得られず，in bottles の時は非文法的となる．

　以上，本節では，3 つの付加詞規則，With-主題付加詞規則，Of-主題付加詞
規則，前置詞句付加詞規則とそれぞれの付加詞規則で記述される現象の一部に

ついて見て来た．3つの付加詞規則に共通して言えることは，(5) に示された見解にのっとり，$\begin{bmatrix} X \\ Y \end{bmatrix}$ と [X] とは，互いに区別のきくものでなければならないという非余剰性条件が設けられていることである．この条件により，(7) と (9) の間に見られる文法性の対比と (18) に示された文法性の対比が捉えられている．次節では，(1) の文法性の対比が3つの付加詞規則に設けられたこの非余剰性条件に帰着させることができないか，その可能性について論じることにする．

3.　同族目的語の修飾要素の義務性と非余剰性条件

　本節では，同族目的語の修飾要素の義務性を第2節で見た3つの付加詞規則に設けられた非余剰性条件に帰着させることができないか，その可能性について論じる．

　(1) の文法性の対比を3つの付加詞規則の共通の属性である非余剰性条件に帰着させるには，次のことが主張できなければならない．同族目的語構文を扱う意味と形の対応規則／意味と形のインターフェイス規則が With-主題付加詞規則，Of-主題付加詞規則，前置詞句付加詞規則のいずれかの1つの付加詞規則として述べることができるか，あるいは，いずれかの1つと近似した付加詞規則として述べることができなければならない．また，その事を支持する経験的な証拠を提出できなければならない．以上が可能であれば，(1) の文法性の対比，すなわち同族目的語の修飾要素の義務性は，(5) に述べられた見解の帰結として，付加詞規則が一般的に有する属性である非余剰性条件に帰着させることができる．

　以下，同族目的語構文を扱う意味と形の対応規則／意味と形のインターフェイス規則が With-主題付加詞規則と近似した付加詞規則として述べることが可能であること，そしてそのことを支持する経験的証拠を提出することにする．

　Levin and Rapoport (1988) は，同族目的語構文と極めて類似した動作表現構文で用いられた smile の意味について，語彙的従属化 (lexical subordination) という操作を設けたうえで，(19b) のように述べている．

(19) a.　Pauline smiled.

　　　　smile$_1$: [x do 'smile']

　　b.　Pauline smiled her thanks.

smile$_2$: [x EXPRESS y BY [x DO 'smile']]

Jespersen（1927: 234）も動作表現構文の動詞の意味は，'to express by -ing' と述べている．同族目的語構文で用いられた smile の意味もその近似構文である動作表現構文で用いられた smile と同様の意味であると考えるならば，(19b) に示したように，元の自動詞 smile の意味は，抽象的な主動詞 EXPRESS に語彙的に従属化している格好になる．このことから，smile することによって EXPRESS される smile が，どのような smile であったのかを，目的語の位置に顕在化させたものが同族目的語構文であると言える．

ここで，EXPRESS の意味を GIVE INFROMATION/A FEELING と考え，同族目的語構文では，表面上は少なくとも目的語があるので，CAUSE 関数を動詞の意味の一部に設定すれば，同族目的語構文で用いられた smile の語彙記載項は交換動詞 give と非常に似た語彙概念構造を持った (20) として述べることができる．

(20)　smile
　　　[$_V$ N]

$$\left[\begin{array}{l} \text{CAUSE ([\quad]}_i^\alpha, \text{[GO ([SMILE], [FROM [} \alpha \text{] TO [\qquad]])])} \\ \qquad\qquad\qquad\text{[BY ([SMILE ([} \alpha \text{])])]} \end{array} \right]$$

(20) において注意せねばならないのは，統語情報＿＿である．つまり，同族目的語の意味と形の対応は，動詞句の主要部である動詞 smile が認可するのではなくて，下記 (21) に示す (WITH)-同族目的語名詞句主題付加詞規則によって認可されることになる．

(21)　(With)-同族目的語主題付加詞規則

　　　もし，V が [... GO ([X], ...) ...] に対応しており，ここで [X] に指標が付与されていない時，そして NP が次の [Y] に対応している時，[$_S$ ... [$_{VP}$ V ... [$_{PP}$ (with) NP] ...] ...] は，[... GO ($\begin{bmatrix} X \\ Y \end{bmatrix}$, ...) ...] に対応してもよい．ここで，$\begin{bmatrix} X \\ Y \end{bmatrix}$ は，[X] と [Y] の融合であって，$\begin{bmatrix} X \\ Y \end{bmatrix}$ は [X] とは，区別のきくものでなければならない．

ここで注目すべきは，(6) の buttter の語彙記載項と (20) の smile の語彙

同族目的語の修飾要素の義務性と付加詞規則　　　13

記載項が類似している点である．(6) の butter も (20) の smile も同じく元の
名詞からゼロ派性により導かれた動詞 [v N] である．(6) の butter の with 句
は語彙記載項には書き込まれないのと同様に，(20) の (with) 同族目的語も
語彙記載項には書き込まれていない．両者は，すぐ後で検討するように，互い
に酷似した付加詞規則により，認可される．(6) の BUTTER が BE 関数の第
1 項である主題 (theme) として機能しているのと同様に，(20) の SMILE も
GO 関数の第 1 項である主題 (theme) として機能している．

　更に注目すべきは，(4) の With-主題付加詞規則と (21) の (With)-同族目
的語主題付加詞規則が酷似していることである．両者の違いは，統語構造の
[PP with NP] に with の随意性を示す ( ) が後者には付けられている点と前
者は BE 関数が用いられているのに対し，後者では GO 関数が用いられてい
る点だけである．それ以外では，(4) と (21) は全く同一である．このことは，
同族目的語構文の同族目的語は，2.1 節で見た「butter 構文の with 句」とほぼ
同一の付加詞規則によって，意味と形の対応付けがなされ，更に意味解釈され
るということを意味する．

　次に，同族目的語構文を扱う意味と形の対応規則／意味と形のインターフェ
イス規則が With-主題付加詞規則と酷似した付加詞規則として述べることが可
能であることを支持する経験的証拠を提出することにする．

　「butter 構文の with 句」が統語的には付加詞であるのに，意味的には動詞
butter を記述する意味関数の項であったのと同様に，同族目的語は統語的に付
加詞であるのに，意味的には動詞 smile を記述する意味関数の項であること
が示されねばならない．同族目的語が意味的には，動詞 smile を記述する意
味関数の項であることは，上で EXPRESS を GIVE INFROMATION/A
FEELING と考え，SMILE を GO 関数の第 1 項として記述したことで，既に
示されている．では，同族目的語を統語的に付加詞，しかも with が随意的で
ある付加詞であることを示す証拠はあるのか．あると考えられる．

　第 1 に，同族目的語を wh で疑問化する時は，what ではなくて how を用
いる．一般的に付加詞を疑問化する時は what ではなくて，how などが用い
られる（岩倉（1976）等参照）．

(22) a. *What did Miss Marple smile?
　　 b.　How did Miss Marple smile?

　第 2 に，(22b) の疑問文に対して，同族目的語構文を用いて答えることも
可能であるし，同族目的語単独でも，さらには前置詞 with を伴った同族目的

14 I. 特別寄稿

語でも答えることが可能である（安井（1982）参照）．

(23) A: How did Miss Marple smile?
　　 B: a. She smiled a deprecating smile
　　　　 b. A deprecating smile.
　　　　 c. With a deprecating smile.

　第3に，実際に前置詞 with の後に同族目的語が生じた例が複数存在する．
以下の例はインターネットからの例であるが，英語母語話者による例と考えら
れる．

(24) a. In honor of the fact that school begins again for many this week,
Op-Ed columnist Charles Blow writes an ode to teachers, and
talks about Mrs. Thomas, "the firecracker of a teacher who first
saw me and **smiled with the smile** that warmed me on the in-
side."
(https://learning.blogs.nytimes.com/2011/09/06/what-teacher
-would-you-like-to-thank/comment-page-2/?_r=0)
　 b. She **smiled with a smile** that seemed to hurt her face, cracking it
open with old lines that broke up the dry flesh around her mouth
and cheeks ...　　　　　　（https://en.wikiquote.org/wiki/John_Fante）
　 c. Catching Ria who had jumped at her as though to cling on to her,
Ilya **smiled with a smile** that filled her entire face.
（https://zirusmusings.com/gcr2-ch1-pt2/）
　 d. Rem **smiled with a smile** of an affectionate mother at　Subaru,
who seemed to be throwing a tantrum as if he was a cry baby.
（http://aminoapps.com/page/re-zero-community/4393029/web-nov-
el-scene-removed-from-episode-21）

　第4に，前置詞 with の後に that を決定詞の位置にとる同族目的語が生じた
例が存在する．「この」という直示的（deictic）な用法の this を決定詞の位置
にとる同族目的語は，The British National Corpus（BNC）には皆無である．
これとは対照的に，感情的色彩を込めて用いる「例のあの」「あのような」と
いった意味を表す指示形容詞としての that を決定詞の位置にとる同族目的語
は，(25) を含めて複数存在する（大室（2013: 4–5）参照）．

(25) a.　He smiled that charming, sardonic smile.　　　(APW 2954 n/a)

　　 b.　He paused and smiled that quick, bright smile of his.

(H97 2345 n/a)

この that が用いられた同族目的語に対応する with を伴った同族目的語まで
も存在する.

(26)　She **smiled with that smile** and introduced herself as well.

(http://kaitandko.com/how-we-met/)

最後に,「butter 構文の with 句」の (7) の with cheap margarine にほぼ対
応すると考えられるいわゆる特定的な同族目的語までも存在する事を指摘して
おく (Horita (1996: 241), 大室 (1990: 76), 大室 (2000), 高見・久野
(2002: 144-148) 参照).

(27) a.　He slept a fitful slumber.　　　　　　　　(Horita (1996: 241))

　　 b.　Van Aldin laughed a quiet little cackle of amusement.

(大室 (1990: 76))

以上, 本節では, 同族目的語の修飾要素の義務性を第 2 節で見た 3 つの付
加詞規則に設けられた非余剰性条件に帰着させることができる可能性があると
論じた.

4.　結論

第 1 節で述べたように, 同族目的語の修飾要素の義務性に関しては, Jes-
persen (1927) の情報構造に基づいた説明にも一理あるとは考えられるが, 本
論文では, Jackendoff (1990) が, 同族目的語構文とは全く関係の無い文脈に
おいて, 意味と形の対応/意味と形のインターフェイスの一部として提出した
3 つの付加詞規則の一般的属性である非余剰性条件に同族目的語の修飾要素の
義務性を帰着させることができる可能性があると論じた. Jackendoff (1990)
の意味と形の対応規則/意味と形のインターフェイス規則である付加詞規則
は, 形と意味の対応を司ると同時に付加詞に適切な意味解釈を与えてもいる.
その意味で, Jackendoff (1972) で提案された意味解釈規則とも重複する性質
を持っている. そのことを考えると本論文は, Jespersen (1927) の情報構造
に基づく説明よりは, 微妙ではあるが, より純粋な意味解釈のメカニズムに基

づいた説明を，同族目的語の修飾要素の義務性に関して与えたことになる．

参考文献

Horita, Yuko (1996) "English Cognate Object Constructions and Their Transitivity," *English Linguistics* 13, 221–247.

岩倉国浩 (1976)「同族目的語と様態の副詞と否定」『英語教育』第 25 巻 3 号，60–63.

Jackendoff, Ray S. (1972) *Semantic Interpretation in Generative Grammar*, MIT Press, Cambridge, MA.

Jackendoff, Ray S. (1990) *Semantic Structures*, MIT Press, Cambridge, MA.

Jackendoff, Ray S. (1996) "The Proper Treatment of Measuring Out, Telicity, and Perhaps Even Qantification in English," *Natural Language and Linguistic Theory* 14, 305–354.

Jespersen, Otto (1927) *Modern English Grammar III*, Allen and Unwin, London.

Levin, Beth and Tova. R. Rapoport (1988) "Lexical Subordination," *CLS* 24, 257–289.

大室剛志 (1990)「同族'目的語'構文の特異性 (1)」『英語教育』第 39 巻第 9 号，74–76.

大室剛志 (2000)「特定的な同族目的語について」『英語教育』第 49 巻第 6 号，29–31.

大室剛志 (2013)「同族目的語の決定詞について」『言語におけるミスマッチ』，1–10, 東北大学大学院情報学研究科.

高見健一・久野暲 (2002)『日英語の自動詞構文』研究社，東京.

安井泉 (1982)「同族目的語の機能について」『言語情報』，79–92, 筑波大学.

等位節省略再訪[*]

上田　功

大阪大学

1.　はじめに

　すべての言語には，等位節構造が存在する．またほとんどの言語には，等位節構造に関して，何らかの省略が見られる．このような省略文と対応する非省略文との関係や，省略が言語類型的にどのような規則性に支配されるかは非常に興味深い問題であり，これまで様々な理論的枠組みで，多くの研究がなされてきた．（例えば Goodall（1987），Munn（1993），Citko（2011）等．比較的古い研究は，上田（1993）の文献リストを参照されたい．）

　また，このような言語類型的な傾向が，個別言語でどのような形で現れるかに対しても関心が寄せられ，Greenbaum and Meyer（1982）と上田（1984）は英語において，上田（1993）は日本語において，それぞれ類型的な傾向が，概ね容認度や頻度の差となって現れることを，非省略文をも含めて検証している．具体的には，類型的により広く見られる構造は，個別言語においては，より高い容認度を示すという示唆がなされている．筆者は，類型的傾向が「好まれ」の度合いとして個別言語に反映されるという仮説は，現在に至るまで妥当であると考えている．しかしながら，これは経験的問題であり，細部に渡って検証が必要である．

　さて本稿では，上記の先行研究から時間が経過したこともあり，日本語の省略文に関して，非省略文も含めて，特に容認度に対して，幾つかの新しい追加的な考察を行う．ただし，最適性理論に基づく理論面の再考察は，上田（準備中）に委ね，容認度を左右する要因について，やや覚え書風に論じていくこと

---

　[*]　本稿の執筆にあたって，大森文子，越智正男，早瀬尚子，宮本陽一，由本陽子，以上の同僚の方々からは貴重なご意見をいただいた．また近藤真，野田尚史両先生からも例文等に関してご意見を頂戴した．記して感謝いたします．

18   I. 特別寄稿

にする．なお，本論で扱う等位節とは，日本語では基本的にゼロ形態あるいは
「そして」，英語では "and" に相当するもので，単純に前項と後項をつなぐ働
きをするものである．

2.   等位節省略類型化のモデル

　先行研究である Greenbaum and Meyer（1982）は英語において，上田
（1993）は日本語において等位節省略を議論しているが，共に依拠した類型的
傾向を記述するモデルは，Sanders（1977）が提案したものである．このモデ
ルは，統語カテゴリーや階層構造に依らず，純粋に文中の位置によって，省略
が記述される．具体的には，次の A から F によって表される 6 カ所の省略位
置が仮定されている．

(1) A B C & **D** E F
　　 A B C & D **E** F
　　 A B C̶ & D E **F**
　　 A B C & D̶ E F
　　 A **B** C & D E F
　　 A B **C** & D E F

上記の A のような横線付き文字は，省略される要素を，ボールド体 **D** は被省
略要素に対応する先行要素（もしくは後行要素）の位置を表す．各言語で省略
可能な位置が 6 タイプのいずれか 1 つ，もしくはそれらの組み合わせで複数
あるとすると，省略可能な位置の論理的な合計は，ゼロ個を含めて 64 通りあ
ることになる．Sanders（1977）によると，この中で，6 種類の組み合わせの
みが存在し，故に諸言語の省略は，次の 6 種類に類型化できるという．

(2)   省略の類型化

	許される位置	許されない位置
中国語タイプ	D, C	A, B, E, F
英語／日本語タイプ	D, C, E	A, B, F
ケチュア語タイプ	D, E, F	A, B, C
ロシア語タイプ	D, C, E, F	A, B
ヒンディー／サポテク語タイプ	D, C, E, F, B	A
トホラバル語タイプ	D, C, E, F, B, A	なし

（2）から，省略には受けやすい位置と受けにくい位置があることがわかる．例えば，D 位置はすべてのタイプの言語で可能で，反対に A 位置はトホラバル語タイプにしか許されていない．そして（2）からは，省略を支配する含意法則が導かれる．

(3)　省略位置に関する含意法則
　　a.　もし E に省略が許されなければ，F でも許されない．
　　b.　もし C もしくは F に許されなければ，B でも許されない．
　　c.　もし B に許されなければ，A でも許されない．
　　d.　D はすべてのタイプで許される．

（3）より，位置による省略の受けやすさは，次のような順序になる．

(4)　含意法則から導かれる位置による省略の傾向
　　D >> E >> C, F >> B >> A

位置による差が生ずる原因として，Sanders（1977）は 2 つの心理学的な要因を挙げている．1 つ目は「連続位置効果」（serial position effect）と呼ばれるものである．これは複数のものが連続する場合，最初や最後のものはそれ以外のものに比べ記憶に残る．この場合それらは A と F である．ならばこれらと対応する D と C は，省略しても言語処理の中で比較的容易に復元が可能である．それ故，D と C は省略を受けやすいことになる．2 番目の要因が，「保留効果」（suspense effect）と呼ばれるものである．これは省略が接続詞の前にあると，後項を待って言語処理を始めねばならず，記憶に負担がかかるというものである．この効果により，D, E, F に比較して A, B, C では省略が起こりにくいということになる．

3.　日本語における省略の受容性

　さて，上記のような類型的傾向と個別言語における容認度の関係に関する先行研究を見ていこう．日本語は（2）によると，C, D, E の位置で省略が許される．省略の受容度に関して，上田（1993）では非省略文との関係から議論がなされている．以下の例文もすべて上田（1993）からのものである．
　まず D 位置に関しては，省略文が非省略文に比べて，圧倒的に好まれる．例えば，下記の（5）では，(a) よりも (b) の容認度が高い．（容認度を測った統計処理の結果に関しても，上記論考を参照されたい．）

20 I. 特別寄稿

(5) a. 観光客はバスを降りて，観光客は土産物を買った．
    b. 観光客はバスを降りて，土産物を買った．

またこの傾向は，D 位置の要素が代名詞化されていても同じである．(6) においても (b) が好まれる．

(6) a. 紙はヒラヒラと宙に舞って，それはフワリと水面に落ちた．
    b. 紙はヒラヒラと宙に舞って，フワリと水面に落ちた．

次に C 位置での省略文であるが，これは (7) のように省略文 (7b) が好まれる場合もあり，逆に (8) のように非省略文 (8b) が好まれる場合もあった．

(7) a. 床には血痕があり，壁には弾痕があった．
    b. 床には血痕が，壁には弾痕があった．
(8) a. 結婚後しばらくの間，夫は近くの工場で，妻は子供ができるまで
       キャバレーで働いた．
    b. 結婚後しばらくの間，夫は近くの工場で働き，妻は子供ができるま
       でキャバレーで働いた．

このように C 位置では容認度がテスト文によって異なることがわかった．
　最後に E 位置の省略であるが，これは (9), (10) どちらも (a) の非省略文の方が省略文より受容度が高かった．

(9) a. 山本は私を殴り，田中は私を蹴った．
    b. 山本は私を殴り，田中は蹴った．
(10) a. 大切なことは頭を使うことだが，もっと大切なことは頭を休めるこ
        とだ．
     b. 大切なことは頭を使うことだが，もっと大切なことは休めることだ．

このように，E 位置では省略文より非省略文の受容度が高い．以上から容認度は次のような順序になると考えられる．

(11)　日本語の等位節省略容認度
　　　　D ≫ 非省略文，C ≫ E

この結果を Sanders (1977) の類型的傾向 (4) と比較すると，C と E の順が入れ替わっている．また Greenbaum and Meyer (1982) の英語の調査でも，C と E の間に，統計的に有意義な差はなかったという報告がなされている．

このように，非省略文と C 省略文，E 省略文の間には，母語話者の間でも判断に揺れがあると考えられる．それでは，この揺れを生み出している要因は何であろうか．本稿では，以下，インフォーマントに，D 省略文をも加えた4種類の文に関して容認度を判断してもらい，ある構造の文が好まれるのは，どのような要因が働いているからなのかと言う点に関して，議論を試みることにする．インフォーマントは，大阪大学外国語学部1，2年生英語専攻学生32名である．また受容性の判断以外に，可能な場合はその理由も回答してもらっている．

4. 省略と非省略，そして位置による容認度の違い

　上記の先行研究では，筆者が自分で刺激文を作成したが，今回は様々なジャンルの日本語から文を選び，原典に省略部分を補ったり，不自然な場合は名詞を代名詞化したりして，実験文を作成している．例えば (12) は，原文 (a) に対して，(b) は後項の主語を代名詞化したもの，(c) はそのままの主語を繰り返したものである．なお，以下では付け加えた部分をイタリック体で示している．

(12) a. ... 広く明るい店内には近所の旦那衆が集まり，新聞を読んだり雑談をかわしている．　　（太田和彦『ニッポン居酒屋放浪記　立志篇』）

　　 b. ... 広く明るい店内には近所の旦那衆が集まり，*彼らは*新聞を読んだり雑談をかわしている．

　　 c. ... 広く明るい店内には近所の旦那衆が集まり，*旦那衆は*新聞を読んだり雑談をかわしている．

これは上記で安定した結果を示した D 省略と非省略文との比較であるが，ここでも 32 名中 29 名が (a) を最も自然であると判断している．((b) を選択したものが 1 名，判断不可能とした者が 2 名いた．以下では判断を保留した者もいたので，必ずしも合計は 32 名になっていない．）やや長い文でも結果は同じである．次の (13) では，省略文 (a) が好ましいと 28 名が回答した．

(13) a. 副社長は，イタリア人の潰れた鼻梁についての保証は会社でおこない，すべての出来事を秘密裡にもみけして示談にする申し出をした．
　　　　　　　　（大江健三郎『われらの狂気を生き延びる道を教えよ』）

　　 b. 副社長は，イタリア人の潰れた鼻梁についての保証は会社でおこな

い，*彼はすべての出来事を秘密裡にもみけして示談にする申し出を*
した.

このように，D 省略文への指向は安定していると言うことができる.
　それでは C 省略文へ移ろう．次の（14）を見られたい.

(14) a.　ウルトラセブンに登場したカプセル怪獣は直接的にはウルトラセブ
　　　　ンの，間接的には地球人の代理として宇宙人や怪獣と闘った.
　　　　　　　　　　　　　　（グループ「K-46」『ウルトラマン新研究』）
　　　b.　ウルトラセブンに登場したカプセル怪獣は*直接的にはウルトラセブ*
　　　　ンの代理として宇宙人や怪獣と闘い，間接的には地球人の代理とし
　　　　て宇宙人や怪獣と闘った.

（a）が C 省略文で（b）が非省略文であるが，（a）を選んだ者が 28 名と圧倒的
に多かった．理由のほとんどが，非省略文は冗長である，というものであっ
た．（b）を選択した者の判断基準は，丁寧である，分かりやすい，主部と述部
の関係が分かりやすい，といったものであった．次にさらに複雑な文を見てみ
よう.

(15) a.　05，06 を残して全車 3 扉化され，さらに 01，04，12〜15，24〜
　　　　26 は片運化，14〜19，21，22，24〜26 はロング化，また 13，14
　　　　は下の写真のようアルミサッシ化，車内改装が行われ，14 はさら
　　　　に便所も撤去された.
　　　　　　　　（慶応義塾大学鉄道研究会『私鉄ガイドブックシリーズ4　近鉄』）
　　　b.　05，06 を残して全車 3 扉化され，さらに 01，04，12〜15，24〜
　　　　26 は*片運化が行われ*，14〜19，21，22，24〜26 は*ロング化が行*
　　　　われ，また 13，14 は下の写真のようアルミサッシ化，車内改装が
　　　　行われ，14 はさらに便所も撤去された.

この例では「行われ」が複数箇所にあるが，（a）の C 省略を選んだ者が 29 名，
（b）を選んだ者が 2 名であった．（a）と回答した者の理由は，（b）は冗長であ
るというものに加えて，しつこい，くどい，かえって分かり難いというものが
多く，省略がなければむしろ理解に支障をきたす場合があるということがわか
る．また意見の中には，（b）だと，どのような改造が行われたかの違いがわか
りにくいというものも見られた．上田（1993）では，C 省略文は，対比・対照
する要素をハイライトする機能を持つことが論じられており，このコメントは

そのような線に沿ったものであると考えられる．省略は時として聞き手が省略部分を復元できず，ために文意が伝わらない危険性をはらんでいる．これとは反対に，冗長さは文全体が伝えるべき意味を曖昧にする．C 省略と非省略文のどちらが好まれるかは，話者がある文を見たり聞いたりした時，このどちらと判断するかに左右されるのであろう．

　次に E 位置での省略を考える．これは非省略文との間の容認性の判断が，インフォーマントの間で大きく揺れた．次の (16) では (a) が省略文，(b) が非省略文である．

(16) a.　石そのものは，350 年昔と同じように波うちぎわにおかれたままであり，打ち寄せる波が時おり波しぶきをあびせたりしているのだが，まわりの風景はぎょうぎょうしい．

(松尾弐之『不思議の国アメリカ』)

　　 b.　石そのものは，350 年昔と同じように波うちぎわにおかれたままであり，打ち寄せる波が時おり石に波しぶきをあびせたりしているのだが，まわりの風景はぎょうぎょうしい．

これに対して，15 名が (a) を選択し，13 名が (b) を選び，結果が大きく分かれた．さらに今ひとつ例を見てみよう．

(17) a.　研究室へ夕食をとり寄せる場合もあるが，あいにく蟻巣川は寿司屋に行くのが好みであり，全員が従わねばならない．

(筒井康隆『文学部唯野教授』)

　　 b.　研究室へ夕食をとり寄せる場合もあるが，あいにく蟻巣川は寿司屋に行くのが好みであり，全員が蟻巣川に従わねばならない．

(17) では，(a) を選択した者は 13 名，(b) が 18 名と，むしろ原文に省略部分を加えたものを選んだ回答者が多かった．このように E 省略文と非省略文との間では，受容度の判断が拮抗する．(16)，(17) とも (a) を選択した者は，被省略部がなくても理解可能であると回答しているのに対して，(b) を選んだ者は，省略しない文では，それぞれ「何に波がしぶきを浴びせている」のか，「誰に従わねばならい」のかが，わかりづらいと答えている．次に非省略文を代名詞化した例を見ることにする．

(18) a.　... あなたは独逸語の先生だから，独逸の本とか字引などは商売道具であるかもしれないが，文学の本は御商売には関係ないでしょうと

云って，差し押さえた事もある． （内田百閒『大貧帳』）

b. ... あなたは独逸語の先生だから，独逸の本とか字引などは商売道具
であるかもしれないが，文学の本は御商売には関係ないでしょうと
云って，それを差し押さえた事もある．

代名詞化したこの例でも，判断が分かれた．（a）を選んだ者が 14 名，（b）を
選んだ者が 14 名と同数である．この結果から考えられることは，E 位置では，
冗長さを避けようとする力と復元可能性を守ろうとする力が拮抗しており，こ
れがインフォーマントによって微妙に異なっているということである．結果と
して E 位置は，あまり省略に適していない位置であるということになろう．
その理由としては，E 省略が曖昧さを生ずる場合があるということがあげられ
る．これまでの例においては，省略される要素は文脈から自明であったが，次
の例はどうだろうか．

（19） ホームズは犯人に飛びかかり，ワトソンは拳銃を発射した．

（19）では，ワトソンが犯人に向かって拳銃を発射したという意味に受け取ら
れるのが普通であろうが，ワトソンが何を狙ったかわからないが，とにかく拳
銃を発射したという解釈が不可能でもない．さらに次の文においては，この問
題はさらに深刻である．

（20） 太郎は次郎が好きで，三郎は嫌いだ．

この文は統語的には完全な曖昧文で，次の 2 通りの解釈が可能である．

（21）a. 太郎は三郎が嫌いだ．（D 省略）
b. 三郎は次郎が嫌いだ．（E 省略）

しかしながら（20）は，たとえ（21）の（b）を意図したものであれ，普通は
（21）の（a）の意味に解釈されるであろう（Kuno (1976))．すなわち，E 省略
文を意図したものが，D 省略文と解釈され，コミュニケーションに齟齬をき
たす訳である．このようなことを考慮すると，E 位置での省略が好まれないこ
とも理解できる．このように位置による省略の容認度の差や，省略文と対応す
る非省略文との差，そして話者による容認度の判断の揺れ等は，基本的には基
底の構造をそのまま具現化し，省略を抑止しようとする力と，冗長さを避け，
コミュニケーションの経済性を確保すべく，省略を促進しようとする力の相対
的なせめぎ合いであることがわかる．（ここでは「力」という表現を使ってい

るが，上田（準備中）では，これを「制約」として捉えている．）

　最後にこのような省略現象に関する容認度判断は，非常に複雑かつデリケートなものであることを示す例を見てみたい．

(22)　松坂は JR との共同駅で，北寄りに近鉄のホームがあり，南寄りに JR のホームがある．

この文は，次のように，4通りの省略文が可能である．今回インフォーマントには，5つの文の間で好ましいと思われる順序を判断してもらった．

(23) a.　松坂は JR との共同駅で，北寄りに近鉄のホームがあり，南寄りに JR のホームがある．

　　 b.　松坂は JR との共同駅で，北寄りに近鉄のホームが，南寄りに JR のホームがある．

　　 c.　松坂は JR との共同駅で，北寄りに近鉄のホーム，南寄りに JR のホームがある．

　　 d.　松坂は JR との共同駅で，北寄りに近鉄の，南寄りに JR のホームがある．

　　 e.　松坂は JR との共同駅で，北寄りに近鉄，南寄りに JR のホームがある．

（宮脇俊三・原田勝正『大阪・神戸・京都・福岡の私鉄』）

上田（1993）では，もし冗漫な情報があり省略が起こるならば，より完全な省略が起こることが示唆され，(23) の5文ならば，(e) が最も好まれるだろうと予測した．確かに今回の調査でも 19 名が (e) を最も好ましいとし，18 名が (a) を最も好ましくないとしているが，(d) を最も好ましいと回答したものも相当数おり (7 名)，さらに中間段階はインフォーマントによって，順序が大きく異なり，一般的傾向すら観察できなかった．この事実は，個人には好むスタイルがあり，それが省略（あるいは非省略）の選択に大きく影響していることをうかがわせる．例えば，助詞つきで名詞句を省略させることを好む者もいるが，助詞だけは残しておいたほうが座りが良いと感じる者もいるわけである．また (23) では (a) から (e) に省略が進むにしたがって，文体がかたくなる．そのような文体上の好みも判断に反映されるであろう．さらに選択には，統語構造をはるかに超えた要因も関係している可能性がある．野田尚史氏によると（個人通信：2016 年 2 月），鉄道に興味がある者にとっては，(a) より (e) が好まれるだろうということである．すなわち，話者の知識によって

も選択が左右される可能性があるということになる．そうであれば，松坂駅を知っている者とそうでない者では，選択が異なってくることもあるだろう．つまり，話者の既存の知識が非省略文を冗長だと感じさせるわけである．かように容認度の判断は多次元の要因に影響される複雑でデリケートな問題なのである．

5. まとめ

本稿では等位節省略に関して，先行研究の補足をすべく，様々なジャンルの作家によって書かれた，いわば生きた文を使用して，主として非省略文との間の受容度の差を見ながら，位置による省略の好まれについて考察した．そして，容認度に差を生じさせる要因について議論した．

参考文献

Citko, Barbara (2011) *Symmetry in Syntax: Merge, Move, and Labels*, Cambridge University Press, Cambridge.

Goodal, Grant (1987) *Parallel Structure in Syntax*, Cambridge University Press, Cambridge.

Greenbaum, Sydney and Charles Meyer (1982) "Ellipsis and Coordination: Norms and Preferences," *Language and Communication* 2, 137-149.

Kuno, Susumu (1976) "Gapping: A Functional Analysis," *Linguistic Inquiry* 8, 300-318.

Munn, Alan (1993) Topics in the Syntax and Semantics of Coordinate Structures, Doctoral dissertation, University of Maryland.

Sanders, Gerald (1977) "A Functional Typology of Elliptical Coordinations," *Current Themes in Linguistics*, ed. by Fred Eckman, 241-270, Hemisphere Publishing Corporation, Washington and London.

上田功 (1984)「等位構造に見られる省略について──言語類型論から観た傾向と英語における容認度」*Studium* 13, 95-115.

上田功 (1993)「等位構造と省略：その容認度と機能的制約をめぐって」『静岡大学教育学部研究報告（人文・社会科学篇）』第 43 号, 103-115.

上田功（準備中）「等位節省略再考──制約という視点から」

A Longitudinal Study of L2 English Intonation
— Does Studying Abroad Make Any Difference?—*

Hiroko Saito
Tokyo University of Foreign Studies

1. Introduction

Saito (2006) looked at certain patterns of deviation from native-speakers' norm of nucleus placement of English intonation commonly found among JLE (Japanese Learners of English), which were believed to be caused by transfer from Japanese. Certain items of parts of speech or words in certain positions in a sentence were pronounced with a high-pitch by JLE, which made it sound as if the item was given a contrastive accent or even the nuclear accent.

Then, Ueda and Saito (2012) conducted an experiment in an attempt to ascertain the process that acquisition of appropriate tonic placement takes, observing how students' production of tonicity and knowledge of the rules of placement changed over a period of one year. We found that having the knowledge of where to place the nucleus did not necessarily ensure correct production, and vice versa; and that for some subjects, this production-knowledge combination changed after a year, but for the majority of sentences tested, no progress was observed, thus leading us to the conclusion that without formal instruction, production of correct tonicity was not to be hoped for. Not only pronunciation practice, but also formal instruction proved important for acquisition of intonation.

This second study was a longitudinal one where the observation lasted one year. However, the students stayed in Japan throughout the time they car-

---

* This study was supported by MEXT KAKENHI Grant Numbers 24320102 and 26284058.

ried out their studies at university, which was not necessarily on phonetics or production skills of English, and given the difficulties of L2 intonation acquisition as observed by Jenkins (2000: 154) or Mennen (2015), it seemed essential to take a closer look at how that time was spent.

The present research is another longitudinal study, this time observing the realization of intonation, especially aspects of tonicity (nuclear placement) and of tone, by students before and after their studies abroad.

2. The Data

The data was collected by recording students' pronunciation of English before and after they went to study abroad in an English-speaking country. Another group of students, who stayed in Japan but were taking at least one course in English phonetics, was also recorded twice, before and after the course. Both groups were given the same set of eight sentences to read, which were printed on separate cards that they were able to flip through. The sentences were so designed that each contained items of intonation—especially tonicity and tone—regarded as causing difficulty to JLE. The pairs of recordings were compared and assessed according to whether tonicity (i.e. placing of the nucleus) and the choice and realization of tone were correct.

2.1.1. The Subjects

Group 1 comprises five students, four of whom were either 20 or 21 years of age and one who was 24, and all of whom were studying English at Tokyo University of Foreign Studies at the time of the first recording. These subjects were planning to go abroad to study in the USA or UK as exchange students at a university (subjects B, C, D) or at a language school (subjects A, E) and so were chosen for the before- and after-study-abroad data (Table 1). None had ever attended an English-speaking school or university prior to this. The first recording was conducted between July 18 and 20, 2012, and the second recording took place at the earliest convenience of the students after they returned from their studies abroad, mainly in June of 2013.

A Longitudinal Study of L2 English Intonation 29

Table 1: Subjects who studied abroad (Group 1)

Subject	Gender	Destination	Length of stay	English score[1]
A	female	USA	5 months	TOEIC[2] 950
B	female	USA	10 months	TOEIC 840
C	female	UK	10 months	TOEIC 960
D	male	UK	10 months	TOEIC 880
E	female	UK	1 month	TOEIC 865

Table 2: Subjects who took a phonetics course in Japan (Group 2)

Subject	Gender	English score
V	male	TOEIC 945
W	male	TOEFL[3] 103
X	female	TOEIC 795
Y	female	TOEIC 880
Z	male	TOEIC 830

The second group was also comprised of students at Tokyo University of Foreign Studies, majoring in English and aged either 20 or 21 at the time of the first recording, which took place on April 11, 2013. These students were in the same phonetics class which met once a week for 15 weeks, each lesson lasting 90 minutes. It was a practical course on intonation of English, given by the present author. The second recording session took place on July 25 of the same year, on the last day of the phonetics course.

2.1.2. The Sentences

All the subjects of both groups read the following sentences before and after going abroad (Group 1) or at the start and end of their phonetics

---

[1] The students will have taken an English evaluation test such as are shown in this table, in their first year at the university. These scores were declared by the students on the questionnaire administered to them before their first recording. All but one of the students' scores exceed 800 which can be considered very high.

[2] TOEIC (Test of English for International Communication) is administered by The Institute for International Business Communication, Japan.

[3] TOEFL (Test of English as a Foreign Language) is made by English Testing Service, USA. According to various conversion tables available online, a TOEFL score of 103 is equivalent to the TOEIC score of around 900.

30 I. 特別寄稿

course (Group 2).

The sentences were printed on palm-size cards, sometimes as a dialogue ((3), (4), (5), (8)) to assist in eliciting the required intonation in the second sentence, while sentence (6) had a one-line Japanese translation[4] for the same purpose. It was explained beforehand that subjects could read out the sentences at their own pace and that they could practise or repeat anything if they wished. In such a case, the last recording was considered for assessment.

The sentences containing items of intonation known to cause mistakes or difficulty of pronunciation for JLE[5] were as follows. The most natural place for the nucleus is shown here by underline, and the ones with double underline are the nuclei used for assessment in the present analysis. However, no marks were given on the sentences printed on the cards that the subjects were asked to read from for the recording.

(1) *I think you're right.*
There is a tendency for JLE to pronounce the sentence-initial pronoun *I* with high pitch, higher than the following content word *think*, making it sound as if the word has been contrasted: "I don't know about other people, but *I* think you're right."

(2) *Which book did you buy at the bookshop?*
JLE tend to pronounce interrogatives with a high pitch, thus making it sound as if the nucleus is on *which*, for contrast.

(3) (John: Do you have something to write with?)
You: *Here, you can use my pen.*
Again, the pronoun *my* may be given unduly high pitch by JLE, and de-accenting of *pen* despite it being a part of new information here, signals contrast.

(4) (Jane: Would you like to come over to our house for dinner this evening?)
You: *I'd love to, but I can't. I haven't finished my homework yet.*

---

[4] 「彼のことだから、パーティーに来ると思った！」 'Knowing him, I was certain that he would come to the party!'

[5] Saito (2006), Ueda and Saito (2010).

Instead of the syllable *home-* receiving the nucleus, the last content word (here *yet*) is expected to be accented by JLE. However, this word denoting time is usually not the nuclear-stressed word unless it is to be contrasted and emphasized. The negative, *haven't,* is often thought by JLE to carry importance, and consequently receives a high-pitched accent also.

(5)　(Ken:　What's up? Why do you look so upset?)

　　　You:　*My wallet's been stolen!*

　　　This is a so-called event sentence and therefore the nucleus should fall on the noun, *wallet.* However, JLE often place the nucleus on the last content word of any sentence: here, *stolen.*

(6)　(In Japanese: 'Knowing him, I was certain that he would come to the party!')

　　　I knew John[6] would come to the party!

　　　Most JLE pronounce this type of sentence with broad focus and place the nucleus on the last content word, *party.*

(7)　*In the picture, I can see a pencil and a red book on a large desk.*

　　　There is a tendency for adjectives (here *red* and *large*) to be pronounced with high pitch with the nouns (*book* and *desk*) de-accented by JLE, giving the impression of contrastive accent on the adjectives.

(8)　(Ken:　I'm going to Kalamazoo this summer.)

　　　You:　*What? Where did you say were going to!?*

　　　The realization of the rising tone is difficult for JLE when the nucleus appears as early as in this sentence. This type of question uttered to express surprise rather than to genuinely ask a question, is very difficult for JLE.

2.1.3.　The Recording

Recordings were made in the present author's office using a headset connected to a laptop computer which had downloaded WASP version 1.54.[7]

---

[6] Either *John* or *knew* can bear the nucleus to give the same effect.

[7] WASP is a downloadable software for analysing speech, created by Mark Huckvale of

3. Results and Discussion

3.1.1. Placement of the Nuclear Accent

Perhaps because our subjects were at a higher-than-average English profi-ciency level to start with,[8] such items of prosody that are often problematic with less-advanced students, such as misplacement of high pitch on sen-tence-initial pronouns (sentences (1), (4)) or interrogatives (sentence (2)) or on a negative (e.g. *haven't* in (4)), caused no problems for either Group 1 or Group 2 students, before or after their studies.

Sentences (5) through (8), however, did cause problems, resulting in mis-placement of the nucleus and wrong choice of tone (sentences (6), (8)). This was true for both the pre-test (before going abroad or at the start of a lecture) and the post-test (after the study abroad or at the end of a phonetics course), and for *all* students. Refer to the Appendix for information on where the nuclei were placed, and how often they occurred.

Thus, for (5), an event sentence, only subject Z in his post-test managed to place the nucleus correctly. For sentence (6) (I *knew* ...!) nine out of ten subjects pronounced it with the nucleus on the last word, just as predict-ed for JLE. However, two subjects from Group 1 and three from Group 2 were able to achieve correct tonicity in their post-tests. The subjects' results for sentence (8) were also very poor, and this time not one student made any improvement after his or her studies.

On the other hand, sentence (7), which looked at whether the adjective + noun combination would be pronounced correctly without the nuclear-like high pitch on the adjectives as is often produced by JLE, started out with 70–80% instances of misplacement, but showed much improvement with the number of incorrect and correct tokens reversing in the end: only two stu-dents who had stayed in Japan put the final nucleus on the non-contrasted word *large* of *large desk*, and the rest correctly placed it on the noun *desk* by the time they recorded for the post-tests.

University College London.
[8] See Tables 1 and 2 for their English test scores.

3.1.2. Comparison of Pre-tests and Post-tests

Next, we shall look at whether there were any positive effects on intonation as a result of having been exposed to an English-speaking environment for a certain period of time. Figure 1 shows the total number of "correct" tonicity (out of eight): that is, how many times each subject managed to place the nucleus on the appropriate syllable in order to convey the desired meaning of a sentence, before and after their studies abroad in an English-speaking country.

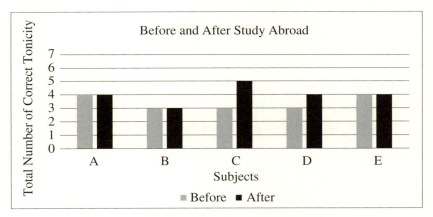

Figure 1: Number of correct tonicity,
before and after study abroad

It can be witnessed from the above that two subjects, C and D, made slight improvements after their 10 months in the UK, but the rest of the subjects made no changes, progress or relapse.

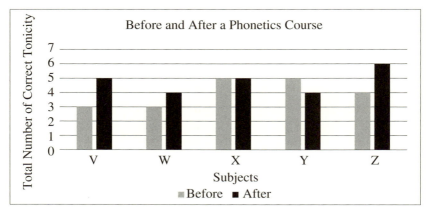

Figure 2: Number of correct tonicity, before and after a phonetics course on intonation

Figure 2 shows the results for Group 2, whose members did not go abroad but took a course on intonation for one semester. Here, three subjects, V, W, and Z, made progress after taking the course, while one student stayed put. However, subject Y did worse on the post-test, if only by one mark, as a result of placing a nucleus on a pronoun in sentence (3).

It is interesting to see that comparison of Figures 1 and 2 does not reveal a great difference between the two groups, and shows that studying abroad in the USA or UK does not seem to exert a dramatic influence, at least on one's performance of the production of intonation.

3.2. A Note in Passing: Segments

Although the present study focused on the acquisition of prosody, in particular intonation and tonicity, and it was found that there was no remarkable influence of a year abroad in an English-speaking country, one or two small but interesting changes in the students' pronunciation of segments have been found among members of Group 1. Subjects C and D, who stayed in the UK for ten months, both had a rhotic pronunciation before leaving Japan, but in the post-tests, they pronounced words like *party* with a non-rhotic /ɑː/ vowel, and their /t/'s which used to be a tap and voiced became a voiceless [t] on their return, rendering [ˈpʰɑːti]. And, both C and D's pronunciation of the word *can't* was [kʰɑːnt]; these two students had obviously been influenced by exposure to the British English pronunciation. Moreover, subject D's three-syllabled pronunciation of the word *evening* in the pre-test was corrected in his post-test. Similarly, subject B showed a kind of hypercorrection for the /ɑə/ phoneme to be realized as [ɘː][9] but the beginning part of this diphthong became noticeably more open and more native-speaker-like in the post-test.

As regards pronunciation of consonants and vowels, there *were* noticeable positive effects of exposure to native-speaker English.

4. Conclusion

The objective of this study was to find out whether L2 English intonation, especially tonicity, improved after the speaker went abroad for a certain period of time where English was being spoken. Our research found that even after spending more than ten months in an English-speaking country, students' intonation was far from native-speaker-like, not having made much progress regards tonic placement.

However, not all the sentences induced equal degree of progress or lack thereof, and there seems to be a hierarchy among the kinds of sentence that JLE can overcome difficulties of tonicity and those for which problems persist.

For instance, it can be said that sentences (5), (6), and (8) where both groups of students seemed to struggle with tonicity and even with tone, are examples of special kinds of sentence that are exceptions to the rule of the nucleus falling on the "last content word of the intonation phrase that denotes new information" and it requires knowledge of this fact as well as the ability to recognise a new sentence as belonging to this special group, in order to produce correct tonicity and tone.

However, this also means that if one acquires such knowledge, it will help in achieving correct tonicity, and what was said in Ueda and Saito (2012) can be repeated here: "[F]or some learners, formal instruction of tonic place-

---

[9] See Saito (2009) for accounts on hypercorrection of this phoneme by JLE.

ment may be more important and effective than a practice-makes-perfect style of instruction." Or for that matter, more effective than going abroad and immersing oneself in an English-speaking environment.

References

Jenkins, Jennifer (2000) *The Phonology of English as an International Language: New Models, New Norms, New Goals*, Oxford University Press, Oxford.

Mennen, Ineke (2015) "Beyond Segments: Towards a L2 Intonation Learning Theory," *Prosody and Language in Contact*, ed. by Elisabeth Delais-Roussarie, Mathieu Avanzi and Sophie Herment, 171–188, Springer-Verlag Berlin Heidelberg.

Saito, Hiroko (2006) "Nuclear-Stress Placement by Japanese Learners of English: Transfer from Japanese," *Prosody and Syntax*, ed. by Yuji Kawaguchi, Ivan Fonagy and Tsunekazu Moriguchi, 125–139, John Benjamins, Amsterdam.

Saito, Hiroko (2009) "Spelling-to-sound or sound-to-spelling? Errors Found among Japanese Learners of English," *Proceedings*, Phonetic Teaching & Learning Conference, UCL, London, UK.
http://www.phon.ucl.ac.uk/ptlc/ptlc2009/proceedings-index.html

Ueda, Isao and Hiroko Saito (2010) "The Interface between Phonology, Pragmatics and Syntax," *Proceedings of the 2009 Mind/Context Divide Workshop*, ed. by Michael Iverson, Ivan Ivanov, Tiffany Judy, Jason Rothman, Roumyana Slabakova and Marta Tryzna, 116–122, Cascadilla Press, Somerville, MA.

Ueda, Isao and Hiroko Saito (2012) "Tonic Misplacement by Japanese Learners of English," *Exploring English Phonetics*, ed. by Tatjana Paunović and Biljana Čubrović, 73–83, Cambridge Scholars Publishing, Newcastle upon Tyne.

Wells, J. C. (2006) *English Intonation: An Introduction*, Cambridge University Press, Cambridge.

Appendix

Placement of nuclei by all subjects; shaded words show where a nucleus is expected.

(1)

	I	think	you're	right.
Before				10
After		1		9

(2)

	Which	book	did	you	buy	at	the	bookshop?	
Before								10	2 instances of rising tone
After					1			9	1 instance of rising tone

(3)

	Here,	you	can	use	my	pen.
Before	10				1	9
After	10			1	1	8

(4)

	I'd	love	to,	but	I	can't.	I	haven't	finished	my	homework	yet.
Before		10				10			1		7	2
After		9				10					8	2

(5)

	My	wallet's	been	stolen!
Before				10
After		1		9

(6)

	I	knew*	John*	would	come	to	the	party!	*either *knew* or *John* can bear the nucleus
Before		1	2					9	
After		4	1					5	

(7)

	In	the	picture,	I	can	see	a	pencil	and	a	red	book	on a large	desk.
Before			10					9			7	2	8	2
After			10					8			3	5	2	8

(8)

	What?	Where	did	you	say	you	were	going	to!?	
Before	10	1			2			8	1	4 instances of falling tone instead of a rise
After	10				2			6	2	5 instances of falling tone instead of a rise

シャルル・ロラン（1661–1741）のフランス語教育論

越水　雄二
同志社大学

1.　はじめに

　18世紀フランス啓蒙思想家の代表的人物ヴォルテール（1694–1778）は，彼の『哲学辞典』の「言語」（langues）の項目で，言語には規則性（régularité），明晰さ（claret），優雅さ（élégance）の3つの美点（mérites）が絶対に必要であり，規則性と明晰さがあれば悪文にならず，優雅さを備えれば見事な文になると論じてから，ある人物のフランス語への功績を次のように語った．

> これら3つの美点は，パリ大学では設立以来全く無視されてきたが，かつての教授ロラン（*Rollin* 注．原書イタリック）の著作において常に結び付いている．ロラン以前に，人はフランス語で書くことも考えることもできなかった．ロランは若者に対して不滅の奉仕をしたのだ．[1]

そうしたロランの事績は，同時代人から讃えられていただけではなく，現代の日本でもフランス語の歴史に関する専門書には次のように記されている．

> （引用者：ロランは）教育学の古典と言われるその著 «*Traité des études*» 『研究論』おいて，フランス語の教育を重視し，それを実行するための計画や施策を提案している．これは，当時としてはまさに画期的なことであり，しかも，彼の提案は一歩一歩実施されていくのである．[2]

　以上のようにフランス語の教育の歴史で注目されるロランについて，意外に

---

[1] Voltaire, *Dictionnaire philosophique*, Tome VII, *Œuvres completes de Voltaire*, Tome LXIII, (De l'imprimerie de la société littéraire, 1785), p. 168.

[2] 山田秀男，『フランス語史（増補改訂版）』（東京：駿河台出版社，2003），p. 133.

も，日本の教育学や教育史ではこれまでほとんど研究されてこなかった．[3] 小稿で筆者は，彼の主著『人文学を教え，学ぶ方法——知性と心につなげて——』(*De la manière d'enseigner et d'étudier les belles lettres, Par rapport à l'esprit & au cœurs*) (1726-1728) にあたって，ロランがフランス語の教育について論じていた内容を検討し，その特徴と意義を考察してみたい．

2. シャルル・ロランと『トレテ・デ・ゼチュード』

2.1. シャルル・ロランの経歴

シャルル・ロラン (Charles Rollin) (1661-1741) は，刃物職人の子ながら，パリ大学総長を2度も務めたことで知られる古典人文学者である．パリ生まれの彼は，少年の頃，ある修道士に才能を見出され，奨学金を得てパリ大学に接続するコレージュ (college) で学んだ．コレージュとは，中世の大学の学生寮を起源とする学校である．そこではラテン語の入門に始まり，課程が完備していれば，大学の人文学部における修辞学と哲学までが教育されていた．

ロランはパリ大学へ進み神学部で学んだ後，1683年に母校プレシー=コレージュ (Collège du Plessis) の教壇に立ち，1688年には王立コレージュ (Collège Royal) の雄弁術の教授に任命された．後者は先述のコレージュ一般とは性格が異なり，国王への進講と共に好学の士たちへ講義を公開していた学術機関であり，今日のコレージュ=ド=フランスの前身である．このようにロランは若くして斯界の第一人者の座へ昇り詰めたのである．

1694年にロランはパリ大学総長に選出され，3か月毎に信任を受けて2年間その地位にあった．1699年から1712年まではパリ大学のボーヴェ=コレージュ (Collège de Beauvais) で校長を務め，1720年には再びパリ大学総長に選出された．しかしこの時は，彼が信奉したジャンセニスム (Jansénism) に対する教会と国王からの弾圧により，3か月で辞職を余儀なくされた．

ジャンセニスムはカトリック思想の一潮流で，オランダの神学者ヤンセン (Jansen) (1585-1638) に始まり，17〜18世紀のフランスに広まっていた．この思想の拠点となったのが，ポール・ロワイヤル修道院 (Port-Royal) である．アウグスティヌスの恩寵論に基づき，純粋で厳格な信仰と道徳の実践を求める教義だが，ローマ教皇から異端とされ，フランス国王からも弾圧を受けた．

---

[3] 日本での研究状況について詳しくは次を参照．越水雄二，「シャルル・ロランの教育論——フランス近代公教育の形成過程を考察するために」『教育文化』24号 (2015)，pp. 17-20.

40   I. 特別寄稿

　教壇を離れたロランは著述に専念し，主著となる教育論や歴史書を晩年に公刊した．彼は信仰に篤く，人々から「善良なロラン」(«bon Rollin») と呼ばれ，愛称と共に著書が 19 世紀まで広く受け継がれていったのである．[4]

2.2.　『トレテ・デ・ゼチュード』

　ロランが『人文学を教え，学ぶ方法――知性と心につなげて』を執筆した目的は，その「予備考察」(Discours préliminaire) によれば，パリ大学のコレージュにおける教育について国王をはじめ広く世に知らしめることにあった．彼はこの書を若い教師やそれに近い学生，さらには父親・母親たちに読んでほしいと考えて，フランス語で執筆したと言う．[5] その内容は，コレージュの教育に即して，①言語，②詩学，③修辞学，④歴史，⑤哲学，⑥学校と授業の指導という 6 編で構成された．これが 1726～28 年に公刊されて好評を博し，«Traité des études» という通称が人口に膾炙していった．この通称に日本語の定訳はないため，本稿では『トレテ・デ・ゼチュード』と記していく．

　さらにロランは周囲に求められ，1734 年に『補遺』として就学前の子どもの教育と女子の教育に関する論考を刊行した．そして 1740 年に，その補遺を第 1 編に位置付けると共に修辞学の編から雄弁術を独立させ，これら 2 編を追加して新たに 8 編構成になった新版が出された．この 8 編構成の『トレテ・デ・ゼチュード』が 19 世紀に入っても版を重ねていったのである．

　ロランは，新しい学習計画や学則や指導法を自ら提案する意図はないと述べながら，例外としてごく少数の項目では敢えて個人の見解を述べると断り，それは「方針としてフランス語を学び，また，歴史に時間をより多く割く必要」であると説いた．1760 年代以降フランス革命に至るまで，パリ高等法院は管轄内のコレージュ改革に取り組んだが，それを主導したロラン・デルスヴィルは『トレテ・デ・ゼチュード』を新たな教育課程の規範に掲げて讃えていた．[6] 本稿の冒頭で紹介したヴォルテールの讃辞も，その頃に書かれたものである．

---

　[4] Félix Cadet, 'Rollin,' *Dictionnaire de pédagogie et d'instruction primaire*, sous la direction de F. Buisson, (Paris: Hachette, 1887), pp. 2620-2624. この記述が今日のフランスの研究でも基本資料となっている．ただし本稿でコレージュとジャンセニスムについては筆者が説明を補った．

　[5] Rollin, *Traité des études,* par Rollin, revue par M. Letronne, et accompagnée des remarques de Crevier, (Paris: Librairie de Firmin Didot, 1845) p. 44, pp. 46-47. 本稿でのロランからの引用は，この版本による．

　[6] Rolland d'Erceville, *Recueil de plusieurs des ouvrages de Monsieur le Président Rolland*, (Paris, 1783), p. 145.

やがて19世紀に国家による公教育の制度化が進み，学校教育が義務化される過程で，フランス語つまり国語の教育と歴史の中でも自国史の教育は国民統合へ向けて重要な課題となっていく．この方向性を提示していた点でロランの教育論は注目される．そうした書物でフランス語の教育をめぐって具体的にはどのような議論が展開されていたのかを見ていこう．

3.　言語教育論の特徴

3.1.　言語教育の目的と構成

『トレテ・デ・ゼチュード』の第2編は「言語能力」(De l'intelligence des langues) と題され，「あらゆる学問への導き」となる言語の教育について論じられている．その冒頭の一段落を全体にわたって紹介しておこう．

> 言語能力は，あらゆる学問への導きに役立つ．われわれはそれにより，産み出した人々が長い苦労を要した素晴らしい事柄に関する無限の知識に，ほとんど苦も無く到達できる．われわれには言語能力により，すべての世紀とすべての国家が開かれる．それがわれわれを，すべての時代の同時代人にも，すべての王国の市民にもするのである．言語能力は，今日においてもなお，古代に賢者が産み出したすべてのものとわれわれが対話できるようにする．古代の賢者は，われらのために生きて働いたかのようだ．われわれは彼らを，いつでも尋ねることが許される教師のように，いつでも友人であるように思う．彼らは常に有益で快適な会話の相手になる．その会話は多くの興味深い知識で精神を豊かにし，われわれは人類の美徳も悪徳も同様に引き出すことを学ぶ．言語の助けが無ければ，これらすべての神託がわれわれの耳に聴こえず，これらすべての財宝が閉ざされる．それらの扉を唯一開いてくれる鍵を持たねば，われらはどれほど豊かな環境にあっても貧しいままであり，あらゆる学問の中においても無知に留まる．[7]

　この箇所に明らかな通り，ロランは言語能力の意義を古代の賢者との対話に認めていた．それによって人間は「すべての時代の同時代人」にして「すべての王国の市民」，つまり，普遍的な知性を備える存在となる．こうした主張は，まさに古典人文学者ならではの言語教育観を示すものと言えよう．

　緒言に続けてロランは，「フランスのコレージュで教育すべき言語はギリシ

---

[7] Rollin (1845), p. 107.

ア語，ラテン語，フランス語の3つになる」と列挙し，言語教育論の構成について，フランス語から議論を始めていくと述べる。[8] 彼は学校教育がフランス語によってこそ開始されねばならないと考えているのである。

3.2. フランス語教育の模範

フランスの学校教育をフランス語で開始することは，現代の公教育を受けた者には何の不思議もない当然の主張に思われる。しかし歴史を振り返れば，実はそれは近代的な発想である。[9] ロランが生きた時代の学校教育は，生徒を学問の世界へ導くためにラテン語でなされていた。これはフランスに限らず，ヨーロッパにおける学問と学校教育の中世に遡る伝統である。ゆえに，ロランが学業を母語によって始めるべしと説いた理由は大いに注目されよう。

第1章「フランス語の学習について」をロランは次のように論じ始める。

> ローマ人は，彼らの言語学習の実践によって，われわれが自らの言語を教育するのになすべきことを教えた。彼らにおいては，子どもたちが言語の純正さへ向けて揺りかごから育まれていた。この配慮は品行へのそれに次いで，最初にして最も本質的なものに見なされた。それは特に母親，乳母，召使に推奨された。これらの者には，子どもたちの面前で間違った表現や発音を決して口から漏らさぬように出来る限り注意が求められた。初期の間違った印象が子どもの第二の本性となり，その後は変えることがほとんど不可能になるとの恐れからである。[10]

このようにロランは18世紀に，フランス語教育の模範を古代ローマに求めていた。上記の引用の典拠には，1世紀の教育者クインティリアヌスの『弁論家の教育』が挙げられている。[11] ロランが古代ローマを模範とするのは，言語教育の意義に関する議論で先に見た通り，古典には人間形成に関する時間を超えた普遍的真理が認められるからである。加えて，引用末の一文は，「敏感な幼年時代に与えられた，わずかの，言いかえればほとんど感じられないくらい

---

[8] Ibid., pp. 107-108.

[9] フランス語の教育の歴史に関しては，Chervel (2006), Collinot and Mazière (1999) 参照。

[10] Rollin (1845), p. 108.

[11] Ibid. クインティリアヌス（森谷宇一，戸高和弘，渡辺浩司，伊達立晶訳），『弁論家の教育 1』（京都：京都大学学術出版会，2005).

の印象が，非常に重大な，また永続きする影響を与える」[12]という，17世紀イギリスのジョン・ロックの教育論の一節も想起させる．ここには，ヨーロッパ近代の教育論が古典古代に多くを負っていた事実を確認できよう．

4. フランス語文法の基礎とその指導法

フランス語の教育は4項目から論じられている．第1項は「規則の知識」(connaissance de règles)，すなわち文法であり，第2項は「読解」(lecture)，第3項は「翻訳」(traduction)，第4項は「作文」(composition) である．まず，第1項での文法の基礎と指導法の原則に関する議論を見ていこう．

ロランによれば，すべての言語において，言説 (discours) の基本要素 (les premiers éléments) はある程度まで共通なので，子どもの知育をフランス語文法の規則によって始めることが自然であり，その基礎知識 (principes) はラテン語とギリシア語の能力にも役立つ．というのも，ラテン語とギリシア語の学習は，子どもがフランス語を通じて既に知っている事物の一定の秩序の中へ，それらを位置付けさせることに過ぎなくなるからである．

子どもには最初に，1つの言説を構成する名詞や動詞などの様々な品詞が教えられ，次に統辞論 (syntaxe) の最も共通する規則が教えられる．この指導の順序は示しているが，ロランは，品詞を網羅して挙げてはおらず，統辞論の内容にも具体的には触れていない．これらの基本要素に子どもが習慣によって少々慣れたならば，フランス語の書物数冊でそれらの適用を見させ，目にするすべての言葉について説明を求めるのが適切である．

教師はまた，子どもを早くからピリオド (point) やコンマ (virgule) やアクセント記号 (accents) といった書き方を正確にする文法上の記号に充分慣れさせ，すべての音節——特に語尾を——明確に発音させて，さらに，各地方や都市に特有な言語や発音の様々な欠点を注意深く研究しておく必要がある．

以上を文法の基礎知識として挙げた後，ロランは指導法の原則へ話を移す．子どもは年齢と判断力が増すにつれて，言語をより真剣に大事に考えるようになる．そこで賢明な教師は，言語について多くの教養人が遺した学識ある観察 (savantes remarques) を活用する．ただし，それには選択が必要で，滅多に使われないものや生徒の理解力を超えるものは除かなければならない．また，

---

[12] ジョン・ロック（服部知文訳），『教育に関する考察』（東京：岩波書店，1967 [1693]），p. 14.

無味乾燥な内容で長く続く授業は生徒をひどく退屈させる．反対に，毎日，短い質問を会話形式で与えるならば，生徒は自問自答し，学んでほしいことを発言するようになる．このように楽しませながら教える技を使い，小さな進歩を数年間継続させて生徒に言語の深い知識を与えるのである．[13]

　続いてロランは，正書法（orthographe），すなわち語の正しい綴り方と関連付けながら論を進めていく．彼によれば，正書法は一般に無視されるか放置されており，かつては最高の学者からもそのようにされていた．この誤謬は学者も正書法を早くから訓練させられてこなかったことに起因し，教師は正書法について，個別に注意することを促されるだけに止まってきた．

　しかしロランは，正書法が参照すべき第一の規則は「慣用」（usage）であると唱え，慣用と言語の関係について次のように主張する．

　　慣用は，言語に関する最高の支配者であり，それと敵対しては理性ですらその権利を失う．慣用は，正書法が参照すべき第一の規則であり，言葉そのものに対する以上に，言葉の書き方と発音の仕方に対して，より権威と権限を持っている．[14]

　フランス語の綴りと発音との関係をめぐるロランの議論をここでは詳しく紹介できないが，現代のフランス語初心者にも分かりやすい例を紹介すれば，彼は動詞 faire を挙げて，時制と人称に応じて第 1 音節の発音の仕方に大きな違いがあり，書き方にもそうした違いをもたらすことは理に適っており，慣用がそれに対立することは全くないと述べている．[15]

　またロランによれば，フランス語の devoir が，ラテン語由来の debvoir の b の文字を欠落させた単語であるように，かつては几帳面にラテン語に倣って綴られていた単語に，ラテン語からの「盗用」（vol）を目に伏せる変化が生じている．当時は，そうした debvoir と devoir のような 2 通りの綴り方が他の単語でも混在しており，彼は他のいくつもの例も挙げた．したがってロランは，学校教育の現場での課題として，1 つのコレージュの教員の間では綴り方に合意を形成しておき，進級に伴う指導教員の交代によりフランス語表記の違いで生徒たちを混乱させない必要性も説いている．[16]

---

[13] Rollin (1845), pp. 109–110.

[14] Rollin (1845), p. 111.

[15] Ibid., p. 112.

[16] Ibid.

シャルル・ロラン (1661-1741) のフランス語教育論　　　45

　以上の通り，ロランのフランス語教育論には，文法の基礎と指導法が述べられた中に，それらの背景にあった当時のフランス語に生じていた変化も読み取ることができる．そうした議論の背景の中でも，特に彼の言語観を捉えるために，同時代の文法論者たちをめぐる内容を次に検討していこう．

5.　フランス語教育論の背景

　ロランは第2項「読解」へ進むと，最初に，フランス語文法を生徒に上手く教えられるようにしてくれる書物がたくさんあると述べて，彼が高く評価していた同時代の文法論者たちに言及している．

　まず，「アカデミー・フランセーズのレニエ師 (M. l'abbé Regnier) がわれらに与えた文法は，この分野で他に何も望ませない」と，文法学者レニエ＝デマレ (1633-1713) へ最大級の賛辞が捧げられた．次にロランは，「アルノー氏の一般的・合理的文法も忘れてはならない．それにはこの偉大な人物の深い判断力と崇高な才知が認められる」と述べ，哲学者アントワーヌ・アルノー (Antoine Arnauld) (1612-1694) が文法家クロード・ランスロ (Claude Lancelot) (1615-1695) と共著で 1660 年に公刊した『一般的・理性的文法』(Grammaire générale et raisonnée) を挙げた．この文法書が「ポール・ロワイヤル文法」("Grammaire de Port-Royal") と呼ばれるものである．

　さらにロランは，ヴォージュラ (M. de Vaugelas) (1585-1650)，トマ・コルネイユ (Thomas Corneille) (1625-1709)，ブウール神父 (le P. Bouhours) (1628-1702)，メナージュ (M. Ménage) (1613-1692) の名前を列挙した．[17] これら 4 名については，フランス語史の文献に拠り簡潔に紹介しておこう．

　ヴォージュラはアカデミー・フランセーズの辞書編纂を指導し，彼の著書『フランス語に関する覚書』(Remarques sur la langue française) (1647) は「近代フランス語の規範文法の源流となった」[18] と今日でも評価されている．この流れに立ったのがトマ・コルネイユとブウール神父である．前者は有名な劇作家ピエール・コルネイユの末弟で，アカデミー・フランセーズの命を受け，その辞典を補う『技術学芸用語辞典』(Dictionnaire des termes des Arts et des Sciences) (1694) を編纂した．[19] ブウール神父はイエズス会士で，「当時の著

---

[17] Rollin (1845), p. 113.
[18] 目黒士門，『現代フランス広文典』（東京：白水社，2015），p. 395.
[19] 山田 (2003)，前掲書，pp. 111-112.

名作家も一目おいていた文法家」[20]だった．彼は『新・フランス語覚書』（Re-marques nouvelles sur la langue française）（1675）を発表した．これに対抗してメナージュは，『フランス語考察』（Observations sur la langue fran-çaise）（1676）でヴュージュラを巧みに批判し，「大成功」したと言う．[21]

さてロランは，6名の文法論者に言及した上で，若者のために「最も必要な規則と考察のみを収めた要約文法書」を特別に作ろうと提唱していた．[22] こうした論述そのものからは，ロラン自身がアルノーに代表されるポール・ロワイヤル派の文法だけを支持するとは特に述べておらず，また，彼の主張は，アルノーに限らず特定の論者に依拠していなかった点を確認できる．

ここでロランの言語観を考察するために，当時のフランスにおける言語をめぐる思想状況を簡潔に検討しておこう．彼の教育論は1720年代後半に公刊され，8編構成の増補改訂版は1740年に出たが，18世紀中葉のフランスは，中川によれば，言語の問題に向かって「哲学者たちの思索が集中しはじめた時代」であり，その中でポール・ロワイヤル文法の原則は「哲学的文法論者たちによって忠実に継承」されていた．その原則とは，言語を人間精神に支配されていると考え，言説を研究する文法と精神機能（思考）を研究する論理学との間に差異を認めず，諸言語の考察から帰納した結果を一般化していくものだった．これにより，「実在するすべての言語は，ひとつの普遍的論理を表現すべき，まったく平等の資格をもった手段とみなされ」，諸言語の研究は特定の1言語を規範とする必要性から解放されるのである．[23]

このようにポール・ロワイヤル文法の原則を理解すれば，先に見た，すべての言語において言説の基本要素はある程度まで共通ゆえに，言語教育をラテン語ではなくフランス語から始めるというロランの主張は，まさにポール・ロワイヤル派の言語観に立つと言える．しかしまた，ロランは「慣用」が言語の最高支配者で，その前では理性ですら権利を失うとも論じていた．言語を捉える上で理性による普遍的論理の探究よりも「慣用」を重視するのは，ポール・ロワイヤル派と正反対の考え方となる．

ロランは確かに熱心なジャンセニストとして知られ，また，ジャンセニスムとポール・ロワイヤル文法とのつながりも史実である．しかし，彼のフランス

---

[20] 同上書，p. 108.
[21] 同上．
[22] Rollin (1845), p. 113.
[23] 中川久定，「十八世紀フランスの言語論——コンディヤック，ディドロ，ルソー——」『思想』572号（1972），p. 193.

語教育論は，テキストの内容に基づくならば，単にポール・ロワイヤル派の言語観に依拠していたのではなく，それとは原理的に対立する言語観も含めて，当時の文法論者たちの議論を幅広く背景にしていたと考えられる．

6. フランス語教育と古典語教育の一体性

ロランがフランス語教育を論じた4項目のうち，第3の「翻訳」と第4の「作文」については，以下に概略を紹介して検討するに止めたい．

フランス語教育における「翻訳」とは，ラテン語の文章をフランス語へ訳すことを意味した．したがって，それはラテン語教育とも結び付いている．生徒がラテン語作品を少し理解できるようになれば，教師は翻訳する箇所を選んで指示し，訳文を書き出させるのである．

ロランによれば，翻訳は，まずは著者の思索と表現とを，できる限り簡潔・明解・正確に伝えねばならない．次にラテン語表現の繊細さと優美さを，フランス語で対応する表現へ移し変えることにより，翻訳を飾って美しくする．そして最後に，生徒を徐々に導くべき翻訳の完成とは，ぎこちない拘束からも行き過ぎた自由からも等しく距離をおく中庸（juste milieu）の域にある．[24] 翻訳の項目には，古典人文学者ロランの真骨頂が発揮され，豊富な事例を盛り込んでフランス語教育論の中で最も多くの頁が割かれている．

それとは全く対照的に，第4の項目「作文」に関する記述は，わずか1頁余りと驚くほど少ない．子どもが自分で何かを作れるようになれば，寓話や歴史物語といった簡単に理解できる範囲の文章で，フランス語の作文を練習させる必要がある．また，早くから手紙の様式を身に付けることは，生涯にわたってすべての身分の者にとって有用であるにも拘らず，出来ている者が少ないとロランは言う．以上がフランス語作文の第1段階とされる．

第2段階で生徒は，常套句（lieux communs），説明・描写（descriptions），小論文（petites dissertations），短い演説（courtes harangues）などに取り組む．この段階で重要なのは，いずれの作文でも，常に，優れた著者から文章を引いて生徒に読ませ，それを模範にフランス語作文をさせることである．そしてロランは，最も有益な練習は，ギリシア語またはラテン語作家の一節を，著者の思想に従い単に翻訳するのではなく，各生徒のやり方で適宜内容を加えたり

---

[24] Rollin (1845), p. 124. 翻訳の項目はこの版本では30頁を超える：pp. 124–155.

削ったりしながらフランス語の文章にすることであると説く。[25] このような作文と翻訳に関する議論を通じて，ロランにおいてはフランス語教育と古典語教育とが不可分の一体であったことが理解されるのである．

7. おわりに

シャルル・ロランについて，これまで日本の教育学や教育史ではほとんど研究されてこなかったが，教育史の事典では，おそらくフランスか欧米の文献に基づいて，「ポールロワイヤル派の教育理論を支持してラテン語よりもフランス語を重視，教授法に近代的観念を導入するなど先駆的な改革を行った」[26] といった説明がされている．

しかし，本稿でロランの著書『トレテ・デ・ゼテュード』の内容を検討した結果，彼のフランス語教育論は，確かにポール・ロワイヤル文法を高く評価していても，彼の言語観はそれのみに依拠してはおらず，当時の文法論者たちの諸主張を広く背景にしていたと考えられる．ただし，ロランの言語観については，古典語に関する議論の検討も含めて，さらなる考察が必要である．

それはひとまず措いても，むしろ教育史研究の観点から注目されるのは，彼のフランス語教育論の根本には，古代ローマにおける母語としてのラテン語教育を普遍的な模範と仰いだ古典人文学者の発想が認められる点である．また，彼にとってフランス語教育と古典語教育は分かち難く結び付いていた．このように古典の伝統に根差しながら，フランス語をめぐる新たな動向も摂取して，長年の教師経験を活かして実際的な指導方法を提起していた点が，シャルル・ロランのフランス語教育論の特徴であり意義と言えよう．

最後に，ロランの時代のフランスにおける英語教育について一言して本稿を締め括りたい．彼が言語教育論に取り上げたのは，当時コレージュで教育されていたフランス語と，古典語としてのギリシア語・ラテン語という3言語のみだった．それら以外の言語が現用語（langue vivante）と呼ばれ，学校で教育する必要性が唱えられるようになるのは，18世紀後半以降であった．そして，学校での英語教育が公教育制度の中で地位を安定させたのは，マリ＝ピエール・プリィの研究によれば，19世紀の終わりである．もちろん，ロランの頃にも英語は学ばれていたが，それは学校教育によってではなく，貴族や商

---

[25] Ibid., pp. 155-156.
[26] 梅根［監修］(1978)，p. 419. この解説の執筆者の氏名は記されていない．

シャルル・ロラン（1661-1741）のフランス語教育論　　　　49

業活動に従事する大ブルジョワの家庭などで，子どもには家庭教師や家族に
よって幼い頃から継続して英語が教えられていたのであった.[27]

参考文献

Arnauld, Antoine and Claude Lancelot (2016 [1660]) *Grammaire générale et raison-née*, Présentation de Jean-Marc Mandosio, Éditions Allia, Paris.

ショーラン，ジャック（川本茂雄・高橋秀雄訳）（1973）『フランス語史』白水社（文庫クセジュ），東京.

Chervel, André (2006) *Histoire de l'enseignement du français du XVIIe au XXe siècle*, Éditions RETZ, Paris.

Collinot, André and Francine Mazière (1999) *Le français à l'école, un enjeu historique et politique*, Hatier, Paris.

Compère, Marie-Madeleine (1985) *Du college au lycée (1500–1850)*, Gallimard, Paris.

井村順一（2008）『美しい言葉づかい──フランス人の表現の技術』中央公論新社（中公新書），東京.

ランスロー，クロード・アルノー，アントワーヌ（リーチ，ポール編序・南舘英孝訳）（1972 [1660]）『ポール・ロワイヤル文法──〈一般・理性文法〉』大修館書店，東京.

目黒士門（2015）『現代フランス広文典』白水社，東京.

Mesnard, Pierre (1972 [1956]) "Rollin forge l'esprit de l'enseignement secondaire (1661-1741)," *Les grands pédagogues, sous la direction de Jean Château*, 159-181, 5e édition, PUF, Paris.

長尾十三二（1991）『西洋教育史［第二版］』東京大学出版会，東京.

中川久定（1972）「十八世紀フランスの言語論──コンディヤック，ディドロ，ルソー──」『思想』572 号，191-216.

Pouly, Marie-Pierre (2012) "La différenciation sociale de l'apprentissage de la langue anglaise en France au XIXe siècle," *Histoire de l'éducation*, 5-41, École normale supérieure de Lyon, Institut français de l'Education, Lyon.

梅根悟監修（1978）『世界教育史事典』講談社（世界教育史大系 40），東京.

山田秀男（2003）『フランス語史（増補改訂版）』駿河台出版社，東京.

---

[27] Pouly (2012), pp. 5-8.

II. 統語論・言語習得

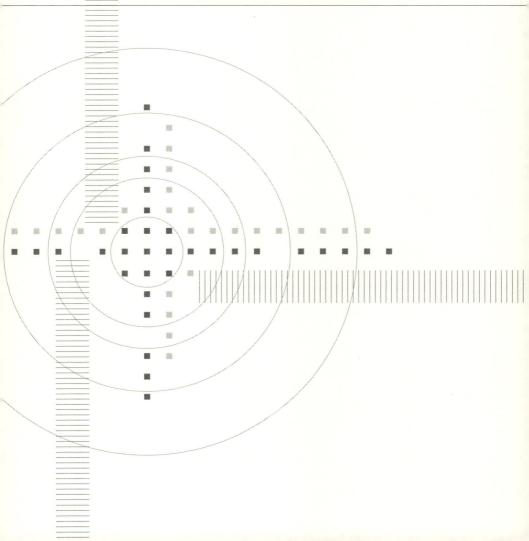

V2 から残留 V2 へ[*]

阿部　幸一

愛知工業大学

1.　はじめに

　従来 V2 構造に関して，一般的には中英語期に消失したと仮定されている
が，V2 を示す構造には，話題化による V2 と演算子による V2 があり，Hae-
berli (2002) が指摘するように，実際に消失したのは話題化による V2 の方だ
けであって，演算子による V2 は今日でも残留 V2 として残っている．そこで，
この論文では，なぜ話題化による V2 だけが消失し，演算子による V2 が存続
しているのか，その両者の関係を明らかにしたいと思う．

2.　話題化による V2 の消失

　まず典型的な話題化による V2 と演算子による V2 の例を見てみよう．

(1) a.　話題化による V2：

　　On twam þingum **hæfde** God þæs mannes sawle gegodod
　　in　two　things　had　　God the　man's　soul　endowed
　　'with two things God had endowed man's soul'

　　　　　　　　　　　　　　　　　　(AHTh,I.20: Kemenade (1987:42))

b.　演算子による V2：

　　for hwam **noldest**　　þu　ðe　sylfe me gecyðan　　þæt
　　for what　not-wanted you you　self　me make known that
　　'wherefore would you not want to make known to me yourself
　　that …'　　　(Fisher, Kemenade, Koopman and Wurf (2000: 118))

---

　[*] 草稿の段階で，柳朋宏君と縄田裕幸君に貴重な意見を頂きました．ここに感謝の意を記
します．

（1a）においては，前置詞の On twam þingum が文頭に来て，動詞の hæfde が2番目の位置に来ている．（1b）においては，演算子の for hwam が文頭に来て，（否定辞を含む）動詞の noldest が2番目の位置に来ている．

両者の構造的な違いとして，話題化文では接語が来ると V2 は破られ，V3 を呈する．

(2)　Æfter his gebede *he* **ahof** þæt cild　up …
　　after　his prayer　he lifted the　child up

（AHTh, II, 28: Kemenade (1987: 110)）

この例では，話題化要素の Æfter his gebede が文頭に来て，その後に接語の he が来て，動詞の ahof は3番目の位置に来ている．一方，演算子の場合には，（1b）に見られるように接語が来ても，V2 を順守する．

Haeberli (2002) 及び縄田（2012）では，（話題化による）V2 が消失した要因として，後期中英語期に動詞の屈折語尾が衰退したことが挙げられている．表（3）に見られるように，現在形の複数形では，人称に関わらず -e 形になり，過去形においては，複数では人称に関わらず -de 形になり，単数では1人称と3人称が共に -de 形になり，ほとんど区別がつかなくなった．

(3)　後期中英語の動詞変化表

	現在形		過去形	
	単数形	複数形	単数形	複数形
1人称	-e	-e	-de	-de
2人称	-st	-e	-dst	-de
3人称	-th	-e	-de	-de

（縄田 (2012: 108)）

一方で，古英語／初期中英語に見られた空の主語（＝pro）が，後期中英語になると消失したと仮定される．一般にはこの頃に義務的な主語が要求されるようになったと仮定される．

(4)　Nearwe *pro* genyddon on norðwegas
　　anxiously　　hastened　on north-way
　　'Anxiously, they hastened north.'

（Exodus 68/129: 縄田 (2012: 102)）

また接語は，話題化による V2 が消失した，ほぼ同時期の後期中英語におい
て消失したと仮定される．（例文省略）

以上のことから，後期中英語期に起こった変化として，動詞の屈折語尾の衰
退，主語の義務化，接語の消失が複雑に絡み合って，話題化による V2 の消失
に繋がったのではないか，一方演算子による V2 の方には，直接的な影響がな
かったために存続していると仮定する．

3. 話題化による V2 消失と残留 V2 のメカニズム

3.1. 古英語／初期中英語における V2 構造

阿部（2013）では，V2 構造をめぐる変化を，言語の機能範疇の発達という
観点から，Hosaka（2009）に基づいて考察した．Hosaka は，ドイツ語は CP
と TP がまだ分化していない形の FP が存在し，次のような構造において，動
詞が VP 内の位置から F の位置に上昇することによって V2 構造を形成する
と仮定している．

(5) $[_{FP}$ Spec $[_{F'}$ F $[_{VP}$]]] (Hosaka（2009: 469））

この論文でも，この考えを採用したいと思う．次に話題化と演算子が生じる
位置に関して，Pintzuk（1993）の CP 回帰（CP Recursion）という考えを採
用したいと思う．Pintzuk は，スカンジナビア本土語では，橋渡し動詞が肯定
的（positive）で現実的（realis）の場合には，埋め込み文での V2 が可能であ
ることから，CP の繰り返しによる，次のような構造を仮定している．

(6) デンマーク語
Hun sagde $[_{CP1}$ at $[_{CP2}$ kaffe$_i$ $[_{C2}$ drikker$_j$ $[_{IP}$ Peter ikke t_j t_i]]]
she said   that coffee   drinks   Peter not
'She said that Peter doesn't drink coffee.' (Pintzuk（1993: 9））

この句構造の回帰適用に基づいて，V2 構造を示す演算子と話題化は，FP
において階層を成すと仮定する．その理由の 1 つとして，接語をめぐる両者
の違いから，V2 を順守する演算子が上位の FP_2 に来て，V2 に従わない話題
化が下位の FP_1 に来ると仮定する．そして，後期中英語期に入り，主語が義
務化（＝EPP）することにより，FP_1 が TP に変化し，一方 FP_2 は CP に変化
したと仮定する．これは，次のような構造的変化として表される．

(7) a. OE/Early ME b. Late ME

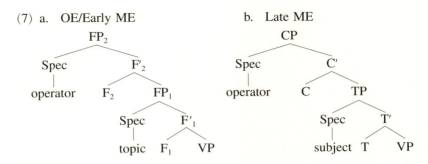

演算子と接語が共に生じる (1b) の例は, (7a) の構造に基づいて, 接語は話題化要素の1つとして, 次のように表される.

(8) [$_{FP2}$ for hwam$_k$ [$_{F2'}$ noldest$_j$ [$_{FP1}$ þu ðe sylfe$_i$ [$_{F1'}$ v_j [$_{VP}$ np_i v_j me gecyðan þæt wh_k]]]]]

この構造において, wh 疑問 (for hwam) は VP 内から FP$_2$ の指定辞位置に移動し, 接語+self 形 (þu ðe sylfe) は, FP$_1$ の指定辞位置に移動される. 一方, 動詞 (noldest) は, VP 内から F$_1$ を経由して F$_2$ の主要部に移動すると仮定する. ここにおいて, 接語は動詞の後に来ているので, V2構造は順守される.

次に話題化文に関してであるが, ここでは Richards (2001) に基づいて, 押し込み (tucking-in) という考えを採用する. 例えば, セルビア語の 'Ko koga vidi?' (=who whom sees) においては, 文頭に多重の wh が来ても, Superiority の違反にならないのは, 最初の wh 語の下に, 次の wh 語が押し込まれるからであるとしている. 彼の分析の優れているところは, 最初の wh 語の下に次の wh 語が押し込まれることによって, wh 語全体が, 1つの大きな wh 表現として扱われることである. そのことから, 接語も話題化要素の1つなので, 最初の話題化要素の下に押し込まれると仮定する. すると, (2) の一見すると V2 を破る例は, 次のように表される.

(9) [$_{FP1}$ Æfter his gebede$_k$, $_{[hei]}$ [$_{F1'}$ ahof$_j$ [$_{VP}$ np_i v_j þæt cild up pp_k ...]]]

この構造においては, 話題化要素である Æfter his gebede は VP 内から FP$_1$ の指定辞位置に移動されるが, 接語の he は, FP$_1$ 内で文頭の話題化要素の下に押し込まれると仮定する. その結果, 話題化要素全体が1つの大きな話題化要素を形成するので, 一見すると V2 を破っているように見えた (2) の例は, 第1要素として話題化要素+接語が来て, 次に動詞が来るので, V2 を

守っていることになる.

　以上の事から，古英語／初期中英語における話題化による V2 と演算子による V2 の違いを構造的に説明できたと思う．次に，なぜ後期中英語期に話題化による V2 が消失したかということと，なぜ演算子による残留 V2 は現在でも存続しているのか，そのメカニズムを考えて見よう.

3.2.　後期中英語以降の残留 V2 構造

　古英語／初期中英語に見られた話題化による V2 は，(7a) において示されるような句構造から，(7b) に示されるような句構造に変化したのは，取りも直さず，統語構造における主語の義務化である．これにより，(7a) の FP_1 は，(7b) の TP に変化し，FP_1 の指定辞位置にあった話題化要素は，TP の指定辞位置に来る義務的主語にその位置を奪われる．つまり，この構造的な変化は，主に EPP 素性の確立が後期中英語期に行われた結果であると仮定する.

　さらに 2 章でも述べたように，後期中英語においては，話題化による V2 ばかりでなく，接語も消失する．接語の消失に関して，Miyashita (2004) は，動詞が持つ素性の中から接語素性が消失したと仮定している．しかし，接語素性の存在そのものが怪しいことと，それだけではその場限りの説明に終わってしまう．これに関連して，Miyagawa (2010: 86) では，Holmberg and Nikanne (2002) の考えに基づいて，topic と focus は同じ素性から生じていることから，default の focus が topic であると仮定している．演算子はいわば focus に関わると考えられるので，[1] 話題化と統一できる点で好ましいが，ここでは有標性の観点から，Miyagawa の考えとは反対に，無標の焦点が focus であり，有標の焦点が topic(= −focus) であると仮定する.

　さらに現代英語では，次の例に見られるように，話題化そのものは残っている.

(10)　This book, I really like.

　現代英語に見られる話題化は，古英語／初期中英語で見られる話題化とは，2 つの点で異なっている．1) 話題化された要素は，ポーズを伴って，文の外に取り出されている．2) 倒置 (=V2) が見られない．以上のことから，現代英語に見られる話題化は，統語規則ではなく，文体規則として音韻部門に属す

---

　[1] 例えば，'Who are you calling?' のような wh 疑問文では，移動前の 'You are calling who?' における目的語の who を焦点化させることによって前置されたとも考えられる.

と仮定する．

以上のことから，後期中英語期において，有標の焦点である topic に基づく話題化は，言わば無標である義務的主語により，その場を奪われ，話題素性そのものも統語部門から消失し，同様に話題化要素である接語も消失したと仮定する．但し，話題化自体は音韻部門からの要請を受けて，違う形で存続すると仮定する．一方，無標の focus に関わる演算子の方には影響が及ばなかったので，残留 V2 として存続することになる．[2]

次に演算子による V2 を考える．演算子に関しては，機能範疇の言語的発達の結果，古英語／初期中英語期の句構造 (7a) における FP_2 から，後期中英語の句構造 (7b) における CP に変化したと仮定する．しかし，話題化の場合と異なり，実質的な変化はさほどなかったと仮定する．

ここでは，Radford (2006) の分析に従って，演算子の派生の仕方をより深く追求する．Radford は，Chomsky (2006) において提案された端素性 (edge feature) を用い，加えて主節の疑問文は接辞的であるという Chomsky (1995) の考えに従って，主節の C の主要部に [TNS] 素性を仮定し，C の指定辞には端素性により疑問詞である wh 句が置かれ，主要部の [TNS] 素性が（助）動詞を牽引して，倒置構造を引き起こすと仮定している．

(11) a. Who were you phoning?
   b. 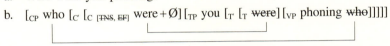[CP who [C' [C [TNS, EF] were+Ø] [TP you [T' [T were] [VP phoning who]]]]]

(Radford (2006: 124))

しかし，埋め込み節で疑問が来る場合には，倒置は起こらない．この事実は，V2 を明確に示した古英語／初期中英語の wh 構文でも，埋め込み節では V2 による倒置は示されない．

(12) Ic nat   ful geare *ymb hwaet* đu giet **tweost**
     I not-know full well about what-acc. you yet doubt
     'I do not know full well about what you still doubt'

(Boeth.V.3: Allen (1977:124))

---

[2] V2 構造が focus に関係するとするならば，(6a) における FP を FocP に代えた方が良いかもしれないが，ここでは言語発達の考えから FP のままにして置く．

Radford に沿って仮定すると，その説明としては，単に埋め込み節の C には [TNS] 素性が来ないということになると思われるが，これではその場しのぎの説明になってしまう．また，[TNS] 素性とは時制を示す素性なので，それが主節の疑問文にはあるが，埋め込み節の疑問文にはないとすると，埋め込みの疑問文には時制がないという間違った予測をしてしまう．

そこで V2 構造そのもの特徴について考えてみたいと思う．Hopper and Traugott (2003) によると，V2 構造とは話題・評言の構造の現れであると考えている．一方，Truckenbrodt (2006) においては，動詞が V から C に移動する，つまり V2 語順を示すのは，認知論的な発話内行為の力（illocutionary force）によるものだと仮定している．発話内行為は直示的な表現と関係するので，主節及びルート文にのみ限定される．すると，これは Radford が仮定する [TNS] 素性より有望のように思われる．そこで発話内行為の力を示す素性として，[IL]（＝Illocutionary force）素性を仮定すると，V2 構文の主節においては [IL] 素性があるので，V2 が引き起こされるが，埋め込み節では [IL] 素性がないため，V2 が起こらないと説明できる．

加えて，Radford (2006: 125) では，エリザベス朝の英語においては，顕在的な whether が文頭に来て，その後に（助）動詞が来る倒置（＝V2）構造を示していたと指摘されている．その後，現代英語では顕在的な whether は消失してしまったが，現代英語においても，非顕在的な whether が文頭に存在していると仮定するならば，yes-no 疑問も wh 疑問と同様に，演算子に関わる構造として，同じく残留 V2 を示すものとして扱うことができる．

(13) a. *Whether* **had** you rather lead mine eyes or eye your master's heels? (Mrs Page, *Merry Wives of Windsor*, III.ii)
   b. *Whether* **dost** thou profess thyself a knave or a fool?
   (Lafeu, *All's Well That Ends Well*, IV.v)

関連して，古英語／初期中英語においては，演算子以外に þa や通常の否定語が文頭に来て，V2 構造を示すものが存在した．

(14) a. þa   **foron** hie mid þrim scipum ut
      then sailed they with three ships out
      'Then they sailed out with three ships'
   b. *Ne* **sceal** he naht   unaliefedes don
      not shall he nothing unlawful   do

'He shall not do anything unlawful'

(Fisher, Kemenade, Koopman and Wurf (2000: 118))

一方，現代英語では演算子以外に倒置（＝V2）を引き起こすものは，次の例に見られるような強意の否定語や強意の場所句に限定される。[3]

(15) a. *Little* **did** I dream that she was going to live in the States.

    b. *Down the hill* **rolled** the baby carriage.

(14) と (15) の違いは，機能範疇が後期中英語期に FP_2 から CP に変化した副産物と仮定する．つまり，古英語／初期中英語における FP_1 は，演算子の他に þa や通常の否定語が許される点で，かなり寛容であったと考えられるが，後期中英語期以降の CP には，演算子以外には強意を伴う否定語や場所句しか許されない点でより限定的になったと思われる．現代英語に限ってみれば，演算子の場合には，疑問になるものも，強意を伴う否定語や場所句も focus の 1 つと考えられるので，残留 V2 とは，focus に限定された V2 であると考えることができる．

(16) Focus: wh-Q , Ø-whether, emphatic Neg, emphatic Loc

従って，現代英語に見られる残留 V2 は，次のような派生によると仮定される．

(17) $[_{CP}$ wh-Q/ Ø-whether /E-Neg/E-Loc $[_{C'}[_{C[EF][IL]}$ Aux$_i]$ $[_{TP}$ NP T$_i$ $[_{vP}$ …]]]]

この構造において，wh 語，非顕在的な Ø-whether，強意の否定語と強意の場所句は，主要部 C が持つ端素性 [EF] によって，CP の指定辞位置に移動され，主要部 C が持つ発話内行為の力 [IL] によって，（助）動詞は主要部 C に移動する．これにより，現代英語による残留 V2 が形成される．

古英語／初期中英語において V2 構造に来ることができた þa や通常の否定語に関しては，後期中英語期になると，その focus としての機能が失われた

---

[3] Radford (2006: 213) では，wh 疑問詞と否定語が共に演算子的（ここでは focus）である証拠として，共に下に polarity item を伴うことが可能であるとしている．

  (i) a. What sympathy did *any* of the protestors get?

    b. Not a grain of sympathy did *any* of the protestors get

ために文頭に来ることができなくなったと仮定される.[4]

4. まとめ

　この論文では，同じ V2 構造をなすと考えられている，話題化による V2 と演算子による V2 の内，なぜ話題化による V2 だけが消失したのかを明らかにしようとした．topic と focus が同じ素性に関わるという観点から，話題化による V2 も演算子による V2 も，言わば focus に関わる移動と仮定される．しかし，話題化による V2 は，topic が有標であったために，無標の義務的主語に取って変われたと仮定する．

　句構造による説明としては，古英語／初期中英語においては未発達の FP（上の FP には演算子，下の FP には話題要素）が存在して，主要部の F に動詞が移動することにより，V2 構造が形成されると仮定した．後期中英語になると，主語の義務化（＝EPP）により，それまでの FP が CP と TP に分化され，下の FP に生じていた話題化は，TP の指定辞位置に来る義務的な主語により，その場を奪われ，それに伴い話題化による V2 そのものが消失した．一方，上の FP に生じていた演算子の方は，機能範疇が CP に代わっても大きな変化はなく，残留 V2 として存続していると仮定した．

　V2 の派生に関しては，Truckenbrodt (2006) の考えに従い，V2 の引き金となるのは，発話内行為による力と考えられ，これは直示的な表現を必要とするため，主節およびルート文しか起こらないことから，主節の C に [IL] という素性を仮定して，これが V2 を引き起こすと仮定した．また，倒置（＝V2）を引き起こす CP の指定辞位置には，wh 語だけでなく，エリザベス朝の英語における顕在的な whether の存在や，強意の否定語や強意の場所句の存在から，focus に関わるものが，残留 V2 構造として関与していることが明らかにされた．

---

[4] この論文では触れなかったが，近代英語期に発達する助動詞についてはさらに追及する必要があると思われるが，V2 現象に関する限りは，[IL] に牽引されるものが主動詞から助動詞に変化した程度の言及に留める．

主要参考文献

阿部幸一 (2013)「残留 V2 について」『愛知工業大学研究報告』第 49 号, 43-46.

Haeberli, Eric (2002) "Inflectional Morphology and the Loss of Verb-Second in English," *Syntactic Effects of Morphological Change*, ed. by D. Lightfooot, 88-106, Oxford University Press, Oxford.

Hopper, Paul J. and Elizabeth Closs Traugott (1993) *Grammaticalization*, Cambridge University Press, Cambridge.

Hosaka, Yasuhito (2009) "Notes on Functional Categories in German," *English Linguistics* 26, 460-475.

Miyagawa, Shigeru (2010) *Why Agree? Why Move? Unifying Agreement-Based and Discourse-Configurational Languages*, MIT Press, Cambridge, MA.

Miyashita, Harumasa (2004) "Cliticization in the History of English: Loss of the Subject Position Asymmetry and the Wackernagel Pronominal Object," *Linguistic Research* 20, 103-154.

縄田祐幸 (2012)「古英語・中英語における「空主語」の認可と消失——話題卓立言語から主語卓立言語へ——」『島根大学教育学部紀要 (人文・社会科学)』第 46 巻, 101-110.

Pintzuk, Susan (1993) "Verb seconding in Old English: Verb Movement to Infl," *The Linguistic Review* 10, 5-35.

Radford, Andrew (2006) "Minimalist Syntax Revised," unpublished paper, University of Essex.

Richards, Norvin (2001) *Movement in Language: Interactions and Architectures*, Oxford University Press, Oxford.

Truckenbrodt, Hubert (2006) "On the Semantic Motivation of Syntactic Verb Movement to C in German," *Theoretical Linguistics* 32, No. 3, 257-306.

韓国語母語話者日本語学習者及び中国語母語話者日本語学習者における統語的複合動詞の習得[*]

一瀬陽子・團迫雅彦・木戸康人

福岡大学・九州大学・神戸大学

1. はじめに

本論文では，日本語学習者，特に韓国語母語話者ならびに中国語母語話者の統語的複合動詞の産出に焦点を置き，母語の転移により誤用が起こりうることを実験データから示す．複合動詞は前項動詞（以下 V1 とする）と後項動詞（以下 V2 とする）から構成され，その統語的特性から語彙的複合動詞と統語的複合動詞に大別される（影山（1993））．日本語・中国語にはその両方の複合動詞があるとされる（Hokari et al. (2012)）が，韓国語には統語的複合動詞はないと言われている（塚本（2012））．このことから，もし母語の転移が日本語の習得に影響を及ぼすならば，統語的複合動詞の産出が両言語話者の間で異なることが予測される．そこで，本論文では両言語の学習者を対象に統語的複合動詞に関する産出実験を行い，上記の予測の検証を行った．その結果，中国語母語話者はほとんど統語的複合動詞の産出に誤りがなかったのに対し，韓国語母語話者は統語的複合動詞の形式を作れず，本来 V2 に用いる動詞を副詞のように用いる場合があることがわかった．本稿では，韓国語では動詞に副詞を付加させることで日本語の統語的複合動詞が示す事象と類似した事象を表すことから，統語的複合動詞の産出には母語の転移が作用し，その結果として誤用が起こりうることを提案する．

---

[*] 本研究では，被験者を集めるにあたって，学校法人 KCP 学園 KCP 地球市民日本語学校と鄭磊先生に協力して頂いた．ここに記して感謝申し上げる．なお，本研究は，文部科学省の科学研究費 24520684（基盤研究（C））の助成を受けたものである．

2. 日本語複合動詞と第二言語習得研究

2.1. 日本語複合動詞の種類と言語間の相違

影山（1993）によると、「食べ続ける」のような統語的複合動詞は V2 が V1 を主要部とする動詞句（VP）を補部に取る複合動詞であり、一方で「飲み歩く」のような語彙的複合動詞は V1 の連用形と V2 が直接併合され、構成要素の 2 つの動詞の間には補文関係が存在しないとされる．こうした二種類の複合動詞を区別する診断基準として、影山（1993）は V1 に対する統語操作の適用可能性を挙げている．[1] 例えば、VP1 を「そうする」に置換する統語操作について考えてみよう．（1a）のように統語的複合動詞では「酒を飲み」の部分を代用形「そうし」で置き換えられるが、（1b）のように語彙的複合動詞では同様の代用形置換が不可能である．この差異は、統語操作は語の一部に対して適用できない、という語彙的緊密性（lexical integrity）（Anderson（1991））という原理による．具体的には、統語的複合動詞は 2 つの V が別の投射内にあるため、V1 を主要部とする最大投射を対象とした統語操作が適用できるのに対し、語彙的複合動詞は同じ投射内に 2 つの V があるために、V1 のみを対象とした統語操作がかけられない．

(1) a. 太郎は [$_{VP2}$ [$_{VP1}$ 酒を [$_{V1}$ 飲み]] [$_{V2}$ 続け]] た．花子も<u>そうし続けた</u>．
    b. 太郎は [$_{VP}$ 酒を [$_{V1}$ 飲み] [$_{V2}$ 歩い]] た．*花子も<u>そうし歩いた</u>．

このように日本語には統語的複合動詞も語彙的複合動詞も存在する．しかしながら、どのような種類の複合動詞があるかは言語ごとに異なる．例えば、Hokari et al.（2012）は、Li and Thompson（1981）、Shen and Lin（2005）、木村（2007）、Yin（2010）といった先行研究に基づき中国語にはどちらのタイプの複合動詞もあるとしている．例えば、（2a）は V1（*chi*）が「食べる」という行為を表し、V2（*wan*）が「終わる」というその行為の段階を示す動詞連続である．興味深いことに、（2b）に示すように V1 と V2 の間に達成を表す *de* や否定の *bu* といった小辞を挿入できる(Hokari et al.（2012: 159, (11a)))．このような動詞連続には語彙的緊密性が見られない．中国語の動詞連続の中には日本語の統語的複合動詞と共通の特性を有しているものがあると思われる．

---

[1] その他の統語テストには、助詞の挿入の可否、漢語置換、敬語化、受身化がある．

(2) a. chi-wan [eat-finish] 'finish eating'
   b. chi-de/bu-wan

一方で，V1 と V2 が同じ意味を表す（3a）のような動詞連続の場合，（3b）に示すように *de* や *bu* を挿入できない（Hokari et al.（2012: 160,（14a）））．このように語彙的緊密性を示す動詞連続が存在することから，中国語にも日本語の語彙的複合動詞と同じ特性を有しているものがあるとみなすことができる．

(3) a. gou-mai [purchase-buy] 'buy'
   b. *gou-de/bu-mai

　一方で，韓国語では語彙的複合動詞は観察されるが，統語的複合動詞は観察されない（和田（2011），塚本（2012）など）．例えば，（4）の下線部のように動詞連続の間に小辞 *to* を挿入できないことは語彙的緊密性を示しており，韓国語の動詞連続は，語彙的複合動詞の特性を持っていることがわかる．

(4)　ay-tul-i　　　　kyeytan-ul　　　　<u>olu-(*to) nali-ess-ta</u>.
　　child-pl-nom　staircases-acc　　go up-(also) go down-past-dec
　　'Children even went up and down the stairs.'
　　　　　　　　　　　　　　　　（Hokari et al.（2012: 161,（16a)））に基づく）

また，韓国語には統語的複合動詞に相当する形式はなく，迂言的な方法によってその意味を表すと言われている（塚本（2012））．例えば，日本語の「食べ終えた」に相当する事象は，（5a）のように「全て」の意味に相当する副詞 *ta* を用いて「全て食べた」のように表現される．また，「食べ続けた」も（5b）のように副詞 *kyeysok* を用いて「続けて食べた」のように表される．

(5) a. ta　　　　mek-ess-ta
　　　all　　　eat-past-dec
   b. kyeysok　　　　mek-ess-ta
　　　successively　　eat-past-dec

以上をまとめると，各言語の複合動詞は表1のように整理される．

表1. 各言語における複合動詞の種類

	日本語	韓国語	中国語
統語的複合動詞	あり	なし	あり
語彙的複合動詞	あり	あり	あり

(Hokari et al.（2012: 162）を基に作成）

2.2. 統語的複合動詞の産出に関する第二言語習得研究

　これまでの日本語複合動詞に関する第二言語習得研究では主に統語的複合動詞が語彙的複合動詞に比べて習得がしやすいかどうかという点に焦点が置かれてきた．寺田（2001）は，Pinker（1991）によって提唱された二重メカニズムモデルを日本語複合動詞に応用している．具体的には，統語的複合動詞は規則適用によって作られるのに対して語彙的複合動詞は1つずつ記憶するという仮説を提示し，学習者が統語的複合動詞を習得するにはその規則さえ学習できれば良いと予測される．一方，語彙的複合動詞の場合は個々の動詞の組み合わせと意味を1つずつ記憶する必要があるため統語的複合動詞に比べると語彙的複合動詞の習得は難しいと予測される．寺田（2001）による研究では，帰国子女を対象に産出課題を行った結果，予測どおり統語的複合動詞の方が語彙的複合動詞よりも誤用が少ない結果が得られ，二重メカニズムモデルが日本語複合動詞の習得にも関与していると報告している．一方，陳（2010）は国立国語研究所の「日本語学習者による日本語作文と，その母語訳との対訳データベース ver.2」（作文対訳 DB）を用いて，学習者が書いた語彙的複合動詞および統語的複合動詞をそれぞれ正用・誤用・不自然のうちどれに相当するかを日本語母語話者に判定させる調査を行っている．陳（2010: 28）は，「語彙的複合動詞に関しては，学習年数1年未満で55%程度であった正用率が学習年数の経過とともに徐々に増加し，3年以上の学習者は65%まで緩やかに増加する．統語的複合動詞は学習年数が低い時期では語彙的複合動詞よりも正用率が高く，70%程度であったが，学習年数とともに正用が増える訳ではなく学習年数2～3年以上になると正用率が語彙的複合動詞と同程度となる」と報告している．このように学習者の作文データにおいても，統語的複合動詞のほうが語彙的複合動詞よりも正しく用いられていることがわかる．陳（2010）の結果は寺田（2001）の結果を作文データから補完したものといえる．また，陳（2010: 29）では具体的な以下の誤用が提示されている．

(6) a. 子供たちもせんでんや年上の吸いているの人々を見てたばこを
　　　　吸い始まります.

　　　　　　　　　　　(作文対訳 DB, インド人学習者, 学習年数 1 ～ 2 年)

　　b. からすは下に木が見えなくなるまでとびつづいていました.
　　　　ずっと一時間ぐらいとんでいた.

　　　　　　　　　　　(作文対訳 DB, インド人学習者, 学習年数 1 年未満)

これらの例では, V2 を他動詞にするところで自動詞が用いられている. しか
し, 陳 (2010) ではこうした誤りがどの程度あったのか, また, インド人学習
者以外の他の母語話者がこうした誤用をしたのかどうかについては明らかにさ
れていない. 日本語複合動詞の習得研究を行う際には, 学習者の日本語複合動
詞の習得過程を考察する上で母語が何であるのかについても重要な変数の 1
つであると考えられる. そのため, 母語にどのような複合動詞があるのかとい
う情報を統制・整理した上で言語データを観察する必要がある.

　これに対し, Hokari et al. (2012) は学習者の母語に統語的複合動詞と語彙
的複合動詞があるかどうかに注目し, それによってそれぞれの複合動詞の習得
の様相がどのように異なるのかを考察している. 彼らは面接形式による学習者
の発話コーパス (Uemura Corpus と KY コーパス) を用い, 英語・中国語・
韓国語を母語とする日本語学習者の発した複合動詞を集積し, 分析を行った.
その結果, まず中国語母語話者については習熟度が高くなるにつれてどちらの
動詞も安定的に使用数が増えていったことがわかった. また, 韓国語母語話者
は語彙的複合動詞の使用が急激に伸びるが, 統語的複合動詞にはそれが見られ
なかった. 以上より, 学習者の母語により発達の様相が異なることが示唆され
た.

　こうした研究に対し, 母語の影響があるかどうかを実験的に引き出すため
に, 一瀬・木戸・團迫 (2015) は韓国語を母語とする日本語学習者 32 名を対
象にした以下の実験を行った. この実験は寺田 (2001) と同様の手法を用い,
「続ける, 食べる, 続く」の 3 つの動詞から 2 つの動詞を選んで適切に組み合
わせて, 「私はお菓子を (　　　　).」という空欄部分に記入して完成させると
いう課題を実施した. この課題では学習者は V2 にアスペクトを表す動詞を配
置しなければならない. そして, V2 に自動詞「始まる」「続く」「止む」では
なく他動詞「始める」「続ける」「止める」を用いなければならない. つまり,
2 つの動詞の語順と V2 の自他の形態を文に合わせて正しく統語的複合動詞に
作り変えることが求められる. また, 韓国語母語話者は上述のとおり, 母語に

日本語と同様の統語的複合動詞がないとされているため，もし母語の転移があるとすれば複合動詞とは異なる形式で産出が起こると予測される．実際に，学習者の誤用の中には「私はケーキを<u>食べ止んだ</u>」のように，V2 を他動詞ではなく自動詞に置き換えて用いるものがあった．これは，陳（2010）で報告されたインド人学習者の誤用と同種類のものといえる．さらに，本論文にとって重要な（7）のような興味深い産出例が見られた．

(7)　私はお菓子を<u>続けて食った</u>．

これは（5b）に示された韓国語の例を直訳したかのように日本語に置き換えてられている．この例を，一瀬・木戸・團迫（2015）は母語である韓国語からの影響によると主張している．ただし，（7）の 1 例のみであったこと，また，他の言語を母語とする学習者に対しては調査を行っていないため，真に母語からの影響であるかどうかは十分に明らかになっているとはいえない．

3.　研究課題

　前節で確認したとおり，実験・コーパス研究ともに基本的には統語的複合動詞の方が語彙的複合動詞より誤用が少なく，学習者にとっては学習がしやすいことが明らかになっている．しかし，学習者の母語についての情報が十分でないだけでなく，観察された誤用がどのような要因により影響を受けているのかという問いが明らかになっていない．特に，一瀬・木戸・團迫（2015）で示された「続けて食った」という産出が統語的複合動詞のない韓国語を母語とする話者に特有の誤用なのかどうかは検討する必要がある．そこで，本論文の研究課題を以下のように設定する．

(8)　韓国語では（5）に示したように日本語の統語的複合動詞を「副詞＋動詞」型でしか表す方法がないものがあるため，韓国人日本語学習者の方が中国人日本語学習者よりも，「副詞＋動詞」型を多く産出するのか．

この研究課題を検証することにより，もし後項動詞が「終わる」「終える」「続ける」の日本語の統語的複合動詞を韓国人日本語学習者の方が中国人日本語学習者より「副詞＋動詞」型を多く産出するのであれば，それは母語の転移であると言えると考える．

　次節では中国語・韓国語母語話者を対象にした実験とその結果を述べる．

4. 実験

4.1. 被験者

　日本の専門学校に在籍する韓国語を母語とする日本語学習者 48 名と，日本の大学に在籍する中国語を母語とする日本語学習者 48 名を対象とした．まず習熟度テストの結果を基に，上位グループと下位グループとに韓国語母語話者（上位 n = 23, mean = 19.9, *SD* = 1.1, 下位 n = 25, mean = 15.0, *SD* = 3.0）と中国語母語話者（上位 n = 24, mean = 18.6, *SD* = 2.1, 下位 n = 24, mean = 13.8, *SD* = 1.2）にそれぞれ分けた．

4.2. 実験の手続き
4.2.1. 自他の区別に関するテスト

　今回のメインのタスクである「空所補充課題」を実施する上で（9）に示すような「自他の区別に関するテスト」も併せて実施した．理由としては次の 2 点が挙げられる．まず 1 点目は複合動詞の自他の区別ができているかどうかを調べる前に，単純動詞の自動詞，他動詞の区別ができているかどうかを確認する必要があるためである．

　次に 2 点目は格助詞と自動詞ないし，他動詞を正しく組み合わせることができるかどうかを確かめる必要があるためである．これらの点を明確にしておかなければ，たとえ産出データにおいて何らかの誤用が観察されたとしても，その誤用の原因を突き止めることは困難となってしまう可能性が高い．

（9）　自他の区別に関するテスト（一部抜粋）：
　　　より自然だと思われる文章を a, b の中から 1 つ選んで丸を付けて下さい．
　　　1. a.　ヨンヒが英語の勉強を続いた．／ b.　ヨンヒが英語の勉強を続けた．
　　　2. a.　英語の勉強が続いた．／ b.　英語の勉強が続けた．

4.2.2. 空所補充課題

　前述の「自他の区別に関するテスト」の後に「空所補充課題」を実施した．この課題の目的は被験者が複合動詞を正しく作ることができるかどうかを見ることである．具体例としては（10）のような 3 つの動詞群の中から 2 つの動詞を選んだ上で，V1 を連用形語幹にし，主語や目的語に付加した格助詞に合せて V2 の自他を選択するというものである．

(10) 空所補充課題（一部抜粋）:
　　　例にならって3つの動詞から2つの動詞を選んで適切な形に直し，下
　　　の文章を完成させて下さい．
　　　（例）倒れる／切る／倒す　→私が木を（切り倒した）．
　　　1.　続ける／食べる／続く　→私はお菓子を（　　　　　）．
　　　2.　続ける／続く／降る　　→雨が（　　　　　）．

4.3.　結果

　まず自他の区別テストの結果は以下の通りである．

表2.　自他の区別テストの結果（正答率）

	韓国人		中国人	
	上位 (n=23)	下位 (n=25)	上位 (n=24)	下位 (n=24)
1. 勉強を（続いた／続けた）.	22 (95.7%)	15 (60.0%)	18 (75.0%)	12 (50.0%)
2. 勉強が（続いた／続けた）.	23 (100%)	16 (64.0%)	18 (75.0%)	13 (54.2%)
3. 勉強を（始めた／始まった）.	22 (95.7%)	20 (80.0%)	22 (91.7%)	20 (83.3%)
4. 授業が（始めた／始まった）.	23 (100%)	21 (84.0%)	21 (87.5%)	18 (75.0%)
5. 勉強を（終えた／終わった）.	23 (100%)	24 (96.0%)	17 (70.8%)	15 (62.5%)
6. 授業が（終えた／終わった）.	23 (100%)	21 (84.0%)	19 (79.2%)	20 (83.3%)

中国人グループがやや正答率が低いものの，両グループ共に上位グループの正
答率は概して高いと言える．つまり上位グループにおいて，自動詞，他動詞の
区別はついていると言えるのに対し，下位グループは3分の1程度の学習者
において自他の取り違えを起こしている傾向が見られる．次に空所補充課題の
結果は以下の通りである．

表3.　空所補充課題における各グループの正答率

	韓国人		中国人	
	上位 (n=23)	下位 (n=25)	上位 (n=24)	下位 (n=24)
1. 私はお菓子を（食べ終わった）	21 (91.3%)	8 (32.0%)	20 (83.3%)	10 (41.7%)
2. 雨が（降り続く）	18 (78.2%)	6 (24.0%)	20 (83.3%)	8 (33.3%)
3. 私は先に夕食を（食べ始めた）	21 (91.3%)	13 (52.0%)	20 (83.3%)	15 (62.5%)
4. 雨が（降り始めた）	6 (26.1%)	6 (24.0%)	5 (20.8%)	6 (25.0%)
5. 私は朝食を（食べ終えた）	18 (78.3%)	7 (28.0%)	11 (45.8%)	10 (41.7%)
6. 雨が（降り終わった）	19 (82.6%)	18 (72.0%)	19 (79.2%)	11 (45.8%)

70 II. 統語論・言語習得

表3はそれぞれの調査項目に関する各グループの正答率である．数値を概観する限り，母語の違いに関わらず，上位グループ同士，下位グループ同士の正答率は近似している．ただ，「食べ終えた」，「降り終わった」の項目に関しては，韓国人，中国人の上位グループ間，下位グループ間で数値に開きがあった．具体的には「私は朝食を食べ終えた」の正答率が韓国人上位グループにおいて 78.3% であるのに対し，中国人上位グループでは 45.8% と低い．

次に誤りの詳細について見ていくことにする．表4はそれぞれの母語話者グループが産出した誤りを動詞群毎に分類したものである．

表4. 空所補充課題における誤りの詳細分析（類型化）

		韓国人		中国人	
	調査項目	上位 (n=23)	下位 (n=25)	上位 (n=24)	下位 (n=24)
V2 の誤用 (例) 食べ続いた 降り始まった 他	食べ続けた	1	5	4	11
	降り続けた	4	8	4	12
	食べ始めた	2	2	4	5
	降り始めた	17	11	20	13
	食べ終わった	4	9	13	10
	降り終わった	4	2	5	5
「副詞＋動詞」型 (例) 続けて食べた 続けて降った 他	食べ続けた	1	7	0	0
	降り続けた	1	6	0	0
	食べ始めた	0	4	0	1
	降り始めた	0	3	0	1
	食べ終わった	0	2	0	0
	降り終わった	0	0	0	0
V1 の誤用 (例) 食べり続けた 降る始めた 他	食べ続けた	0	3	0	0
	降り続けた	0	2	0	2
	食べ始めた	0	4	0	1
	降り始めた	0	4	0	1
	食べ終わった	0	0	0	0
	降り終わった	0	2	0	2
その他 (例) 食べた 降りわった 他	食べ続けた	0	1	0	2
	降り続けた	0	1	0	3
	食べ始めた	0	1	0	2
	降り始めた	0	1	0	2
	食べ終わった	1	1	0	3
	降り終わった	0	2	0	5

表4をカテゴリー別に見ていくことにする．まず「V2の誤用」において，誤りは中国語母語話者や下位グループにやや多く見られるものの，母語やレベルを問わず全グループで誤りの多いカテゴリーであることが分かる．

　次に「副詞＋動詞」型であるが，特筆すべきは韓国人下位グループにおいて「副詞＋動詞」型（例：続けて食べた，続けて降った）の誤りが計22センテンスと群を抜いて多いことである．中国人被験者の下位グループが2センテンス，上位グループが0という数値であることからも，22センテンスという数値がいかに大きいものであるか分かる．最後に「V1の誤用」のカテゴリーにおいて，誤りは中国人下位グループが6センテンスであるのに対し，計15センテンスと圧倒的に韓国人下位グループに誤りが多かった．

5. 考察

　ここでは誤りに関する結果分析で観察された3つの点に関して考察する．まず「V2の誤用」のカテゴリーにおいて，母語が韓国語，中国語に関係なく，また熟達度が上位か下位かに関係なく，誤りが多く見られた点だが，これは2.2節で述べた陳（2010: 28）によるコーパスデータ分析からの報告を実験研究の観点から支持するものだと言える．複合動詞で誤りが多かったことから，今度は単純動詞の「自他の区別に関するテスト」の結果がどうであったかを見るために表4を参照してみると，中国人被験者の上位グループ2名を除いて，「自他の区別に関するテスト」と「空所補充課題」の結果は連動していた．つまり，V2を誤って使用している被験者は単純動詞の自他でも正解していなかった．言い換えると，単純動詞の自他に関して誤答する被験者は統語的複合動詞の自他のテストにおいても間違ったV2を選択する傾向が高いということである．次に「副詞＋動詞」型のカテゴリーにおいて，韓国人下位グループに「副詞＋動詞」型の誤りが突出して多かったのに対し，中国人母語話者や韓国人の上位グループでは誤りが多くないという結果が得られた．これは研究課題に対する明確な示唆，つまり「熟達度レベルの低い学習者において母語の転移による影響が表れた」という結果を示すものだと言える．これらの現象は熟達度が上がるにつれて消滅していくのではないかと推測されるが，この点に関しては今後検証していく必要がある．最後にV1の誤用のカテゴリーにおいて中国人下位グループよりもはるかに韓国人下位グループにV1の誤り（例：食べり続けた，降る始めた）のような誤答が多かった．この誤りに関してはほとんど予測していなかったため，今後さらにV1の誤用に焦点を絞った調査を行い，異

なる韓国人被験者グループでも観察される現象であるか検証する必要がある.

6. 結語と今後の課題

　本論文では，韓国語及び中国語母語話者の日本語の統語的複合動詞の産出における母語の影響や中間言語特有の現象に関する調査を行った．今回得られた様々な興味深い結果の中から2つに絞って列挙すると，まず韓国語母語話者において母語である韓国語の影響がはっきりと表れたことである．具体的には調査前の予測通り，「副詞＋動詞」型の誤りが下位グループに多く観察された．2つ目は中国語母語話者，韓国語母語話者を問わず見られた現象として，単純動詞の自他の区別ができない学習者は複合動詞でも自他の組み合わせを間違う傾向があるということである．つまり，単純動詞の自他の区別ができないにもかかわらず，複合動詞の自他の組み合わせを間違わず正しく産出できた被験者はいなかった．このことから，複合動詞の自他の習得には単純動詞の習得が不可欠であり，日本語複合動詞の学習上の普遍的な発達順序が存在する可能性が示唆された．

　最後に今後の課題を2点挙げて締めくくりとしたい．まず，今回の実験を実施するにあたり，入力の頻度や教室環境での複合動詞の取り扱いといった点がほとんど考慮されていなかった．今後はこれらを踏まえた形での調査を実施することが必要である．2点目は日本語母語話者の韓国語の習得における調査を実施することである．母語の影響を双方向的な立場で比較する意味で，さらに韓国語の複合動詞分析を進めてその習得調査を行うことは必要不可欠であり，今後達成していくべき課題の1つだと言える．

主要参考文献

Hokari, T., M. Kumagami and T. Akimoto (2012) "The Production of Japanese Verb-verb Compounds by English, Chinese, and Korean Speakers: A Corpus Study," *Kyushu University Papers on Linguistics (KUPL)* 33, 155-175.

一瀬陽子・木戸康人・團迫雅彦 (2015)「韓国語を母語とする日本語学習者における統語的複合動詞の習得」『福岡大學人文論叢』第47巻，第2号，453-475.

影山太郎 (1993)『文法と語形成』ひつじ書房，東京.

Pinker, S. (1991) "Rules of Language," *Science* 253, 530-535.

Minimality Effect in Early Child English Grammar

Yusaku Oteki

Aichi Shukutoku University

The purpose of this paper is to show that the Mean Length of Utterance, henceforth MLU, affects the structure of relative clause in early child English. Cecchetto and Donati (2015), henceforth C&D, claim Gross Minimality restricts the derivation of relative clauses. This paper argues against the idea of C&D and proposes that MLU brings the apparent "Gross Minimality effects,"[1] henceforth GM, in the relative clauses in early child English.

1. (Re)Labelling Theory

In this section we would like to begin with the brief review of the derivation process of relative clause within the framework of (re)labeling theory that is argued by C&D.

Consider the derivation of *wh*-relative clause in (1).

(1) the book which John read (cf. C&D, p. 58)
(2) a. [DP the [CP [DP which book] John read ~~which book~~]
　　b. [DP the [NP book [CP [DP which ~~book~~] John read ~~which book~~] (ibid.)
(3) *Wh*-relative

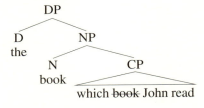

---

[1] See (15) in the section 2 for the details of Gross Minimality effects proposed by C&D.

73

In (2a) *which book* moves to the top of CP and then the N *book* moves out of the CP and projects NP in (2b), which satisfies the selectional restriction by the head D. C&D adopt the Probe Algorithm in (6), which enables a word to label the structure.

(4)　… Assuming the Probing Algorithm, the "projection nature" of the movement of *book* in (2b) is predicted: *book* is a word; therefore, it is an intrinsic probe and can provide the label when it is externally merged with CP. So the noun *book* "relabels" the structure and allows it to combine with the external determiner.　(cf. C&D, p. 58)

(5)　Label
When two objects α and β are merged, a subset of the features of either α or β become the label of the syntactic object $\{\alpha, \beta\}$. A label
a.　can trigger further computation, and
b.　is visible from outside the syntactic object $\{\alpha, \beta\}$. (C&D, p. 87)

(6)　Probing Algorithm
The label of a syntactic object $\{\alpha, \beta\}$ is the feature(s) that act(s) as a probe of the merging operation creating $\{\alpha, \beta\}$.　(ibid.)

Thus the derivation of relative clause involves "relabeling," which automatically explains the head movement of N from within the CP. In the next section, we would like to focus on an asymmetry in relative clause in early child grammar, which, C&D argue, is caused by unprobed merger that must follow from the Gross Minimality they propose.

2.　Asymmetry in Relative Clauses in Early Child Grammar

C&D discuss the subject intervention effect in child grammar by showing Italian examples by Friedmann, Belletti and Rizzi (2009), henceforth FBR. C&D mention that it is well-known that children up to age 5 are more accurate on subject than on object relative clauses both in comprehension and in production. FBR claim that the subject intervention effect is observed when both the relative head and the embedded subject are full noun phrases, but not in (9), where the subject is a (null) pronominal (C&D, p. 144).

(7) *Subject relative*

la   fatina che   ~~la fatina~~ tira   il   cavallo
the   fairy   that   pulls the horse

(8) *Object relative*

il   cavallo che   la   fatina tira   ~~il cavallo~~
the   horse   that the fairy   pulls

(9) *Object relative with a null subject*

il   cavallo che   tirano ~~il cavallo~~
the   horse   that (they) pull   (ibid.)

Since English is not a pro-drop language unlike Italian, we cannot make sure whether the same holds in English. In this article we would like to focus on English samples from Child Language Data Exchange System (CHILDES).

(10) a. I can't see which one we doing. (adam40.cha": line 1839)
     b. I think which color xxx we didn't use? (adam53.cha: line 1044)
     c. play a song that you know. (adam55.cha: line 5274)

(10a) is an example of a relative clause production at the age of 3 years and 11 months. It is quite clear that the examples in (10) all run parallel to those in Italian. Their subjects are all pronominal, not full noun phrases. In CHILDES I did not find samples of the case where both the relative head and the embedded subject are full noun phrases. Thus it seems that English also follows the observation of FBR in that pronominal subjects do not show intervention effect in the relative clause.

What is intriguing in the analysis in C&D is that they focus on the asymmetry by the pronominal intervener that intervenes between the relative head and the embedded object. C&D refer to the observation by Christe (2011).

(11) Christe (2011) shows that a third person pronoun acts as an intervener in children's relative clauses, but a first or second person pronoun does not. Sentences like (45) [our (12)] are much more problematic for children than sentences like (46a-b) [our (13a-b)].

(C&D, p. 150)

76   II. 統語論・言語習得

(12)   Montre-moi   le   crocodile   qu'il   poursuit.
       show me   the crocodile   that he chases
(13) a. Montre-lui   le   crocodile   que   je   poursuis
         show him   the crocodile   that I   chase
         'Show him the crocodile that I am chasing.'
     b. Montre-lui   le   crocodile   que   tu   poursuis
         show him   the crocodile   that you chase
         'Show him the crocodile that you are chasing.'   (ibid.)

C&D argue that the unacceptability of (12) in child grammar is problematic
for FBR since FBR assume a parameter in the same way Relativized Mini-
mality, henceforth RM, is computed when they explain the intervention ef-
fect;

(14)   if Minimality effects are due to the [+/−NP] feature,[2] the nonlexi-
       cally restricted pronoun should not disrupt the dependency of the
       lexically restricted relative head. We can describe the difference be-
       tween (45) [our (12)] and (46) [our (13)] by saying that the person
       feature adds to the Gross Minimality effect triggered by the category
       feature.   (C&D, pp. 150–151)

C&D claim that (13) is better since the relative head and the intervening
subject share just one feature, the categorical feature, while in (12) the in-
tervener and the relative head share two features; the categorical feature and
the person feature. C&D suggests that matching in two features cause a
more severe Gross Minimality violation than matching in just one feature
(C&D, p.151).

   GM is specifically defined as in (15).

(15)   Gross Minimality effects
       … in principle, any feature shared by the moving category X and by
       the intervening category Z can create a Minimality effect.

                                                         (C&D, p. 131)

---

[2] C&D refer to the possibility of violation of the inclusiveness condition according to
which narrow syntax merely operates on words and cannot "add" material, like features,
during the derivation (C&D, p. 147)

Minimality Effect in Early Child English Grammar   77

C&D argue for Gross Minimality since GM can make a distinction between (12) and (13) and thus differentiate the degree of ungrammaticality of those sentences in (12) and (13) in child grammar. Unlike RM, GM is sensitive to all features like category, person, gender, number and case of Z between X and Y. Thus they argue for GM. The examples given in (10) only show that the subjects bear the 1st or 2nd person feature. But the following examples from CHILDES illustrate that the explanation by C&D is not borne out.

(16) a. what is that he has around his back?   (adam36.cha: line 528)
     b. may I keep everything that she has?   (adam42.cha": line 3442.)
     c. well (.) I am hungry (.) but not for all the things that they have
                                        (MacWhinney/55b2.cha": line 712.)
     d. and now I've seen one that he didn't see.
                                        (MacWhinney/61b2.cha": line 1752.)
     e. well (.) I know a machine that they have.
                                        (MacWhinney/63b2.cha": line 923.)

In (16a-e), the intervening subjects are the 3rd person pronominals. If the explanation (14) were on the right track, the examples in (16) would be all wrongly predicted to be worse. The person feature as well as the category feature should wrongly predict that (16) are all unacceptable in child grammar. Not to mention (16a-d) would be wrongly predicted to be much worse than the example in (16e), since the intervening subject and the relative head share at least three features: categorical feature, person feature and number feature. Thus the discussion in this section proves that the analysis by Gross Minimality does not hold true in English. Thus we have seen that the proposal in (17) is untenable based on our discussion in child grammar in English.

(17)   "The more features the subject shares with the extracted object, the more severe the distribution; or vice versa, the fewer features the subject shares with the extracted object, the more acceptable the object extraction (both in comprehension and in production)."

                                                          (C&D, p. 150)

3. Wh-questions and Relatives

In this section we would like to claim that the samples from CHILDES do not support the basic analysis in the labeling theory by C&D.

C&D suggest the parallelism between questions and relatives as in (18):

(18)　Those children who had trouble with object relatives also had trouble with object questions, and vice versa, those who were at ease with object questions proved to have acquired object relatives as well.

(C&D, p. 146)

The discussion of the derivation of relative clause by C&D appears successful in motivating the otherwise unnecessary head movement of N. But the parallelism they argue for the relabeling from the evidence in child grammar does not constitute the foundation in early child English. C&D motivate heretofore problematic head-movement of N in relative clause.

(19)　Algorithm in (2) [our (6)], the noun, being a word, is an intrinsic probe and can provide the structure with the label N. The result is an NP, which can be selected by the external determiner.

(cf. C&D: p. 148)

The samples from CHILDES in (20) show that (18) is not maintained.

(20) a.　I don't know who is dat [: that].

(adam29.cha": line 3024. 3;04.18)

　　　b.　it's looks like a popper who pops away from people.

(adam34.cha": line 2926. 3;07.07)

As we have seen in (16b), Adam produced the object relative when he was 4 years old. But the majority of the embedded wh-questions at that time in his samples are dominantly from the subject positions.

In addition to this, the remark about the non-existence of object relatives in (21) contradicts our samples in (16):

(21)　Of course, we can maintain our explanation for the fact that object relatives are not allowed in child grammar: as the derivation involves unprobed movement of the wh-phrase, a violation of Gross Minimality will occur with object relatives.   (C&D, p. 148)

If (21) holds true in child English, GM wrongly rejects acceptable examples in (16), though those children dominantly produce wh-questions from the subject position in embedded clauses, which is again not predicted from (18).

The key to solve this tendency in early child English seems to lie in the MLU. The following table demonstrates the progress of MLU of Adam.

Table: The progress of MLU of Adam

	2 years old	3 years old	4 years old
MLU	2.702	4.211	5.232
SD	1.545	2.459	3.003

We can see from this table that early children would have problems in processing long sentences, especially in the case of relative clauses. If a subject in a relative clause is a full NP, that would increase the total number of the words in the preverbal position in the sentence. Children need reanalysis of sentences that will have a long subject beyond the limit of their MLU. This is partly related to processing of garden path sentence, in which children find it hard to interpret the nexus relation in the relevant clause and need reanalysis by going back and forth. Considering the figure from MLU, it is natural to suppose the hypothesis in (22).

(22)   MLU constraint
       Fewer preverbal elements are preferred within the limit of MLU

Then we can explain the contrast in (23) and (24), which C&D analyze in terms of GM. C&D point out the fact that embedded *which*-questions on the subject are not problematic for children at age 5 (in fact, earlier than that), while *which*-questions on the object are still problematic at that age (C&D, p. 149).

80   II. 統語論・言語習得

(23)   Volglio sapere quale drago il mago segue.
       (I) want to. know which dragon the magician follows

(24)   Volglio sapere quale drago segue il mago.
       (I) want to. know which dragon follows the magician
                                        (C&D, pp. 148-149)

In (23), the preverbal elements in the embedded clause constitute four words. Then the preverbal elements and the verb in the embedded clause consume at least MLU 5. This makes it hard for early children to process the interpretation of the clause. By contrast, in (24) the preverbal elements in the embedded clause are just the subject of the clause, which falls within the limit of MLU even if we add the number of the verb to that of the preverbal elements. This correctly predicts the contrast in (23) and (24). We can give the same explanation to the contrast in (25) and (26).

(25)   Dimmi quale bambina il pupazzo accarezza.
       tell.me which girl the puppet caresses

(26)   Dimmi quale bambina accarezza il pupazzo.
       tell.me which girl caresses the puppet
                                        (C&D, p. 145)

Children need enough time to increase their MLU to be able to properly process sentences like (25).

4. Summary

In this paper we have argued against GM based on the samples from CHILDES. We can say that the prediction given by C&D does not hold in child grammar in English. As an alternative approach to the asymmetry discussed in the section 2 and 3, we have proposed a constraint that is derived from the analysis of MLU development. We have shown that MLU brings the apparent "Gross Minimality effects" in the relative clauses in early child English.

References

Brown, Roger. (1973) *A First Language: The Early Stages*, Harvard University Press, Cambridge, MA.

Cecchetto, Carlo and Caterina Donati (2015) *(Re)labeling, Linguistic Inquiry Monographs (Book 70)*, MIT Press, Cambridge, MA.

Christe, Eloïse. (2011) "Rôle de L'interférence basée sur la similarité dans le traitement de structures linguistiques complexes: Les relative objects," Mémoire de maîtrese, University of Geneva.

Friedmann, Naama., Adriana Belletti and Luigi Rizzi (2009) "Relativized Relatives: Types of Intervention in the Acquisition of A-bar Dependencies," *Lingua* 119, 67–88.

MacWhinney, Brian (2000). *The CHILDES Project: Tools for Analyzing Talk*, 3rd ed., Lawrence Erlbaum Associates, Mahwah, NJ.

Stromswold, Karin (1995) "The Acquisition of Subject and Object *Wh*-questions," *Language Acquisition* 4, 5–48.

"*There* + Modal + Subj + V" の構文について

加藤　正治

大阪大学

1. はじめに

Breivik（1990: 226）の調査によれば，存在を表す諸構文の中で there 構文が占める割合は 1225 年〜1425 年に約 80% に達するとされており，存在構文としての there 構文が定着したと考えてよいと思われる．次の (1) はその時期の作品であるとされる *Mandeville's Travels*（Egerton 版）[1] からの引用である．

(1)　Þare　sall　na　straunger　com　before him for to ask him ...
　　　there shall no stranger　come before him for to ask him

(Chap. 6. p. 20. 1. 19)

この作品は翻訳作品であるので原典の影響を受けている可能性はあるが，この文の特徴的な点は①語順が "*There* + Modal + Subj + V" であるという点と②用いられている動詞が非対格動詞であるという点である．現代英語では同じ動詞を用いても，次のインターネット検索で得られた (2) から分かるように "*There* + Modal + V + Subj" という語順になろう．

(2)　There will come no soft rains this week.

(*Boca Raton News*, Jun 10, 1997 Weather)

本稿では① (1) の派生方法，② (1) から (2) への変化について試案を述べる．なお，データは断りのない限りすべて *Mandeville's Travels*（Egerton 版）からの引用である．

---

[1] http://quod.lib.umich.edu/c/cme/browse.html のサイトに収録されているものを使用した．頁と行その他はその収録されたものに書かれているものをそのまま使用した．

2. データ

Mandeville's Travels（Egerton 版）で虚辞 þare 及びその変異形が含まれる文をすべて電子的に検索して調べた結果，上記の（1）のタイプであると判断できる例が 20 例ほど見つかった．以下はその一部である．

(3) For þer   may na man ga vp on þat hill for snawe, ...
    for there may no man go up on that hill for snow

                                            (Chap. 16. p. 74. ll. 19–20)

(4) ... so þat þare may na man dwell þare.
        so that there may no man dwell there   (Chap. 21. p. 98. l. 4)

(5) ... ; neuerþeles þare dare na man comme þerin.
        nevertheless there dare no man come   therein

                                            (Chap. 28. p. 129. ll. 6–7)

(6) for þer   may na man com   in to þat ile ...
    for there may no man come in to that isle   (Chap. 31. p. 140. l. 14)

他の文献はまだ調査していないので一般的なことは言えないが，今回調べた結果見つかった例はいずれも主語が否定を表す名詞句になっており，それ以外のものは見つからなかった．なぜ否定を表す主語しか見られないのかについては第 6 節で試案を示す．

3. 枠組み

虚辞 there の処理の仕方に関しては Deal（2009）の枠組みを仮定する．そこで述べられている提案の中で本稿に関係するものは以下のものである．

(7) there は外項をとらない v（例えば非対格動詞の場合など）の SPEC 位置に随意的に併合（merge）される．
(8) there と関連要素（associate）との関係は局所的である．
(9) there と関連要素は φ 素性と格に関して一致（Agree）する．
(10) すべてのタイプの vP は位相（phase）である．

外項をとらない v の SPEC 位置に併合された there は EPP 素性の要求に従って最終的に TP の SPEC 位置に繰り上がる．There と関連要素との間に想定される局所性は位相境界によって定義される．Deal（2009）においては位相境

84   II. 統語論・言語習得

界が SPEC と位相主要部との間に設定されているので，there と関連要素との間に位相境界が 1 つ存在する場合に局所的で，2 つ以上存在する場合は局所的ではないということになる．There と関連要素の一致については次のように想定されている．

(11) *There* has uninterpretable features which it checks against its associate. This is implemented as a local Agree relationship.

(Deal (2009: 17))

この一致によって，動詞と関連要素との一致が説明される．次節では以上の提案を用いて問題の構文の派生について予備的な提案を行う．

4.　予備的な提案

　現代英語において Modal は助動詞として確立していると言えるが，古い時代の英語では目的語として不定詞節を選択する本動詞であるとされている．この不定詞節の「透過性」が高いことは Roberts (1997: 404-405) において Pintzuk (1991) から引用されている次の例から容易に推測される．

(12) þæt he *þæt godes hus*₁ wolde [myd fyre t_1 forbærnan]
   that he the god's house wanted with fire to-burn

(ÆLS 25. 613-14; Pintzuk (1991: 39))

(13) ... þæt þa Deniscan *him* ne mehton þæs ripes forwiernan
   that the Danes him NEG could the harvest refuse

(ChronA 89.10 (896); Pintzuk (1991: 188))

(12) においてはかきまぜ（scrambling）によって不定詞節内の要素が主節に移動している．(13) においては him が不定詞 forwiernan ("refuse") の目的語で，主節の主語の後ろに移動している．いずれの操作も不定詞節が CP であるとすると不可能なはずである．なお，これらの例は古英語の例であるが，状況は中英語でも同様であると考えられる．従って，問題の不定詞節は CP ではないと判断される．また，次の例により単純な VP でもないということも分かる．

(14) And þai say þat þer schuld bot a messe be sungen at ane awter
     and they say that there should but a mass be sung   at an altar
     on a day.
     on a day

                                                      (Chap. 3. p. 9. l. 32)

(15) ..., þer may na full sawghtling   be made till ilkane hafe drunken
     there may no full reconciliation be made till each   have drunk
     oþer blude;
     other blood

                                                      (Chap. 21 p. 97. l. 3)

下線部に含まれる be はすでに助動詞として確立していると考えられ，Radford (2009) に従い他の助動詞がない場合には T 位置に存在すると考えるので下線部は TP の可能性が高いと判断される．

　以上の点から問題の不定詞節を TP であると仮定する．また Modal は外項を取らない v（以下 Deal（2009）に従い $v_{\sim}$ と表記する）によって動詞化されると仮定すると (1) の派生は次のようになる（関係する部分のみ表示）．

(16) þare T [$_{vP}$ ~~þare~~ $v_{\sim}$ [$_{VP}$ [$_V$ sall] [$_{TP}$ na straunger T [$_{vP}$ $v_{\sim}$ [$_{VP}$ [$_V$ com]
     ~~na straunger~~]]]]]

最初に主語 na straunger が T の持つ EPP 素性を照合するために T の SPEC 位置へ移動する．[2] この時点で na straunger と主節の $v_{\sim}$ の SPEC 位置との間に位相境界は 1 つしか存在しないので両者の関係は局所的である．そこで þare が $v_{\sim}$ の SPEC 位置に併合され，na straunger と一致し，その後 T の持つ EPP 素性を照合するために T の SPEC 位置へ移動して (1) が派生される．

---

　[2] ここでは $v_{\sim}$ の SPEC 位置への þare の併合ではなく，関連要素の繰り上げを優先しているがその理由については 6 節を参照のこと．また，関連要素を $v_{\sim}$ の SPEC 位置を経由せずに直接 T の SPEC 位置へ移動させているが，本稿では Deal（2009）に従いすべてのタイプの vP は位相であると仮定しているので，この移動は位相不可侵条件（Phase Impenetrability Condition）に抵触することになる．次の例で示されるように，数量詞遊離が $v_{\sim}$ の SPEC 位置を利用していると思われるので，$v_{\sim}$ の SPEC 位置を経由すると考えれば位相不可侵条件の違反は回避できる．

　(i) They have all gone home.   (Radford (2009: 123))
　(ii) The students were all arrested.   (Bošković (2004: 692))

なお，この $v_{\sim}$ の SPEC 位置への移動は連続循環性（successive cyclicity）の要請によるものであると考えられる．

86 II. 統語論・言語習得

　現代英語の Modal は完全に助動詞になっており T 要素であるとすれば，
(2) の派生は Deal (2009) に従うと次のようになる（関係する部分のみ表示）.

(17)　there [$_T$ will] [$_{vP}$ ~~there~~ v‿ [$_{VP}$ [$_v$ come] no soft rains]]]

関連要素 no soft rains と v‿ の SPEC 位置との間の位相境界は 1 つしか存在
しないので両者の関係は局所的であることになり，v‿ の SPEC 位置に there
が併合される. その後 T の持つ EPP 素性を照合するために T の SPEC 位置
に繰り上げられて (2) が正しく派生される.

5.　他動詞虚辞構文

　データの中には他動詞虚辞構文と考えられる例がいくつかみられた.

(18)　Þare will na man trowe þe noblay and þe richess of þis palaise, ...
　　　there will no man trow　the nobility and the riches　of this palace
　　　　　　　　　　　　　　　　　　　　　　　　　　(Chap. 21. p. 94. l. 8)

(19)　..., and þer　may na man turne þam fra　þat opinioun.
　　　and there may no man turn　them from that opinion
　　　　　　　　　　　　　　　　　　　　　　　　(Chap. 22. p. 102. l. 20)

前節と同じ仮定をすれば，(19) の派生は次のようになる（関係する部分のみ
表示）.

(20)　þer T [$_{vP}$ ~~þer~~ v‿ [$_{VP}$ [$_v$ may] [$_{TP}$ na man T [$_{vP}$ ~~na man~~ v [$_{VP}$ [$_v$ turne]
　　　þam . . .]]]]]

補文内の v は外項をとるので þer を併合することはできない. 従って，外項
na man が T の SPEC 位置に移動するだけである. 主節の v は v‿ であり，
その SPEC 位置と関連要素 na man との関係は (16) と同様に局所的である
ので þer を併合できる. その後 þer が T の SPEC 位置に移動して (19) が派
生される.

　現代英語の他動詞虚辞構文の基底構造は概略次のようになると想定される
が，そもそも v‿ 自体が存在しないので there を併合することができない.

(21)　[$_T$ Modal] [$_{vP}$ DP v [$_{VP}$ V DP]]]

従って，前節の考え方を採用すれば現代英語において他動詞虚辞構文は派生で

きないことが説明される.

6. 修正

　本稿で取り上げた構文及び他動詞虚辞構文において否定を表す主語しか見られない点について，第4節の提案に修正を加えて試案を述べる．そのために以下のことを仮定する.

(22)　不定詞節の T には EPP 素性が存在せず，主語がその SPEC 位置に移動するのは連続循環性の要請に従いさらに上位の位置へ移動するときに限る.　　　　　　　　　　　　　　　　　(Bošković (2002: 213))

(23)　当時は否定を表す目的語を左方移動する操作が存在した.

後者の移動に関しては，前期中英語までは SOV 語順が義務的であったが後期中英語になると SVO 語順と SOV 語順の両方が可能になり，SOV 語順の1つのパターンは目的語が否定語の場合であった (Biberauer and Roberts (2008)) という観察が根拠になっている．その移動先は Neg の領域内で Neg と同節になることを考慮に入れると Neg の補部になっている v の SPEC 位置であると考えられ，これが本稿で取り上げた構文にも当てはまると仮定する.

　以上のように仮定すると (1) の派生は (24) のようになる（関係する部分のみ表示）.

(24)　[TP þare T + Neg + v~ + [v sall] [NegP Neg [vP na straunger þare v~ [VP [v sall] [TP na straunger T + v~ + [v com] [vP na straunger v~ [VP [v com] na straunger]]]]]]]

当時は V-to-T 移動があったと考えられるので動詞は定形文，非定形文どちらにおいても最終的に T に付加される．虚辞 þare は (16) の場合と同様主節の v~ の SPEC 位置に併合され，[3] T の SPEC 位置に移動した関連要素 na straunger と一致した後に主節の T の SPEC 位置へ移動する．関連要素 na straunger は (23) に従い，補文の v~ の SPEC 並びに補文の T の SPEC を経由して主節の v~ の SPEC 位置へ移動する．現代英語においては (23) の移動が消失していると考えるので [there-Modal-V-Subj] の語順になる．関連要

---

[3] 2つの要素が v~ の SPEC 位置に共存する点は問題になる可能性がある．目下のところ良い解決案はないので今後の課題としたい.

素が否定語でない場合には（23）が適用されないので元位置に留まったままになり，[there-Modal-V-Subj] の語順が予想される．次例はそれに該当すると思われる例である．（ただし，主語が重いので文末へ転位している可能性もある．）

(25) þer   schuld noȝt hafe bene so grete noumer of deed bodys as was
     there should not   have been so great number of dead bodies as was
     þare.
     there

(Chap. 31. p. 140. l. 1)

他動詞虚辞構文に関しては（19）の派生は次のような派生になる．

(26) [$_{TP}$ þer T + Neg + v~ + [$_v$ may] [$_{NegP}$ Neg [$_{v\_P}$ na man þer v~ [$_{VP}$ [$_v$ may]
     [$_{TP}$ na man T + v + [$_v$ turne] [$_{vP}$ na man v [$_{VP}$ [$_v$ turne] þam ...]]]]]]]]

(24) と同様に虚辞の þare が主節の v~ の SPEC に併合して派生されると考えられる．関連要素が否定語でない場合には元位置に留まったままになり，[there-Modal-V-Subj-Obj] の語順が予想されるが，残念ながらこれに該当する例は見つからなかった．

7. まとめ

本稿では以下の（27）を想定することにより，（他動詞虚辞構文も含めて）中英語にみられた "*There* + Modal + Subj + V" の構文の構造，ならびにそれが現代英語では用いられなくなったプロセスを示した．

(27) a. Deal (2009) の枠組み．
     b. 中英語の Modal は目的語として TP を選択する本動詞であり，v~ によって動詞化される．
     c. 現代英語の Modal は純粋な助動詞で T 要素である．
     d. 後期中英語期には否定を表す目的語を左方移動する操作が存在した．

本稿は1つの方向性を示しただけであるので，派生方法の是非，他の文献との比較など様々な問題をはらんでいる可能性がある．さらなるデータの収集も含めて今後の課題としたい．

参考文献

Biberauer, Mary Theresa and Ian Gareth Roberts (2006) "The Loss of Residual "Head-Final" Orders and Remnant Fronting in Late Middle English," *Comparative Studies in Germanic Syntax: From Afrikaans to Zurich German,* ed. by Jutta Hartmann and László Molnárfi, 264–297, John Benjamins, Amsterdam.

Biberauer, Mary Theresa and Ian Roberts (2008) "Cascading Parameter Changes: Internally Driven Change in Middle and Early Modern English," ms.

Bošković, Željko (2002) "A-movement and the EPP," *Syntax* 5(3), 167–218.

Bošković, Željko (2004) "Be Careful Where You Float Your Quantifiers," *Natural Language & Linguistic Theory* 22, 681–742.

Breivik, Leiv Egil (1990) *Existential* There: *A Synchronic and Diachronic Study*, Novus Press, Oslo.

Chomsky, Noam (1995) *The Minimalist Program*, MIT Press, Cambridge, MA.

Chomsky, Noam (2001) "Derivation by Phase," *Ken Hale: A life in Language*, ed. by Michael Kenstowic, 1–52, MIT Press, Cambridge, MA.

Deal, Amy Rose (2009) "The Origin and Content of Expletives: Evidence from "Selection"," *Syntax* 12(4), 285–323.

Pintzuk, Susan (1991). *Phrase Structures in Competition: Variation and Change in Old English Word Order.* Doctoral dissertation, University of Pennsylvania.

Radford, Andrew (2009) *Analysing English Sentences*, Cambridge University Press, Cambridge.

Roberts, Ian (1997) "Directionality and Word Order Change in the History of English," *Parameters of Morphosyntactic Change*, ed. by Ans van Kemenade and Nigel Vincent, 397–426, Cambridge University Press, Cambridge.

Notes on *Tough*-Constructions:
A *Third-Factor* Approach

Norio Suzuki

Kobe Shinwa Women's University (former professor)

1. Introduction

The major observation in discussion of ***tough*-constructions** (TCs), such as *John is easy to please,* may be one according to which "the set of grammatical TCs is a 'subset' of that of other grammatical ***wh*-movement** constructions, such as *wh*-questions and (finite) restrictive relative constructions (RRs)" (based on Chomsky's (1977) *wh*-movement analysis of TCs). And their unique, recalcitrant property may be the fact that they contain an **"improper" A-A′-A-chain** as their major structural ingredient (Lasnik (2012)). Focusing on the narrow-syntactic (NS-) derivation of TCs containing the latter A-A′-A property, this paper explores a possible way of making sense of the 'subset' situation alluded to above. I explore a possible explanation of the limited presence of "grammatical TCs" in terms of ***third-factor/efficient computation* considerations pertaining to LF interpretation** as they are interpreted as "remedying resources" (see Lasnik (2012) for a 'deletion' analysis of the 'illegitimate' A′-link in TCs).

The long-standing observation/problem is that the set of grammatical *tough*-constructions (TCs) are a subset of that of grammatical *wh*-movement constructions (e.g., *wh*-questions and (finite) restrictive relative constructions (RRs); see Chomsky's (1977) *wh*-movement analysis of TCs). Let us see some such examples, as shown in (1)–(2):

(1) a. The man was hard to please. (a TC)

 b. Who was it hard to please? (a *wh*-question)

 c. the man who it was hard to please (an RR)

Notes on *Tough*-Constructions: A *Third-Factor* Approach 91

(2) a. The man is easy for us to convince Bill to do business with.

(a TC; based on Chomsky's (1977: 127bi))

    b. Who is it easy for us to convince Bill to do business with?

(a *wh*-question)

    c. the man who it is easy for us to convince Bill to do business with

(an RR)

The examples in (1)–(2) seem to show the original observation in support of Chomsky's (1977) proposal for analyzing these constructions in terms of *wh*-movement (involving a *wh*-operator or an empty operator (Op)). Let us go on to see below some examples in (3)–(6) taken from Haraguchi & Nakamura (H&N; 1992) relevant to the "subset" situation involving TCs (a-examples) and *wh*-questions (b-examples) with the set of grammatical TCs constituting a subset of that of grammatical *wh*-questions (the corresponding RRs also being basically grammatical):

(3) a. *The boy is unpleasant for Mary for her daughter to date.

(*her daughter* = a 'specified subject'; H&N's (1992: 488 (5a)))

    b. Who is it unpleasant for Mary for her daughter to date?

(ibid.: (6a))

(4) a. *John is fun to see pictures of.

(an 'A-over-A' violation; ibid.: (5b))

    b. Who did you see pictures of?   (ibid.: (6b))

(5) a. *Her story is hard for us to believe to be accurate.

(ECM; ibid.: (5c))

    b. What was it hard for us to believe to be accurate?   (ibid.: (6c))

(6) a. *The book was hard for her to admit she stole.

(inside a Tensed clause; ibid.: (5d))

    b. What was it hard for her to admit she stole?   (ibid.: (6d))

This paper is a preliminary attempt to account for the interesting presence of the subset relations between TCs (as the subset part) and other *wh*-movement constructions (e.g., *wh*-questions and RRs; as the superset part) in terms of *third-factor/efficient computation* considerations pertaining to LF interpretation as they are interpreted as "remedying resources."

And I take the major problem with TCs to be the fact that they contain an "improper" A-A'-A-chain as their major structural ingredient (Lasnik (2012)). Focusing on the narrow-syntactic (NS-) derivation of TCs containing the latter A-A'-A property, this paper explores a possible way of making sense of the subset situation observable between TCs and other *wh*-movement constructions. Given the necessity of "resources for the purpose of remedying structural difficulties" arising from the presence of an improper A-A'-A-chain in TCs so as to save at least "some TCs" from ungrammaticality (to cope with the linguistic fact), I approach the problem from the viewpoint of *third-factor/efficient computation* considerations pertaining to LF/the semantic component Σ (see Lasnik (2012) for another such approach in terms of a 'deletion' analysis of the 'illegitimate' A'-link in TCs).

2. The Structure and Derivation of *Tough*-Constructions

The unique property of TCs may derive from the way they are derived, via an "improper" A-A'-A-chain. The embedded A-movement is due to v's Case property and V's edge-feature (EF), the intermediate A'-movement due to *topicalization* (a case of *wh*-movement of Chomsky (1977); a [topic]-feature assigned by the 'pragmatics'-interface; based on López (2003)), and the matrix A-movement due to the matrix T's Case property and EF. As for the *Two-Case* problem, a copy of the TC-Subj(ect) is made in the original position as a case of "syntactic-object (SO)" construction, stored as an SO in the WorkBench of Stroik & Putnam (2013), and brought back via *Remerge* to a [Spec,v], the trigger being *Interface-Driven Merge* (see *Selection-Driven Movement* of Donati & Cecchetto (2011)) and the copy being assigned a [topic]-feature (see Hicks (2009) and Takahashi (2011) for 'complex-DP' approaches). The TC-Subj appearing in the TC's two sets of prolific domains *lacks a Θ-role in the upper domain* (Grohmann (2003)). Let us see the structure and derivation of a typical TC in (7):

(7) a. John is easy to please.

    b. [$_{VP}$ please John$_{[i\phi, uCase, \Theta]}$]   (*Θ* indicates the role assigned by *please* to *John*; *Copy + Merge theory of movement:* Nunes (2004:

89); Two copies of $John_{[i\phi, uCase, \Theta]}$: $John_{[i\phi, uCase, \Theta]1}$ & $John_{[i\phi, uCase, \Theta]2}$, as I have numbered them for expository purposes; I tentatively assume that one of the two copies of *John* is stored in something like the *WorkBench* (*WB*) for the syntactic derivation D of (7a) in the sense of Stroik (2009: 44–45); *WB* for D being the 'space' that contains the union of the Numeration (containing lexical items LIs) and syntactic objects SOs, the latter being constructed in a pre-NS-syntactic derivational workspace)

c. $[_{vP}$ PRO please + v $_{[u\phi, ACCCase, uEF]}$ $[_{VP}$ (John$_{[i\phi, uCase, \Theta]1}$) $[_{V'}$ (please) (John$_{[i\phi, uCase, \Theta]}$)$]]]$ (one of the copies of $John_{[i\phi, uCase, \Theta]}$, $John_{[i\phi, uCase, \Theta]1}$, Merges in [Spec, V], Agreeing with the probe v, & checking & deleting the uninterpretable Case-feature of $John_1$, along with that of the original *John,* and the uninterpretable ϕ-features on v, along with its *ACC*Case-feature)

d. $[_{vP}$ John$_{[i\phi, uCase, \Theta, topic]2}$ $[_{V'}$ PRO please + v $[_{VP}$ e$]]]$ (Remerging of the second copy of $John_{[i\phi, uCase, \Theta]}$, $John_{[i\phi, uCase, \Theta]2}$, from the WorkBench into a [Spec, v], due to the uninterpretable edge-feature (EF) on v (see (1c); Stroik (2009: 45)); The pragmatics interface invades NS to assign a [topic]-feature to $John_2$; I abstract away from the null Case-valuation of PRO)

e. $[_{CP}$ John$_{[i\phi, uCase, \Theta, (topic)]2}$ $[_{C'}$ C $[_{TP}$ to $[_{vP}$ (John$_{[i\phi, uCase, \Theta, topic]2}$) $[_{V'}$ PRO please + v $[_{VP}$ e$]]]]]$ (The 'topic' $John_2$ & the 'comment' *C'* are in a mutual c-command configuration, checking/satisfying the [topic]-feature of $John_2$; PRO stays in situ due to economy)

f. $[_{TP}$ John$_{[i\phi, \Theta, (topic)]2}$ $[_{T'}$ T $_{[u\phi, NOMCase, uEF]}$ + is easy $[_{CP}$ (John$_{[i\phi, uCase, \Theta, (topic)]2}$) $[_{C'}$ C $[_{TP}$ e$]]]]]$ (The 'interpretable' [topic]-feature on $John_2$ is retained; *easy* & CP set-Merge for reasons of 'selection' (Chomsky 2004: 117–120; also Rezac 2006: 293 for the view that 'I assume the OP clause originates as the complement of the TM trigger'); The probe T Agrees with $John_2$, checking/deleting the uninterpretable ϕ-features on T, along with the uninterpretable Case-feature on $John_2$ (& the Case-feature on T, as well); $John_2$ raises to [Spec, T] thanks to the uninterpretable EF on T)

Note that I take the embedded A′-movement to be an instance of Topicalization (see Suzuki (2012)). I basically follow Nunes's (2004)" *Copy + Merge theory of movement.*" The intriguing property of the current reanalysis of the *tough*-construction is that the first movement step requires two copies of the moving element, instead of the usual, 'one' copy. Moreover, one of the two copies of the original NP (*John₂*) c-commands the other (*John₁*). Note that the presence of the two copies of *John* for the purposes here is perfectly in line with the notion of decomposing Move into more basic independent operations (Nunes (2004: 89)), since Copy is an independent operation, capable of copying an element a number of times (perhaps, subject to economy). Rather, *one of the peculiar properties of the* tough-*construction should be that it requires two separate copies of an element where other constructions might not.*

3. Some Descriptive Resources to Account for the 'Subset' Situation with TCs

Generally, we look to the semantic and phonological components for explanation and our strategy seems to be one pointing to *factors diminishing the set of grammatical TCs.*

3.1. Locality on the TC-Subj's Θ-Assigner and Structural Case-Position Provider

Taking seriously the *Case-Visibility Requirement on Theta-Assignment* (*Case-Visibility*), which I take to require "an n(P) to sit in a structural Case-position ([Spec, V], [Spec, T]) at LF" (Suzuki (2012)), the TC-Subj is assumed to undergo "reconstruction at LF." This is required due to the curious situation with TCs in which the TC-Subj appearing in the TC's two sets of prolific domains *lacks a Θ-role in the upper domain* (Grohmann (2003)), with the consequence of the TC-Subj's *Case-Visibility* being satisfied 'downstairs.' Further, I assume that **"the TC-Subj's Θ-assigner and structural Case-position provider must be local to each other,"** where "the Θ*-assigner α* is local to the *structural Case-position provider β* iff there is not any c-commanding, active *Case-valuatee* or (*defective*) *Case-valuator,* or any strong-phase boundary, intervening between α and β, where an active *Case-valuatee* is involved in *Case-Visibility*." See some examples in (8) accounted for in these terms:

(8) a. Who is Chicago tough to drive to (Chicago) with (who)?

    a′. *Who is Chicago tough to drive with (who) to (Chicago)?

       (from Culicover & Wexler (1977); In (8a), the TC-Subj's (*Chicago*'s) Θ-assigner (<Θ>) is *to* and its structural Case-position provider (<Case>) is *drive,* whereas in (8a'), *who,* an active Case-valuatee, intervenes between the TC-Subj's <Θ>, *to,* and its <Case>, *drive.*)

    b. *John is fun to see pictures of (John).

       (an 'A-over-A' violation; H&N's (1992: 488 (5b))). In (8b), the TC-Subj's (*John*'s) <Θ> is *pictures* (*of*) and its <Case> is *see,* with intervening *pictures,* an active Case-valuatee, being Θ-assigner.)

    c. *Smith was easy for Jones to expect (Smith) to recover. ('ECM')

    c′. Smith was easy for Jones to force (Smith) to recover. ('control')

       (from Rezac (2006); In (8c), the TC-Subj's (*Smith*'s) <Θ> is *recover* and its <Case> is *expect,* with *to,* a defective Case-valuator, intervening between them, while in (8c'), the TC-Subj's <Θ> is *force* and its <Case> is also *force.*)

3.2. Θ-Assigners for TC-Subjects regarding *Case-Visibility* Must Be *Pronounced*

The following examples are taken from Culicover & Wexler (1977):

(9) a. Weekends are fun to go to the beach on (weekends).

    b. *Weekends are fun to go to the beach (weekends).

    (Cf. *It is fun to go to the beach (on) weekends.*)

Note that the *tough*-construction (9b) without the preposition *on,* Θ-assigner for the TC-Subj, is ungrammatical, while the non-*tough* versions are OK with and without *on.* I take the obligatory presence of the preposition *on* in (9a; on top of being a Θ-assigner) to be due to *Case-Visibility* considerations in the absence of other Case-valuators for the TC-Subj reconstructing downward to some such structural Case-position. That is, in (9a) the preposition *on* is both TC-Subj's <Θ> and its <Case>.

3.3. The Amount of Reconstructed Material for *Case-Visibility* Must be *Minimal*

Usually, only the relevant 'n,' unless forced otherwise, can be reconstructed downward for *Case-Visibility* purposes (see *Merging Economy* of Suzuki (2012) requiring NS-derivations to *'Minimize the amount of Merge at each derivational step'*; and for nP/NP approaches to nominal phrases see Georgi & Müller (2010) and Chomsky (2007)). Look at the following example:

(10) a. No kitten is tough to love. (NEG $> \exists >$ *tough,* *NEG $>$ *tough* $> \exists$) (from Fleisher (2013))

b. No student may leave. (NEG $> \exists >$ *may,* NEG $>$ *may* $> \exists$) (from Iatridou and Sichel (2011: 605–606))

The example (10b) shows that the negative operator's scope is fixed while the existential quantifier may undergo scope reconstruction in A-chains, yielding a 'negative-split' reading, whereas in the TC (10a) no such scope reconstruction is allowed even on the part of the existential portion of the negative TC-Subj, there being no negative-split with the TC-Subj. Some *third-factor* principle of *Minimality* (perhaps, related to *Merging Economy*) may keep the amount of reconstructed material to a minimum, the only material allowed to reconstruct being the n, *kitten,* and hence lack of negative-split.

3.4. *TC-Freezing:* (Unless forced,) All Other Semantic Operations in TCs are *Frozen* apart from *Case-Visibility*-Related Reconstruction

Take a look at the following scope related examples:

(11) a. What is tough to give to everyone? (a TC)
(*what > everyone,* **everyone > what;* from Aoun & Li (1993))

b. I know what he gave to everyone. (a *wh*-question)
(*what > everyone, everyone > what;* from Aoun & Li (1993))

In the TC (11a), *what* is reconstructed to the direct Obj position of *give*, which is *what*'s <Θ> and <Case>, for *Case-Visibility* purposes, but *TC-Freezing* blocks further QR of *everyone* to the left over *what* (since (11a) can get a grammatical interpretation without it). Alternatively, one other approach to the problem of lack of the **everyone > *what* interpretation in (11a) would have it that its impossibility may derive from a possible **"feature" incompatibility between *"topicality* and *distributivity."* Notice that the TC-subject *what* retains the [topic]-feature assigned to it in the course of the NS-derivation of the sentence (see section 2) and that it should be the [topic]-feature on *what* that interferes with deriving its distributive interpretation under *everyone*. Generally, there is no problem with the distributive interpretation of *wh*-words, such as *what,* in the c-command domain of a universal quantifier, such as *every(one),* as you note in the interpretation of (11b).

3.5. LF-Condition on the TC's Embedded vP after *Case-Visibility*-Reconstruction

I give the following (12) as an LF-Condition on the TC's embedded vP after the TC-Subj's *Case-Visibility*-reconstruction downward:

(12) LF-Condition on the TC's Embedded vP after *Case-Visibility*-Reconstruction

The embedded vP of a TC can contain at LF only the Case-Visibility-*reconstructed TC-Subj as an n(P) argument of the verb serving as both the TC-Subj's Θ-assigner and structural Case-position provider.*

Look at the following examples:

(13) a. *Mary is tough for John [for his friend to date (Mary)].
       (a 'specified-subject condition (SSC)' case; see H&N (1992))
  b. *Mary was tough to believe [(that) John visited (Mary)].
       (a 'Tensed-S condition/SSC' case; see H&N (1992))
  c. *John is not easy to give (John) presents.   (Cinque (1990: 100))
  c'. John is not easy to give presents to.   (Cinque (1990: 100))

(See Cinque (1990: 100) for *Who did you give the book to?/*Who did you give the book?; I gave John the book.*)

d. *?Books are not easy to give (even) that man.

(Cinque (1990: 108))

(See Cinque (1990: 108) for *What did you give that man?/The book (which) I gave that man ...*)

d'. Books are not easy to give him.   (Cinque (1990: 123))

The following (14) are the embedded vP portions of the TC examples in (13a-d') at LF at the stage when the TC-Subj's reconstruction has been implemented for *Case-Visibility* purposes:

(14) a. *[$_{vP}$ *his friend* date ... *Mary*] (*date:* both *Mary*'s <Θ> and <Case>)

b. *[$_{vP}$ *John* visited ... *Mary*] (*visited:* both *Mary*'s <Θ> and <Case>)

c. *[$_{vP}$ give ... *John presents*] (*give:* both *John*'s <Θ> and <Case>)

c'. [$_{vP}$ give ... *presents* to *John*] (*to: John*'s <Θ>; *give: John*'s <Case>)

d. *[$_{vP}$ give ... *that man books*] (*give:* both *books*'s <Θ> and <Case>)

d'. [$_{vP}$ [give *him*] ... *books*] (with *him* as a clitic and hence invisible (see Anderson & Lightfoot (2002) and Suzuki (2007)); *give (him):* both *books*'s <Θ> and <Case>)

Note that in all the ungrammatical examples (13/14 a, b, c, d), the TC-Subj's <Θ> and <Case> verbs, *date, visited, give, give,* respectively, are associated in vP with more than one n(P) argument (*his friend, Mary; John, Mary; John, presents; that man, books,* respectively) in violation of the LF-Condition on the TC's Embedded vP after *Case-Visibility*-Reconstruction in (12) above.

4. Conclusion

Having established the uniqueness of the TCs as arising from their A-A'-A-property, we have seen in section 1 the resulting 'subset' situation present between TCs and other *wh*-movement constructions such as *wh*-questions and RRs (on Chomsky's (1977) *wh*-movement analysis of TCs), along with some examples. In section 2, I have given a somewhat detailed structural analysis of TCs with some important derivational steps, leading to their A-A′-A architecture. Specifically, I have taken the intermediate A′-movement to be an instance of Topicalization. Take a look at the following (based on Suzuki (2014)):

(15) a. Beavers are/a beaver is hard to kill (beavers/a beaver).
    (*beavers, a beaver:* 'generic'; = Rezac's (2006: 302 (36a))
  b. The man was hard for Mary to find (the man) attractive/*sick.
    (*attractive:* an individual-level predicate of Diesing (1992)/*sick:* a stage-level predicate; = Rezac's (2006: 303 (39a))

Roughly, due to the [topic]-feature on the TC-subject, the following two observations may be obtained concerning (15a, b): (i) *TC indefinite subjects are only generic; and* (ii) *Individual-level predicates, but not stage-level predicates, can appear in the embedded A-portion of TCs* (see Suzuki (2014) for more on this).

In section 3, for the purpose of accounting for *factors diminishing the set of grammatical TCs* in the context of the 'subset' situation arising from comparison with other *wh*-movement constructions, I have proposed five, grossly preliminary descriptive devices/resources along with some examples and results. And I take *diminishing the set of grammatical TCs* to be a species of *third-factor* efficient computation in the sense that *locality*, an efficient computation resource, is indeed a device to diminish the set of possible anaphors for some specified antecedent by establishing a relevant, extremely narrow domain for the anaphor and antecedent.

References

Anderson, Stephen R. and David W. Lightfoot (2002) *The Language Organ,* Cambridge University Press, Cambridge.

Aoun, Joseph and Yen-Hui Audrey Li (1993) *Syntax of Scope,* MIT Press, Cambridge, MA.

Chomsky, Noam (1977) "On *Wh*-Movement," *Formal Syntax,* ed. by Peter W. Culicover, Thomas Wasow and Adrian Akmajian, 71–132, Academic Press, New York.

Chomsky, Noam (2004) "Beyond Explanatory Adequacy," *Structures and Beyond: The Cartography of Syntactic Structures Vol.3*, ed. by Adriana Belletti, 104-131, Oxford University Press, Oxford.

Chomsky, Noam (2007) "Approaching UG from Below," *Interfaces + Recursion = Language?: Chomsky's Minimalism and the View from Syntax-Semantics*, ed. by Uli Sauerland and Hans-Martin Gärtner, 1-29, Mouton de Gruyter, Berlin.

Cinque, Guglielmo (1990) *Types of A'-Dependencies*, MIT Press, Cambridge, MA.

Culicover, Peter W. and Kenneth Wexler (1977) "Some Syntactic Implications of a Theory of Language Learnability," *Formal Syntax*, ed. by Peter W. Culicover, Thomas Wasow and Adrian Akmajian, 7-60, Academic Press, New York.

Diesing, Molly (1992) *Indefinites*, MIT Press, Cambridge, MA.

Donati, Caterina and Carlo Cecchetto (2011) "Relabeling Heads: A Unified Account for Relativization Structures," *Linguistic Inquiry* 42, 519-560.

Fleisher, Nicholas (2013) "On the Absence of Scope Reconstruction in *Tough*-Subject A-Chains," *Linguistic Inquiry* 44, 321-332.

Georgi, Doreen and Gereon Müller (2010) "Noun-Phrase Structure by Reprojection," *Syntax* 13, 1-36.

Grohmann, Kleanthes K. (2003) "Successive Cyclicity under (Anti-)Local Considerations," *Syntax 6*, 260-312.

Haraguchi, Shosuke and Masaru Nakamura, eds. (1992) *Kenkyusha's Dictionary of Theoretical Linguistics (Chomsky-riron jiten)*, Kenkyusha, Tokyo.

Hicks, Glyn (2009) "*Tough*-Constructions and Their Derivation," *Linguistic Inquiry* 40, 535-566.

Iatridou, Sabine and Ivy Sichel (2011) "Negative DPs, A-Movement, and Scope Diminishment," *Linguistic Inquiry* 42, 595-629.

Lasnik, Howard (2012) "Single Cycle Syntax and a Constraint on Quantifier Lowering," *Towards a Biolinguistic Understanding of Grammar: Essays on Interfaces*, ed. by Anna Maria Di Sciullo, 13-30, John Benjamins, Amsterdam.

López, Luis (2003) "Steps for a Well-Adjusted Dislocation," *Studia Linguistica 57*, 193-231.

Nunes, Jairo (2004) *Linearization of Chains and Sideward Movement*, MIT Press, Cambridge, MA.

Rezac, Milan (2006) "On *Tough*-Movement," *Minimalist Essays*, ed. by Cedric Boeckx, 288-325, John Benjamins, Amsterdam.

Stroik, Thomas S. (2009) *Locality in Minimalist Syntax*, MIT Press, Cambridge, MA.

Stroik, Thomas S. and Michael T. Putnam (2013) *The Structural Design of Language*, Cambridge University Press, Cambridge.

Suzuki, Norio (2007) *Reflections on Chomsky's Strong Minimalist Thesis: Evolution, UG Residues, and Helen Keller*, Shumpusha Publishing, Yokohama.

Suzuki, Norio (2012) "Modification as Reprojection," *JELS* 29, 325–331. (Available at Academia. edu).

Suzuki, Norio (2014) "How to Take the *A-A′-A* Property of *Tough*-Constructions—Some Basic Observations and Problems—," Available at Academia. edu

Takahashi, Shoichi (2011) "The Composition and Interpretation of *Tough* Movement," Unpublished Abstract.

日本語の否定の作用域とラベリング*

西岡　宣明

九州大学

1.　はじめに

　日本語の TP 指定部が否定の作用域内にあるか否かは，見解が分かれている.[1] この問題を考える主たる論拠は，日本語の主語が否定の影響を受ける解釈をもつか否かである. しかし，その場合，主語がどこにあるかが特定されない限り正しい議論はできない. 本稿では，佐賀・熊本のいわゆる「肥築方言」，特に熊本方言（Kumamoto Japanese: KJ）に基づく主語の位置に関する事実により，日本語の主語が，TP 指定部にあるか否かが特定でき，否定の作用域に関する事実が明らかになることを示す. また，その際の主語の位置を決定する要因について論じ，TP 指定部に顕在的要素を要求する従来の拡大投射原理（extended projection principle: EPP）では説明のつかない事実もうまく説明できることを示す. さらに，本稿の考察を近年 Chomsky (2013, 2015) で提案されたラベル付けアルゴリズム（labeling algorithm: LA）に照らして考察する.

2.　否定の作用域

　Miyagawa (2001) は，(1) に示されるように否定辞が動詞（V–v）とともに T へ移動するため，日本語の否定文の否定の作用域は T の c 統御領域であると想定し，EPP に基づくかき混ぜ文の分析を提示している. (2a) のように，

---

　* 本研究は，日本学術振興会学術研究助成基金助成金（基盤研究（C）: 15K02606, 15K02607) の助成を受けている.

　[1] TP 指定部を否定の作用域内とみなす立場の近年の代表的なものとして, Kishimoto (2007, 2008) がある. その問題点については, Nishioka (in press) を参照.

主語がTのEPP素性を照合するためにTP指定部（(1)のβ位置）へと移動すれば，否定の作用域外に位置することになる．それ故，(3a)の文の普遍量化主語（「全員」）は，全否定（all > not）の解釈となり，部分否定（not > all）の解釈を持たない．他方，かき混ぜを伴う(3b)では，(2b)のように目的語がTのEPPを照合するためにTP指定部へと移動し，主語はvP指定部に留まるため，否定の作用域内に位置し，部分否定の解釈を持つ．また，(3b)は(2c)のように目的語だけではなく，主語もTP指定部へと移動する派生も持つと考えられるため，普遍量化主語は(2a)の場合と同様に全否定の解釈を持つ．このように，Miyagawa (2001) の分析では，TP指定部は，否定の作用域外と想定され，EPPが主語の解釈を説明する重要な要因となっている．

(1)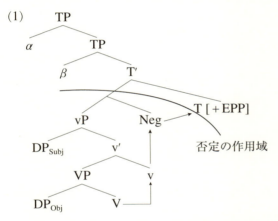

(2) a. [$_{TP}$ Subj$_i$ …[$_{NegP}$ [$_{vP}$ t_i … **Obj** … $t_{V\text{-}v}$] $t_{V\text{-}v\text{-}Neg}$] V-v-Neg-T$_{[EPP]}$]
 (Subj > not)
 b. [$_{TP}$ Obj$_i$ …[$_{NegP}$ [$_{vP}$ **Subj** … t_i … $t_{V\text{-}v}$] $t_{V\text{-}v\text{-}Neg}$] V-v-Neg-T$_{[EPP]}$]
 (not > Subj)
 c. [$_{TP}$ Obj$_j$ [$_{TP}$ Subj$_i$ …[$_{NegP}$ [$_{vP}$ t_i … t_j … $t_{V\text{-}v}$] $t_{V\text{-}v\text{-}Neg}$] V-v-Neg-T$_{[EPP]}$]]
 (Subj > not)

(3) a. 全員が試験を受けなかった（よ）． (*not > all, all > not)
 b. 試験を全員が受けなかった（よ）． (not > all, all > not)

しかしながら，EPPに基づく上記の分析には容易に反例が挙げられる．上記の分析によると，TのEPP素性を照合するために文頭の主語はTP指定部へと移動し，全否定の解釈しかないはずであるが，以下の例ではすべて文頭の

普遍量化主語の部分否定解釈が可能である．

(4) a. 全員がまだ来ていない． 　　　　（完了相）(not > all, all > not)
　　 b. （ほら，）全員が歌っていない． 　（進行相）(not > all, all > not)
(5) a. 全員がそのテストを受けなかったから，来月またそれをするよ．
　　　　　　　　　　　　　　　　　　　　　（理由節）(not > all, all > not)
　　 b. 全員が試験を受けないなら，困る．（条件節）(not > all, all > not)

では，(3a) とこれらの文の違いは何に起因するのであろうか．まず，(3a) と (4) を比べて気づくのは，他動詞文と自動詞文の違いであろう．しかし，以下の文は自動詞文だが，部分否定の解釈は難しい．

(6) a. 全員が賢くない． 　　　　　　　　　　（*not > all, all > not)
　　 b. 全員がコンテストで，大きな声で歌わなかった．
　　　　　　　　　　　　　　　　　　　　　　　　（*?not > all, all > not)

また，(5) の文はいずれも他動詞文を伴っているが，普遍量化主語の部分否定解釈が可能である．(5) に関しては，普遍量化主語が従属節内にあることに起因し，主節と従属節では否定の作用域が異なることによるものと考えられる．すでにいくつかの先行研究（Hasegawa (1991), Kato (2000), Miyagawa (2001)）で想定されているように，従属節では，(7) に示されるように T の C への随意的移動により，T にある否定の作用域が C の c 統御領域 (TP) まで拡張するなら，TP 指定部も否定の作用域内となり，(5) で部分否定の解釈が可能となる．

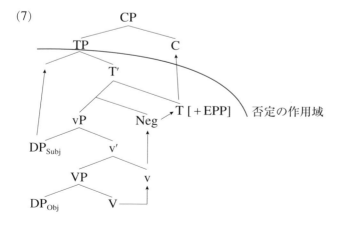

すなわち，(5) は，Miyagawa（2001）の EPP 分析の直接的反例とはならないが，後に論じるように EPP に代わる主語の位置を決定する要因とラベル付けを考える際には重要となる．しかし，(3a)(6) と (4) の違いを説明するには，従来の EPP 分析に代わる分析が必要となる．以上の議論に基づき，日本語否定文の否定の作用域に関して，(8) を想定し，以下でその妥当性を検証する．

(8) a. 主節では，T の c 統御領域が否定の作用域である．すなわち，TP 指定部は否定の作用域外である．
    b. 従属節では，C の c 統御領域が否定の作用域となりうる．すなわち，TP 指定部も否定の作用域内にありうる．

3. 日本語の主語の位置と解釈

3.1. 熊本方言 (KJ) が示す主語の位置と解釈

KJ は，標準日本語（Standard Japanese: SJ）とは違い，主格「が」の代わりに「の」が用いられうる．

(9) a. 天気が／*の　いいね．(SJ)
    b. 天気が／の　よかね．(KJ)

西岡（2013），Nishioka（2014）は，Kato（2007）が出した (10) の一般化に基づき，(11) の解釈との対応を論じている．

(10) KJ では，主格は，動詞句 (vP) 内に位置する場合に「の」で表し，TP 指定部に位置する場合に「が」で表す．
(11) KJ の「が」主語は焦点，あるいは話題解釈を表し，「の」主語はそのいずれの解釈ももたない．

(10) は，主語が vP 内にある（vP 主語）場合も，TP 指定部にある（TP 主語）も「が」で表す SJ とは異なり，KJ は主語の位置により使いわけがあることを記述したものであり，これは先にみた Miyagawa（2001）のかき混ぜ分析と合致する．(Cf. (3))

(12) a. 全員が／*の　試験ば　受けんだった．(KJ)(*not > all, all > not)
    b. 試験ば　全員が／の　受けんだった．(KJ)

　　　　　　　　　　　　　　　　　（「の」not > all,「が」all > not)

(12a) では，普遍量化主語は，(2a) に示されるように TP 主語となるため，「が」で標され，部分否定の解釈をもたない．他方，かき混ぜの適用を受けた (12b) では，(2b) の派生の場合，「の」主語となり，部分否定の解釈となるが，(2c) の派生の場合，「が」主語となり，全否定の解釈をもつ．さらに，(4) (5) に対応する (13) (14) の KJ の部分否定に関する事実は，(10) に基づき (8) の妥当性を裏付ける．(13) ではいずれにおいても，「全員の」が部分否定 (not > all)，「全員が」が全否定 (all > not) の意味を持ち，(14) の従属節では，(7) に示した否定の作用域の随意的拡張により，「全員が」は部分否定，全否定いずれの解釈も可能である．

(13) a. 全員が／の　まだ来とらん．（完了相）(KJ)

b. （ほら，）全員が／の　うとうとらん．（進行相）(KJ)

(14) a. 全員がそのテストば受けんだったけん，来月またそればするよ．(KJ)

b. 全員が試験ば受けんなら，困る．(KJ)

また，以下の例が (11) の論拠である．

(15) a. 田中さんが／*の　委員長（です）たい．(KJ)

b. 太郎が／*の　昨日　村上春樹の新しか本ばこーた．(KJ)

c. そこにトラックが／の　突っ込んできた．(KJ)

d. そこにトラックだけが／*の　突っ込んできた．(KJ)

(15a) は Kuno (1973) が指摘した総記 (exhaustive listing)，すなわち，焦点解釈の主語をもつ．また，(15b) は主語「太郎」について述べた文であり，主語は話題解釈をもつ．いずれにおいても，KJ でも SJ 同様に「が」のみ用いられ「の」は用いられない．他方，(15c) では，「が」が用いられれば，焦点解釈となるが，焦点解釈とならない「の」も可能である．このことは，(15d) のように「だけ」といった焦点化を明示する要素がつくと KJ でも「の」は用いられないことから明らかである．すなわち，「の」主語は，主語が焦点でも話題でもない新しい情報の一部となる解釈 (Kuroda (1992) の定立 (thetic) 解釈）をもつ場合に用いられる．このように，すべての主格主語を「が」で表す SJ では見分けがつかない統語的位置と解釈に関する事実を，KJ は明らかにするのである．

3.2. 分析

　上記の観察に基づき西岡 (2013), Nishioka (2014) は, Miyagawa (2010) の [topic/focus] 継承分析が有効であることを論じた. Miyagawa (2010) は, φ素性の一致を基礎とする英語のような一致型言語と異なり, 日本語は話題／焦点 (topic/focus) を基礎とする談話配置型 (discourse-configurational) 言語であるため, 話題／焦点素性の照合が移動を駆動することを主張し, 一致型言語に関してφ素性がフェーズ主要部である C から T へと継承されることを提案した Chomsky (2007, 2008) とパラレルに, 日本語では話題／焦点素性が C から T へと継承され, それが Agree 操作の探索子となり A 移動を生じさせると論じている.

　例えば, (16a) の文の派生は (16b) のようになり, かきまぜ文である (17a) の文の派生は (17b) のようになる.[2]

(16) a.　太郎が　ピザを　食べた.
　　 b.　[[_{TP} 太郎が _[topic/focus] [_{vP} t [_{VP} ピザを食べ]] た] C _[topic/focus]]
　　　　　　　　　　　　　　　　　　　移動　　　　　　　　　　継承

(17) a.　ピザを　太郎が　食べた.
　　 b.　[[_{TP} ピザを _[topic/focus] [_{vP} 太郎が　[_{VP} t　食べ]] た] C _[topic/focus]]
　　　　　　　　　　　　　　　　　　　　　　移動　　　　　継承

ここで, (16a) の「太郎が」は文の話題, あるいは, 焦点の解釈であり, (17a) の「ピザを」も話題, あるいは, 焦点の解釈をもつ. しかし, (17a) の「太郎が」はそのいずれでもない解釈となる. (16a) (17a) に対応する KJ は, (18) であり, この分析を用いれば, 日本語における主語の構造的位置と解釈の対応関係が適切に捉えられる.

(18) a.　太郎が／*の　ピザば　食うた.　(KJ)
　　 b.　ピザば　太郎の　食うた.　(KJ)

　また, (15c) においては, 場所を表す「そこに」が話題の解釈をもち, TP 指定部へと移動するため, 主語は動詞句内に留まりうる. では, 主語が文頭の位置にある (9b) (13) で「の」が使われるのは何故であろうか. ここでは, Erteschik-Shir (2007) がいう文の時空間的パラメータ (spatio-temporal parameters) すなわち, 談話内での「今」,「ここ」を表わす非顕在的なステージ

---

[2] ここでは便宜上, 移動の元の位置を t で示す.

話題 (stage topic) 要素が TP の指定部を占めていると考えられる．Miyagawa (2010) は主節と従属節での区別を立てていないが，談話配置型言語である日本語が，主節文では C からの [topic/focus] 継承が義務的であり，話題あるいは焦点解釈をもつ要素が TP 指定部を占めなければならないとすると，通例は文頭の要素がその役割を果たしていると考えられるが，(13) の完了相，進行相文では発話の前提としてステージ話題を想定しやすくするために主語が vP 内にとどまることが可能となると考えられる．

　他方，従属節においては，話題要素は必要なく，また焦点要素も随意的だと考えられるため，C からの [topic/focus] 継承は義務的に生じないと考えられる．その場合，従属節の主語は vP 内に留まることになる．このことは，主節の (6) に対応する KJ の主語が「の」では表されないのに対して，従属節では，「の」でも表されることにより，明らかに示される．

(19) a.　全員が／*の賢うなか．　(KJ)
　　 b.　全員が／*のコンテストで　大きな声で歌わんだった．　(KJ)
(20) a.　全員の賢うなかなら，試合には勝てん．(KJ) (not > all, *all > not)
　　 b.　全員のコンテストで大きな声で歌わんだったけん，負けたとたい．
　　　　 (KJ) (not > all, *all > not)

4.　ラベリング分析

　Chomsky (2013, 2015) は，統語構造は併合 (Merge) 操作によって自由に構築されるが，インターフェイスで正しく解釈されるためにはそのラベルが必要であると論じ，そのラベルは以下のアルゴリズムに基づくと主張している．

(21) a.　主要部 H と主要部ではない XP からなる要素のラベルは H である．
　　 b.　いずれも主要部ではない要素 XP と YP からなる要素のラベルは，もし (i) 一方が移動すれば他方がラベルとなり，(ii) いずれも移動しなくても一致によって共有された素性があれば，それがラベルとなる．(i) (ii) のいずれでもない場合，ラベルが決定されず，派生は破綻する．

Chomsky (2015) は，(21) と (22) の仮定に基づき，屈折の乏しい英語とイタリア語のような屈折の豊かな言語間の EPP の違いが説明できると論じている．

(22) イタリア語のような豊かな一致言語の T と違い，英語のような弱い一致言語の T はラベルになれない．

(23) a. *[$_\beta$ T-are [$_\alpha$ many students in the room]]

　　 b. 　[$_\beta$ there T-are [$_\alpha$ many students in the room]]

(24) Sono affondate due navi　nemiche.　　(Italian: Baltin (2001: 240))

　　 Are　 sunk　　 two enemy ships

　　 'Two enemy ships sank.'

Chomsky によると，英語では T が弱くラベルになれないため，(23a) のように TP 指定部に要素がなければ β のラベルが決定されず，非文法的となるが，[3] (23b) のように TP 指定部に一致要素があれば (21bii) により，共有素性 (<φ, φ>) がラベルとなりその問題は生じない．他方，イタリア語の T はラベルになれるために，TP 指定部に要素のない (24) も問題なく派生する．以上のように言語間の EPP 特性の違いが捉えられるが，では日本語の T はどうであろうか．自然な考え方として，一致の豊かさが T がラベルになることを保証するのであれば，一致を示さない日本語の T はラベルになれないと想定される．[4]

　では，日本語の従来の TP のラベル付けはどのようにおこなわれるのであろうか．T が単独でラベルになれないとしても，前節で論じたように談話配置型の日本語は φ 素性に代わり [topic/focus] 素性に基づく一致があるので，それが共有素性となり ((21bii) のアルゴリズムにより)，大体においてラベル付けの問題はない．しかし，(20) に関して論じたように，従属節においては，TP 指定部に話題，焦点要素がなくとも文法的であり，ラベル付けの点で問題があるように思える．

　この点に関しては，Epstein, Kitahara and Seely (EKS) (2016) が提案した外的ペア併合 (external pair-merge) 操作が関与していることを提案する．外的ペア併合は EKS が併合操作の論理的可能性の 1 つとして独自にその必要性を提案したものであるが，あらかじめペア併合することにより，一方を不可視にしたものを派生に導入するものである．(外的) ペア併合された合成体は Chomsky (2015) が想定しているように，たとえ一方がそれ自体ではラベルになれなくてもラベルとして機能する．この仮定に基づくと，従属節は以下の

---

[3] α のラベルについては何らか方法で確定できると仮定し，ここでは無視する．

[4] このことは，Dobashi (2017) の分析を援用すると音韻的に独自に示唆される．

派生を許すことになる．

(25)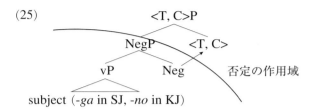

ここで，日本語の弱いTもCと外的ペア併合により，その合成体 <T, C> がラベルとして機能するために問題は生じない．この可能性を示唆する経験的証拠として，以下の KJ の従属節内での部分否定解釈の対比が挙げられる．

(26) a. いつも田中さんがおらんけん，困る．（KJ）
(always > not, **not > always**)
b. いつも田中さんのおらんけん，困る．（KJ）
(always > not, ***not > always**)

焦点解釈の「が」主語をもつ (26a) は従来の TP と C がセット併合 (set merge) した構造で T の投射は，<focus, focus> ラベルをもち，(7) に示した否定の作用域の拡張が可能であるが，「の」主語をもつ (26b) は焦点要素を欠くため，(25) の派生でなければ T の投射のラベリングがうまくいかない．だが，この場合上位に C 主要部がないため，否定の作用域は拡張できない．それ故，T 関連副詞表現（「いつも」）は，否定の作用域内になく，部分否定の解釈がないのである．

5. 結び

本稿では，日本語における否定の作用域について普遍量化主語の部分否定解釈の可能性に基づき考察した．その際，主語の位置と解釈が KJ に基づき同定できることを論じた．また，[topic/focus] 素性に基づく Miyagawa (2010) の分析を援用することにより，部分否定の解釈の可能性がうまく捉えられることを示した．最後にラベリングの観点から考察し，3節の分析と2節の否定の作用域に関する仮定が妥当であることを示した．

参考文献

Baltin, Mark (2001) "A-Movements" *The Handbook of Contemporary Syntactic Theory*, ed. by Baltin, M and C Collins, 226–254. Blackwell, Malden, MA.

Chomsky, Noam (2007) "Approaching UG from Below," *Interfaces + Recursion = Language?: Chomsky's Minimalism and the View from Syntax-Semantics*, ed. by Uli Sauerland and Hans-Martin Gärtner, 1–29, Mouton de Gruyter, Berlin.

Chomsky, Noam (2008) "On Phases." *Foundational Issues in Linguistic Theory: Essays in Honor of Jean-Roger Vergnaud*, ed. by Robert Freidin, Carlos P. Otero and Maria Luisa Zubizarreta, 133–166, MIT Press, Cambridge, MA.

Chomsky, Noam (2013) Problems of Projections. *Lingua* 130. 33–49.

Chomsky, Noam (2015) "Problems of Projection: Extensions," *Structure, Strategies and Beyond: Studies in Honor of Adriana Belletti*, ed. by Elisa Di Domenico, Cornelia Hamann and Simona Matteini, 1–16, John Benjamins, Amsterdam.

Dobashi Yoshihito (2017) "Labeling and Phonological Phrasing: A Preliminary Study," *Phonological Externalization* 2, ed. by Hisao Tokizaki, 1–23, Sapporo University.

Epstein, Samuel D., Hisatsugu Kitahara and T. Daniel Seely (2016) "Phase Cancellation by External Pair-Merge of Heads," *A Special Issue of The Linguistic Review on Labeling*, ed. by Željko Bošković and Harry van der Hulst, 87–102, Walter de Gruyter.

Erteschik-Shir, Nomi (2007) *Information Structure: The Syntax-Discourse Interface*, Oxford University Press, Oxford.

Hasegawa, Nobuko (1991) "Affirmative Polarity Items and Negation in Japanese," *Interdisciplinary Approaches to Language: Essays in Honor of S.-Y. Kuroda*, ed. by Carol Georgopoulos and Roberta Ishihara, 271–285, Kluwer, Dordrecht.

Kato, Sachiko (2007) "Scrambling and the EPP in Japanese: From the Viewpoint of the Kumamoto Dialect in Japanese," *Formal Approaches to Japanese Linguistics: Proceedings of FAJL* 4, ed. by Yoichi Miyamoto and Masao Ochi, 113–124, MIT Working Papers in Linguistics 55, MIT Press, Cambridge, MA.

Kato, Yasuhiko (2000) "Interpretive Asymmetries of Negation," *Negation and Polarity*, ed. by Laurence R. Horn and Yasuhiko Kato, 62–87, Oxford University Press, Oxford.

Kishimoto, Hideki (2007) "Negative Scope and Head Raising in Japanese," *Lingua* 117, 247–288.

Kishimoto, Hideki (2008) "On the Variability of Negative Scope in Japanese," *Journal of Linguistics* 44, 379–435.

Kuno, Susumu (1973) *The Structure of the Japanese Language*, MIT Press, Cambridge, MA.

Kuroda, S-Y (1992) "Judgment Forms and Sentence Forms," *Japanese Syntax and Semantics: Collected Papers*, 13-77, Kluwer Academic Publishers, Dordrecht.

Miyagawa, Shigeru (2001) "The EPP, Scrambling, and *Wh*-in-Situ," *Ken Hale: A Life in Language*, ed. by Michael Kenstowicz, 293-338, MIT Press, Cambridge, MA.

Miyagawa, Shigeru (2010) *Why Agree? Why Move?: Unifying Agreement-Based and Discourse-Configurational Languages*, MIT Press, Cambridge, MA.

西岡宣明 (2013)「熊本方言からみる日本語の主語の統語位置」『言語学からの眺望 2013』, 福岡言語学会 (編), 176-188, 九州大学出版会, 福岡.

Nishioka, Nobuaki (2014) "On the Positions of Nominative Subject in Japanese: Evidence from Kumamoto Dialect," to appear in *Proceedings of the 10th Workshop on Altaic Formal Linguistics* (*WAFL*): MITWPL.

Nishioka, Nobuaki (in press) "Expressions that Contain Negation," *Handbook of Japanese Syntax*, ed. by Masayoshi Shibatani, Shigeru Miyagawa and Hisashi Noda, Mouton de Gruyter, Berlin.

Upward Inheritance of Phasehood*

Minoru Fukuda

Miyazaki Municipal University

1. Introduction

In general, syntactic operations such as IM (Internal Merge) proceed upward as well as cyclically in the computational system of human language (cf. Chomsky (2008: 140). However, Chomsky (2008: 143-144) proposed an operation referred to as Feature Inheritance, by which the phi and Tense features of phase heads (i.e. C and $v*$) are transmitted downward to the heads of their complements.[1] Recently, Chomsky (2015: 10-11) proposed another downward mechanism that enables T to inherit phasehood from C; this mechanism helps explain the contrast between (1) and (2).

(1) **Who* do you think that *t* read the book?

(2) *Who* do you think *t* read the book?

In this paper, we point out several conceptual and empirical problems with Chomsky's (2015) downward inheritance of phasehood. We also propose two hypotheses: (i) the inheritance applies upward so that C can inherit

---

* This is a revision of my paper presented at the 7th International Conference on Formal Linguistics (ICFL-7), which was held at Nankai University, Tianjin, China, on December 2-4, 2016. I am grateful to the audience at the conference. Special thanks go to Kaneaki Arimura, Takeshi Furukawa, Koichiro Nakamura, Tom Roeper, Nicholas Sobin, and an anonymous reviewer for their comments, help, and suggestions. I owe a particular debt to Diego Krivochen for his detailed comments on an earlier version of the paper. The usual disclaimer applies. This work was supported by a Grant-in-Aid for Scientific Research (C) (No. 26370570).

[1] To simplify discussion in this paper, we will devote ourselves to the inheritance of phasehood and pay little attention to that of phi and Tense features.

phasehood from T; and (ii) T is strong enough to become a label once its phasehood is activated.

The organization of this paper is as follows. Section 2 outlines Chomsky's (2015) explanation of *that*-trace effects, as exemplified in (1), and reveals the difficulties associated with it. Section 3 shows our alternative analysis of *that*-trace effects, which is immune from the problems discussed in Section 2. Based on the new analysis, Section 4 shows how exceptional cases of local subject extraction can be explained. Section 5 concludes the discussion and briefly reviews the remaining issues.

2. Downward Inheritance

Recently, Chomsky (2015) has tried to account for *that*-trace effects by means of notions such as activation, inheritance, and phasehood. As the contrast between (1) and (2) indicates, subject extraction from a complement clause is allowed only when the complementizer *that* is missing.

Chomsky's (2015) analysis of the contrast can be summarized as follows. With regard to (2), when Feature Inheritance occurs, T inherits the phasehood of C along with phi and Tense features. If C is deleted, the phasehood of T is activated, and T becomes a new phase head, as illustrated in (3).[2]

$$(3) \quad [_{CP} \, \mathbb{C} \, [_{<phi, \, phi>} \, DP_{wh} \, [_{TP} \, T^{PH} \, [_{v*P} \, ...]]]]$$

Since $v*P$ is a complement of T, it is transferred. The subject DP_{wh} consequently remains in the derivation and is accessible to IM.[3] In this way, subject extraction is allowed in (2).

On the other hand, if C is not deleted, it remains a phase head.[4] There-

---

[2] In what follows, the phase head and the Transfer domain are indicated by the superscript "PH" and the half-tone dot meshing, respectively. The deleted C is crossed out.

[3] This is a typical instance of PIC (Phase-Impenetrability Condition) effects. The PIC is defined by Chomsky (2000: 108) as below, in (i).

    (i)   In phase a with head H, the domain of H is not accessible to operations outside a, only H and its edge are accessible to such operations.

[4] Chomsky (2015) was not as explicit about the derivation of (1) as that of (2). We tentatively assume that if C is not deleted, its phasehood is not inherited by T and remains on C.

fore, as illustrated in (4), its complement <phi, phi> will be transferred together with the subject DP_{wh}, which is no longer accessible to IM. This explains why subject extraction is prohibited in (1).

(4) $[_{CP} C^{PH} [_{<phi, phi>} DP_{wh} [_{TP} T [_{v*P} ...]]]]$

However, there are at least four challenges associated with Chomsky's (2015) analysis. First, if the deletion of C is interpreted literally, it violates the No Tampering Condition (Chomsky (2008: 138)), which prevents the deletion or modification of any element introduced by the syntax during derivation.

Second, phasehood inheritance is assumed to apply downward or counter-cyclically. As Brody (2002: 22–23) argued, counter-cyclic or "look-back" properties of syntactic operations inevitably exploit both representations and derivations. This ultimately leads to a mixed theory with unwelcome redundancy.[5] To avoid conceptual undesirability, it is naturally preferable to adopt cyclic operations rather than counter-cyclic ones.

A third problem occurs if we take account of adverb effects epitomized by (5).

(5) *Who* did Leslie say that, for all intents and purposes, *t* was the mayor of the city?   (Browning (1996: 250))

Since the complementizer *that* is present in (5), Chomsky's (2015) analysis of (1) should predict that (5) is ungrammatical even though it is grammatical.

Lastly, let us examine the structure (6) derived by the application of subject extraction to (3). Here the status of a is at stake.

(6) $[DP_{wh} ... [_{CP} \mathsf{C} [_a t [_{TP} T^{PH} [_{v*P} ...]]]]]$

Based on Chomsky's LA (Labeling Algorithm), the trace or copy of the DP_{wh} "is invisible to LA" (Chomsky (2013: 44)). In addition, Chomsky (2015: 9) claimed that T is intrinsically "too weak to serve as a label" in

---

[5] See also Stroik and Putnam (2013: 79–81) for criticism on the mainstream Minimalist Program in favor of a genuine derivational theory with no redundancy.

English. Thus, as pointed out by Abe (2016: 4–5), α cannot be labeled or interpreted at Interfaces, yet (2) is still grammatical.[6]

In order to circumvent this problem, Chomsky (2015: 11) suggested that "IM of *who* to the matrix clause doesn't de-label α." In our context, α is <phi, phi> in (6), which leads to the following construction in (7).

(7)　$[DP_{wh} \ldots [_{CP} \in [_{<phi,\ phi>} t [_{TP} T^{PH} \text{[v*P ...]}]]]]$

Chomsky goes on to assume that once the label (i.e. <phi, phi> in (3)) is determined, it is temporarily stored in the "memory" until Transfer applies to the phase under consideration. Thus, "[f]or interpretation at CI, labels are computed at the phase level, with cyclic transfer" (Chomsky (2015: 11)).

However, his new concept of "memory" does not play any role in the derivation of (8) for reasons that are unclear to us.

(8)　*$[_{\beta}$ which dog do you wonder $[_{\alpha} t [_{\delta} C_Q$ John likes $t']]]$

(Chomsky (2015: 8))

Chomsky (2015) argued that the unnaturalness of (8) is due to semantic anomaly rather than syntactic deviation. Since t is invisible to the LA, α is labeled Q "and is interpreted as a yes-no question, with Aux-raising and rising intonation. But this is gibberish, crashing at CI and solving the problem" (Chomsky (2015: 8)).

Regarding a similar construction in (9), Chomsky (2015: 13) argued that "at phase α, the lower copy of *which book* is invisible for the usual reason, so β is never labeled by <Q, Q>."

(9)　*which book $[_{\alpha}$ they wonder $[_{\beta}$ which book Q [he read]]]

Note that β is labeled <Q, Q> prior to the application of External Merge of β and *wonder*. Thus, if it is possible to utilize "memory" in the derivation of (9), the label <Q, Q> will be stored there for the CI interpretation.

---

[6] Whether labels are required for the SM (Sensorymotor) or the CI (Conceptual-intentional) interface is another interesting topic of inquiry. According to Chomsky (2015: 6), "LA simply determines a property of X for externalization and CI." Thus, he implies that labels are necessary for both interfaces.

Upward Inheritance of Phasehood 117

The same should hold true for (8). Consequently, despite Chomsky (2015: 8), there is no problem with respect to the labels or the selectional property of *wonder* that requires its complement to be <Q, Q>, yet incorrect interpretations are given to (8) and (9). In other words, in order to distinguish (7) from (8) and (9), it must be assumed that "memory" is available in (7) but not in (8) or (9). Section 4 will address this discrepancy by providing an alternative analysis that does not require "memory."

3. Upward Inheritance

Assuming that phasehood inheritance is independent of phi and Tense feature inheritance, we propose that phasehood is inherited upward (i.e. from T to C). Then, Chomsky's (2015) explanation will be recast through the following assumptions and hypotheses.

First, we assume that T is introduced to the derivation along with inactivated phasehood.[7] Note that we are not arguing that T is a phase head per se, but rather that it is rendered as a phase head if certain structural environments are established. Furthermore, the phasehood of T can be inherited by a functional head above T. Among the categories in the left peripheral domain above T (Rizzi (1997)), we assume that lexically identifiable categories are qualified to inherit phasehood, whereas other categories are not. Thus, the former comprise phases, but the latter do not. To demonstrate this, we adopt Nakajima's (2016) analysis and identify two types of categories constituting the left periphery above T: C and Top. We propose that the categories are phasehood inheritors if they are derived by merger of the categorizer (e.g. *c, top*) and the lexical root (e.g. *for, if, that, whether*), but they are not if they are derived by merger of the categorizer and the non-lexical (i.e. unpronounced or phonetically null) root.[8] More specifically, complementizers such as *for, if, that,* and *whether* are phasehood inheritors, whereas unpronounced C and Top are not because their roots are non-lexi-

---

[7] Chomsky (2000: 106) tried to refute the idea that TP is a phase, although Chomsky (2015) accepted it conditionally.

[8] See Section 5 for a brief speculation regarding cross-linguistic facts.

cal.[9]

We can now account for the typical cases of *that*-trace effects, such as (1), in which C is lexically identifiable as *that* (indicated as C_{that}). When C_{that} merges with TP, it inherits the phasehood of T. The phasehood is then activated on C_{that}, and the TP is transferred together with the subject DP_{wh}; this is depicted in (10) and results in substantially the same representation as (4). The subject DP_{wh} is thus no longer accessible to IM. This explains why subject extraction is precluded in (1).

(10) $[_{CP} C_{that}^{PH} [_{<phi, phi>} DP_{wh} [_{TP} T [_{v*P} ...]]]]$

Since the interrogative *whether* in (11a), the prepositional *for* in (11b), and the declarative *that* in (1) are all lexically identifiable Cs, the illicit subject extractions in (11) and in (1) are subsumed under our analysis.

(11) a. **Who* did you ask <u>whether</u> *t* would hate the soup?

(Sobin (2002: 528, fn. 2))

b. **Who* would you prefer <u>for</u> *t* to win?   (Rizzi (1990: 45))

According to Nakajima (2016), the *if*-complement clause is TopP rather than CP. We should note that its head Top is composed of the categorizer *top* and the lexical root *if*. Thus, (12) falls under the paradigm in (11).

(12) **Who* do you wonder <u>if</u> *t* went to school?

(Di Sciullo (2000: 2, fn. 1))

By contrast, regarding sentences like (2), C is phonetically null (indicated as C_{null}), and therefore when C merges with TP, its phasehood is not inherited by C_{null}.[10] The phasehood is then activated in situ (i.e. on T). The v*P is subsequently transferred because it is a complement of T, as illustrated in (13). The subject DP_{wh} remains in the derivation and is accessible to IM.

---

[9] Chomsky (2015: 11) argued that CP can be "de-phased by disappearance of C" in the embedded clause. Our proposal rephrases this statement as "CP can be de-phased by a lexically unidentifiable C."

[10] Nakajima (2016: 38–39) argued that the *that*-less complement clause is TopP and thus is not a phase. We do not discuss the discrepancy between his analysis and ours due to space constraints.

Upward Inheritance of Phasehood   119

Based on the above, it follows that subject extraction is allowed in (2).

(13) $[_{CP} C_{null} [_{<phi, phi>} DP_{wh} [_{TP} T^{PH} [_{v*P} ...]]]]$

The derivational procedures proposed above comply with the No Tampering Condition and does not employ downward or counter-cyclic operations. Thus, the first and second problems highlighted in Chapter 2 have been neatly evaded.

With respect to the adverb effects exemplified in (5), there are two derivational stages to consider based on the analysis of (2). First, (14) illustrates a stage in which FocP has been constructed.[11] Note that the root of Foc is phonetically empty. Thus, Foc does not inherit phasehood, and T preserves it. Therefore, $v*P$ is transferred, with DP_{wh} left behind in Spec-TP.

(14) $[_{FocP} AdvP [Foc [_{<phi, phi>} DP_{wh} [_{TP} T^{PH} [_{v*P} ...]]]]]$

In the next stage, as seen in (15), C merges with FocP.

(15) $[_{CP} C_{that} [_{FocP} AdvP [Foc [_{<phi, phi>} DP_{wh} [_{TP} T^{PH} [_{v*P} ...]]]]]]$

After the overt complementizer *that* is merged with FocP, it fails to inherit phasehood since Foc has no phasehood for upward inheritance.[12] This means that neither C_{that} nor Foc can serve as a phase head. Therefore, the subject DP_{wh} is still accessible to IM. In this way, adverb effects are accounted for in our analysis.

---

[11] With regard to adverb effects, we tentatively disregard Nakajima's (2016) structural analysis and instead adopt Ishii's (2004), under which the adverb in question is assumed to be a focused element. We thank one of the reviewers for calling our attention to Ishii (2004). We could provide the same argument under the TopP analysis for preposed adverbial phrases.

[12] We are assuming that the inheritance relation between the two heads must be local. Since the presence of another head between them mutilates the relation, C cannot inherit phasehood from T via Foc.

4. Strengthening by Activation

In this section, we attempt to resolve the fourth problem discussed in Section 2. Instead of employing the phase-level "memory" to account for the possibility of subject extraction in (2), we propose that the activation of phasehood allows the "weak" T to be "strong" enough to become a label. Before discussing this proposal, let us first re-examine the derivational steps for (2), which is reproduced below as (16). The structure of its embedded clause is depicted in (17).

(16) *Who* do you think *t* read the book? (Chomsky (2015: 10))

(17) $[_{CP} C_{null} [_{<phi, phi>} DP_{wh} [_{TP} T^{PH} [_{v*P} ...]]]]$ (Cf. (12))

As discussed in Section 3, the subject DP_{wh} is outside the Transfer domain and is accessible to IM. Subsequently, (18) is derived. However, it is unclear what the label X is, as it cannot be <phi, phi>; this is because the trace or copy of the DP_{wh} does not participate in labeling.

(18) $[DP_{wh} ... [_{CP} C_{null} [_X t [_{TP} T^{PH} [_{v*P} ...]]]]]$

However, in our new proposal, once the phasehood of T is activated, T is able to serve as a label. Thus, X is labeled as TP, as shown in (19).[13]

(19) $[DP_{wh} ... [_{CP} C_{null} [_{TP} t [_{TP} T^{PH} [_{v*P} ...]]]]]$

Although the fourth problem is overcome in this manner, it is still necessary to examine (1), replicated below as (20), once again to make sure that the correct prediction is obtainable.

(20) **Who* do you think that *t* read the book? (Chomsky (2015: 10))

Firstly, the embedded C *that* has the [−Q] feature, which neither attracts *who* nor allows it to merge with CP. Thus, *who* must stay in the embedded subject position. As argued in Section 3, *that* serves as a phase head, so *who* will be transferred, as shown in (21). This explains why subject ex-

---

[13] The LA applies in a dynamic manner, so that the label <phi, phi> at a certain derivation stage can change into the one TP at a later stage.

Upward Inheritance of Phasehood   121

traction from the embedded clause is not possible.

(21)   [$_{CP}$ that^{PH} [$_{<phi, phi>}$ [$_{DP}$ who] [$_{TP}$ read the book]]]]

However, given the simplest Merge (i.e. a completely free application of Merge (Chomsky (2015))), *who* can be internally merged with CP before applying Transfer. This results in the derivation in (22).

(22)   [$_Y$ [$_{DP}$ who] [$_{CP}$ that^{PH} [$_X$ t [$_{TP}$ read the book]]]]]

Regarding the category Y, its label is undetermined because of the inverse values of [Q]: *who* has [+Q], while *that* has [−Q]. However, this does not cause any problem. This is because *who* can move out of Y at a later derivational stage, thus causing Y to become a CP with the [−Q] head. Consequently, the selectional property of *think*, which requires the complement head to be [−Q], will be fulfilled.

The genuine problem with (22) is the undetermined label of X. Our proposal qualifies *that* to be a phase head, but T remains too "weak" to serve as a label. As a result, X will be transferred without being labeled and will not be interpreted at Interfaces. Therefore, no legitimate derivation is available to (1) for convergence.[14]

Lastly, let us turn our attention to (8) and (9) again. Our analysis does not rely on the phase-level "memory." Thus, as Chomsky (2015: 8) suggests, extracting the WH interrogative out of the complement clause of *wonder* gives rise to semantic anomaly in the examples.

5.   Concluding Remarks

In order to circumvent the four problems raised by Chomsky's (2015) analysis, we have argued for an alternative ameliorated approach. However, a more detailed examination is required for further clarification. For exam-

---

[14] In (21), the weak T head is strengthened and becomes a label through the Spec-head relation between DP$_{wh}$ and T (Chomsky (2015)). However, the trace of DP$_{wh}$ fails to participate in labeling, and therefore we assume that the T head in question has reverted to a weak category in (22).

ple, we concentrated on English data, but an analysis of other languages may offer interesting observations. As pointed out to us by Diego Krivochen (personal communication), Spanish counterparts to (1) and (2) exhibit the opposite grammatical pattern. Rizzi (1990: 53–59) also observes a variety of complementizers that allow subject extraction across different languages. We would like to confine ourselves to the speculation that these facts could be identified as parametric variations, which are ascribed to the properties of certain sets of functional categories.[15]

We also need to examine the implications of our proposed analysis. For example, our new structural analysis of the embedded clause leads to an unexpected but interesting prediction, which is that WH islands are not absolute barriers against IM. To be more specific, let us examine multiple movements of argumental WH phrases in (23), which Chomsky (1986: 36) regards to be a typical case of WH-Island Condition violations. As observed by Chomsky (1986), Rizzi (1990), and Ross (1967: Chapter 2), movement operations in cases such as (23) do not result in serious deviance. Our analysis assigns the structure represented in (24) to the embedded clause in (23).

(23) [To whom]$_j$ did you wonder [$_{CP}$ what$_i$ John gave t$_i$ t$_j$]?

(24) [$_{<Q, Q>}$ what$_i$ C$_{[+Q]}$ [$_{TP}$ John T^{PH} [gave t$_i$ t$_j$]]]

Given the simplest Merge, the prepositional WH phrase *to whom* can leave the complement of T for the position accessible to IM prior to the application of Transfer. Neither <Q, Q> nor TP interdicts the extraction of the phrase. Thus, the situation is similar to that of (15), repeated below as (25), in the relevant respects.

(25) [$_{CP}$ C [$_{FocP}$ AdvP [Foc [$_{<phi, phi>}$ DP$_{wh}$ [$_{TP}$ T^{PH} [$_{v*P}$ ...]]]]]]   (= (15))

The movement of a WH interrogative out of the WH island is consequently permissible in principle as long as it can successfully sidestep Transfer.

It is true that this upshot goes against the traditional analysis regarding WH islands, which have been assumed to impede IM. However, it is in line

---

[15] Chomsky's (2015: 10–11, fn. 10) speculation is also worth consideration.

with Boeckx's (2012) claim that weak islands (including WH islands) intrinsically are not syntactic obstacles to IM. We also leave this implication to future research.

References

Abe, Jun (2016) "Dynamic Antisymmetry for Labeling," *Lingua* 174, 1–15.

Boeckx, Cedric (2012) *Syntactic Island*, Cambridge University Press, Cambridge.

Brody, Michael (2002) "On the Status of Representations and Derivations," *Derivation and Explanation in the Minimalist Program*, ed. by Samuel David Epstein and T. Daniel Seely, 19–41, Blackwell, Oxford.

Browning, M. A. (1996) "CP Recursion and *that*-t Effects," *Linguistic Inquiry* 27, 237–255.

Chomsky, Noam (1986) *Barriers*, MIT Press, Cambridge, MA.

Chomsky, Noam (2000) "Minimalist Inquires: The Framework," *Step by Step: Essays on Minimalist Syntax in Honor of Howard Lasnik*, ed. by Roger Martin, David Michaels and Juan Uriagereka, 89–155, MIT Press, Cambridge, MA.

Chomsky, Noam (2008) "On Phases," *Foundational Issues in Linguistic Theory: Essays in Honor of Jean-Roger Vergnaud*, ed. by Robert Freidin, Carlos P. Otero and Maria Luisa Zubizarreta, 133–166, MIT Press, Cambridge, MA.

Chomsky, Noam (2013) "Problems of Projection," *Lingua* 130, 33–49.

Chomsky, Noam (2015) "Problems of Projection: Extensions," *Structures, Strategies and Beyond: Studies in Honor of Adriana Belletti*, ed. by E. D. Domenico, C. Hamann and S. Matteini, 3–16, John Benjamins, Amsterdam.

Di Sciullo, Anna Maria (2000) "Parsing Asymmeties," *Natural Language Processing*, Vol. 1835 of the Series Lecture Notes in Computer Science, 1–15.

Ishii, Toru (2004) "The Phase Impenetrability Condition, the Vacuous Movement Hypothesis, and that-t effects," *Lingua* 114, 183–215.

Nakajima, Heizo (2016) *Shima-no Choubou* (Views of Islands), Kenkyusha, Tokyo.

Rizzi, Luigi (1990) *Relativized Minimality*, MIT Press, Cambridge, MA.

Rizzi, Luigi (1997) "The Fine Structure of the Left Periphery," *Elements of Grammar: A Handbook of Generative Syntax*, ed. by Liliane Haegeman, 281–337, Kluwer, Dordrecht.

Ross, John Robert (1967) *Constraints on Variables in Syntax*, Doctoral dissertation, MIT. [Reproduced by the Indiana University Linguistics Club, 1968, Bloomington, Indiana.]

Sobin, Nicholas (2002) "The Comp-trace Effect, the Adverb Effect and Minimal CP," *Journal of Linguistics* 38, 527–560.

Stroik, Thomas S. and Michael T. Putnam (2013) *The Structural Design of Language*, Cambridge University Press, Cambridge.

III. 音声学・音韻論・形態論

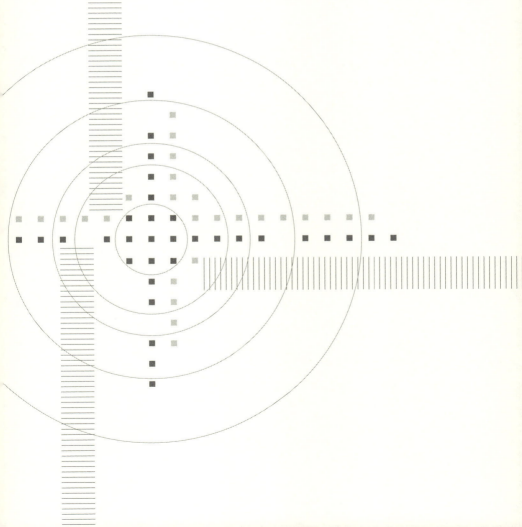

日本語複合名詞のアクセントについて[*]

太田　聡

山口大学

1. 序

　まず，日本語の複合語アクセントに関する代表的な研究から振り返ってみよう．窪薗（1995）では以下の規則が述べられている（本稿では，アクセントが置かれ，ピッチの落ちる箇所に⌐を付した）．[1]

(1) a. 後半要素が 1 ～ 2 モーラ（mora）しかない場合には，前半要素の最後にアクセントが置かれる．
　　　　例：　ジンジ⌐ブ（人事部），スミダ⌐ガワ（隅田川）
　　b. 後半要素が 3 モーラ以上である場合には，後半要素の最初にアクセントが置かれる．
　　　　例：　ガイコクゴガ⌐クブ（外国語学部），ペキンゲ⌐ンジン（北京原人）
　　c. 後半要素のアクセントが中高型の場合には，そのアクセントの位置が継承される．
　　　　例：　イセモノガ⌐タリ（伊勢物語）＜ モノガ⌐タリ

結局，（1a）と（1b）の違いを簡単に言い換えれば，後半要素が短いときには前半要素がアクセントを担い，後半要素が長いときには後半要素がアクセント

---

　[*] 本稿は，第 3 回熱海 Phonology Festa（2008 年 2 月 21-22 日）での講演を基に，紙幅の許す範囲に収まるように圧縮したものである（そのため，用例を少なくし，いくつかの節と全体のまとめを省略した）．講演の機会を与えてくださった田中伸一氏，及び，10 年近くも放っておいたのに，講演内容を記憶していて出版を勧めてくださった窪薗晴夫氏に，感謝申し上げたい．
　[1] 日本語複合語のアクセント規則については，McCawley（1968），Kubozono（1988），金田一監修（2014）なども参照されたい．

を担うということである．アクセントを取る箇所は，それだけ目立つ要素になるわけだから，ある程度長い要素でないとその役割を担えない，とまとめることもできよう．例えば，『ドラえもん』の中では大きなジャイアンがガキ大将だから様になるのであって，のび太がガキ大将ではしっくりこないのと似ている．

また，英語の語のアクセントも，例えば ánecdòte に対して ànecdótal といった具合に，後半が 2 音節になればそちらがより強くなる．これは複合語にも当てはまり，bláckboard eràser に対して Làbour Party fínance committee という具合に，後半が 2 語ならばそちらの方がより強く発音される．こうしたことから，Liberman and Prince (1977) は，樹形図に基づいて，「右側が枝分かれすればそちらが強い」という主旨の語彙範疇卓立規則 (Lexical Category Prominence Rule) を提案した．このように，日英語には，後半・右側の長さによってアクセントの型が決まる規則性・共通性があるので，もう少し抽象化させれば，同一の原理の働きとして論じることが可能になると思われる．

ところで，なぜ 2 モーラと 3 モーラの間が異なるパターンを生じさせる分岐点になるのであろうか．また，なぜ (1c) のように中高型アクセントを持つ例は，特別扱いされるのであろうか．単に結果に合わせて分類しただけで終わらせないためには，その理由を探らなくてはならない．本論はその 1 つの試案である．[2]

2. ナイーブな代案

複合語というのは，句と違って，1 語にまとまったものなので，アクセントのパターンも単独の語と同じように処理されているのではないか，という推察もできよう．日本語の名詞のアクセントは，「クリス↴マス」などの外来語のアクセントで容易に確認できるように，(有アクセントの場合，) 語末から 3 モーラ目にくることが多い．よって，複合語のアクセントも語末から 3 モーラ目―― (n − 3) と表す――に与えられると一般化できるかもしれない．そして，

---

[2] 本論は，例えば，「イチゴジャ↴ム」のような (1a) の規則に従わない例や，「ウンドージョー (運動場)」のような平板型 (無アクセント) 例については論じない．複合語の様々なアクセント型の細かな分類と記述については，佐藤 (1989)，NHK 放送文化研究所編 (1998) などを参照されたい．なお，「イチゴジャ↴ム」と「イチゴ↴パイ」などの差異に関して，「ジャム」は 2 音節であるが「パイ」は 1 音節である，といった窪薗 (1999) の指摘も注目に値しよう．

次の (2a) に挙げたように，(n−3) パターンを持つと見なせる複合名詞の例が多く見つかる．なお，「ステ �“↓ション」のように，語末から 3 モーラ目が長音，促音，撥音，二重母音の第 2 要素といった特殊モーラのときには，もう 1 つ前のモーラ，すなわち (n−4) の位置にアクセントが移るが，(2b) に示したように，これは複合語でも同じである．

(2) a. ハカタ↓エキ（博多駅），オレンジジュ↓ース，サンカ↓ショー（参加賞），ギリシャテツ↓ガク（ギリシャ哲学），レンタ↓カー，ヤマトナデ↓シコ（大和撫子）

    b. スピードメ↓ーター，ジュークボ↓ックス，ニンゲンカ↓ンケー（人間関係），ヤマグチダ↓イガク（山口大学）

では，「ジンジ↓ブ」，「オーサカ↓シ（大阪市）」のように，後半要素が 1 モーラしかなく，結果として，後ろから 2 番目のモーラにアクセントがある例はどのように扱えばよいのであろうか．1 つの方策として，「1 モーラ語は基底表示（underlying representation）では 2 モーラ」とすることが考えられる．つまり，表面的には 1 モーラであるが，抽象レベルでは 2 モーラであるとし，「ブ＋μ」（μ はモーラを表す記号）のように仮定するのである．その根拠として，例えば，(i)「ストライキ」や「オペレーション」を略したときに，「ス」や「オ」ではなく，「スト」や「オペ」となることや，(ii) 関西方言などで「胃が痛い」が「イー痛い」となることや，(iii) 子どもの発話で，「血が出た」，「蚊に刺された」が「<u>ちが</u>がでた」，「<u>かに</u>にさされた」という具合になりやすいことから，日本語の最小語は 2 モーラと捉えられることが挙げられる（Itô (1990) や Ota (1998) を参照）．であれば，「部」などを基底で 2 モーラとすることは，それほど不可解な仮定ではあるまい．[3]

ならば，(n−3) が基本パターンだということでお仕舞いにできるのであろうか．否，話はそれほど簡単ではない．以下の (3) に示したように，(n−3) では困る例，すなわち，後ろから 3 番目が特殊モーラではないのに，後ろから 4 番目のモーラにアクセントが与えられる複合語も多く見つかるからである．

(3)　キタア↓メリカ（北アメリカ），セツメーセ↓キニン（説明責任），ブン

---

  [3] ちなみに，Chomsky and Halle (1968) で，-ic は常にその直前に強勢を置くことから，その基底形は -ical であるとされていることなども参考にされたい．

ガクサ⌐クヒン（文学作品），ノミト⌐モダチ（飲み友達），フラッシュ
メ⌐モリー，ノコギリク⌐ワガタ

3. Poser (1990) の発見とメリット

Poser は，日本語にもフット（foot）という韻律単位が存在する証拠の１つ
として，（後半要素が長い）複合語のアクセントの計算では，語末の２モーラ
（＝１フット）が見えない（invisible）状態になると考えた．例えば，Hayes
(1980) なども，語の端の要素をアクセントの計算においては韻律外（extra-
metrical）の扱いにする方式を唱えた．よって，日本語の複合語では，そうし
た端っこの要素というのが，たまたま〈フット〉になっていてもおかしくはな
いはずである．[4]

　上で挙げた例，及びその他のほとんどの例のアクセント型・配置は，この
Poser の洞察を受け入れ，応用すれば，説明ができそうである．では，実例と
その解説を以下の (4)-(6) に示そう．

(4)　末尾２モーラを無視する．よって，その箇所に元々のアクセントが存
　　　在する場合，それは削除され，新たなアクセントが後半語に付与され，
　　　それが複合語としてのアクセントになる．
　　　例：　イシ⌐＋ア~~タマ~~（石頭）→ イシア⌐タマ
　　　　　　サト＋コ~~ヨコロ~~（里心）→ サトゴ⌐コロ
　　　よって，「人事部」や「博多駅」のように後半が１～２モーラしかない
　　　複合語では，後半要素がアクセントを担えないことも当然のこととな
　　　る．

(5)　語末のフット（のアクセント）を消しても，まだ後半のアクセントが
　　　見えていれば，それをそのまま残して生かす．なぜならば，多くの場
　　　合，後半要素は複合語の主要部（head）であるから，アクセントも尊
　　　重されるべきである．
　　　例：　マリンスポ⌐ーツ ＜ スポ⌐~~ーツ~~
　　　　　　クリスマスプレ⌐ゼント ＜ プレ⌐ゼ~~ント~~
　　　　　　ヤキハマ⌐グリ（焼き蛤）＜ ハマ⌐~~グリ~~

---

[4] しかし，Hayes の唱える韻律外性指定は，アクセントの計算の前の作業であるが，Poser
の不可視化は，個々の語のアクセントが決まった後でなされると考えられるので，やや性質が
異なるかもしれない．

(6) ((4) と一部重複するが,)もし,後半要素のアクセントが消えてしまった場合,あるいは,後半要素が無アクセントである場合には,「このあたりから大切な主要部が始まりますよ」という合図を発するために,語の境界（# で表す）に近いあたり,すなわち,前半要素の最後か,後半要素の最初にアクセントを付与する,と推断できる.

　　例：　ニューガク↓# シキ（入学式）＜ ~~シキ↓~~, ~~シ↓キ~~
　　　　　メチル # ア↓ルコール ＜ ~~アルコール~~

　なお,最適性理論（Optimality Theory, OT）であれば,(4), (5), (6) で述べた法則は,非語末性（nonfinality）,忠実性（faithfulness）,整列（alignment）などの制約の働きとして捉え直すことができる.しかし,本論では OT の枠組みで分析し直すことまではできない.[5]

　語末の 2 モーラを見えなくするということは,アクセントを,末尾ではなく,後ろから 3 番目（以前）につけて,「そろそろ終わりが来ますよ」という信号を発することになると解釈できる.突然終わるパターンよりも,聞き手は心構えができて,構造や意味を認識しやすいはずである.[6] また,だからこそ,この語末から 3 番目というアクセントの位置は,多くの言語で好まれるパターンとなっている.

　(1c) や (5),及び (2a) の「ギリシャ哲学」,「大和撫子」のように,後半要素が中高型のアクセントを持つ場合は保たれやすいように見えるのは,それが語末フットよりも前方にあることが多いからである.

　後半要素が 1 〜 2 モーラしかないときは,Poser の提案を拡大適用すれば,そこが丸ごと不可視になる（なお,ここで問題にしているフットはいわゆる〈詩脚〉とは違うので,1 フットが語境界を越えてまで形成されることはないと考えられる：*「ジ↓ンジ#チ」）ので,前半要素の最後にアクセントをつけるしかない：「ジンジ↓ #チ」.一方,後半要素が 3 モーラ以上あって,元々のアクセントが消えた,あるいは,無かったときには,主要部の始まりを知らせるために,後半要素のはじめにアクセントを付与するのであろう.つまり,複合

---

　[5] OT に基づいた日本語複合語アクセント論の代表的なものとしては,Kubozono (1997),Tanaka (2001),小野 (2002) などがある.

　[6] 例えば,「デザートは何にする？」という問いに,「ア↓イス」と答えれば,それで答えは完了である.が,「アイス」の部分が平板型ならば,聞き手は「まだ続く」と思って待つ.そして,「アイスクリーム」といったアクセントを聞けば,そこで答えは終了と判断できる.しかし,「アイスクリーム」が平板型ならば,さらに「アイスクリームソ↓ーダ」などの答えを待たねばならない.

語は基本的にいわゆる内心構造（endocentric structure）をしており，以下に図示したように，前半要素が修飾部（modifier），後半要素が主要部になっている．よって，その切れ目をはっきりさせて意味を取りやすくするためにも，アクセントはできるだけ（波線を引いた）語境界に近いところに与えられるのであろう．[7]

(7)　Modifier꜒#H꜒ead

　一方，例えば，(4) に挙げた「ココ꜒ロ」→「サトゴ꜒コロ」や，「タマ꜒ゴ（卵）」→「ユデタ꜒マゴ（ゆで卵）」，「コーヒ꜒ー」→「ホットコ꜒ーヒー」のように，中高型のアクセントであっても，そこが語末フットの範囲にあれば見えなくなり，アクセントが後半語の語頭に移動することに注目されたい．つまり，中高型アクセントは常に継承されるのではなく，消えずに済んだものだけが繰り越されるのである．よって，語末1フットが複合語アクセントの計算時に不可視になると想定すれば，「タマゴ」などのアクセントが中高型でありながら継承されないことは容易に説明でき，例外視したり，別の規則や条件を設けたりする必要はないのである．

　要するに，Poser の提案に従えば，(1) 等で述べた規則性が，細かな分類と「なるものはなる」的な単なる規定ではなく，必然的帰結となり，よりシンプルな原則に改善できるのである．

4.　その他のトピックス

4.1.　連濁との関連性について

　連濁の有無は，次に示したように，前半要素が1〜2モーラか，3モーラ以上かによって決まる場合がある．つまり，前半が短ければ連濁は起こらないが，長ければ起こるという違いを示す例がある．[8]

---

[7] 日英語は共に右側主要部規則（Righthand Head Rule）が当てはまるが，英語の複合語ではむしろ修飾部が強調される（例：fíling càbinet）ので，複合語アクセントの計算では主要部の働き具合が異なると言えよう．なお，「憲法改正」や「消息不明」のような，前半要素と後半要素がそれぞれ独立したアクセントを持つ日本語の複合語例に関しては，太田（2016）の分析を参照されたい．

[8] ただし，「コブネ（小舟）」，「ササブネ（笹舟）」などもある．

(8) a. 前半が1〜2モーラ語： イホン（異本），アカホン（赤本），クロ
フネ（黒船），イリフネ（入船）

b. 前半が3モーラ以上の語： ブンコボン（文庫本），タンコーボン
（単行本），ワタシブネ（渡し舟，渡し船）

例えば，「本」の前に「シロ（白）」や「ムラサキ（紫）」を付加して読んでみれ
ば，(8)の規則性が確認できよう。[9]

さて，この2モーラ以下か3モーラ以上かというところで規則の適用のさ
れ方が異なるというのは，複合語アクセント規則とのなんらかの関連性を感じ
させる．しかし，(8)のような連濁の有無は前半の要素の長さによって変わっ
ているが，複合語アクセントの配置は後半の要素の長さによって変わる，とい
う大きな違いがある。[10]

4.2. アクセントの変異・変化をどう見るか

Hattori (1998) は，NHKの発音アクセント辞典の1943年版と1966年版
などに採録された語のアクセントの変化に注目して，名詞の場合に，以下の規
範的（canonical）な変化パターンを見出した（(n−0)は平板化を表す）．

(9) a. (n−2) → (n−3)：
シナイ（竹刀）→ シナイ
ムシカク（無資格）→ ムシカク
ヨフカシ（夜更かし）→ ヨフカシ
キョヒケン（拒否権）→ キョヒケン

b. (n−3) → (n−0)：
リャクゴ（略語）→ リャクゴ
キヤク（規約）→ キヤク

この変化に関して，下線を施した例では，「後半要素の長さに応じて，前半要
素の最後や後半要素の最初に複合語アクセントを付与した」という見方も成り
立つであろう．つまり，アクセントの位置として狙ったのは，ただ後ろから3

---

[9] ところで，「ホン」は音読み——すなわち漢語——であるのに，なぜ和語の特徴である連濁を
起こすようになったのであろうか．

[10] やや不思議なことに，前半要素の長さが相当違っても，後半語が同じならば同じアクセン
ト配置を示すのが複合語の特徴である：「ツエキ（津駅）」vs.「マイダシキュ—ダイビョー
インマエエキ（馬出九大病院前駅）」.

番目ではなく，（最終フットを除いた上で）語境界に近いところだったのではなかろうか．[11]

4.3.　混成語と複合語短縮形の相違

　Kubozono（1996）は，いわゆるラテン語アクセント規則（Latin Accent Rule, LAR）——アクセントは〈音節〉で計算し，語尾から2番目が長いときはそこに，短いときはもう1つ前に与える——が日本語（特に外来語）にも当てはまることを論じた．そして Kubozono は，次の（10）に示すように，LAR が混成語にも適用できることを指摘した．

　（10）　マ˥マゴン，ビ˥ニロン，キャ˥ベジン，ダ˥スキン

　あわせて，Kubozono は，「アイ<u>ダホ</u>」，「モン<u>タナ</u>」，「マイ<u>アミ</u>」などが示すように，4モーラ語でアクセントが平板型になる例では，語末に軽音節（light syllable）が2つ続くという特徴を突き止めた．このことは，以下の対比からも確認できる（矢印の右側は無意味語）．

　（11）　ア˥マゾン　⇔　アマゾネ，アマゾナ

これに対して，次の（12）に挙げたような複合語の短縮形——基本的に4モーラの長さになる——は，たとえ語末が重音節（heavy syllable）であっても，（「デジカメ」などと同様に）なぜかアクセントは平板型になる．[12]

　（12）　パソコン，エアコン，ミスコン，マザコン

　また，例えば「食パン」，「蒸しパン」などのアクセントが平板型になるのは，4モーラの短縮形とよく似ているからであろうか．一方，「フランス˥パン」や「カレ˥ーパン」にはアクセントがあるので，前半要素の長さによって，アクセント付与の仕方が違っていることになりそうである．いずれにせよ，4モーラ語の場合にはアクセントが平板型になりやすい理由をさらに解明していく必要があろう．

---

[11] もっとも，「ワカ˥バ（若葉）」→「ワ˥カバ」のような変化は，複合語アクセントよりも，(n−3) をターゲットにする力の方が強く働いたことを示す．よって，変化の要因解明は一筋縄ではいかない．

[12] なお，3モーラの複合語短縮形のアクセントは，「フリマ」のように平板式になるものと，「テ˥レカ」のように起伏式になるものに分かれ，複雑である．

4.4. "New" と「新」と「ニュー」

例えば，英語の国名・州名・都市名である Nèw Zéaland, Nèw México, Nèw Yórk などは，2 語が一塊になって 1 つの地名となっているので，複合語の一種の考えてよい．しかしながら，そのアクセントは後半要素の方がより強いので，句的なパターンを示している．一方，例えば新幹線の駅名である「新横浜」や「新山口」のアクセントを観察すると，「シンヨ↓コハマ」（「ヨコハマ」が無アクセントの 4 モーラ語なので，「新横浜」では後半要素の最初にアクセントがくる），「シンヤマ↓グチ」（「ヤマ↓グチ」が中高型なので，「新山口」でもそれが継承される）となり，複合語のアクセント規則が当てはまっている．ちなみに，「新型」，「新漬け」などは「〜ガタ」，「〜ヅケ」と連濁することからも，「新」は複合語を生み出す要素と言えよう．また，例えば（山口市湯田温泉にあった）「ホテルタナカ」のアクセントは「ホ↓テルタナカ」であるが，このホテルの新館にあたる「ホテルニュータナカ」のアクセントは「ホ↓テルニュータ↓ナカ」となる．つまり，平板型アクセントの「タナカ」が，「ニュー」と結びつくと，（「新横浜」と同様の）複合語アクセントを示す．[13]

このように，英語と日本語では，同じ意味の要素でありながら，片や句のアクセントパターン，片や複合語のアクセントパターンを生じさせるという違いがあって，面白くもあり，不思議でもある．

参考文献

Chomsky, Noam and Morris Halle (1968) *The Sound Pattern of English*, Harper & Row, New York.

Hattori, Noriko (1998) "Base Transparency in Suprasegmental Changes: Ongoing Changes in Japanese and English," *Language Variation and Change* 10, 85–96.

Hayes, Bruce (1980) *A Metrical Theory of Stress Rules*, Doctoral dissertation, MIT.

Itô, Junko (1990) "Prosodic Minimality in Japanese," *CLS* 26:2, 213–239.

金田一春彦（監修）・秋永一枝（編）(2014)『新明解日本語アクセント辞典　第 2 版 CD 付き』三省堂，東京．

Kubozono, Haruo (1988) "Constraints on Phonological Compound Formation," *English Linguistics* 5, 150–169.

---

[13] 例えば，「ホ↓テルメ↓ッツ」のように，「ホテル〜」という名称ではアクセントが前後それぞれに与えられる特徴がある．これは，例えば，「ノーム・チョ↓ムスキー」という人名を，「チョ↓ムスキー，ノ↓ーム」と姓−名の順に入れ替えると，アクセントが両方に配置されることと類似している．

窪薗晴夫（1995）『語形成と音韻構造』くろしお出版，東京.

Kubozono, Haruo (1996) "Syllable and Accent in Japanese: Evidence from Loanword Accentuation,"『音声学会会報』211, 71-82.

Kubozono, Haruo (1997) "Lexical Markedness and Variation: A Nonderivational Account of Japanese Compound Accent," *WCCFL* 15, 273-287.

窪薗晴夫（1999）『日本語の音声』岩波書店，東京.

Liberman, Mark and Alan Prince (1977) "On Stress and Linguistic Rhythm," *Linguistic Inquiry* 8, 249-336.

McCawley, James (1968) *The Phonological Component of a Grammar of Japanese*, Mouton, The Hague.

NHK 放送文化研究所（編）(1998)『NHK 日本語発音アクセント辞典　新版』日本放送協会，東京.

太田聡（2016）「日本語複合名詞の不規則なアクセント型についての予備的考察」『山口大学文学会志』第 66 巻，89-99.

小野浩司（2002）「日本語の複合語アクセント」『佐賀大学文化教育学部研究論文集』第 6 集第 2 号，193-203.

Ota, Mitsuhiko (1998) "Minimality Constraints and the Prosodic Structure of Child Japanese," *Japanese/Korean Linguistics* 8, 331-344.

Poser, William (1990) "Evidence for Foot Structure in Japanese," *Language* 66, 78-105.

佐藤大和（1989）「複合語におけるアクセント規則と連濁規則」『講座　日本語と日本語教育』第 2 巻，233-265，明治書院，東京.

Tanaka, Shin-ichi (2001) "The Emergence of the 'Unaccented': Possible Patterns and Variants in Japanese Compound Accentuation," *Issues in Japanese Phonology and Morphology*, ed. by Jeroen van de Weijer and Tetsuo Nishihara, 159-192, Mouton de Gruyter, Berlin.

母音融合と同化[*]

小野　浩司

佐賀大学

1. はじめに

　本論で議論する母音融合は母音の連続（hiatus）を回避する1つの手段であり，融合の結果2つの母音が1つになる現象をさす．その場合，出力形は基底の2つの母音と異なってもよいし，同じであってもよい．これをわかりやすく表わすと（1）になる．

（1）　$V_1 V_2 \rightarrow V_1, V_2$ or V_3

　本論の目的は，この（1）のような現象に対して，果たしてこれが本当に母音融合なのであろうか，という根本の問題に立ち返ることにある．これにより，従来母音融合と考えられてきた現象は実は「同化」（assimilation）の一種であり，音韻素性の融合と考えられてきたものは実は音韻素性の同化であるということを明らかにしたい．

　本論ではまず，すべての議論の発端となった窪薗（1999）について簡単に触れ，なぜ連続する2つの母音が1つになる現象を「融合」と見なしたのかを音声素性との関連で振り返る．次に窪薗（1999）から15年以上が経過した時点での研究成果として太田・氏平（2014）について触れ，彼らが用いる最適性理論（Optimality Theory）が未解決の問題をいかにして解決してくれるのかを論じる．最後に，本論のテーマでもある，「母音融合とは同化の一種である」について論証を試みる．

---

　[*] 本研究は平成28年度科学研究費補助金（基盤研究（C）課題番号15K02483）の助成を受けた研究成果の一部である．

母音融合と同化　　　137

2.　窪薗 (1999)

　窪薗 (1999) の提案を検討する前に，母音融合とは一体どのような現象であるのか，その具体例を詳しく観察する必要がある．(2) は実際に窪薗 (1999) で論じられた例であり，矢印の左側が基底の母音連続，右側が出力としての融合形である．これらの中には歴史的なもの，方言的なもの，フォーマルでないものなどさまざまな種類のものが含まれており，母音融合がいかに日本語の語彙層全般に広く浸透しているかを物語っている．[1]

(2) a.　[ai] → [e(:)] nagaiki（長息）→ nageki（嘆き）

　　b.　[au] → [o:] awaumi（淡海）→ aumi → o:mi（近江）

　　c.　[eu] → [o:] kefu → keu → kyo:（今日）

　　d.　[oi] → [e:] sugoi（凄い）→ suge:

(3) a.　[ae] → [e:] omae（お前）→ ome:

　　b.　[ao] → [o] akaho（赤穂）→ akao → ako:

　　c.　[eo] → [o(:)] miteoku（見ておく）→ mitoku

　　d.　[oe] → [e(:)] sokoe（そこへ）→ soke:

　　e.　[iu] → [u:] iu（言う）→ yu:

　　f.　[ui] → [i:] kayui（痒い）→ kai:

　　g.　[ea] → [a(:)] miteageru（見てあげる）→ mitageru

　　h.　[oa] → [a](soNnako) towa（（そんなこ）とは）→ toa → ta:

(4) a.　[ei] → [e:] kirei（綺麗）→ kire:

　　b.　[ou] → [o:] koukou（高校）→ ko:ko:

　さて，窪薗 (1999) の功績であるが，それは何と言ってもこの多種多様な派生をただ1つの規則にまとめ上げたことであろう．

(5)　[αhigh, δlow, εback] + [ζhigh, βlow, γback] → [αhigh, βlow, γback]

(5) の実際の適用を見るためにここでは (2a)「嘆き」を例にとってみよう．下の (6a) は該当する母音の素性を表し，(6b) は規則 (5) によって下線の素

---

[1] 紙面の都合上，それぞれの母音連続において取り上げる例は1つとする．また，本論では，融合形が長母音になるか短母音になるかについては議論しない．本論の焦点はあくまで融合による音変化であり，変化した母音が長母音になるか短母音になるかは随意的と考える．第3節で扱う同化仮説においても同様の扱いをする．

性が組み合わさる様子を描いている.

(6) a.　[a]: [−high, +low, +back]　[i]: [+high, −low, −back]
　　　　[e]: [−high, −low, −back]
　　b.　[ai] → [e]: [−high, +low, +back] [+high, −low, −back] →
　　　　[−high, −low, −back]

言うまでもないことであるが,窪薗(1999)に含まれる(2)から(5)のすべ
ての派生は規則(5)によって正しく導かれる.

　以上を見る限り窪薗(1999)の分析には何も問題はなさそうである.しかし,
全く問題のない理論や分析は存在せず,窪薗(1999)も例外ではない.中でも
深刻なのが規則(5)に対する反例の存在である(稲田(2008)参照).

(7) a.　[ie] → [e] noie(野家)→ noe
　　b.　[io] → [o] nisikiori(錦織)→ nisikori
　　c.　[ue] → [e] onoue(尾上)→ onoe
　　d.　[uo] → [o:] sizuoka(静岡)→ sizo:ka

(7)の各例に規則(6)を適用すると [ie] → *[i], [io] → *[u], [ue] → *[i],
[uo] → *[u] のようになるが,これは明らかに誤りである.

　(6)以外にも(8)に挙げた2つの例も窪薗(1999)にとっての反例となり
うる.

(8) a.　[ia] → [a] kakiari(書きあり)→ kakeri
　　b.　[ua] → [a] guamu(グアム)→ gamu

これらの例も窪薗(1999)では触れられていないが,仮に規則(6)が適用さ
れると,両者とも [+high, +low, −back] という素性表示を与えられてしま
う.しかし,どう解釈しても [+high] と [+low] は共起せず,このような母
音は日本語にも,そしてもちろん英語にも存在しない.

3.　最適性理論

　現在の音韻理論は最適性理論(Optimality Theory)を抜きにしては語れな
い.この理論の射程は非常に大きく,母音融合も当然その中に含まれる.本節
では最も包括的な議論を展開している太田・氏平(2014)に焦点を当て,最適
性理論のもとでの母音融合の扱いについて検討を行う.

母音融合と同化

太田・氏平（2014）では正しい出力形を導くために幾つかの制約が設けられているが，本論の議論と直接関係があるのは以下に示す 2 つの制約である（太田・氏平（2014: 21））.

(9) a. TAKE LAST (TL)：V_2 の素性の指定を残す

  b. ADJUST HIGH (AH)：

   1) V_1V_2 がともに [±high] または [±low] で同指定のとき，一方を出力する

   2) それ以外は [−high] [−low] の母音 /e/ または /o/ が出力となる

(9) においてとくに注意を要するのは（b1）である．この制約は一見すると，連続する母音の高さが同じ場合どちらの母音を選択してもよいと規定しているようであるが，実際は（9a）によって第 2 母音が選択されるようになっている．後述するように，この点は非常に重要な点であり，母音融合の出力形として第 1 母音より第 2 母音のほうが好まれることを暗示している．なお，（9a）の TL と（9b）の AH のランキングは AH>TL のように設定されている.

下の（10）は，高さが異なる [ai] と高さが同じ [ui] を例にとって AH と TL の実際の適用を表したものである（太田・氏平（2014: 23）参照）.

(10) a. daikoN（大根）→ de:koN

Input /ai/		AH	TL
a	a	*!	***
b	i	*!	
c ☞	e		*

  b. samui（寒い）→ sami:

Input /ui/		AH	TL
a	u		*!
b ☞	i		

(10a) では V_1([a]) と V_2([i]) の [high, low, back] の値がすべて異なることから，TL の欄に 3 つアステリスクが付いている．また，[i] と [a] は今述べたように [high] と [low] の値が同指定ではないので，AH に違反したことになる．その結果，（10a）では中舌母音の [e] が最適な出力候補として選択されることになる．一方，（10b）では，[i] と [u] の [high, low] の値が同じなので両者とも AH には抵触しないが，TL によって [u] ではなく [i] が選択される.

太田・氏平（2014）の分析を用いれば窪薗（1999）の反例であった（7）の例も説明できるようになる．（11）ではそのうちの 2 つを取り上げている.

（11）a. noie（野家）→ noe

Input /ie/		AH	TL
a	i	*!	*
b ☞	e		

b. onoue（尾上）→ onoe

Input /ue/		AH	TL
a	u	*!	**
b ☞	e		

このように，AH と TL の 2 つの制約があれば母音融合の例のほとんどが説明可能となるのである．

しかし，太田・氏平（2014）の分析にもやはり問題はある．まず指摘すべきは，この分析にも反例が存在するということである．（12）に挙げた 2 つの例（「書けり」，「グアム」）がそれに当たる．

（12）a. [ia] → [e]: kakiari → kakeri

Input /ia/		AH	TL
a	i	*!	***
b ☺	a	*!	
c	e		**!
d ☞	o		*

b. [ua] → [a]: guam → gamu

Input /ua/		AH	TL
a	u	*!	**
b	a	*!	
c ☺	e		**!
d ☞	o		*

これらの表からわかることは，太田・氏平（2014）が提案する AH と TL では [ia] と [ua] に対して正しい出力形が与えられないということである．

（12）のような反例がある一方で，提案された制約そのものについても疑問に思われる点がいくつかある．以下にその疑問点を列挙する．

（13） TL に関する疑問
「V2 の素性の指定を残す」と規定しているが，なぜ V1 ではなく V2 の素性が残るのか．

（14） AH（1）に関する疑問
「高さの指定が同じとき，どちらか一方を出力する」と規定しているが，実際は TL によって第 2 母音が優先的に選ばれるようになっている．なぜ高さが同じ場合に第 2 母音が出力形となるのか．

（15） AH（2）に関する疑問
「2 つの母音の高さが異なるとき出力形は [−high, −low]（すなわち [e] または [o]）になる」と規定しているが，なぜ他の母音ではなく [e] あるいは [o] が選択されるのか．

ただし，ここに挙げた 3 つの疑問は太田・氏平（2014）に対する疑問というよ

りも，むしろ最適性理論そのものへの疑問と言ってもよい．つまり，この理論のもとでは制約の発見と発見された制約間のランキングを設定することが最も重要な課題であり，その制約が一体何を意味するかはそれほど重要視されない．言い換えれば，提案された制約は「～をしなければならない」ということは規定してくれるけれど，「なぜ～をしなければならないのか」については答えてくれない，ということである．しかし，本論では音韻現象の解明にとって「なぜ」に答えることこそが重要だという認識のもと，それへの解答に全力を注ぐ．

4. 同化現象としての母音融合

　本論の提案は，これまで「融合」と見なされてきた現象を「同化」という観点から見直そうというものである．もちろん，その過程で上記 (13) から (15) の疑問にも取り組みたい．本論で取り上げた例が「融合」ではなく「同化」であるという発想は，その多くが第2母音を出力形としていることに起因する．実際，(2)，(3)，(4)，(7)，(8) の20例のうち15例が第2母音を出力形として選んでいる．

　同化には進行同化（happen [hæpm]），逆行同化（good morning [gub]），相互同化（as yet [æʒet]）の3種類があるが（大西 (1941)），上で述べたような第2母音が出力形となっている事例は逆行同化である可能性が高い．つまり，母音連続において第2母音の調音位置が第1母音へと（完全に）移行した可能性が高いのである．実際，田中 (2011) には，「日英ともに有声同化は進行同化であり，位置同化は逆行同化である」という記述がある（田中 (2011: 172)）．本論で扱う現象も第2母音から第1母音への調音位置同化と考えれば，田中 (2011) が言うようにこれを逆行同化と見做すことは可能であろう．以上の議論を踏まえて本論では新たに母音融合を同化と見做すための「同化仮説」を提案する．

(16)　同化仮説
　　　母音融合とは第2母音から第1母音への調音位置（[high], [low], [back]）の（逆行）同化である．

(3a) を例にとって (16) の具体的な適用を見てみよう．(17) では第2母音の調音位置が完全逆行同化されている様子が描かれている．

(17) [ae] → [e:]: $[-\text{high}, +\text{low}, -\text{back}]_1 [-\text{high}, -\text{low}, -\text{back}]_2 \rightarrow$
$[-\text{high}, -\text{low}, -\text{back}]_2 [-\text{high}, -\text{low}, -\text{back}]_2$

　さて，本論では先に太田・氏平（2014）の分析に対して（13），（14），（15）のような疑問を投げかけた．（16）の同化仮説はこれらの疑問のうち（13）と（14）に答えを与えてくれる．すなわち，両者とも基本的には「出力形はなぜ第2母音になるのか」を問うているが，いずれも（逆行）同化の結果そうなったと考えれば自然なかたちで説明がつく．[2]

　ここまで「母音融合は（逆行）同化である」という主張のもとで議論を進めてきたが，これに対しては明らかな反例が存在する．その1つが（4）の [ei] → [e] と [ou] → [o] である．これらの例の出力形は第2母音ではなく第1母であり，明らかにこれは逆行同化とは言えず，むしろそれとは真逆の進行同化と言ってもいい現象である．

　しかし，母音融合の例と見做された多くの例が実際は逆行同化の例である可能性が高いことから，反例（4）の存在が直ちに同化仮説（16）の破棄にはならないと考える．そこで本論では，（4）の例を同化仮説の例外であることは認めつつ，なぜそれが例外であるのかの理由を探し出すという方向で議論を進めたいと思う．例外には例外になるだけの理由がある，というのが本論の基本的な考え方である．

　議論を始める前に，本論ではまず個々の母音が固有にもつ力，すなわち，「母音力」（vowel power）というものを提案したい．その力はソノリティー（「共鳴性」）の大小によって測られ，力の序列はソノリティーの序列と一致すると考える．[3] そうすると，日本語の母音力は a＞e, o＞i, u（不等号の開いているほうが母音力は強い）のように書き表すことができる．この序列においてとくに注目すべきは，[i] と [u]，すなわち，高母音の母音力が一番小さいということである．[4] この点を踏まえて，本論ではさらに，「母音力の小さい母音は

---

　[2]（14）には「高さの指定が同じとき」という条件が含まれる．しかし，「高さが同じ」ということが何を意味するのか太田・氏平（2014）には明記されていない．したがって，[high] と [low] の両方の値が同じとき高さが同じと認定するのか，あるいは，いずれか一方の値が同じであれば高さが同じと認定するのか，実はよくわからないのである．さらに言えば，どちらの場合であっても出力形を導き出す計算の結果に差は見られないのである（小野（2016）参照）．こういった事情から，本論では（14）の中の「出力形はなぜ第2母音になるのか」という点にのみ焦点を当て，「母音の高さ」の部分には触れなかった．
　[3] ソノリティーティと母音力の関係性については（Ono（2009）を参照）．
　[4] [i] と [u] を含むいわゆる高母音は外来語借入の際に最も挿入されやすい母音であり

音節を支える力が小さい」と主張する．この主張を裏付ける証拠は幾つかあるが，その1つとして日本語の音便（イ音便とウ音便）を考えることができる（詳しくは Ono（2009）を参照）．イ音便の典型的な例は [kak<u>i</u>ta] → [kaita]（「書いた」）であり，ウ音便の典型的な例は [arigatak<u>u</u>] → [arigatau]（→ [arigato:]）（「ありがとう」）であるが，これらの例に共通することは語中に母音力の小さい [i] または [u]（下線部）を含んでいる点である．音便という現象の本質は，[i], [u] がそれを含む音節（[ki], [ku]）を支えきれなくなったことにある．その結果，頭子音（[k]）を削除したうえでその母音を先行の音節に組み込ませたのである（[kaki] → [kai], [taku] → [tau]）．

以上の考察を踏まえて本題である（4）の [ei] → [e] と [ou] → [o] の派生に戻ろう．問題は，基底の [ei] と [ou] に（16）の同化仮説が適用されると，事実とは異なって [i] と [u] が選ばれる，ということであった．しかし，上で見たように，[i] と [u] は母音力が最も弱く，それゆえ音節を支える力も最も弱い母音である．そこで，これらの母音より安定して音節を支えることができる第1母音の [e] と [o] が出力として選ばれたと本論では考える．[5]

（4）の例と同様（2）の例も本論では大きな問題であった．なぜなら，（2）の出力形は第2母音でも第1母音でもないことから，明らかに同化仮説（16）の反例と見做しうるからである．

しかし，（4）の場合と同様，ここでも同化仮説を放棄することはせず，反例には反例としての共通の特徴があるとして議論を進める．実際，（2）の例を詳しく観察すると，その特徴が見えてくる．具体的に言えば，これらの例に含まれる連続母音には，i）下降二重母音であること，ii）第1母音から第2母音への舌の動きが（3）や（4）の連続母音に比べて大きいこと，などの特徴がある．注目すべきは後者のほうであるが，しかし，「舌の動き」という表現は定義し

（peNsir<u>u</u>（<pencil），beNt<u>i</u>（<bench）），また，削除の対象にもなりやすい（mago（<umago（馬子），doko（izuko（何処）））．このことは，高母音が他の母音と比べて基底となる単語の意味を変えにくい，言い換えれば，添加・削除しても復元可能性の強い母音である，ということを示している．このように，高母音は母音の中で最も自己主張の少ない母音であり，母音としての存在感が最も薄い母音であることから，小野（2016）では高母音と他の母音を区別して，以下のような数字を割り振っている．

　　日本語の母音力　　a > e, o > i, u
　　　　　　　　　　　 4　　3　　　1

[5]　かりに注4のように a > e, o > i, u に対して 4 > 3 > 1 という数字を割り振ると，「母音力の差が2以上の場合，母音力の大きいほうを選択する」という制約が日本語に存在するのかもしれない（小野（2016）参照）．

づらく，曖昧さが残るので，本論ではこれを「第1母音と第2母音の間の距離」として定義し直す．母音間の距離を測るには（18）の母音三角形を利用するのが便利である．

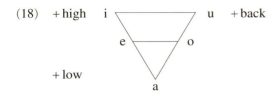

ここでは議論の都合上，[e] と [i] の間の距離と [a] と [e] の間の距離を1とし，[a] と [i] の間の距離は2とする．同様に，[o]-[u] と [a]-[o] の距離は1，[a]-[u] の距離は2とする．そうすると，今問題にしている (2) の [ai] と [au] はいずれも距離が2の母音連続ということになる．また，[eu] と [oi] についてもそれぞれが中間の母音（[o] と [e]）を経由すると考えれば，それらの母音の距離は2であることになる．まとめると，(2) の母音連続はすべて「距離 = 2」という特徴をもつことがわかる．

　さて，(2) に挙げた例が他の連続母音と異なる特徴を持つことがわかったところで，なぜこれらの例が同化仮説 (16) の反例となるのかを説明しなければならない．そのためには，竹林 (1996) の「英語の二重母音は第2要素の記号が示す位置まで舌は移動させず途中で終わってしまう．したがって第2要素の記号は到達点というより移動の方向を表すと解すべきであろう．」（竹林 (1996: 249)）という指摘や，鳥居・兼子 (1969) の「粗雑な発音ではあるが，[au] → [ao̯]，[ai] → [ae̯]，[ɔi] → [ɔe̯] となることがよくある．」（鳥居・兼子 (1969: 81)）などの指摘が大いに参考になる．彼らが主張していることは，たとえば [au] という二重母音を発音する場合その出発点は [a] であるが，到達点は [u] ではなく，[u] よりももっと手前の [o] の辺りになる，ということである．そうであれば，(2) の変化は (16) の反例ではなく，むしろ (16) を支持する例ということになる．なぜなら，[au] → [o:] において，[au] の実際上の発音は [ao] に限りなく近く，その場合 [o] が [a] の方向へと逆行同化したと考えられるからである．このことをよりわかりやすく図示したのが (19) である．図の最初の矢印は実際の舌の動きを指し，次の矢印は逆行同化の適用を指している．

母音融合と同化　　　　　　　　　　　　　　　　145

(19)　　　　実際の舌の動き　　　　同化
　　a.　[ai]　→　[ae]　→　[e]
　　b.　[au]　→　[ao]　→　[o]
　　c.　[ai]　→　[ae]　→　[e]
　　d.　[oi]　→　[oe]　→　[e]

以上の考察から，距離が2である（2）の例は本論が提案する同化仮説の反例
ではないことがわかる．

5.　まとめ

　本論では，融合の出力形として第2母音が選択される事例が多いことから，
従来母音融合と呼ばれていた現象が実は音声素性の「融合」ではなく，音声素
性の完全なる移行，すなわち「同化」であることを提案した．本論ではこの提
案を「同化仮説」と呼ぶが，しかし，この仮説にはいくつか反例があった．本
論ではこれらの問題に対処するために，新たに「母音力」や「距離」といった
概念を導入し，例外には例外としての特徴があることを明らかにし，その上で
母音融合は母音同化であるという主張を確かなものにした．

参考文献

稲田俊明（2008）「日本語の母音融合に関する覚書」『文学研究』105, 39-59, 九州大学
　　大学院文学研究科.

Kawahara, Shigeto (2003) "On a Certain Type of Hiatus Resolution in Japanese,"
　　Phonological Studies 6, 11-20.

窪薗晴夫（1999）『日本語の音声』岩波書店，東京.

大西雅行（1941）『英語の音声法則』学書房出版，東京.

小野浩司（2004）「日本語の母音融合と母音交代」『佐賀大学文化教育学部研究論文集』
　　第9集第1号，107-115.

Ono, Koji (2009) "Revisiting Vowel Coalescence in Japanese," *Tsukuba English Lin-
　　guistics* 27, 105-114.

小野浩司（2016）「日本語の母音融合について」東京音韻論研究会12月例会口頭発表.

太田貴久・氏平明（2014）「最適性理論による日本語の母音連続の分析と制約の統計的
　　検討」『豊橋技術科学大学 総合教育院紀要』『雲雀野』第36号，13-34.

竹林滋（1996）『英語音声学』研究社，東京.

田中伸一（2011）「音のいちゃつきと仲たがい」『言語科学の世界へ──言語の不思議を体

験する 45 題』，東京大学言語情報科学専攻（編），164-181，東京大学出版，東京．

鳥居次好・兼子尚道（1969）『英語の発音——研究と指導——』大修館書店，東京．

N-less-ness と N-less-ly の派生について

高橋　勝忠

京都女子大学

1.　はじめに

　本小論文の目的は，派生語に課される一般条件として高橋（2009）で提唱した名詞範疇条件（Noun Category Condition，以降 NCC とする）と形容詞範疇条件（Adjective Category Condition，以降 ACC とする）の妥当性を検証するものである．

　高橋（2009, 2013, 2015a）では，派生語における X-ish-ly の適格性の違い（e.g. *coolishly と bookishly）や X-ish-ness の適格性の違い（e.g. *young-ishness と cattishness）が NCC と ACC（の含意）により説明できることを主張した．また，高橋（2015b）では「*大計画する」「大繁盛する」の適格性の違いが NCC により捉えられることを主張した．小論では同様に *fleshless-ness と fearlessness の X-less-ness の適格性の違いが NCC により捉えられることを主張する．なお，本稿では hapless や unless のような X-less-ness の X が現在では名詞として認識されない派生語は扱わない．

　2 節では，NCC（の含意）と ACC（の含意）の解説と共に，上記の派生語の適格性の違いがどのように捉えられるかを示す．3 節では，-less が接尾辞であると仮定している Jespersen（1942）と Marchand（1960）の議論を紹介する．本稿でも彼らに従い -less は接尾辞として扱う．次に，Walker（1983）の X-less の派生語の実例とその意味を検討し，X-less-ness と X-less-ly の派生語が X-less の語彙化した意味を持つときにだけ可能であることを指摘し，NCC（の含意）と ACC（の含意）によってこれらの事実が正しく捉えられることを示す．4 節はまとめである．

147

2. NCC (の含意) と ACC (の含意)

高橋 (2009: 175) の NCC と ACC は (1) のような条件で, (2) のような NCC や ACC の含意を前提とする.

(1) NCC: 最終節点にある名詞範疇 (N) は, 動詞 (V)・形容詞 (A)・名詞 (N) のいずれかの範疇により, 二重に c 統御されてはならない.

ACC: 最終節点にある形容詞範疇 (A) は, 動詞 (V)・形容詞 (A)・副詞 (Adv) のいずれかの範疇により, 二重に c 統御されてはならない.

(2) NCC の含意: 派生語は動詞 (V)・形容詞 (A)・名詞 (N) の範疇が名詞範疇 (N) を c 統御しながら生成される

ACC の含意: 派生語は動詞 (V)・形容詞 (A)・副詞 (Adv) の範疇が形容詞 (A) を c 統御しながら生成される.

1 節で見た適格でない *coolishly, *youngishness と「*大計画する」の派生語の内部構造は, (3) のようになる.[1]

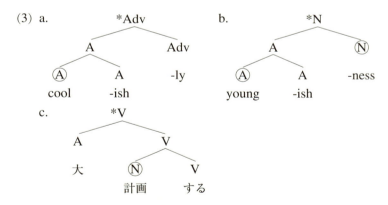

(3a) の *coolishly は, A と Adv がⒶを二重に c 統御し, (1) の ACC に抵触する. (3b) の *youngishness は, 第 2 サイクルにおいて NCC の含意を

---

[1] ⓃやⒶは最終節点にある名詞範疇・形容詞範疇を示す. (3b) のⓃは第 2 サイクルの最終節点にある名詞範疇で, 派生語は bottom-up に binary branching structure (2 又枝分かれ構造) を形成しながら循環的に派生を促すと仮定する (cf. Lieber (1980)).

満たさないので派生が阻止される．(3c) の「*大計画する」の「大」は「大きな計画をする」の形容詞として捉える．(3c) は A と V が Ⓝ を二重に c 統御し，(1) の NCC に抵触するため「*大計画する」は派生されない．[2]

一方，適格な bookishly や cattishness は (4) のように -ly や -ness を付加する前の段階で，語彙化が生じて内部構造が変換すると仮定する．すなわち，bookish はイタリックが示すように語彙化した意味があり，bookish の内部構造は (4a) から (4b) に変換し語彙的形容詞になると仮定する．

(4)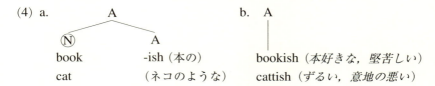

結果として，(4b) の構造は (5) の段階で ACC や NCC の含意を満たしながら，-ly や -ness を付加し，(5b, c) の派生語を生成することができる．

(5)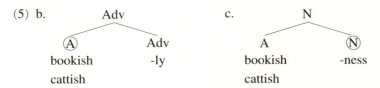

bookishness や cattishness は「本好きな状態」「意地の悪い状態」の意味であって「本の状態」「ネコの状態」の意味を持たないことからも bookish や cattish が語彙化した意味を持つときに -ness が付加されることがわかる．同様に，bookishly や cattishly は「堅苦しく」「意地悪く」の語彙化した意味があり「本のように」「ネコのように」の意味を持たないことから，bookish や cattish が語彙化した意味を持つときに -ly が付加されることがわかる．

「大繁盛する」の内部構造は (6) のようになる．「大繁盛する」は「大いに繁盛する」の意味で「*大きな繁盛する」の意味でないことから「大」は Adv の副詞と捉える．この構造からは定義上，(1) の NCC に抵触しない．

---

[2] 詳細な議論は，高橋 (2009, 2013, 2015a, 2015b) を参照のこと．

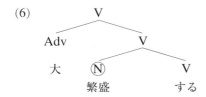

3. N-less の派生語の意味と N-less-ness と N-less-ly の関係

Jespersen (1942: 420–421) によると，-less は OE の *leas* から由来し，'devoid (of), free from' の意味を持ち，単純語としての機能と接尾辞としての機能があったが，ME になって，接尾辞としの機能だけが残された．

(7) OE 時代： lifeless, lightless, mindless, restless, shameless
　　 ME 時代： breathless, fearless, fruitless, homeless, reasonless

動詞と名詞の形が同じ場合に，類推が働き，動詞にも -less が付けられるようになった．しかし，(8) のように動詞に付加する例は少数残されているだけである．形容詞に -less が付く例は sapidless ぐらいで -less の基体の多くは名詞であると捉えることができる．

(8) dauntless, drainless, exhaustless, imagineless, opposeless, etc.

Marchand (1960: 261–263) によると，-less は OE の時代は，-ful と共に単純語としての機能があり，-ful の否定的反対語 (the negative counterpart) としての役目があった．

(9) doubtful/doubtless, shameful/shameless, sinful/sinless, etc.

しかし，15 世紀になって -full の元来の意味 (full) を失って以来，-less との対応関係もなくなり，-less に代わる un- 接頭辞が登場して -ful と -less の意味的対応関係はなくなっていった．結果として，全く対応しない -less の派生語も創られるようになった．

(10) headless, loveless, motherless, starless, etc.

小論では，N-less の派生語に対して N-less-ness の派生語がどのぐらい存在するのか，また，N-less-ness の派生語と N-less-ly の派生語との関係はどのようになるのかを Walker (1983) の逆引き辞典でまとめてみた．次の (11)

がその結果を示す.

(11)　　　　　　総数
　　N-less　　　356
　　N-less-ness　　88
　　N-less-ly　　　91

　(11) からわかることは，N-less の派生語がすべて -ness や -ly を付加した派生語を持たないことである. 下位範疇化的には，-ness も -ly も形容詞の基体を取り，N-less が右側主要部の規則に基づき形容詞の範疇であることから，形態的には -ness や -ly を問題なく継承できると誤って予測させることになる.
　Walker (1983) の掲載数をカウントしてみれば，N-less-ness と N-less-ly の対応関係は，共通の N-less の派生語数 75 に対して，16 の N-less-ness を持たないが N-less-ly は許される (12) のような派生語が観察された.

(12)　aimlessly, bloodlessly, brainlessly, causelessly, colourlessly,
　　　doubtlessly, dreamlessly, faultlessly, guilelessly, harmlessly,
　　　lucklessly, namelessly, soundlessly, taintlessly, tearlessly,
　　　tirelessly

　ここで興味あることは，doubtless が副詞「確かに，おそらく」の範疇に属していて，形容詞「疑いのない，確かな」の意味も記載されているが，形容詞や副詞 doubtlessly の用法が「(今は) まれ」であると『ジーニアス英和大辞典』(2008) に書かれている点である. 他の N-less の派生語には見られない副詞の解釈が doubtless に優勢であるのはなぜだろうか.
　(12) の派生語には N-less-ness の派生語が実際に存在しないのかどうかを『ランダムハウス英和大辞典』(1987) ((13) ではランダムと省略する) と『ジーニアス英和大辞典』(2008) ((13) ではジーニアスと省略する) で調べてみた結果が (13) である (○はその派生語が記載されていることを，×はその派生語が記載されていないことを示す). また，N-less の意味を合成的な意味と非合成的な意味に分けて記載した.

(13)	N-less-ly	ランダム	ジーニアス	合成的	非合成的
	aimlessly	○	○	目的のない	漫然と
	bloodlessly	○	○	血のない	無情な
	brainlessly	○	○	脳なしの	愚かな

causelessly	○	×	原因のない	*偶発的な*
colourlessly	○	○	無色の	*退屈な*
doubtlessly	○	○	疑いのない	*確かな*
dreamlessly	○	○	夢のない	*安眠の*
faultlessly	○	○	欠陥のない	*申し分ない*
guilelessly	○	○	たくらみのない	*正直な*
harmlessly	○	○	無害な	*無邪気な*
lucklessly	○	○	不運の	
namelessly	○	○	名のない	*言語道断の*
soundlessly	○	○	音のない	*静かな*
taintlessly	○	×	汚点のない	*無垢の*
tearlessly	○	○	涙のない	*感情のない*
tirelessly	○	○	疲れない	*不断の*

ちなみに，causelessness と taintlessness の派生語があるかどうかを RHD (1987) と OED (1989) で確認すると，共に存在することがわかった．ジーニアスにはそれらの記述が漏れていると考えられる．もっと明らかになったことは，Walker (1983) の記述は (13) の N-less-ness の派生語を載せていないことからリスト数において正確ではないということが言える．

(13) の事実を踏まえて (11) の表を書き直すと (14) になる．

(14)　　　　　　　総数
　　N-less　　　　356
　　N-less-ness　104
　　N-less-ly　　91

(14) において，N-less-ness を取らない 252 の N-less と，N-less-ly を取らない 265 の N-less が実際にそれらの派生語を持っているのかいないのかの検証は今後の課題として，(13) の N-less-ness と N-less-ly の派生語がなぜ生成されるのかの検証をしていくことにする．

スペースの関係上，1 例だけ取り上げることにする．dreamless の派生語は (13) に示したように「夢のない」の合成的な意味と「安眠の」の非合成的な意味がある．(4a, b) の N-ish の派生で検討したように，それらの意味を考慮に入れると内部構造は (15a, b) のようになると仮定する．

(15) a.

(15a) の dreamless (夢のない) は (2) の NCC の含意を踏まえて，A が Ⓝ を c 統御して派生される．そのあと，(15a) の合成的な意味では -ly や -ness が (16) の構造となり付加されないことがわかる．

(16)

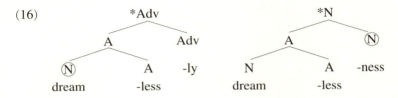

すなわち，(16) の dreamlessly の派生は第 2 サイクルで -ly が付加される際に Adv(-ly) が Ⓝ を c 統御することになる．これは，(2) における NCC の含意を満たさないことになる．よって，dreamlessly が排除される．また，dreamlessness の派生は第 2 サイクルで N(dream) も A(-less) も Ⓝ(-ness) を c 統御できないので dreamlessly と同様に，(2) の NCC の含意を満たさないことになり排除される．

一方，(15b) の dreamless は「安眠の」の語彙化した意味を持つので，内部構造は (15a) のように 2 又枝分かれ構造にはならない．高橋 (2009) では，非合成的な意味になると，内部構造が (15a) から (15b) のように意味的語彙化を受けて，語彙的形容詞になると仮定する．したがって，(15b) の構造にはACC の含意や NCC の含意に従い，(17) に示すように -ly や -ness の付加が可能となり，正しく dreamlessly「安眠して」, dreamlessness「安眠状態」の派生語が生成される．

(17)

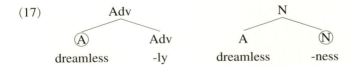

1 節で言及した，*fleshlessness と fearlessness の派生の違いも fleshless が「肉のない」の合成的な意味しかなく，(16) で示した *dreamlessness「夢のない状態」が阻止されるのと同様に，NCC の含意を満たさないので排除される．

一方，fearless は「恐れない」の合成的な意味と「*大胆不敵な*」の語彙化した意味を持っている．後者の意味では（17）の右側の構造分析と同様に，NCCの含意を満たし，fearlessness が正しく派生される．

4. まとめ

　小論では N-less の派生語の意味を検討し，N-less-ness 派生語と N-less-lyの派生語の関係を考察してきた．結論として言えることは，N-less の派生語の意味として非合成的な語彙化した読みがあれば，N-less-ness と N-less-lyの派生が可能になるということである．（13）で見たように luckless-ly/-nessのように luckless に語彙化した意味がないのになぜ -ly や -ness の接辞が付加できるのか，childless のように「子供のない」の合成的な意味しか持たない語が -ness の付加だけがなぜ可能になるのか（i.e. childlessness と *childless-ly），など疑問は残るが，NCC（の含意）と ACC（の含意）は多くの N-less-ness の派生語と N-less-ly の派生語の適格性を捉えることが可能である．N-less に合成的な意味しかない語の多くが -ly や -ness の付加を許さないことが説明できる（e.g. limbless「手足がない」，tombless「墓のない」，woodless「樹木のない」，swordless「刀のない」，など）．また N-like-ness や N-like-ly の派生は -like が中立的な「〜ような」の意味しかないことから察すれば，N-like は合成的な解釈となり，NCC（の含意）と ACC（の含意）からすれば，これらの派生語の可能性は非常に低いものと予測される．これらの研究は今後の課題にしたい．

参考文献

Jespersen, Otto (1942) *A Modern English Grammar on Historical Principles*, Part VI, George Allen & Unwin, London.

Lieber, Rochelle (1980) *On the Organization of the Lexicon*, Doctoral dissertation, MIT.

Marchand, Hans (1960) *The Categories and Types of Present-Day English Word-Formation: A Synchronic-Diachronic Approach*, Otto Harrassowitz, Wiesbaden.

高橋勝忠 (2009)『派生形態論』英宝社，東京．

高橋勝忠 (2013)「語の語彙化と頻度に基づく一語化の違い」『言語学からの眺望2013』，福岡言語学会（編），322–335，九州大学出版会，福岡．

高橋勝忠 (2015a)「「-っぽい」の考察：「-っぽさ」と -ishness の関係について」『英語

英米文学論輯（京都女子大学大学院研究紀要文学研究科英文学専攻）』第 14 号，33-49.

高橋勝忠（2015b）「接頭辞「大」について」『現代の形態論と音声学・音韻論の視点と論点』，西原哲雄・田中真一（編），61-77，開拓社，東京.

Walker's Rhyming Dictionary of the English Language (1983) New edition with supplement compiled by Michael Freeman, Routledge & Kegan Paul, London.

辞　典

『ジーニアス英和大辞典』（2008）大修館書店，東京.

OED = *The Oxford English Dictionary* (1989), prepared by J. A. Simpson and E. S. C. Weiner. Second edition. Clarendon Press, Oxford.

RHD = *The Random House Dictionary of the English Language* (1987), ed. by S. B. Flexner. Second edition. Random House, New York.

『ランダムハウス英和大辞典』（1987）小学館，東京.

Plato's Problem and Recursiveness in English Word Stress Theory: The Case of *SPE*[*]

Eiji Yamada
Fukuoka University

1. Introduction

In this paper, I will give a brief overview of an approach to word stress in English in the generative tradition, focusing especially on Chomsky and Halle (1968) (hereafter *SPE*).

In Section 2, I will review the goal of generative grammar and its view of language, addressing two points: "Plato's problem" in language acquisition and a "recursive procedure" within the system of language, i.e. the "recursiveness" of language. I will then examine the treatment of English stress in *SPE* in Section 3. Section 4 summarizes the discussions.

2. Generative Grammar

2.1. Its View of Language and Goal

It is often claimed that generative grammar has changed considerably over its sixty years of development. In fact, however, it has not. To substantiate this view, I will focus in this paper and in Yamada (2018) on two points: "Plato's problem" in language acquisition and a "recursive procedure" within

---

[*] This paper draws on one part of my talk given at the PAC conference in Toulouse, France, 2015. I am especially grateful to Jacques Durand, Philip Carr, Anne Przewozny, and other committee members for inviting me to the conference. I also wish to thank members of the audience for their valuable comments and suggestions. Thanks are also due to Stephen Howe for suggestions and stylistic improvements to the paper. Needless to say, all remaining errors and inadequacies are my own. This work was supported by JSPS KAKENHI Grant Number 15K02622.

the system of language.

As mentioned retrospectively in Chomsky (1986: xxv), Noam Chomsky seems to have long been intrigued by Plato's problem, paraphrased by Bertrand Russell as "How comes it that human beings, whose contacts with the world are brief and personal and limited, are nevertheless able to know as much as they do know?" This is also known as the "poverty of stimulus" issue. In other words, young children are able to acquire their mother tongue in a remarkably short period, compared with adult language learners, in a poor linguistic environment without instruction in any systematic, explicit grammar of the language they are exposed to. Further, the acquired language shows substantial uniformity among the language community, even though each child receives individual, distinct raw data as their linguistic "experience." This is the linguistic version of "Plato's problem."

What, then, is the most elementary property of language? According to Chomsky (2012: 17, 23), "[language] [at its core] is a system of discrete infinity. Therefore it [= language] must incorporate a "recursive procedure" in some fashion." Chomsky uses the term "recursive procedure" here to introduce his idea of "Merge" in syntax. However, my understanding of the term as a phonologist is as follows: "A particular grammar of language is represented somewhere in a limited space in the brain in some fashion, since the brain itself is not limitless. The limited (or finite) grammar enables us to produce an infinite (i.e. limitless) number of expressions." Such a system may, in my view, be called a "recursive procedure."

To summarize briefly, in an explanation of the language acquisition of young children - which is one of the goals of generative grammar - we must account for "Plato's problem." Further, the acquired language must incorporate in its system a "recursive procedure." This is one of the fundamental views of language in generative grammar.

2.2. Basic Ideas

It is worth noting here that both the basic concept of Plato's problem and the recursive procedure were already expressed by Chomsky from the outset:

(1) a. "A speaker of a language has observed a certain limited set of ut-

terances in his language. *On the basis of this finite linguistic experience he can produce an indefinite number of new utterances which are immediately acceptable to other members of his speech community.* He can also distinguish a certain set of "grammatical" utterances, among utterances that he has never heard and might never produce. He thus projects his past linguistic experience to include certain new strings while excluding others." [Emphasis added]   (Chomsky ([1955] 1975: 61))

b. "Thus the process of transformational generation is *recursive* - infinitely many sentences can be generated." [Emphasis added]

(Chomsky ([1955] 1975: 74))

These are citations from Chomsky's earlier work. In (1a) we see an early conception of "Plato's problem," where Chomsky states that "[o]n the basis of this finite linguistic experience he [the young child] can produce an indefinite number of new utterances which are immediately acceptable to other members of his speech community."

The next citation (1b) shows directly the idea of recursion. Therefore, we can state that in its fundamental concepts generative grammar has NOT changed over its sixty years of development.

2.3. Innateness Hypothesis

In an attempt to account for these two points, that is, "Plato's problem" in language acquisition and the most elementary property of language, recursion, the "innateness hypothesis" appeared in early form in Chomsky (1959). This was subsequently advanced in Chomsky (1965). To paraphrase the hypothesis, as I understand it, Chomsky postulates that human beings have an innate theory (ability), i.e. a language-acquisition device or universal grammar, incorporating a recursive procedure, that enables the young child in a matter of a few dozen months to acquire a particular grammar — for example of English, French, or Japanese — in spite of the linguistic poverty of his or her environment. This concept, too, has not changed fundamentally in sixty years.

Now that we have looked at the basic concepts of generative grammar, let us examine how these affect the field of phonology, in particular the treatment of English stress in *SPE*.

3. *SPE*

3.1. Recursive Procedure

SPE is the first and most significant study of English stress in the generative tradition. In *SPE*, sets of ordered rules are postulated for English stress assignment, which are applied "cyclically" under the universal principle of a "transformational cycle," from the innermost constituents to the outermost. The principle represents the recursive procedure.

The diagrams in (2) show schematically how sets of rules are applied:

(2) a. $\{ (R_1, R_2, R_3, R_4), R_5, \ldots, R_{n-1}, R_n \}$

b. $[[[[xxx]_{A(c)} \; xxx]_{B(c)} \; xxx]_{C(c)} \; xxx]_{D(n)}$

(2a) displays sets of ordered rules. Rule 1, i.e. R_1, to Rule 4, for example, consist of a cyclic block of rules, enclosed by parentheses. A noncyclic block of rules is enclosed by braces, within which the cyclic rules are included. The rules are linearly ordered from R_1 to R_n. In the cyclic block, "the rules apply in a linear sequence to a minimal structure [i.e. constituent] …, then reapply in the same sequence to the next larger [structure]" (*SPE:* 20); by contrast in the noncyclic block, rules apply only once when their condition for application is met. This is shown in (2b), where the same set of rules is applied cyclically at each stage, from the innermost constituent to the outermost. Note that the subscript capital to the right of the square brackets in (2b) shows each lexical category, accompanied by "c" standing for "cyclic" and "n" for "noncyclic."

3.2. Predictability of Stress

As Shimizu (1978) notes, Daniel Jones stated in 1950 that the placement of stress in English would not be predictable (3a); by contrast, Chomsky, Halle, and Lukoff (1956) claimed that stress placement was predictable (3b):

160 III. 音声学・音韻論・形態論

(3) a. Jones (1950: 134-35): "Stresses are essentially subjective activities of the speaker. ... [i]t is often difficult, and may be impossible, for the hearer to judge where strong stresses are."

(Shimizu (1978: 132))

   b. Chomsky, Halle, and Lukoff (1956: 77): "[P]honetic differences in stress are predictable in terms of the representation."

Based on this claim, Chomsky and Halle wrote *SPE*.

3.3. Latin Rule

One of the major contributions of *SPE* was the discovery of the Latin (or Romance) stress rule in English. Although English is in origin a Germanic language, the Latin or Romance rule is used in *SPE* to elaborate the Main Stress Rule based on a new concept of "weak or strong cluster."

The Latin stress rule is described as follows: assign pitch accent to the antepenultimate (i.e. third from right) vowel if the penultimate syllable ends with a lax vowel; otherwise, assign pitch accent to the penultimate vowel. Latin examples are given in (4a) in contrast with Germanic Old English examples in (4b), where stress is placed on the first syllable of the stem:

(4) a. Latin examples: *ad-ván-tus* 'arrival,' *for-tū´-na* 'fortune,' *Cí-ce-rō* 'Cicero.'

   b. Old English examples: *Hó-lo-fer-nus* 'Holofernus' (*Judith* 21) (Halle and Keyser (1971: 88)), *Cón-stan-tī-nus* 'Constantine' (*Elene* 79, 103, 1008), *Híe-ru-sa-lem* 'Jerusalem' (*Elene* 273) (Fujiwara (1990: 15))[1]

Note that the essence of the Latin stress rule is to count the vowel from the end of the word.

---

[1] Actually, the examples in (4b) are not in origin Germanic Old English words, but loan words from Latin. However, they show very clearly the stress assignment mechanism of Old English, as described in Halle and Keyser (1971: 88), "[the loan words receiving] initial stress regardless of their original accentuation."

3.4. Weak or Strong Cluster

A "weak cluster" is defined as a string consisting of a lax vowel (i.e. non-tense vowel) followed by not more than one consonant, i.e. $^-V(C)$.[2] Any other clusters are strong, i.e. $^+V(C_0)$ or VC_2.[3]

Now, let us consider actual examples from *SPE*:

(5) Nouns by cluster

I	II	III
*Cán.**ad**.a*	*ar.**óm**.a*	*ag.**énd**.a*
$^-V(C)$	$^+V(C_0)$	VC_2

Here in (5), the dots indicate the cluster division. These are nouns. The relevant clusters are shown by bold type. At the bottom of each column, the cluster type related to the penultimate vowel is shown. The word in column I contains a weak cluster in the penultimate position, while the words in columns II and III contain a strong cluster at the same position. Stress is assigned to the antepenultimate vowel in column I, and the penultimate in columns II and III.

Notice that if we disregard the final cluster of the nouns in (5) above, we obtain the identical relationship, i.e. cluster type, as in (6) below:

(6) Verbs by cluster

I	II	III
*astón.**ish***	*maint.**áin***	*coll.**ápse***
$^-V(C)$	$^+V(C_0)$	VC_2

In column I, stress is placed one syllable left of the final cluster, while in columns II and III stress is placed on the strong cluster itself. In the case of adjectives below (7), we find an identical relationship to (6):

---

[2] In this paper, a lax vowel is represented by a capital V with a superscript minus before it, while a capital "C" or "C_0" enclosed by parentheses shows that the use of C, i.e. a single consonant "C" or more consonants "C_0", is optional.

[3] ^+V = a tense vowel; (C_0) = optional zero or more consonants; V = any vowel; C_2 = two or more consonants. Hereafter, for ease of exposition, I use slightly different symbols and notations to *SPE*.

(7) Adjectives by cluster

I	II	III
*sól.**id***	*supr.**éme***	*abs.**úrd***
$^{-}V\,(C)$	$^{+}V\,(C_0)$	VC_2

It is interesting that in the case of adjectives with certain types of derivation-al affixes (8), we find the same relationship as in the nouns in (5) above:

(8) Certain types of derivational affixes by cluster

I	II	III
*pérs.**on**.al*	*anecd.**ót**.al*	*dial.**éct**.al*
$^{-}V\,(C)$	$^{+}V\,(C_0)$	VC_2

We term the "final extraneous edge-related segments" an edge phenomenon. Further, in (9), nouns with a final *tense* vowel behave like the verbs or adjectives of column II:

(9) Nouns (= Type II Nouns) by cluster

*reg.**íme***	*bar.**óque***	*pol.**íce***	*broc.**áde***	*kangar.**óo***
$^{+}V\,(C_0)$	$^{+}V\,(C_0)$	$^{+}V\,(C_0)$	$^{+}V\,(C_0)$	$^{+}V\,(C_0)$

3.5. Main Stress Rule

After considering all of these data, Chomsky and Halle put forward the following Main Stress Rule in (10):

(10) Main Stress Rule (Relevant parts only; simplified version)
   a. $V \rightarrow$ [1 stress] / $[X\_\_\_C_0W + \text{affix}]_{NA}$[4]
   b. $V \rightarrow$ [1 stress] / $[X\_\_\_C_0 + \text{affix}]_{NA}$
   c. $V \rightarrow$ [1 stress] / $[X\_\_\_C_0W\ ^{-}VC_0]_N$
   d. $V \rightarrow$ [1 stress] / $[X\_\_\_C_0\ ^{-}VC_0]_N$
   e. $V \rightarrow$ [1 stress] / $[X\_\_\_C_0W]$
   f. $V \rightarrow$ [1 stress] / $[X\_\_\_C_0]$

The rule in (10) is a very simplified version, with only the relevant parts displayed. Notice that the rules in (10a–f) are "linearly" ordered, and ap-

---

[4] Here, "+affix" = certain types of affix: i.e. *-al, -ant, -ous, -ent*, etc.

plied "cyclically" from the innermost constituent to the outermost in "cyclic" domains. Further, this cyclic block of rules is ordered "disjunctively," meaning that if a rule applies in a cyclic domain, the remaining rules will not apply in that cycle. The applicability of the rules is "linearly" checked from (10a) to (10f) according to each condition for application.

Now, let us show how these rules are applied to words.

(11) *Cán.**ad**.a*

$$C \quad a \quad n \quad \textbf{ad} \quad a$$

$$V \rightarrow [1 \text{ stress}] / [X \underline{\quad} C_0 \ W \ ^-VC_0]_N \quad (10c)$$

$$V \rightarrow [1 \text{ stress}]$$

For this word, rule (10c) applies because its condition for application is first met in the linear sequence of rules. The last vowel "a" of the word corresponds to "a lax vowel" (^-V), and the cluster in bold is weak. Thus, main stress is placed on the antepenultimate vowel, i.e. the third from right. In (12) below, on the other hand, stress is assigned to the penultimate syllable of the strong cluster in bold by rule (10d):

(12) *ag.**énd**.a*

$$ag \quad e \quad \textbf{nd} \quad a$$

$$V \rightarrow [1 \text{ stress}] / [X \underline{\quad} C_0 \ ^-VC_0]_N \quad (10d)$$

$$V \rightarrow [1 \text{ stress}]$$

The next diagram in (13) shows how all the canonical data shown previously are accounted for by the Main Stress Rule in (10):

(13)

Word Types	Case Applied by MSR
Derivational Affixes I (8I)	(10a)
Derivational Affixes II, III (8II, III)	(10b)
Nouns I (5I)	(10c)
Nouns II, III (5II, 5III)	(10d)
Verbs I (6I), Adjectives (7I)	(10e)
Verbs II, III (6II, III), Adjectives II, III (7II, III), Nouns (9)	(10f)

For example, Derivational Affixes I of (8I) are accounted for by (10a).

3.6. Cyclic Application of Rules

Let us proceed to a case with a cyclic application of rules (14):

(14) a. *còndênsátion* (< *condénse*)

b.

		$[_N$ $[_V$ kāndens$]_V$	At + i $^-$Vn$]_N$	
1st cycle		1		(10f)
		2	1	(10c)
		3	1	Rule [108][5]
	2	3	1	Rule [107b]
2nd cycle	3	4	1	Rule [63]

The derivation in (14) shows an analysis of the word *còndênsátion*, derived from the verb *condénse*. Note that tertiary stress is shown in this paper by a circumflex accent. In the first cycle, rule (10f) is applied to the innermost constituent, that is, the verb *condénse*, giving stress on the ultimate vowel in "*dénse*," i.e. the final vowel in this cycle. We then go on to the second cycle, where rule (10c) is applied, giving stress to the penultimate vowel, as in "*còndênsátion*," followed by other rules that are irrelevant here. There is no problem with this account.

3.7. Problems with *SPE*

In (15), however, we meet a problem.

(15) a. *ìnformátion* (< *infórm*)

*b.

		$[_N$ $[_V$ inform$]_V$	At + i $^-$Vn$]_N$	
1st cycle		1		(10f)
		2	1	(10c)
		3	1	Rule [108]
	2	3	1	Rule [107b]
2nd cycle	3	4	1	Rule [63][6]

---

[5] The numbers in square brackets refer to the original reference number(s) in *SPE*.

[6] In *SPE*, *tertiary* stress is expressed by the numeral 4.

The word *informátion* is considered to have a similar morphological structure to *còndênsátion*, since *informátion* is supposed to be derived from the verb *infórm*. Thus, here we will apply the same analysis as in (14); however, this gives an incorrect stress pattern. In other words, although *informátion* does NOT in fact show any stress on the second syllable "for," derivation (15) predicts an incorrect tertiary stress on the second syllable in the second cycle (15b). Therefore, as shown in (16), in *SPE* the *informátion* word type is assumed "exceptionally" to have a "flat structure" lexically, without any internal morphological structure:

(16) a. *informátion* (< *infórm*)

    b. $[_N \text{ infərmAšən}]_N$

		1	(10d)
	2	1	Rule [102c]
1st cycle	3	1	Rule [63]

This kind of treatment is ad hoc with regard to the natural morphological structure of the word, which is derived from the verb.

In addition to this ad hoc treatment of certain types of words, another weakness of *SPE* concerns Plato's problem.

3.8. Plato's Problem in *SPE*

In Chapters 7, 8, and 9 in *SPE*, Chomsky and Halle attempted to establish the features for English from the viewpoint of "universal phonetics" based on the actual articulators of us humans, and to establish the relationship between them. The view shows their concern with "Plato's problem," since it deals with a universal aspect of language. However, as for the stress assignment of words in English, which was the main issue in *SPE*, they elaborate only the stress assignment mechanism of a speaker of that particular language, without showing any relations to a universal mechanism of stress assignment. In other words, they show the stress rules of English as a fixed set already given to native speakers of English. "Principles and parameters" are thus absent. This point is taken up more fully by Halle and Vergnaud (1987), which will be examined in Yamada (2018).

166   III. 音声学・音韻論・形態論

4. Summary

I have attempted to show that, in its foundations, generative grammar has not changed over sixty years. We have seen how "recursiveness" is accounted for or taken account of in *SPE*. I have also shown that "Edge interpretation" plays an important role in *SPE*, and found that the conflict between the *còndênsátion* and *informátion* word types is an unsolved problem in *SPE*.

References

Chomsky, Noam (1975[1955]) *The Logical Structure of Linguistic Theory*, Plenum, New York.

Chomsky, Noam (1959) "Review: *Verbal Behavior*, by B. F. Skinner, Appleton-Century-Crofts, New York, 1957," *Language* 35, 26–58.

Chomsky, Noam (1965) *Aspects of the Theory of Syntax*, MIT Press, Cambridge, MA.

Chomsky, Noam (1986) *Knowledge of Language: Its Nature, Origin, and Use*, Praeger, New York.

Chomsky, Noam (2012) *Foundations of Biolinguistics: Selected Writings*, Tokyo, Iwanami Shoten, ed. by Fukui Naoki.

Chomsky, Noam, Morris Halle and Fred Lukoff (1956) "On Accent and Juncture in English," *For Roman Jakobson: Essays on the Occasion of His Sixtieth Birthday*, ed. by Morris Halle et al., 65–80, Mouton, The Hague.

Chomsky, Noam and Morris Halle (1968) *The Sound Pattern of English*, Harper & Row, New York.

Cook, Albert S., ed. (1889) *Judith: An Old English Epic Fragment*, D. C. Heath, Boston. [Reprinted by Forgotten Books, London, 2012]

Fujiwara, Yasuaki (1990) *Koeigo Inritsu Kenkyuu*, Keisuisha, Hiroshima.

Halle, Morris and Samuel Jay Keyser (1971) *English Stress: Its Form, Its Growth, and Its Role in Verse*, Harper & Row, New York.

Halle, Morris and Jean-Roger Vergnaud (1987), *An Essay of Stress*, MIT Press, Cambridge, MA.

Jones, Daniel (1950) *The Phoneme: Its Nature and Use*, W. Heffer & Son, Cambridge. [Reprinted by Cambridge University Press, New York, 2009]

Kent, Charles W., ed. (1889) *Elene: An Old English Poem*, Ginn and Co., Boston. [Reprinted by AMS, New York, 1973]

Shimizu, Katsumasa (1978) *Seisei Oninron Gaisetu*, Shonozakishorin, Tokyo.

Yamada, Eiji (2018) "Plato's Problem and Recursiveness in English Word Stress Theory: In the Case of Metrical Phonology and Optimality Theory," ms., in preparation.

IV. 意味論・語用論・機能論・語法

It is just that 節構文に観察される発話休止と情報補完*

大竹　芳夫

新潟大学

1.　はじめに

　心に浮かんだ事柄や考えがことばになるとき，よどみなく最後まで発話されるわけではない．また，途中で休止した発話の未完結部分の情報が，後続談話で補完されるとも限らない．英語の談話を観察すると，釈明や弁明のことばが切り出された直後に発話がしばしば休止することがある．(1a)-(1c) では "It's just …"，"It's just that …" と発話された後に発話が休止し，休止後に未完結部分の情報が後続談話で，話し手自身によって補完される場合（＝(1a)），聞き手によって補完される場合（＝(1b)），補完されない場合（＝(1c)）が確認できる．以下，用例中の下線，波線，破線表示は筆者による．

(1) a.　"Are you crying?" "I guess." "What's the matter?" "It's just that …" "What?" He offers me his T-shirt and I take it and wipe my eyes. "It's just that I never thought I'd see you again."

　　　　　　　　　　　　　　　　　　　(B. Gowdy, *The Romantic*, 2003)

　　　（「泣いているの？」「そうかも.」「どうしたんだい？」「ただ，…」「ただ何だい？」彼が差し出す T シャツを受け取り，涙を拭った.「ただ，あなたにまた会えるとは思ってもみなかったの.」）

　b.　"Sorry," Andy began, "It's just that ―" "I know." I finished the sentence for him, "It's the rule."

　　　　　　　　　　　　　　　　　(D. Knet, *Love to the Rescue*, 1985)

---

　* 本研究は平成 27-30 年度日本学術振興会科学研究費補助金基盤研究（C）課題番号 15K02592「日英語の文連結現象において指示表現と名詞節化形式が果たす役割に関する総合的研究」（研究代表者：大竹芳夫）の研究成果の一部である.

（「すまない．ただ，―」とアンディーは言いかけた．「わかってい
る．」私は彼に代わって最後まで話した．「これは規則なんだ．」だ
ね．）

c. "That's not it at all, Father!" she cried. "It's just — well — it's
just that …" Thomas leaned forward and held his finger against
her lips. "Not another word. I know you'll tell me when you're
ready. […]"　　　　　(V. Gaffney, *Under the Southern Moon*, 1996)
（「それは全然違うわ！」と彼女は叫んだ．「ただ，―ええっと，―
ただその …」と彼女が言ったところで，トーマスは前かがみにな
り，指を立てて彼女の唇に当てた．「もうそれ以上話さなくてもい
いよ．話せるようになったらきっと話してくれるもんね．[…]」）

これらは（2）のような It is that 節構文の that 節の内容が just による限定を
受け，その主節部 It's just や It's just that が独立生起しているものである．

(2)　"I'm sorry, Nick. I truly am. I wish there was something I could do.
It's not that I don't want to help you. It's that I can't. I literally
can't."　　　　　　　　　　　　　　(M. Sakey, *Brilliance*, 2013)
（「本当にすまない．僕にできることがあればね．君を助けたくないん
じゃないよ．助けられないんだ．本当に力になれないんだよ．」）

It is that 節構文は先行情報が話し手の知識にすでに獲得されていることを指
示表現 it で積極的に表示したうえで，その情報を自分の持ち合わせている知
識と関連付けて同定し，論理的解釈や事の実情・真相を披瀝することがその基
本的意味である．[1] そのため，It is that 節構文は大竹（2009; 2015）で詳述し
たように，予想される聞き手の誤解や反論に対して釈明や弁明する場面でしば
しば使用される．It is that 節構文が話し手の個人的な経験や知識に基づかな
ければ容易には聞き手には知りがたい実情を解釈として伝えるとき，聞き手の
解釈の誤りや知識の欠如を問題にする可能性がついてまわる．同構文に情報価
値の程度が取り立てるほどでもないことを表す just が頻用される理由は，聞
き手との知識の優劣が表面化することを回避し，話し手が披瀝する情報が補足

---

[1] It is that 節構文の意味と機能については Declerck (1992), Otake (2002), Koops (2007)
を参照のこと．なお，大竹（2009）は同構文の it と「の（だ）」構文の「の」の情報既定化機能
を比較し，両構文の異同を分析している．

172   IV.   意味論・語用論・機能論・語法

的な情報であることを積極的に合図するためである.² 本研究では，just を伴
う It is that 節構文を It is just that 節構文と呼び，同構文の発話が話し手の言
いよどみや，他者による横からの割り込みなどによってしばしば発話が休止す
る言語現象について分析する.³ 併せて，同構文の発話休止後の情報補完のメ
カニズムを実証的に考察する.

2.　It is just that 節構文の発話休止の契機となる事由

　釈明や弁解の内容が披瀝されるとき，just を含む "It's just (that)" の部分が
切り出された後にしばしば発話が休止する．just と同様に釈明や弁明の内容が
取り立てるほどでもないことを表す日本語の「ただ」も発話された直後に休止
することがある．(3) で話し手が「ただ」の直後で発話を休止した理由は，感
情をありのままことばにすることが聞き手を無用に刺激すると判断して発話を
こらえたからである．結局は「ただ，少し陽気すぎるように思いました」と一
時しのぎの情報で発話を補完してその場を言い抜けている．

(3)　「別になにも<u>ただ</u>」男の気配を感じました，と続いて出そうになる言葉
　　　を檜山は咄嗟に呑みこんだ．これを言うことは自分に嫉妬の動機を与
　　　えることになると感じたからである．「<u>ただ，がよく出ますね．ただ，</u>
　　　<u>なんですか</u>」「<u>ただ，少し陽気すぎるように思いました</u>」

（大岡昇平，『最初の目撃者』，1979）

本節では手元の言語資料を観察しながら，釈明や弁明の途中で It is just that
節構文の発話が休止する契機となる様々な事由を分析する．It is just that 節
構文の発話休止は，話し手には避けようのない事由（＝①〜②）によることも
あれば，話し手に起因する事由（＝③〜⑦）によることもある．
①〈発話途中で突発的事態を知覚したために休止する場合〉(4) では "It's just

---

　² It is just that 節構文の just は，Lee (1991) で "depreciatory" just（「情報価値を下げる」
just）と呼ばれ，関連する情報の重要度を下げる緩衝機能を有すると説明される just である．
詳しくは Otake (2002)，大竹 (2009; 2015; 2016) を参照のこと．
　³ 当該情報が取り立てるほどでもない補足的な情報であることを合図する表現には just 以
外にも merely, only, simply などがある．これらは just と同様に It is {merely / only / simply}
that … の形式で用いられ，It is just that 節構文と類似した意味，機能を有すると考えられる．
本研究では紙幅の関係からそれぞれの異同については論ぜず，It is just that 節構文を考察の
対象とする．

that" と発話したところで，給仕人の姿が突然話し手の視界に入ったために発話を途中で休止せざるを得なかった事情が描写されている.

(4) "I didn't mean to suggest that you did anything wrong. <u>It's just that</u> —" <u>The arrival of the waiter with coffee terminated the thought,</u> and she quickly withdrew her hand while the man poured and went away. (J. Deveraux, *Legend*, 2011)

ただし，(5) のようにことばに詰まりかけていた話し手が面倒な説明を回避してその場から立ち去る契機として，突発的事態の発生が描かれることもある.

(5) "You can handle it. What is it? A test? Term project?" "No, it's nothing like that. <u>It's just that</u> —" <u>The phone rang.</u> "Let it ring." Alice sprinted up the stairs. "I'll get it in my room." Zoe pretended she didn't hear her. (C. Mac, *The Beckoners*, 2004)

② 〈発話途中で聞き手にさえぎられたために休止する場合〉(6a) では謝罪の弁明を始めた話し手のことばを耳にした聞き手が口を挟み，「しっ，話さなくていいんだよ.」と沈黙を求めている.(6b) では話し手が釈明をしかけたところを聞き手がさえぎって，「話さないで. 見当がつくから.」と推論を述べ始めている. そのため，It is just that 節構文が発話途中で休止している.

(6) a. "Hi I'm Wendy. I live across in #3 there. Look, I'm really sorry <u>it's just that ...</u>" <u>"Shhh, it's okay. Don't worry about it."</u> He didn't even need my explanation as he pulled me close.
   (W. K. Williamson, *I'm Not Crazy Just Bipolar*, 2010)

   b. "I'm sorry," she said. "<u>It's just that</u> —" "Don't tell me," Janet interrupted, "<u>I can guess.</u> You ran into Nick, went a few rounds with him for old times' sake and then crawled off to lick your wounds." Vanessa was incensed.
   (L. L. Miller, *Only Forever*, 2011)

③ 〈発話途中で話し手に喜怒哀楽の感情が生じたために休止する場合〉"It's just that" と発話したところで，話し手に喜怒哀楽の感情が生じたためにことばに詰まり，発話を休止せざるを得ない場合がある. (7) では真面目を装って釈明を始める話し手であるが，笑いが込みあげて言いよどんでいる.

174 IV. 意味論・語用論・機能論・語法

(7) "I'm sorry. Really, I am." He swallowed, obviously trying to look
serious. He failed big time as far as she was concerned. "It's just
that ..." The laughter won, and he let out a chuckle.

(M. Hingle, *The Kidnapped Bride*, 2012)

④〈発話途中で聞き手の了解を得るための前置きを伝えたために休止する場
合〉(8) では話し手が "It's just that" と切り出したところで，聞き手の誤解や
非難を回避するための前置きを予め伝える必要があることに気付き，「包み隠
さず話すよ．だけど，これから話すことは友達としての君と僕とには全然関係
がないことだとわかってほしいんだけど，いい？」と聞き手の了解を慎重に求
めている．そのため，発話が途中で休止する様子が描かれている．

(8) "Tell me something, Michael. We're not just coworkers, we're
friends, right?" "Of course we are, Eddie. It's just that ... well, I'll
just tell it to you straight. And understand that this has absolutely
nothing to do with you and me as friends, okay?" "Go ahead."
"Well, it's just that Mr. McFadden has told us that there aren't going
to be any raises this year, not even for me or the other managers.
[…]" (D. Richart, *Prodigal Bum*, 2014)

⑤〈発話途中で情報を整理して適切に表現するために休止する場合〉It is just
that 節構文の話し手は，予想される誤解や非難を回避して聞き手の理解を得よ
うと努める．そのため，心中で情報を整理しつつ釈明のことばを慎重に選ぶ．
結果的に，ときには話し手の考えがまとまらずに発話途中でことばに詰まり，
言いよどむ現象が観察される．(9a) では話し手が "It's just" と発して釈明の
伝達を合図した後で発話を休止し，時間をかけて心中で情報を整理して適切な
言い方で表現している．(9b) でも話し手が "it's just" の発話後につなぎ表現
well, to tell you the truth を発しつつ適切なことばを探している．

(9) a. "What's wrong with Frankie?" the bird seemed offended. "Noth-
ing," Ryan scrambled. "Nothing at all. It's just," his thought
stopped short of another offensive statement. "What?" the bird
needed to hear this. "It's just that," he hesitated to get the word-
ing right. "Frankie doesn't seem like a bird's name."

(J. L. Arnott, *Magic Tales: From the Depths*, 2014)

b. "Okay, here it goes. I like you, you're great to be with, it's just,

It is just that 節構文に観察される発話休止と情報補完　　　175

well, to tell you the truth," Wayne shook his head, not believing
what he was about to tell her. "You're not loosening up like you
should." 　　　　　　　　　　　　　(M. Daniels, *Love Is Sober*, 2002)

⑥〈発話途中で実情や解釈を披瀝することを控えたために休止する場合〉（10）
では内気な性格の話し手が心中の考えを披瀝できず "It's just that" の直後で
ことばを控えたために発話が休止している．発話に至らなかった未発話部分の
情報は，聞き手が推論に基づいて補完を試みている．

(10)　　"Uh-oh, does that mean Elizabeth is coming?" Cam inquired. "I
hope not," Freedom said softly. "I don't mean to sound rude. It's
just that …" Freedom was too nice to say what she really thought
so Cam finished her sentence. "It's just that Elizabeth is a power-
hungry, stuck-up, snobbish diva who tries to make everyone around
her feel inferior?"
　　　　　(R. Limbaugh, *Rush Revere and the American Revolution*, 2014)

⑦〈発話途中で説明を放棄したために休止する場合〉（11）では "It's just that"
と発話した直後に躊躇し，「あっ，説明してもどうせわからないだろうし」と
述べて，話し手があきらめの気持ちで説明を放棄している．

(11)　　'Oh, OK, don't get angry about it.' 'I'm not. It's just that — Oh
you wouldn't understand.' Ben said, shifting his gaze to the ceiling,
barely hiding the tears. 　　　　(P. Gait, *The Godson's Legacy*, 2013)

しかし，話し手が未完結のまま発話を切り上げようとしても聞き手が容認しな
い場合もある．（12）では発話を途中で打ち切る話し手に対して聞き手が「嘘
でしょ．何て言おうとしていたの？」と切り返して話の終結を認めていない．

(12)　　"I believe you. It's just that ... oh, forget it." He turned back toward
the door. "Come on." "No way. What were you going to say?"
He came back to face her. "It's just that I know that you can do
this, and I know that you know, that you can do this. […]"
　　　　　　　　　　　　　　　(M. Temte, *Urban Cowboy*, 2012)

　　以上，本節で例証したように，It is just that 節構文の発話途中に生ずる休
止は，突発的事態の発生や聞き手の割り込みといった話し手には避け難い事由

176   IV. 意味論・語用論・機能論・語法

によることもあれば，釈明や弁明のことばを慎重に選ぶための言いよどみや説明放棄といった話し手に起因する事由によることもあることがわかる．

3. It is just that 節構文の発話休止に対する聞き手の反応

　前節で考察したように It is just that 節構文は様々な事由を契機として発話がしばしば途中休止する．では，同構文の発話休止に聞き手はどのような反応を示すのであろう．また，同構文の未発話部分の情報を聞き手が推論して補完するとき，その補完行為を話し手はどのように受け止めるのであろう．

　第一に，It is just that 節構文の発話休止を受けて，聞き手が発話の完結を寛容な態度で待つ場合がある．同構文の話し手は事の内実や実情といった容易には聞き手には知りがたい情報を心中で整理しつつ，釈明や弁明として聞き入れてもらえるように慎重にことばを選ぶ．聞き手がそうした話し手の事情を斟酌するとき，発話の完了を寛容な態度で待ち，「時間が必要ですか？」と気遣うこと（＝(13a)）や，「話が聞きたい．」と優しく伝えること（＝(13b)）がある．

(13) a. "You're not up to it?" retorted the woman. "No, I didn't say that. It's just that …" Paul didn't finish his sentence. "You need some time?" "Yes, I need some time to think about it. […]"

(J. Buda, *Pilgrims' Passage*, 2014)

　　b. "[…] He is a man of the people; it's not like him to do something like that. It's just that …" Suddenly she fell silent. Grummell rose quietly and walked around the desk. He eased himself into a chair next to her. "It's just what?" he said gently. "Please, I want to hear it." (D. Couch, *The Mercenary Option*, 2003)

　第二に，同構文の発話休止を受けて，聞き手が発話の完結を促す場合がある．(14) では "it's just" と発した直後にことばを詰まらせ，「あっ，気にしないで．何でもない．」と発話を切り上げようとする話し手であったが，発話の完結を促されて，ため息まじりに内実を披歴する場面が描写されている．

(14) "Yeah, I suppose you're right, it's just ..." Her voice trailed off. "It's just what?" "Oh, never mind, it's nothing." "Kate?" "Well, it's just that ...," she sighed, "you know Wade. He's always been so protec-

tive of you."   (J. McNare, *Love Storm*, 2014)

　第三に，同構文の発話が途中で休止する間隙を突いて，聞き手が「弁解無用」と告げて発話の継続を禁ずる場合がある．言い訳を切り出す接続表現 if, and, but は，no＋複数名詞化されて，言い訳を禁ずる no ifs, ands or buts（「「もし」も「それに」も「でも」もなし」）という慣用表現として用いられる．it's just that もまた no it's just thats という形式で，「「ただ」と言うな」，「弁解無用」という意味を伝える．(15) では話し手が弁解を切り出して休止する瞬間をとらえては，聞き手が "No buts", "No it's just thats" と告げている．

(15)　"That all our ups and downs are part of the big karmic cycle?" "Yes, but —" Mindy pressed a finger to her sister's lips. "No buts, remember?" Margo swatted her hand away. "Well, it's just that —" "No it's just thats, either." Mindy sighed inwardly.

                                          (A. Mackay, *Some Like It Kilted*, 2010)

　一方，It is just that 節構文の未発話情報を聞き手が推論して補完することがある．聞き手の補完行為は同構文の話し手にどのように受け止められるのであろう．まず，聞き手の推論に基づく補完内容や補完行為が話し手に肯定的に受け入れられる場合がある．(16) では Jack 王は自分の未発話情報に対して Kane が補完した内容を「まさにそのとおり．」と真顔で首肯している．

(16)　"He wasn't alone in that, I should add. It's just ..." The old king sighed. Kane picked up the sentence for him. "Not all of them were your son." "Precisely," Jack said, gravely nodding.

                                                (J. Axler, *Cosmic Rift*, 2013)

しかし，推論に基づく補完内容や補完行為が必ずしも同構文の話し手に肯定的に受け入れられるとは限らない．(17) では話に横から割り込んで補完する警部補に憤慨した話し手がその補完内容を否定し，「口のきき方に気を付けろ．」と応答しており，推論に基づく補完行為を非難する様子が描かれている．

(17)　She said, "So now someone famous is missing, we get the bodies?" "It's not like that, Detective Friend," Streeter said. "It's just ..." "It's just that Siobhan is so much more important," Murphy said. "That's right, isn't it, sir?" "No. And don't take that tone with me, Detective Inspector. Friend gets a little slack because she's protected from on high. You watch your mouth."

(A. D. Davies, *His First His Second*, 2014)

4.　まとめ

　本研究では，"It's just（that）"の直後に休止を伴う It is just that 節構文を観察しながら発話が休止する契機となる諸事由を明らかにし，発話休止後の聞き手の反応，未発話情報の補完行為について考察した．It is just that 節構文を用いて話し手が釈明や弁明を切り出すとき，聞き手に誤解や無用な刺激を与えぬよう配慮しつつ慎重にことばを選ぶ．そのため，同構文は言いよどみや言い渋りをしばしば伴って発話が休止する．また，同構文の発話休止を受けて，聞き手が話し手の事情を斟酌して発話の打ち切りを求める行為や，話し手に代わって未発話情報を補完する行為についても実証的に論じた．

参考文献

Declerck, Renaat（1992）"The Inferential *It Is That*-Construction and Its Congeners," *Lingua* 87, 303–330.

Koops, Christian（2007）"Constraints on Inferential Constructions," *Aspects of Meaning Construction*, ed. by Günter Radden, Klaus-Michael Köpcke, Thomas Berg and Peter Siemund, 207–224, John Benjamins, Amsterdam and Philadelphia.

Lee, David A.（1991）"Categories in the Description of *Just*," *Lingua* 83, 5–28.

Otake, Yoshio（2002）"Semantics and Functions of the *It Is That*-Construction and the Japanese *No Da*-Construction," *MIT Working Papers in Linguistics* 43, 143–157.

大竹芳夫（2009）『「（の）だ」に対応する英語の構文』くろしお出版，東京.

大竹芳夫（2015）「知りがたい情報の同定と判明を披瀝する英語の構文：It is that 節構文と It turns out that 節構文の比較対照」『言語研究の視座』，深田智・西田光一・田村敏広（編），172–187，開拓社，東京.

大竹芳夫（2016）『談話のことば 1　文をつなぐ』，内田聖二・八木克正・安井泉（編）（〈シリーズ〉英文法を解き明かす：現代英語の文法と語法　第 3 巻），研究社，東京.

同族目的語構文と副詞構文
——コーパスに基づく分析——[*]

大橋　浩

九州大学

1.　同族目的語構文と副詞構文

　動詞と同形または同語源の名詞を動詞が目的語としてとる同族目的語構文には異なる振る舞いを示す 2 つのタイプがあることが知られている．その振る舞いの違いのひとつに形容詞による目的語修飾が義務的かどうかということがある．

(1) a. *She smiled a smile.　　　　　　　　　　　(Horita (1996: 243))
    b.　I dreamed a dream last night.　　　　　(高見・久野 (2002: 151))

これに加え，受動化や目的語の代名詞化に関する違いに基づき高見・久野 (2002) は smile のような自動詞の目的語構文と dream のような他動詞の目的語構文があるとし，[1] その上で同族目的語構文を (2) のように定義している．

(2)　同族目的語構文は，自動詞が目的語をとり，その目的語全体が示唆する動作の様態が，その自動詞が表わす動作の様態のサブセットとなっている構文である．[2]　　　　　　　　　　　(高見・久野 (2002: 152))

すなわち，目的語が示唆する動作の様態が，自動詞が表す動作の様態と同一で

---

[*] 本稿は第 11 回英語語法文法セミナー（平成 27 年 8 月 3 日，関西学院大学梅田キャンパス）『認知文法の考え方を現場にいかす』において「なくてはならない修飾語」として行った口頭発表の一部にもとづいている．なお，本論考は JSPS 科研費（JP16K02947）によって行った研究を含んでいる．

[1] 北原（2006）は高見・久野を批判的に検討した上で，叙述的同族目的語構文と指示的同族目的語構文という分類を提案している．

[2] 高見・久野（2002: 167-168）には同族目的語構文に関するさらに詳細な機能的制約が示されている．

179

180   IV.　意味論・語用論・機能論・語法

あれば，同族目的語構文を使用する機能的理由がないということであり，
smile a smile では，あるタイプの「ほほえみ」でなければならず，そのために
は形容詞が必要，ということである．[3]

　さて，形容詞修飾が義務的なタイプの同族目的語構文は，文全体で，動詞＋
副詞を持つ構文と類似の意味を表すといわれ，(3a) は (3b) のように，様態
副詞によるパラフレーズが可能であるとされる．[4]

(3) a.　Ann slept a sound sleep.
    b.　Ann slept soundly.

　　　　　　　　　　　　　(北原 (2006: 57) による中右 (1994: 318) の引用)

では，実際の使用状況についてはどうであろうか．また，形容詞修飾が随意的
なタイプの同族目的語構文については形容詞を使った場合と副詞を使った場合
で違いがあるのだろうか．また，実際の使用状況はどうであろうか．

　この小論ではコーパスの用例を調査することにより，ふたつのタイプの同族
目的語構文と，対応する副詞構文の使用実態を明らかにしたい．動詞としては
smile と dream を選び，2 節では「smile a 形容詞 smile」構文と「smile 副詞」
構文，3 節では「dream a 形容詞 dream」構文と「dream 副詞」構文を取り上
げ，(i) 頻度，(ii) 形容詞のない形，(iii) 形容詞と副詞の種類と頻度，の 3 点
について比較を行う．

　データとしては現代アメリカ英語（1990 年〜 2017 年）約 5 億 6 千万語から
なるコーパスである The Corpus of Contemporary American English（以下
COCA）から収集した用例を用いる．[5]

2.　「smile a 形容詞 smile」構文と「smile 副詞」構文

2.1.　頻度

　便宜的に「smile a 形容詞 smile」タイプの文を smile の s と adjective の j
をとって SJ 構文，「smile 副詞」タイプの文を smile の s と adverb の d を
とって SD 構文とよぶ．まず 2 つの構文の出現頻度は以下の通りであった．

---

　[3] ただし，dream についても (i) のように，形容詞による修飾が必要という判断もある．
　(i)　#I dreamed a dream.　　　　　　　　　(Goldberg and Ackerman (2001: 808))
　[4] ただし，同族目的語構文の方が副詞を用いた構文よりも機能的に優れている面があると
いわれる．大室 (1991)，北原 (2006) を参照．
　[5] 本論文では http://corpus.byu.edu/coca/ で 2015 年 8 月 2 日に収集したデータを用いた．

同族目的語構文と副詞構文　　　181

(4) a.　SJ 構文　161

　　　　([smile].[v*] alan [j*] smile と [smile].[v*] [j*] smiles で検索)

　　b.　SD 構文　9,434([smile].[v*] [r*] で検索)

使用頻度としては副詞構文の方が約 59 倍と圧倒的に高いことがわかる.

2.2.　形容詞のない形

　形容詞を含まない smile a smile という実例はなかった. 一方, (5) のように smile に関係節が後続する例や (6) のように前置詞句が後続する例は見られた.

(5) a.　I turned and he was smiling a smile that I will always remember.

　　b.　Natasha did not reply and only smiled a smile which said with reproach: "How can you ask that?"

　　c.　(...) Melanie says, smiling a smile that would melt a snowman at 40 feet.

　　d.　He nods often, and smiles a smile that doesn't seem to be a smile at all; (...)

(6) a.　She smiles a smile of such genuine sweetness, (...)

　　b.　My father looks at me and I see that he is smiling a smile of such sweet sadness that I think he might be about to cry.

これらの例では関係節や前置詞句によってどのようなほほえみであるのか, その様子が具体的に叙述されており, smile のサブセットを規定しているという意味で形容詞による叙述と機能的に同じ働きをしているといえよう.

2.3.　形容詞と副詞の種類と頻度

　SJ 構文で使われた形容詞を頻度別に示すと次のようになる.

出現数	形容詞
5	big, knowing, secret, small
4	crooked, thin, tight
3	broad, cruel, sad, wry
2	brittle, dazzling, fake, forced, genuine, nice, patronizing, quick, real, rare, slow, superior
1	angelic, bad, barbed, beautific, beautiful, benevolent, bitter, bitter-sweet, brave, brilliant, broken-toothed, choked, closed-mouth, cocky, collective, condescending, confident, considerate, crazy, dead, defeated, devilish, engaging, enigmatic, ever-so-faint, evil, fatherly, full, funny, gap-toothed, goofy, gratified, half-crazy, hapless, hard, human, humorless, impish, inappropriate, indulgent, innocent, ironic, kingly, laded, lame, larger-than-usual, lecherous, light, (little,) lonesome, lovely, malicious, mean, mean-looking, nasty, open-mouthed, pained, peanut-butter, pockmarked, pretend, private, rapturous, rotten-toothed, rubber-band, saucy, sheepish, shy, sick, skeptical, sleek, smug, straight-line, strange, subtle, surprised, sweet, teeny-tiny, tense, tiny, tired, tolerant, toothless, twisted, uncertain, weak, weary, white, wicked, wonderful

表 1.　SJ 構文に使われた形容詞

　頻度の多い形容詞を見ると，「満面の」(big)，「わけ知りの」(knowing)，「密かな，意味ありげな」(secret)，「軽い」(small) や，「ゆがんだ」(crooked)，「薄い」(thin)，「こわばった」(tight) など，表情や表情に表れた感情を表している.

　一方，SD 構文で使われる頻度の高い副詞には以下のようなものがある.

副詞	出現数	出現率*	副詞	出現数	出現率
broadly	384	4.07	wryly	107	1.13
slightly	192	2.04	gently	101	1.07
sweetly	186	1.97	grimly	97	1.03
faintly	156	1.85	wanly	90	0.95
sadly	156	1.85	brightly	88	0.93
warmly	153	1.63	widely	77	0.85
weakly	149	1.58	sheepishly	74	0.78
politely	147	1.56	nervously	72	0.76
shyly	138	1.46	thinly	69	0.73
ruefully	109	1.16	briefly	68	0.72

出現率*: 各語の出現数を総出現数 9,434 で除したもの

表2 SD 構文で使われる頻度の高い副詞

「満面に」(broadly),「にこやかに」(sweetly),「かすかに」(faintly) など,笑う時の表情や様子を表している点は SJ 構文の形容詞と同じであり,SJ 構文の形容詞と SD 構文の副詞が同じように様態を表す役割を担っていることが確認された.

　一方,出現頻度の高い副詞のうち,slightly, warmly, politely, ruefully, gently, grimly, wanly, brightly, widely, nervously, briefly に対応する形容詞が使われた SJ 構文はなく,調査したデータからは,比較的多くの語彙で,ふたつの構文の間で棲み分けが行われているように見えることがわかった.

3. 「dream a 形容詞 dream」構文と「dream 副詞」構文

3.1. 頻度

　ここでも便宜的に,「dream a 形容詞 dream」タイプの文を dream の d と adjective の j をとって DJ 構文,「dream 副詞」タイプの文を dream の d と adverb の d をとって DD 構文とよぼう.それぞれの構文の出現数は次の通りである.

(7) a.　DJ 構文 67

　　　　([dream].[v*] a/an [j*] dream, [dream].[v*] [j*] dreams で検索)

　　b.　DD 構文 1,369([dream].[v*] [r*] で検索)

ここでも副詞構文の方が出現率約20倍と形容詞構文よりもはるかに高い.

3.2. 形容詞のない形

まず, smile の場合と同様, 関係節や前置詞句が後続する例がある.

(8) a. Then Keryth dreamed a dream in which she spoke with the hand-ful of other druids who still survived.

　 b. As a young teenager, Chely Rodriguez of Carpenteria, Calif., dreamed a dream shared by many girls: She wanted to be an ac-tress and a model.

　 c. He ate the whole thing and then fell asleep. He dreamed a dream so wondrous, so fantastic and beautiful that it does not bear re-peating because no humans except a few old-time Indians would ever understand it.

(9) a. As maladjusted as Jesus of Nazareth who dreamed a dream of the fatherhood of God and the brotherhood of man.

　 b. The way, not waking, I sometimes dream a dream of earliest childhood, (…)

これらの後続要素は夢の内容を表しており, smile の場合と同様, 夢のサブタイプを規定する役割を担っているといえる.

一方, smile の場合とは異なり, 形容詞がなく, 関係節や前置詞句もない例が見られた. 文脈がわかるように少々長いが以下に引用し dream a dream の部分を下線で示す.

(10)　Annikadel wanted to do something to remind children about love, so he <u>dreamed a dream</u>. Dream said if Hummingbird placed a beauti-ful bouquet of flowers in the heart of the sun, the sun could make rainbows. The rainbows could arch across the meadows where chil-dren play and it would remind everyone of the first love story upon this earth, too. Hummingbird's long beak could keep him from be-ing burned by Sun. So Annikadel sent for Hummingbird. (…) Hum-mingbird said, "I am just the little grey bird who can do that, but how?" Annikadel said, "<u>I dreamed a dream</u>. Dream said if someone picked the prettiest flowers of the meadow and placed them in the

heart of the sun, when it rained and the clouds went away, a beauti-
ful rainbow of many colors would arch across the sky and make
happiness in every heart that saw it. (…)

虹がどのようにしてつくられたかについてのアメリカ先住民の民話である．形式的には修飾部を伴わないが，後続文によって夢の内容が詳述されており，意味的には関係節などが後続する場合と同じと考えてよい．

　最もトークン頻度が高かったのは "I dreamed a dream" という歌の歌詞に使われている例である．

(11) I dreamed a dream in time gone by / When hope was high / And life worth living
I dreamed that love would never die / I prayed that God would be forgiving
Then I was young and unafraid / And dreamed were made and used and wasted
There was no ransom to be paid / No song unsung, no wine untasted

タイトルにも形容詞がないが，「今はもう夢など失ってしまったけれど，昔は夢を見たこともあった」という内容からわかるように，「夢を見る」という事態の生起それ自体が情報伝達の焦点となっている．したがってこのような場合には明示的な修飾要素が伴わなくても機能論的に自然に容認される．[6]

　では DJ 構文はどのような形容詞と共起しているだろうか．次にその一覧を示す．

---

[6] 北原 (2006: 55) は同じ趣旨で次の例について「大いに夢を見た」，「大いに歩き，大いに話した」という意味で容認されると述べている．なお dream は形容詞による修飾が義務的な動詞とされている．

　(i) a. Joseph dreamed a dream. (橋本 (1998: 128))
　　 b. He walked a walk and talked a talk well beyond his years. (大室 (2004: 145))

出現数	形容詞
10	big
5	little
4	bigger, great
3	new, sweet
2	different, heroic
1	believable, boyish, certain, dark, deep, erotic, Edwardian, fond, good, hideous, impossible, incoherent, knife-thrower, larger, lucid, mysterious, nice, Olympic, private, prophetic, restless, rich, sketchy, slow, static, strange, terrifying, ugly, unsettling, Western, wild

表3　DJ構文に使われた形容詞

これらの形容詞は，いずれも夢の内容を表していると考えられる．なお，Western が用いられている文には，He dreams Western dreams (... "a well organized bourgeois state with long-standing capitalist traditions") という説明が加えられている．主語は旧ソビエト連邦時代に発表された小説の主人公を指し，Western dreams は「昔ながらの資本家の伝統を実現したブルジョア国家」を表していることがわかる．

　一方，DD構文で使われている副詞のうち，使用頻度が2回以上のものを示したのが次の表である．

副詞	出現数	出現率*	副詞	出現数	出現率
up	745	54.42	forever	3	0.22
on	120	8.77	long	3	0.22
away	14	1.02	fitfully	3	0.22
together	14	1.02	repeatedly	3	0.22
aloud	5	0.37	well	3	0.22
consistently	5	0.37	deeply	2	0.15
alone	4	0.29	hard	2	0.15
wistfully	4	0.29	intermittently	2	0.15
correctly	3	0.22	vividly	2	0.15

*出現率：各語の出現数を総出現数 1,269 で除したもの

表4　DD構文で使われる頻度の高い副詞

圧倒的に出現率が高い dream up は 'to think of a plan or idea, especially an unusual one' (LDOCE) つまり，「計画や考え，とりわけとっぴなものを思い

つく」ことを表す．また，dream on は「夢を見続ける」，dream away は「ぼんやり過ごす」という意味である．これら高頻度の語は particle で，語彙的な意味は希薄であり，dream up と dream away は句動詞として比喩的意味を表していると考えられる．

together 以下の語彙的な意味を表す副詞を見ると，「一緒に」(together)，「声に出して」(aloud)，「一人で」(alone)，「物思いに沈んだ様子で」(wistfully)，「断続的に」(fitfully)，「ずっと（比喩的に）」(forever)，「長い間」(long)，「何度も」(repeatedly)，「とぎれとぎれに」(intermittently) などは主語が夢を見ている時の様態を表していると考えられる．deeply と hard は次のように使われている．

(12) a. She was in a coma, dreaming deeply, unreachable by medical intervention.

   b. He dreamed deeply. In his dream he got up, feeling self-possessed, and brushed the road dirt off his shiny suit.

(13) a. Yah. Dream about it, Johnny. He'd be doing that right now, somewhere in Moscow, living in his own brand of artificial reality, dreaming hard enough to kill someone while I held my place at a bar that had once been some kind of counter-kitchen?

   b. Now it (=a rifle) is hunted with no longer and rests in a special rack on the wall of my den, serving as a daily reminder that dreams will come true if you dream hard enough.

(12) の主語はいずれも昏睡状態にあり dream deeply はその状態で夢を見ていることを表している．(13) では夢の実現に向けて努力することを表している．いずれも上述の例と同様，主語が夢を見ているときの様態を表していると考えていいだろう．

これに対して，correctly や vividly は夢の内容を表していると考えてよいと思われるが，出現数としては非常に少数である．

以上の観察から，おおむね，DJ 構文は夢の内容を，DD 構文は夢を見る様態を表していることがわかった．

4. まとめ

2節と3節の観察から，形容詞による修飾が義務的な smile については SJ

構文と SD 構文が基本的に同じく様態を表していることが確認された．一方，形容詞による修飾が随意的な dream については DJ 構文と DD 構文が意味的に異なる役割を持つことが明らかになった．名詞の「夢」は内容を持ち，形容詞構文はその内容を，副詞構文は「夢を見る」という行為の様態を表すという，それぞれの構文の基本的な意味を反映しているといえる．

参考文献

Goldberg, Adele E. and Farrell Ackerman (2001) "The Pragmatics of Obligatory Adjuncts," *Language* 77(4), 798-814.

橋本功 (1998)『聖書の英語とヘブライ語法』英潮社，東京．

Horita, Yuko (1996) "English Cognate Object Constructions and Their Transitivity," *English Linguistics* 13, 221-247.

北原賢一 (2006)「現代英語における同族目的語構文の実態――構文文法的観点から――」『英語語法文法研究』第 13 号，51-65.

中右実 (1994)『認知意味論の原理』大修館書店，東京．

大室剛志 (1991)「同族目的語の特異性 (3)」『英語教育』1 月号，68-72.

大室剛志 (2004)「基本形と変種の同定にあずかる大規模コーパス：同族目的語構文を例に」『英語コーパス研究』第 11 号，137-151.

高見健一・久野暲 (2002)『日英語の自動詞構文』研究社，東京．

辞 書

Longman Dictionary of Contemporary English, 6th edition (LDOCE) (2014) Pearson Education, Harlow.

二重目的語構文と意味のネットワーク

緒方　隆文

筑紫女学園大学

1.　はじめに

　二重目的語構文は，数多くの研究がなされてきた（Green（1974），Wierz-bicka（1988），Pinker（1989），Langacker（1990），Goldberg（1995），中村（2001），登田（2006）他）．本稿の視点はそれらと異なり，二重目的語構文（SVO_1O_2）を，カテゴリースキーマの観点から分析する．カテゴリースキーマとは，構文や語彙の意味を，カテゴリーと成員の関係に置きかえ，スキーマで表記するものになる．結論として，二重目的語（O_1O_2）が〈存在〉の意味を持ち，これに動詞の語彙的意味が加わり，構文全体として〈移動〉〈出現〉〈存在〉のいずれかの意味を持つと主張する．そして二重目的語構文の適格性を，カテゴリースキーマを通して考察する．

2.　使役所有とカテゴリー構造

　二重目的語構文（SVO_1O_2）の代表的特性に，所有の意味があるとされてきた．O_1 が O_2 を所有するという含意である．(1a)(2a) では，John が a book を所有するという含意が生じている．対応する与格構文（SVO + PP）(1b)(2b) には，そうした含意はない．そのため所有関係を否定する内容が付け加わると，二重目的語構文 (3a) では非文となるが，与格構文 (3b) では適格になる．

(1) a.　I gave John a book.
　　b.　I gave a book to John.　　　　　　　　　　（Green（1974: 70））
(2) a.　I bought John a book.
　　b.　I bought a book for John.　　　　　　　　　　　　　（ibid.）

(3) a. *John gave Mary a rose but she never got it.
    b. He sent a package to Mary, but she didn't receive it.
                                    (Wierzbicka (1988: 366))

しかし所有関係がないように見える例が存在する．(4a) では喪失，(4b) では罰金の意味を表しており，所有とは明らかに異なる．

(4) a. Bill lost Harry his job.   (Jackendoff (1990: 260))
    b. They fined him ten shillings.   (Green (1974: 70))

このように所有は，二重目的語構文にとって目立つ特性でありながら，二重目的語構文を正しくとらえることができない．そこで二重目的語構文の意味を考察するにあたり，この所有の概念を，カテゴリースキーマにおきかえ，二重目的語構文すべてに適用できる意味を考察していく．

カテゴリー分析にあたり，存在から始める．所有では，所有者にモノが存在することを前提とする．カテゴリースキーマで示すと (5) になる．場所カテゴリー (Place(X)) の中に，成員として，NP が存在する（場所には抽象的なものも含む）．

(5)   Place (X)

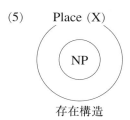

        存在構造

所有とは，この存在構造に所有者が深く関わるという意味である．スキーマは (6) になる．本稿では，カテゴリーを広くとらえ，関与する事柄もカテゴリーの成員と見なす．(6) では，所有者が，存在構造を成員に持ち，その存在構造に所有者が関与していることを表す．Place(X) は，所有者自身 (Place(α)) のことも，他者 (Place(β)) のこともある．

(6)

所有スキーマ

二重目的語構文は，この所有スキーマと似たスキーマを持つ．それが (7) になる．(7) では Possessor の代わりに Causer が存在構造に関わる．主語が Causer に，O_1 が Place(X) に，O_2 が NP となる．(7) は使役所有を表す．所有を O_1O_2 の存在構造に置き換え，カテゴリースキーマで表記することで，喪失など一見反例に見える二重目的語構文も含めて，統一的な説明が可能となる．

(7)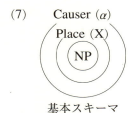

基本スキーマ

二重目的語構文の意味は多様であるが，(7) のスキーマを基本とする．しかし動詞の語彙的意味，もっと言えば，存在構造への働きかけが異なる．働きかけの違いによる意味は，基本 3 つ，〈移動〉と〈出現〉と〈存在〉がある．そして〈喪失〉の意味は，〈出現〉から派生すると考える．スキーマは (8) (9) になる．(8a) では中抜き矢印で他から移動してくることを，(8b) では破線矢印で Place(X) に出現することを，(8c) では終始，存在構造が存在していることを表す．(9) は存在構造から，成員の喪失を破線矢印で示している．4 つは共通して，存在構造を持つ．これは二重目的語（O_1O_2）の構文としての意味が，〈存在〉だからである．

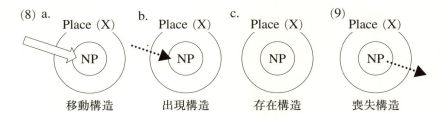

各スキーマは，いつ存在構造があるかで違う．(8a)(8b)の〈移動〉〈出現〉では存在構造が最後に生じる（終点）．(8c) は終始存在構造がある（継続）．(9) では始めに存在構造があり，そこから変化する（始点）．この (8)(9) に，主語 Causer が関与し，構文全体の意味が定まる．カテゴリースキーマで示すと (10)(11) になる．[1]

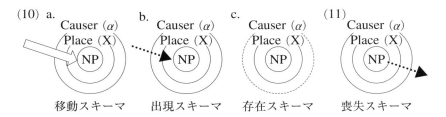

〈移動〉(10a) では，モノが〈移動〉し，存在構造が生じる．典型的には (12a) がある．to 与格構文に対応する二重目的語構文になる．(12a) では間接目的語の John に，a book が移動することで，存在構造 (5) が出来る．つまり Place(X) である O_1 に，成員となるべく O_2 が移動して，存在構造が生じる．これに主語 Causer が関与する．

(12) a. I gave John a book.
     b. I gave a book to John. （= (1)）

次に〈出現〉(10b) では，どこにも存在しておらず，あるいはしていたと意識されないものが，〈出現〉することで，存在構造が生じる．[2] 客観的には移動であっても，主観的には〈出現〉と認識されることもある．(10b) では Place (X) である O_1 に，新たに O_2 が出現する．典型的には for 与格構文に対応する二重目的語構文になる．(13a) では John が Place(X) となり，a book が出現する．この出現構造に対して，主語 Causer が関与する．なお〈出現〉の用法は，それ以外にもある．

(13) a. I bought John a book.

---

[1] (10) のカテゴリースキーマは，あくまで二重目的語構文におけるスキーマになる．〈移動〉〈出現〉〈存在〉のカテゴリースキーマのパターンは，他にもある．
[2] 登田 (2006) では，I hugged him good-bye. の構文を取り上げ，good-bye は，動詞 hug の項というより，構文の項であると論じている．しかし本稿はこの構文もまた〈出現〉を表す構文の1つと考える．

b. I bought a book for John.　(= (2))

　なおこの〈出現〉は未来における〈出現〉でもかまわない．promise, guarantee, assign, permit, offer, grant, bequeath, leave, allot など (cf. Green (1974: 91))，未来授与の動詞では，未来において〈出現〉することを二重目的語構文で表す．なお他の意味と異なり，〈出現〉には自者出現がある (cf. 3節)．(14) では再帰代名詞が間接目的語に現れており，自者出現になる ((14) は Green (1974: 190)).

(14)　a.　Bill baked himself a cake.
　　 b.　Bill bought himself some tea.

　次の〈存在〉(10c) の説明に入る前に，カテゴリーと成員の緊密度（関わり方）を考察する．この緊密度は，各々のカテゴリーによって異なる．構文や動詞によって定まる場合もあれば，個人差により異なることもある．この緊密度は「強く・普通・弱く」の3つに基本分けられる．これを示したのが (15) になる．(15a) では緊密度が高く，成員への関わりが強いことを二重線で示している．(15b) では緊密度が普通で，成員への関わりがさほど強くない．一重線で示す．(15c) では緊密度が弱く，成員への関わりも弱いことを破線で示している．

(15)　a.　　　　　b.　　　　　c.

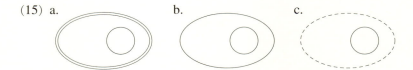

　〈存在〉(10c) では，存在構造への主語の関わりが弱い．そのため主語カテゴリーが破線で示されている．すでに存在しているものに対して，何の作用も起こさず，何の変化も起こらないからである ((16) は Goldberg (1995: 132)).

(16)　a.　He forgave her her sins.
　　 b.　He envied the prince his fortune.[3]

---

[3] (16b) は二重直接目的語構文と呼ばれるものになる．2つの直接目的語を持つが，意味的には他と区別して分析する必要はないと考える．

(16a) では her に her sins が存在し，(16b) では the prince に his fortune が存在している．しかし存在構造に変化はなく，主語が影響を強く及ぼすことはない．

最後に〈喪失〉(11) の意味の二重目的語構文は，〈出現〉の一種となる．通例の〈出現〉と違う点は，1つに存在構造 (7) が起点となること，1つに他者出現 (cf. 3 節) の意味に限定されることにある．つまり存在構造 (Place(X)) 内の成員 NP が，Place(X) 以外の他者で出現する．他者出現といえども，場所が特定されないため，喪失の意味になる．(11) と (10b) は反対の意味であるが，存在構造という点では共通しており，ゆえに〈喪失〉の意味が二重目的語構文に現れる．

さてもう1つ解決すべき問題がある．それは使役所有が否定しうることである． 一見，反例となる．存在構造がない二重目的語構文があり，存在構造がないため否定できると考えられるからである ((17) は Jackendoff (1990: 197))．これは単にカテゴリーと成員の緊密度の違いが原因と考える．つまり所有の含意はあるが，主語 Causer の存在構造への関わりが弱いため，否定される．スキーマは (18) になる．

(17) John sent Bill the package, but he never got it.
(18) a.   b.

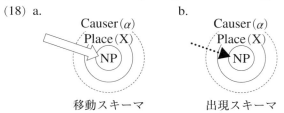

移動スキーマ   出現スキーマ

(18) では主語 (Causer) の存在構造への関わりが弱いことを，破線で示す．弱いため，存在構造が結果として生じることに強く関与せず，単に存在構造が出現するための働きかけがなされたにすぎない．このとき使役所有の含意は否定できる．否定できるかどうかは，カテゴリーの緊密度に帰因すると考えられる．

このカテゴリーの緊密度の違いは，構文や動詞によって基本定まるが，個人差もある．個人差により含意の否定が可能となっている．しかし重要なことは，全ての二重目的語構文に，存在構造が存在することである．つまり二重目的語構文には，二重目的語構文 (SVO_1O_2) 全体として構文の意味とは別に，その一部である連続する名詞句 (O_1O_2) に構文としての意味がある．すなわち

〈存在〉の意味を持ち，存在構造が成り立つ．この存在構造に対して，主語からの何らかの働きかけが動詞の行為を通して行われるのが，二重目的語構文なのである．

3. 意味のネットワークと意味の推移

　2節で二重目的語構文全体の意味は，〈移動〉〈出現〉〈存在〉であると述べた．この3つの意味は，独立して存在するのではなく，意味のネットワークの中に位置づけられる．(19)にネットワークを示す．

　(19)はモノの視点からのネットワークになる．○が意味，□が構文または動詞の種類を表す．〈存在〉はある場所にモノが存在するという意味，〈出現〉はある場所にモノが新たに出現するという意味，〈移動〉はある場所から別の場所へモノが移動するという意味，〈行為対象〉はモノが行為対象になるという意味になる．各々の意味はさらに自者と他者の2種類に分けられる．モノが自者か他者のどちらになるか，構文や動詞で指定する場合があるからである．また他動性は直線的に並んでおり，〈行為対象〉が一番強く，〈存在〉が一番弱い．

(19)

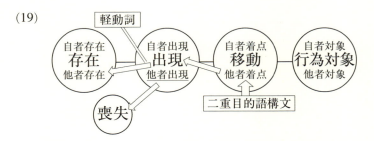

　(19)では後で論じる軽動詞も加え，二重目的語構文の意味の推移が書かれている．軽動詞は〈出現〉の意味のみがある．一方二重目的語構文は〈移動〉の他者着点を起点とし，〈出現〉(自者／他者含む)，〈存在〉の他者存在へと意味が推移していることを示している．また〈出現〉の他者出現から，〈喪失〉の意味に派生する．〈移動〉の他者着点が一番典型的で，そこから離れていくほど，典型性は弱まる．

　この(19)は，メタファーやメトニミーを用いない意味ネットワークで，カテゴリースキーマをもとに広がる．むろんメタファーやメトニミーによる意味拡張を否定するものではない．共存する形で意味が拡張すると考える．(19)

は緒方（2017）で用いた軽動詞構文のネットワークを修正したもので，確定したものというより，暫定的なものとして論じていく。[4]

　また二重目的語構文に現れる動詞は，もとからそうした意味を持つわけではない。各動詞の基本義から，ネットワーク上で推移することも多い。そのため動詞の基本義との組みあわせも，典型性に影響がある。動詞の基本義が〈移動〉で，二重目的語構文も〈移動〉の意味が，典型性が高い。次に，（a）動詞の基本義が〈移動〉以外で，二重目的語構文が〈移動〉の意味，（b）動詞の基本義が〈出現〉で，二重目的語構文も〈出現〉，（c）動詞の基本義が〈出現〉以外で，二重目的語構文が〈出現〉など，推移の仕方により典型性が下がると考える。次節では，動詞の意味と，構文の意味のずれから，与格交替が起こらない例を見ていく。

4.　語彙的意味と与格交替

　与格交替が起こるかどうかは，動詞の語彙的意味に強く影響を受ける。give を例に取れば，「（時間等）を（仕事等）に注ぐ」の意味は〈移動〉だが，to 句は単なる着点で，存在構造が作れない。そのため二重目的語構文は非文で，与格構文（20a）のみ適格となる。「（論点）などを認める」という意味の give は，〈存在〉または〈出現〉の意味を表す。二重目的語構文（20b）は適格だが，〈移動〉を必要とする to 与格構文は非文となる（cf. 真野（2011: 78-79））。（（20）は『ジーニアス英和大辞典』）。

(20)　a.　She <u>gave</u> her whole life to the study of radioactivity.

　　　b.　She is a good cook, I <u>give</u> you that, but she isn't a good wife.

　動詞の意味は推移することで，別の意味になる。　動詞は，複数の意味を持つことも多い。ただしネットワーク（19）上で，基本義から別の意味に推移し広がるには制約がある。各動詞が他の意味への推移が可能かどうか，何に推移するかは，二重目的語構文と，対応する与格構文の適否に関わってくることとなる。

　二重目的語構文と与格構文は，与格交替により関連づけられてきた。とりわけ与格構文から，二重目的語構文が派生された。しかし本稿は，基本両者を直接関連づけない。与格交替が，必ずしも起こらないからである。そもそも二重

---

[4]　〈存在〉と〈行為対象〉の自者／他者に関する表記が，緒方（2017）と異なる。

二重目的語構文と意味のネットワーク　　197

目的語構文と与格構文は，意味的制約が異なるため，適格性に違いが生じ，与格交替が起こらなくなる．それを二重目的語と与格構文の組みあわせごとに見る．

　1つめは to 与格構文と，対応する二重目的語構文を考える．二重目的語構文，与格構文のどちらも適格な場合は，両方〈移動〉の意味を持つ（例は (1)）．ただし二重目的語構文では，移動により存在構造が生じなければならない．

　与格交替が起こらない例として (21) (22) がある．to 与格構文は〈移動〉の意味を要求するが，〈移動〉でないために不適格になる．(21) ではお金の移動を意味しない．(22) では headache が譲渡不可能であるため，移動できない．一方二重目的語構文では，〈出現〉の意味なので適格となる．

(21) a. *It has cost a vast deal of money to her.

　　 b. 　It has cost her a vast deal of money.

(22) a. *The exam gave a headache to Mary.

　　 b. 　The exam gave Mary a headache.　　　　（加賀 (2012: 53-54)）

　2つめは for 与格構文と，それに対応する二重目的語構文になる（例は (2)）．両方適格な場合，二重目的語構文は〈出現〉を，与格構文は〈行為対象〉を表す．(23a) (24a) の for 与格構文は，〈行為対象〉の意味ではない．(23) では〈存在〉，(24) では〈出現〉を表す．そのため for 与格構文は不適格となり，与格交替が起こらなくなる（(23) (24) は Green (1974: 101)）．

(23) a. *We envied John's good looks for him.

　　 b. 　We envied John his good looks.

(24) a. *That will cost 50 cents for John.

　　 b. 　That will cost John 50 cents.

　3つめの事例では，二重目的語構文のみ不適格で，与格交替が起こらない．以下の二重目的語構文は，存在構造がないため不適格になる．(25) の Mary は単なる着点に過ぎず，Mary と the box の間に存在構造が作れない．(26) でも Mary と the door の間に存在構造がない．一方対応する to/for の与格構文は，単に移動や行為であればよく，適格になる（(25) は加賀 (2012: 53)，(26) は岸本 (2001: 137)）．

(25) a. 　John pushed the box to Mary.

　　 b. *John pushed Mary the box.

(26) a. John opened the door for Mary.
　　 b. *John opened Mary the door.

　二重目的語構文にも与格構文にも，それぞれ意味的制約がある．この意味制約は必ずしも同じとは限らない．要求される意味と合致しない意味であれば，不適格となる．どちらかが不適格となれば，与格交替が起こらなくなる．

5. 軽動詞構文（他構文との併存）

　4節で意味ネットワーク上の基本義と，動詞の語彙的意味と，構文の意味が複合的に重なり二重目的語構文の意味が決まると述べた．構文の意味は，単体とは限らず，複数の構文が重なることもある．ここでは軽動詞による二重目的語構文を見る．軽動詞構文の構文の意味と，二重目的語構文の構文の意味が重なり合い，適格性が定まる（以下スキーマは緒方 (2017) から引用．一部表記を修正）．

　軽動詞構文は意味ネットワークにおいて，すべて〈出現〉の意味を持つ（緒方 (2017)）．各々の軽動詞は構文パターンが異なるが，二重目的語構文をとるものがある．二重目的語構文では〈移動〉〈出現〉〈存在〉の意味のいずれかをとれるが，軽動詞構文は〈出現〉のみである．そのため2つの構文が複合すると，軽動詞の二重目的語構文はすべて〈出現〉の意味になる．具体的に見ていく．以下のスキーマでは，Causer (α) が主語，Causer (α) の中にある Place ( ) が間接目的語，NP が直接目的語になる．

　まず make は，基本義が〈出現〉になる．そのため通例の二重目的語構文 (27a) も，軽動詞の二重目的語構文 (27b) も同じく〈出現〉になる．

(27) a. My mother made me a birthday cake.
　　 b. Those exhibitions made him a move to Japan.

(28)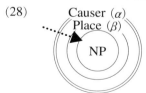

　どちらの二重目的語構文も，スキーマは (28) になる．make は存在構造への関わりが強いので，二重線で表記されている．

次に give は基本義が〈出現〉ではなく,〈移動〉になる.そのため通例の二重目的語構文では〈移動〉,軽動詞の二重目的語構文では〈出現〉を,基本表す.[5] 通例の二重目的語構文,(29a) のスキーマは (30) になる.軽動詞,(29b) のスキーマは,(28) と同じになる.

(29) a. She gave him a bike for his birthday. 〈移動〉
 b. He gave his nose a good blow. 〈出現〉

(30)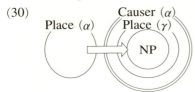

最後に二重目的語構文は作れるのに,軽動詞の二重目的語構文が不適格になる take や get のような例がある.take の例を通して見ていく.

(32a) は (31a) の〈移動〉スキーマ,(32b) は (31b) の〈出現〉スキーマになる.どちらも連続して移動または出現が起こる.〈移動〉では出所が認識されるため,複数回移動できる.しかし〈出現〉では出所が定かでないか,意識されない.出所が分からないのに連続して別の場所に〈出現〉できないため,不適格になる.get でも主語の関与が一重線／破線になる以外は同じ構造になる.Take と同じ理由で,get 軽動詞の二重目的語構文もまた不適格となる (cf. 緒方 (2017)).

(31) a. He took his host family a gift yesterday. 〈移動〉
 b. *She took me a punch. 〈出現〉

---

[5] むろん give は〈移動〉以外,つまり〈出現〉の二重目的語構文の用例を持つ.

(32)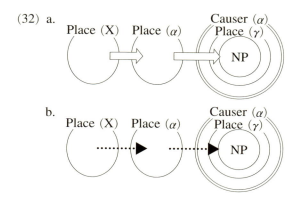

複数の構文が共存する場合，最大公約数の〈意味〉が選ばれる．それが出来ない場合，不適格となる．この意味の選択には，動詞の語彙的意味など，様々な要因が関わり，ネットワーク上の推移の可能性が決まる．

6. 情報構造

二重目的語構文と与格構文の違いの1つに，情報構造がある．[6] 文末に新情報が現れる傾向にあるため，何が新情報かにより構文が選ばれるとされる．二重目的語構文では，間接目的語 O_1 が旧情報，直接目的語 O_2 が新情報となる．与格構文では，目的語が旧情報，前置詞句が新情報となる．つまり何が新情報かにより，与格構文か二重目的語構文かのどちらかが選択されるとされた．

しかし必ずしもそうとは言えない例もある．与格構文で前置詞句の後に目的語が現れる場合がある．目的語に焦点があたっているため後置されているが，構文としては与格構文が取られている．

(33) a. She gave to her brother a signet ring. (Quirk et al. (1985: 1396))
b. I've sent to my lawyer every letter I ever received.

(安藤 (2005: 805))

同様に二重目的語構文で直接目的語が前置される例がある．O_1, O_2 の両方とも代名詞の場合，語順が逆になることがある．これはどちらも代名詞がゆえに

---

[6] Thompson and Koide (1987) は，概念的距離から与格構文と二重目的語構文の違いを説明しようと試みた．動詞からの距離が，時間的距離・概念的距離にそのまま対応するとするものである．これは情報構造にも通じる考えである．

二重目的語構文と意味のネットワーク　　201

焦点があたらず，語順が逆になることが可能となっている（cf. 安藤（2005: 805））．

(34)　How will you give it me?　　　　　　　　（Walpole, *Jeremy and Hamlet*)

　こうした例を見ると，情報構造によって二重目的語構文と与格構文が決まるというより，単なる傾向にすぎないと言える．二重目的語構文における間接目的語・直接目的語の語順は，カテゴリーが参照点となり，成員にたどり着いている．[7] 参照点は旧情報となりやすいので，直接目的語の前に位置する．2つの目的語がどちらも代名詞の時など，参照点としての決め手がないため，入れ替えを許す．情報構造は，構文の選択に絶対的要因とは言えず，二重目的語（O_1O_2）における存在構造での参照構造によって，語順が導かれると考える．

7.　まとめ

　本稿では二重目的語構文を，カテゴリースキーマを通して考察した．二重目的語構文は，2つの構文の意味を併せ持つ．1つは構文全体の意味で，〈移動〉〈出現〉〈存在〉になる．もう1つは部分となる二重目的語（O_1O_2）の意味が存在構造を持つ〈存在〉であるとした．二重目的語（O_1O_2）の存在構造に，動詞の語彙的意味が関わり，主語 Causer により〈移動〉〈出現〉〈存在〉の意味が生じると述べた．そして〈移動〉〈出現〉〈存在〉の意味は，意味ネットワークの中で位置づけられ，構文の適否に関わると述べた．この意味ネットワークは未完成であり，修正が必要になると考える．しかしメタファー・メトニミーによらない，カテゴリースキーマによる構文または動詞の意味拡張が存在すると考える．

参考文献

安藤貞雄（2005）『現代英文法講義』開拓社，東京．

Goldberg, Adele E. (1995) *Constructions: A Construction Grammar Approach to Argument Structure*, University of Chicago Press, Chicago.

Green, Georgia M. (1974) *Semantics and Syntactic Regularity*, Indiana University Press, Bloomington.

---

[7] Langacker（1993）がのべる所有の参照構造と類似する．自者出現の場合，旧情報＋新情報は，所有の参照点構造とほぼ同じになると考える．

Jackendoff, Ray S. (1990) *Semantic Structures*, MIT Press, Cambridge, MA.

加賀信広 (2012)「二重目的語構文と与格交替」『構文と意味』，澤田治美（編），49-68, ひつじ書房，東京.

岸本秀樹 (2001)「第5章　二重目的語構文」『動詞の意味と構文』，影山太郎（編），127-153, 大修館書店，東京.

Langacker, Ronald W. (1990) *Concept, Image, and Symbol: The Cognitive Basis of Grammar*, Walter de Gruyter, Berlin.

Langacker, Ronald W. (1993) "Reference-point Constructions," *Cognitive Linguistics* 4(1), 1-38.

Langacker, Ronald W. (1999) *Grammar and Conceptualization*, Walter de Gruyter, Berlin.

真野泰 (2011)「Question Box (25)」『英語教育』60(4), 77-79.

緒方隆文 (2017)「軽動詞構文と意味のネットワーク」『筑紫女学園大学研究紀要』12, 15-27.

Pinker, Steven. (1989) *Learnability and Cognition: The Acquisition of Argument Structure*, MIT Press, Cambridge, MA.

Quirk, Randolph, Sidney Greenbaum, Geoffrey Leech and Jan Svartvik (1985) *A Comprehensive Grammar of the English Language*, Longman, London.

登田龍彦 (2006)「I hugged him good-bye について：非言語的伝達動詞と二重目的語構文」『言葉の絆』，卯城祐司ほか（編），175-188, 開拓社，東京.

Thompson, Sandra A. and Koide, Yuka. (1987) "Iconicity and 'Indirect Objects' in English," *Journal of Pragmatics* 11(3), 399-406.

Wierzbicka, Anna. (1988) *The Semantics of Grammar*, John Benjamins, Amsterdam.

疑似目的語結果構文と修辞性

木原　美樹子

中村学園大学

1.　はじめに

　英語の結果構文は,「主語—動詞—目的語—結果述語」という形式で, 動詞が表す行為とその結果としての目的語の状態変化を表す.（1）のように動詞の下位範疇化制約や選択制限を破る例が存在するため, それらをどのように説明するかに関して, 様々な議論がなされてきた（Levin and Rapoport（1988）, Jackendoff（1990）, Levin and Rappaport Hovav（1995）, Goldberg（1995）ほか）.

(1) a.　I laughed myself sick.　　　　　　　　　（Simpson（1983: 145））
　　 b.　I cried my eyes blind.　　　　　　　　　（Simpson（1983: 146））
　　 c.　His friends laughed Bill out of town.　　（Jackendoff（1990: 227)）
　　 d.　Old Red would be barking his fool head off if there was another
　　　　 dog around.　　　　　　（Terry Kay, *To Dance with the White Dog*）
　　 e.　Messenger kissed these questions from her lips.
　　　　　　（David Lodge, *Thinks* … [鈴木（2013: 117）の引用による]）

(1d)（1e）は小説からの引用で,（1e）は「メッセンジャーは, 彼女にキスをして, そんな質問をするのを忘れさせた」という意味である. 本稿では,（1）のような疑似目的語（fake object）（Simpson（1983））を含む結果構文を疑似目的語結果構文と呼び, その容認性に関わる問題について考察する. その中でも再帰代名詞や主語の体の一部を表す語を目的語としない, 創造性のある結果構文を中心に取り扱う. それらがどのようなメカニズムで使用され, 容認されるのかについて, 認知的な側面から論じる.

203

2. 疑似目的語結果構文の使用と容認性

2.1. Boas (2003) と問題点

　先行研究の中から，本稿の議論と関連する「類推」（analogy）を用いて，疑似目的語結果構文の認可を説明する Boas (2003) に触れる．Boas (2003) は BNC のコーパス調査を行い，用例基盤モデル（Usage-Based Model）に基づく結果構文分析を行っている．本来目的語を取らない sneeze のような動詞が (2) のような文で用いられるのは，sneeze と同じ「空気の放出」（air emission）を表す動詞 blow から，結果構文のフレーム [NP V NP XP] を継承するためと説明している．動詞の意味の共通性に加え，「くしゃみをした」ことにより「ナプキンが飛ばされてテーブルから落ちた」という場面を，話し手と聞き手が共有する必要があると述べている．

(2)　He sneezed the napkin off the table.　　　　(Boas (2013: 269))

類推に基づき，構文を継承するという考え方は，本稿で後述する議論につながるものであるが，Boas (2003) の類推プロセスでは，(3) の文の説明は難しいと思われる．

(3)　The joggers ran the pavement thin.　　　　(Randall (1982: 86))

(3) は「ジョギングをする人たちが走って，舗装が薄くなった」つまり「舗装が薄くなるほどたくさん走った」ことを表しており，疑似目的語結果構文に多いと言われる誇張表現と解釈される．Boas (2003) に従えば，run と意味的共通性があり，結果構文のフレームで使える動詞は何であるのか．単独に動詞だけで考えると難しい．(4) の空所に入る動詞についてインフォーマントに尋ねたところ，10 人中 9 人が 'wore' と答えた．

(4)　The joggers (　　　　) the pavement thin.

(4) の成立には wear … thin(擦り減らす) というフレーズが関わっていると思われる．run と意味的に共通性のある動詞から探そうとしても，wear にはたどり着けそうにない．(4) については，文レベルで考える必要がある．

　鈴木 (2013: 111) は，Boas (2003) の事例分析が sneeze の例 (2) のみであり，(5) の laugh についても同じ blow を選ぶには「意味的共通点が乏しい」と指摘している．場面，文脈も考慮する必要がある．

疑似目的語結果構文と修辞性　　　205

(5)　He laughed tomato soup up his nose.　　　(Verspoor (1997: 115))

鈴木は疑似目的語の認可に関して，力動伝達（force transmission）の解釈が必要であり，(6) で本来の目的語は文末の PP 内に降格されているが，事象参与者間に存在している「図／地」の関係により，力動伝達解釈が可能となると述べている．

(6)　Messenger kissed these questions from her lips.　(= (1e))

(6) は (7) で言い換え可能である．

(7)　Messenger kissed her and released/took these questions from her lips.

(6) の結果構文のモデルとしては，(7) に示される 'released/took … from …' があると考えられる．動作主が，何かから何かを奪った方法を，(6) では動詞が特定している．結果構文ではないが，同様の例 (8) がある（下線筆者）．「図／地」の関係の存在は構文の本質ではない．

(8)　a.　… the wind snatching the words from my lips and flinging them away.　　　(T. C. Boyle, *If the River was Whiskey*)
　　　b.　…, but he couldn't hear as the wind whipped the words from his lips and cast them out into the boiling sea.
　　　　　　　　　　　　(Gerard O'Donovan, *Dublin Dead*)

2.2.　目的語としての解釈可能性

Jackendoff (1990: 227) の疑似目的語結果構文 (9) (10) の容認性の違いは，構文文法や動詞の類推では説明できない．[1]

(9)　a.　Fred cooked the stove black.
　　　b.　The professor talked us into a stupor.
　　　c.　Charlie laughed himself silly/ sick/ into a stupor.
　　　d.　Amy walked her feet to pieces.
(10)　a.　?The rooster crowed the children awake.

---

[1] Jackendoff (1990) は (10) の容認性について，(10a) を reasonably acceptable, それ以外を marginal と述べている．

b.??The boxers fought their coaches into an anxious state.

c.?*In the movie's longest love scene, Troilus and Cressida kiss most audiences squirmy.

d.??John washed the facecloth dirty.

木原（2013: 21）は，（9）と（10）の容認性の違いを，動詞の後ろに本来の目的語として解釈可能な名詞句が，存在しているか否かによると考えた．目的語として解釈可能な名詞句が存在していると，容認性が下がる．目的語として解釈される可能性がなければ，結果構文としての読みを連想させるため，解釈が容易となり容認性が上がるということである．英語の場合に，日本語では容認されない疑似目的語結果構文が容認されるのは，[NP V NP XP] で〈動作主〉—〈働きかけの動詞〉—〈変化の主体〉—〈結果状態〉という形式が決まっており，形から結果構文の意味を課すことができるためではないかと思われる．[2]（10a）は（10）の中で一番容認性が高い．動詞 crow は自動詞で通常目的語を取らない．動詞の後ろの名詞句が動詞本来の目的語と解釈される可能性がないことが，容認性を高めているということである．逆に（10b）-（10d）は動詞の後ろに動詞本来の目的語として可能な名詞句が存在しており，文の容認性を低くしている．（10d）はタオルが動詞の目的語として解釈され「タオルを洗った」という解釈を受け，wash の持つ意味概念が結果述語 dirty と合わないため，容認性が低くなるのである．[3]

Carrier and Randall（1992: 187）は，（11a）（12a）のように目的語が省略できない他動詞 destroy や frighten について，（11b）（12b）のように疑似目的語結果構文が容認されないことを指摘している．

(11) a.　The bombing destroyed *(the city).

　　 b.　*The bombing destroyed the residents homeless.

(12) a.　The bears frightened *(the hikers).

　　 b.　*The bears frightened the campground empty.

---

[2] 日本語のいわゆる結果構文は，動詞が状態変化を表し，結果述語は動詞が含意する結果の意味に合うものに限られる．日本語のように語順が比較的自由な言語では，英語と違い「結果構文」という表現は合わないように思われる．

[3] （10d）は「洗面用タオル（facecloth）を使って洗ったらそのタオルが汚れてしまった」という読みを意図している．（10d）を容認不可と判断したインフォーマントが「顔がとても汚れていて（filthy），タオルで顔を洗ったらタオルが汚れた」という解釈は可能と答えた．タオルが動詞の目的語ではない読みが連想できれば，容認性が高まることを示している．

（11b）（12b）が容認されないことも，動詞と後続する名詞句の結びつきの有無で説明可能である．動詞に後続する名詞句がその目的語と解釈され，疑似目的語の読みが容認されないのである．

3. 修辞性

3.1. ヘッドライン・広告

（12b）は結果構文として容認されない例であったが，（12b）をもとに，新聞のヘッドラインとして筆者が作例した（13）を，インフォーマントは容認可能と判断した．

(13) Bear Frightens Campground Empty

（13）が容認されることは，結果構文として容認されない文も，ヘッドラインであれば修辞的な結果構文として容認されることを示している．（14）はサッカーの試合結果について書かれたインターネット上の記事のヘッドラインである．

(14) a. Ronaldo fires Real to victory over Barcelona
(22/April/2012 *Otago Daily Times*)
b. Neymar shoots Brazil to victory　(08/Sep/2016 *The Asian Age*)
c. Beckham sparks England to victory　(08/Jun/2007 *NDTV Sports*)
d. Beckham Brilliance Assists Milan to Victory
(01/Feb/2009 *GOAL.com*)

（14a）の動詞 fire は「（ゲームで）〈得点〉を得る」という意味で，サッカーではシュートして得点を入れることを表す．動詞に後続する名詞 Real が動詞本来の目的語ではないことは明らかである．「ロナウドがシュートを放ち，レアル・マドリードがバルセロナに勝利した」ということを表している．（14b)-（14d）で動詞は shoot, spark, assist と異なり，それぞれ勝利につながった選手の行為を表している．このように（14）は，選手の活躍とそれによる試合の勝利を示している．ヘッドラインであれば，読み手は修辞性があると考え意味解釈をする．ヘッドラインだけでなく，広告や本のタイトル等は，特に読み手の注意を惹きつける（attention-getting）必要がある．故意に謎かけのような形で，読み手に挑戦するのである．（15）は Levin and Rappaport Hovav (1995: 36-37）が結果構文の例として広告から引用している例である．

(15) a.　Sleep your wrinkles away.

　　　b.　Drive your engine clean.

結果構文を効果的に使い，読み手の注意を惹きつける広告のことばとなっている．

3.2.　連想と類推

　木原（2013: 23）は，楠見（1995: 58）の「比喩の理解プロセス」[4]をもとに，「疑似目的語結果構文の理解プロセス」を以下のように提示した．

(16) a.　動詞と目的語の位置にある名詞句の不一致（動詞の目的語の位置にある名詞が，動詞本来の目的語ではないこと）を認識する．

　　　b.　結果構文の形式を類推する．

直接的に表現せずに，別の間接的な方法で伝える比喩と，疑似目的語結果構文には，類似性がある．例えば，狡猾な人間を比喩的に「きつね」と表現した場合，情報は曖昧になるが，聞き手の連想から豊かなイメージを引き出すことができる．上の（15）を見たり，聞いたりした場合も，通常の動詞と目的語ではないという不一致を認識し，結果構文として読み込むというプロセスが生じるところに，比喩理解のプロセスと並行性があると思われる．ただし，どのような文でも，[NP-V-NP-XP] という形をとれば，結果構文として成立するわけではもちろんない．楠見（1995: 54）は，「比喩の良さの判断を規定する 2 つのプロセス」として，(17) を挙げている．

(17) a.　主題語とたとえる語の間のカテゴリ的距離が大きいほど，比喩の面白さが高まり，比喩の良さが増すプロセス

　　　b.　主題語とたとえる語が情緒・感覚的距離が小さい（類似している）ほど理解容易性が高まり，比喩の良さが増すプロセス

例える語と例えられる語の距離が遠いと，比喩として斬新さや面白さのレベルは上がるが，距離が遠すぎて比喩として理解されなければ意味がない．理解できる範囲でカテゴリ的距離が遠いものが良い比喩ということになる．結果構文においても同様のことが考えられる．動詞に後続する名詞句と結果述語が示す

---

[4] 楠見（1995: 58）による比喩の理解プロセスは以下の通りである．

　(i)　たとえる対象とたとえられる対象の間のカテゴリ的意味における不一致を認識する

　(ii)　新たな一致点（共通性）を発見する

結果は，主語と動詞が表す行為との因果関係を連想・類推できるものでなければならない．比喩的な誇張表現で現実とのズレはあっても，因果関係を連想できる文がよい結果構文である．(18) は「ジョギングをする人々が走って，道路の舗装を薄くした」ということから「それほどたくさん走った」という意味に理解される．2.1. で述べたようなモデル表現との連想から行為と結果の意味が読み込まれる．さらにジョギングをする人たちが thin になりたい（＝痩せたい）と思って，走ったけれど thin になったのは道路だったというようなイメージの広がりも含んでいる．

(18) The joggers ran the pavement thin. （＝(3)）

様々な連想，豊かなイメージを生み出すことができるという点で，疑似目的語結果構文は，比喩の理解と同様のプロセスを引き起こす．その容認性については，これまで議論されてきた，動詞の種類や動詞と結果述語の組み合わせよりも，修辞性が重要である．本稿において修辞と読んでいるのは，連想・類推によって間接的に情報を伝える方法である．結果構文を使用するのは，Boas (2003: 264) が結果構文の使用について述べている「効率がよい」(efficient) 表現だから，ではない．疑似目的語結果構文においては修辞的な動機というものが，文を成立させるための最も重要な要因である．

(19) は小説からの引用であり，結果構文ではないが，諺を利用した表現である．

(19) I never looked a free truck in the mouth — or engine.

(Stephenie Meyer, *Twilight*)

馬はその歯を見れば年齢がわかることから，Don't look a gift horse in the mouth.(直訳すると「贈られた馬の口の中を見るな.」) という諺は「贈られたものにけちをつけるな」という意味で使われる（『ジーニアス英和辞典』第 4 版).[5] (19) は，父親から思いがけず古い車（ピックアップ）をもらう，主人公の気持ちを表している．馬ではなくトラックを無料でもらうため，諺をもじって a gift horse の代わりに a free truck と言っているのである．馬と違って，車は口ではなく，エンジンが重要であるため，'or engine' と言い換えている．

---

[5] 'look a gift horse in the mouth' で，「贈り物のあら探しをする」という意味のイディオムとしても記載されている．

4. むすび

　「主語―動詞―目的語―結果述語」で行為と結果を表す文を，ひとまとめに結果構文と言っても，状態変化を表す動詞を含む他動詞結果構文と疑似目的語結果構文では，性質が大きく違う．疑似目的語結果構文は，本来動詞の目的語ではない名詞句が目的語の位置に現れる不思議な文である．他動詞結果構文とは違い，疑似目的語結果構文の容認性を考える際には，修辞性が重要である．通常の言語現象では典型的なものを中心にして，容認性に揺れがあるような周辺的なものが存在し，典型から離れれば離れるほど，容認性は低くなる．他動詞結果構文とはかけ離れた結果構文が容認されるのは，修辞的な理由によるものである．疑似目的語結果構文の成立には，修辞的な動機が大きく関わっている．ただし，聞き手や読み手がその文が意味するところを理解できなければ意味がない．疑似目的語結果構文として容認されるためには，聞き手や読み手の連想・類推が必要である．これは謎々の理解と似ている．謎々の場合すぐにわかってしまっては面白くないが，答えが納得できるものでなければ，謎々として認められない．

　動詞 think は，結果構文で用いられる動詞の特徴を持っていないが，(20) のように文脈から行為と結果の結びつきが連想・類推できる場合に容認される．

(20)　In the last Star Trek episode, there was a woman who could think people into a different galaxy.　　　　　(Goldberg (1995: 154))

スター・トレックという映画の中であれば，「念じることで人を異なる小宇宙系へ送り込むことができる女性」の存在が連想・類推可能である．

　連想・類推は結果構文に限らない．広く言語の創造的な使用に関わるものである．中沢 (2016: 22-23) は，人間は言語において，何かに似ているという理解の仕方をすると述べている．最近の認知言語学で明らかになったこととして，人間が使っている言語の 80% 以上は比喩の働きによって成り立っているということを挙げている．そしてそれがフロイトの発見，人間の一番原始的な一次過程において，異なるイメージのものを重ね合わせて圧縮したり，ずらしたりして意味を発生させるという考え方と関係していると指摘している．まさにこれは，本稿で取り扱った疑似目的語結果構文に見られるプロセスである．疑似目的語結果構文は，モデルとなる表現とイメージを重ねたり，ずらしたりして新しい文を発生させる，創造性をもっているのである．

参考文献

Boas, Hans C. (2003) *A Constructional Approach to Resultatives*, CSLI Publications, Stanford.

Carrier, Jill and Janet H. Randall (1992) "The Argument Structure and Syntactic Structure of Resultatives," *Linguistic Inquiry* 23, 173-234.

Goldberg, Adele (1995) *Constructions: A Construction Grammar Approach to Argument Structure,* University of Chicago Press, Chicago.

岩田彩志 (2009)「2種類の結果表現と構文理論」『結果構文のタイポロジー』，小野尚之（編），171-216，ひつじ書房，東京.

Jackendoff, Ray (1990) *Semantic Structures*, MIT Press, Cambridge, MA.

影山太郎 (2001)『日英語対照　動詞の意味と構文』大修館書店，東京.

影山太郎 (2007)「英語結果述語の意味分類と統語構造」『結果構文研究の新視点』，小野尚之（編），33-65，ひつじ書房，東京.

木原美樹子 (2013)「英語の結果構文における修辞的要因」『中村学園大学・中村学園大学短期大学部研究紀要』第45号，19-24.

楠見孝 (1995)『比喩の処理過程と意味構造』風間書房，東京.

Levin, Beth and Tova Rapoport (1988) "Lexical Subordination." *CLS* 24, 275-289.

Levin, Beth and Malka Rappaport Hovav (1995) *Unaccusativity,* MIT Press, Cambridge, MA.

中沢新一 (2016)「「「もの」と「こころ」の統一へ」『〈こころ〉はどこから来て，どこへ行くのか』岩波書店，東京.

Randall, Janet H. (1982) "A Lexical Approach to Causatives," *Journal of Linguistic Research* 2, 77-105.

Simpson, Jane (1983) "Resultatives," *Papers in Lexical-functional Grammar*, ed. by Lori Levin et al., 143-157, Indiana University Linguistics Club, Bloomington.

鈴木亨 (2013)「構文における創造性と生産性——創造的な結果構文における非選択目的語の認可のしくみ」『山形大学人文学部研究年報』第10号，109-130.

Verspoor, Cornelia Maria (1997) *Contextually-Dependent Lexical Semantics*, Doctoral dissertation, Center for Cognitive Science, University of Edinburgh.

名詞の意味機能からみる所有構文の定性効果[*]

小深田　祐子

熊本学園大学

1.　はじめに

　本論では，英語の所有構文の定性効果と譲渡不可能所有という概念との関係について考察をおこなう．具体的には，西山（2003, 2009, 2013）の日本語の分析を踏まえ，名詞句の意味機能の観点から，英語の所有構文における目的語名詞句がどのように特徴づけられるかを考える．

2.　定性効果と譲渡不可能所有

　(1) において，have の目的語に定名詞句は現れることができず，定性効果が出る．

　(1)　John has {a/*the} sister.

　従来，所有構文の定性効果は，目的語に親族関係や身体部分などの関係概念を表す名詞が用いられる場合に生じるとされてきた．親族関係や身体部分は，他人に譲渡できないために譲渡不可能所有と呼ばれる．そして，この概念こそが，所有構文の定性効果の原因とされる．(de Jong (1987)，Keenan (1987)，Partee (1999) 等)

　一方，譲渡不可能所有の対の概念となる，譲渡可能所有が表される場合には，その効果は出ないように思われる．

　(2)　John has {a/the} book.

(2) において，目的語 book は，他人に譲渡可能である．この場合，目的語は

---

[*] 本論の内容は，小深田（2015）の内容に加筆・修正したものである．

定表現でも容認される．したがって，一見すると，所有構文の定性効果は，譲渡可能所有か不可能所有かという概念の違いによって説明できるように思われる．

しかしながら，それだけでは説明できない例がある．

(3) Q. What will you give to Eliza for her birthday?
    A. Eliza has {a/*the} mirror, so I won't give one to her.

(3) の対話において，(3A) の have の目的語は譲渡可能所有を表す名詞であるが，定性効果が生じる．

それに対して，(4) のように，譲渡不可能所有を表す名詞 sister が用いられた場合でも，定性効果が見られない場合もある．

(4) John has the sister as a dance-partner.

よって，目的語名詞の表す所有関係が譲渡可能であるかどうかという区別によって，定性効果を適切に説明することができないといえる．

本論では，英語の所有構文の定性効果を説明するためには，構文全体の解釈を考慮する必要があると主張する．具体的には，「所有解釈」と「所持解釈」という2つの解釈を提案する．その上で，西山の日本語の分析と本論の主張との関連を探る．

3. 構文の解釈と定性効果

3.1. 所有解釈

(5) John has a wife (of his own). 【妻帯者】

(5) の目的語名詞句は譲渡不可能所有を表す．修飾句 of his own が用いられていることから分かるように，(5) はジョンが妻帯者であることを表す．つまり，ジョンの内在的な特性もしくは属性を述べる文である．ある人が妻であるかどうかは，「α の妻」の α の値が決まらなければ分からない．Wife という名詞は，ジョンの妻となってはじめて完全な名詞句として成立する．このように，主語の特性や属性を述べる場合の解釈を「所有解釈」と呼ぶことにする．

注意したいのは，所有解釈は，目的語に譲渡可能所有を表す名詞が用いられる場合にも得られる点である．

(6) a.　Eliza has a car.　　　　　　　【車持ち】
　　 b.　Eliza {owns/possesses} a car.

(6a) が (6b) と同義である場合，(6a) は，Eliza が「車持ち」であるという彼
女の特性を表す文と理解できる．よって，「所有解釈」とは，目的語に譲渡不
可能所有に加え，譲渡可能所有を表す名詞が用いられる場合にも得られる解釈
である．

3.2.　所持解釈

(7) Q.　What can I use to hold these papers down?
　　 A.　Eliza has a mirror.
　 (A'.　#Eliza {owns/possesses} a mirror.)

(Tham (2006: 142))

(7Q) への返答である (7A) には，譲渡可能所有を表す名詞が用いられ，Eliza
が実際にその鏡の法的な所有者 (legal owner) だという解釈とはならない．
(7A) は，Eliza が誰かに借りた鏡を所持しているという解釈が可能である．
そうでなければ，(7A') のように，主語に所有者を要求する動詞，own, pos-
sess を用いて返答してもよいはずであるが，それはできない．このような差
は，(8) からも確認できる．

(8) a.　Eliza has a mirror, but it doesn't belong to her.
　　 b.　#Eliza {owns/possesses} a mirror, but it doesn't belong to her.

(8a) では，「Eliza が目的語の鏡を自分の意のままに利用可能であるが，その
鏡の所有者ではない」ということが表されている．それに対して，(8b) のよ
うな，必ず主語に所有者を要求する動詞が用いられる場合には，ownership を
キャンセルすることはできない．このように「主語が目的語を，自由に利用し
たり，活用できる状況にあるが，主語が目的語の所有者ではない」という解釈
を，「所持解釈」と呼ぶことにする．所持解釈は，(8a) のような物理的なモノ
だけでなく，有性のヒトを目的語にとる場合にも得られる解釈である．(9) を
みてみよう．

(9) Paul:　I have a brother of Jack's as secretary.
　　 Kim:　Oh, that's funny! Anne has a sister.

(Jensen and Vikner (1996: 8))

名詞の意味機能からみる所有構文の定性効果　　　215

(9) において，have の目的語は，譲渡不可能所有を表す brother, sister 等の
ヒトである．Paul の「僕は Jack の弟を秘書に雇っている」という発言に対し，
Kim が「Anne の秘書は Jack の妹だ」と返答する．Kim の発言は，Anne に
妹がいるという，Anne の血縁関係を述べているのではない．つまり，Anne
以外の第三者の妹が彼女の秘書だという解釈となり，秘書という関係において
一時的に関係を結んでいるだけである．よって，(10) が問題なく容認される．

(10)　　Ann has a <u>sister</u> as her secretary, but she doesn't have a sister of her
　　　　own.

(10) の前件の文では，Ann と下線部の sister との関係は，姉妹関係ではなく，
as 句で表現される秘書としての関係である．よって，後続の節で，Ann 自身
に妹がいないと矛盾なく続けられる．このように，所持解釈は，主語と目的語
との間に，ある文脈によって指定された関係が存在する場合に得られる．
　以上のことから，所持解釈は，モノ，ヒトに関係なく，さらに，譲渡可能所
有，不可能所有のどちらを表す名詞が用いられても得られる解釈である．

3.3.　構文の解釈にもとづく定性効果

　以上を踏まえると，所有構文の定性効果が適切に説明できる．(11)，(12A)
は，have の目的語にそれぞれ譲渡不可能所有，可能所有を表す名詞が用いら
れ，主語の内在的な特性を表す．たとえば，(12A) は「Eliza は鏡をすでに
持っているから，鏡はやめておこう」と返答しており，彼女の所有物に関して
の解釈しかできず，所有解釈が得られる．この文脈で目的語は定名詞句にでき
ない．

(11)　　John has {a/*the} sister of his own.
(12)　Q.　What will you give to Eliza for her birthday?
　　　　A.　Eliza has {a/*the} mirror, so I won't give one to her.

　したがって，目的語に譲渡可能所有，不可能所有のどちらの名詞が用いられ
ていても，所有解釈が得られる場合は，一様に定性効果が生じる．
　一方，(13)，(14) は，所持解釈が得られる文脈である．この場合，have の
目的語に譲渡可能所有，不可能所有のどちらの名詞が用いられていたとして
も，この解釈が得られる環境では，一様に定性効果がみられない．

216　　　　　　　Ⅳ．意味論・語用論・機能論・語法

(13) Q.　What can I use to hold these papers down?
　　　A.　Eliza has {a/the/John's} mirror.
(14) A.　I have a brother of Jack's as secretary.
　　　B.　Oh, that's funny! Anne has {a sister/Bill's sister}.

　以上のことから，定性効果が生じるか否かは，目的語名詞が譲渡不可能な所有関係を表すということだけでは適切に説明できず，構文自体がどのような文脈で用いられ，所有解釈・所持解釈のどちらが得られるかという視点が必要となる．

4.　日本語の所有構文の目的語名詞句の特徴

　西山（2003, 2009, 2013）は，日本語の存在構文，所有構文の詳細な分析をおこなう．その際，変項名詞句という理論的概念を取り入れて議論する．まず，存在構文を，場所表現を伴うか否かで 2 つに分ける．(15) は，場所存在文と呼ぶ．場所存在文は，場所辞を伴い，ある空間的場所に個体が位置するという意味になる．この場合，存在主体の「本」は，指示的名詞句となる．

(15)　　机の上に<u>本</u>がある．

　一方，(16a) の場所辞を伴わない文は，絶対存在文と呼ぶ．(16a) は，波線部分の名詞句の対象となる人が，ある特定の場所にいないという意味ではない．そのため，(16a) に対して，「その人は男性ですか」や「その人は背が高いですか」等の質問はできない．また，(16a) は，(16b) の存在文以外で言い換えることが可能であり，場所とは無関係の文といえる．西山は，絶対存在文における存在主体（波線部分）は，(16c) のような命題関数を表すと考える．そして，このような名詞句を変項名詞句と呼ぶ．

(16) a.　<u>この問題を解くことができる人間</u>はいない．　　（西山 (2013: 254)）
　　　b.　誰もこの問題を解くことができない．
　　　c.　存在主体は変項名詞句：[x がこの問題を解くことができる人間である]

　さらに，西山（2009, 2013）は，絶対存在文と所有構文とが密接に関わると考える．

(17) a.　花子（に）は，<u>夫</u>がある / いる．【所有構文】

b. 花子の夫が存在する. 　　　　　　【絶対存在文】
c. ≪[x が花子の夫である] を満たす x の値が空でない≫

(西山 (2013: 287))

絶対存在文 (17b) の波線部分は変項名詞句であり, (17b) の文は全体として (17c) のような意味を表す. つまり, 「花子が結婚している」という所有構文と近い意味をもつ. このことから, 西山は, (17a) の所有構文における「夫」も変項名詞句の主要部だと考える. 仮に「夫」を指示的名詞句とするならば, 「夫」を「太郎」等の具体的な名前で置き替えた (18) も所有構文と解釈できるはずである. しかしながら, (18) は非文になるか, 所有構文以外の意味をもつ. したがって, 所有構文における「夫」は, 指示的名詞句ではなく変項名詞句とされる.

(18) a. *花子 (に) は, 太郎がある.
    b. 花子 (に) は, 太郎がいる. 　　　　　　(西山 (2013: 287))

西山は, 所有構文の「A(に) は B がある／いる」における A と B の関係を, 主に次の3種類に分ける (西山 (2009, 2013)). その際, 絶対存在文「A の B がある」における「A の B」を手掛かりにして分類し, それに基づいて所有構文の意味構造を提案する. ここで注目すべきは, 3種類すべてにおいて, B の名詞に変項が介在する点である.

まず, 1つ目の関係が, ①のパラメータと非飽和名詞の関係である. (19) において, 波線部分の B に相当する名詞は, 非飽和名詞と呼ばれる名詞である. 非飽和名詞とは, パラメータを含み, そのパラメータの値が決まらない限り, それ自体では外延を決定できないような名詞を指す. 例えば, 「夫」という名詞は, 「α の夫」の α の値が決まらなければ, その人が夫であることを決めることはできず, 「花子の夫」となってはじめて完全な名詞となる.

① パラメータと非飽和名詞 (unsaturated noun) の関係
(19) 花子の夫／このコースの必読書／あの試験の合格者／豊臣家の敵／フランスの国王

2つ目が, (20) のような「部屋」と「窓」との関係である. あるものが窓であるかどうかは, 部屋とは関係なく決めることができ, その意味で「窓」は飽和された名詞である. しかし, 「窓」は「部屋」を構成する一部であり, どの部屋にも属さない窓などはありえない. つまり, 「その部屋」と「窓」とが譲渡不

可能な関係となり，「α の窓」という変項を含むものとして理解される．

② 基体表現と譲渡不可能名詞の関係
(20) a. その部屋（に）は窓がない．【所有構文】
    b. その部屋の窓が存在しない．【絶対存在文】

　3つ目の関係は，(21a) に見られる関係である．(21a) の所有構文は，(21b) の絶対存在文に近い意味をもつ．(21b) の「田中先生の本」は，文脈によって色々な解釈（≪田中先生が所有している本≫，≪田中先生が執筆した本≫等）が可能である．つまり，「田中先生の本」は，≪田中先生と関係 R を有する本≫と解釈することができる．すなわち，「α の本」とは，(21c) のような意味をもち，ここにも変項 α が介在する．

③ A と B との間の語用論的関係 R
(21) a. 田中先生（に）は本がたくさんある．【所有構文】
    b. <u>田中先生の本</u>がたくさん存在する．【絶対存在文】
    c. 「α の本」＝[x が α と関係 R を有する本である]

　西山は，こうした A と B の関係に基づいて，所有構文の意味構造を次のように提案する．すなわち，所有構文とは，その述語の部分に絶対存在文を内在し，その絶対存在文が主語の属性となり，全体として主語を叙述する措定文となるような二重構造を成すと考える．

(22) a. 太郎の妹がいる．【絶対存在文】
    b. [x が太郎の妹である] を満たす x の値が存在する
(23) 太郎は妹がいる．【所有構文】

　例えば，(23) の所有構文の意味構造は，次のように考える．「妹」は非飽和名詞であり，パラメータとして変項 α をとる．また，「α_i の妹」は [x が α_i の妹である] という命題関数を表す変項名詞句である．(23) は，(22b) の意味を表す絶対存在文を内在する．そして，この絶対存在文が，主語の「太郎」に対する叙述をおこなう属性を表す（西山 (2013: 292)）．

　ここで気を付けるべき点は，非飽和名詞「妹」の変項 α が，主語の「太郎」によって束縛される関係にある点である．西山は，「妹」のパラメータが，意味論レベルで主語によって束縛される変項と解釈すべきだとしている．つまり，どのような文脈が与えられたとしても，(23) の所有構文は，(24a) のような「太郎」以外の妹がいるという解釈にはならない．また，(24b) のように，

名詞の意味機能からみる所有構文の定性効果 　　　　219

「太郎」を直接妹のパラメータに入れるような解釈もできない.

(24) a. ≪太郎は [次郎の妹] が存在する≫
　　 b. ≪太郎は [太郎の妹] が存在する≫

(西山 (2013: 293))

このように，西山は，所有構文における非飽和名詞のパラメータを束縛変項と
みなす.[1]

　以上を踏まえて，西山は，(25) のような所有構文の成立条件を 2 つ挙げて
いる.

(25) 　所有文「A(に) は B がいる／ある」の成立条件 　　(西山 (2013: 297))
　　 (i) 　「B がいる／ある」の部分が絶対存在文の意味構造を有していな
　　　　　ければならない. とくに，B が変項名詞句としての条件を満たし
　　　　　ていなければならない.
　　 (ii) 　A の指示対象に「B がいる／ある」で表される属性を帰すための
　　　　　条件が満たされていなければならない. そのためには，A によっ
　　　　　て束縛されている変項が B のどこかに（目に見えない形で）不随
　　　　　している必要がある.

5.　所有構文とリスト存在文との違い

　(25) のように所有構文を規定すれば，(26b) の下線部分は，所有構文とは
ならない.

(26) a. 妻：わたしくたちが旅行中，お祖父さんをほっといて大丈夫かし
　　　　　ら？
　　 b. 夫：大丈夫だよ. お祖父さんには花子がいるから.
　　 c. ≪[x が祖父の世話役である] を満たす x の値として花子がいる≫

(西山 (2013: 304))

(26a, b) の対話において，(26b) の下線部の文は，(26c) のような意味を表

---

　[1] この分析は，wh 疑問の際に束縛変項を介在させる必要があることからも正当化されると
している（西山 (2013: 293)). 所有構文「誰が妹がいるの.」において，「妹」のパラメータと
して主語の「誰」を入れることはできず，束縛変項 α を介在させ，≪誰$_i$ が [[α_i の妹] がいる]
の≫とする必要がある.

す．西山は，(26b) の下線部の文を，所有構文ではなく，リスト存在文とする．なお，変項名詞句である [x が祖父の世話役である] という部分は，語用論的に復元される（西山 (2003: 415))．

　ここで注意しなければならないのが，仮に，「花子」が「お祖父さんの孫」であったとしても，(26b) の下線部の文は，「お祖父さんに花子という孫がいる」という血縁関係を表す所有構文とはならない点である．この文において，B に相当する「花子」は，それ単独で通常個体を指示する指示的名詞句であり，変項を含む名詞とは考えられない．そのため，(25) の成立条件にあてはまらずに，所有構文として成立しない．

　所有構文とリスト存在文とでは，変項がどのように介在するかが異なる．確かに，(26b) のリスト存在文にも変項は介在するが，B の名詞「花子」は，その変項を埋める具体的な値であり，指示的名詞句である．一方，所有構文における B は，指示的名詞句ではなく変項名詞句である．そして，その変項は主語によって束縛される関係にある．つまり，所有構文とリスト存在文には，ともに変項は介在するが，B が変項の具体的な値（指示的名詞句）なのか，変項名詞句なのかで異なる．

6.　西山 (2003, 2013) の分析との関連

　本節では，西山の分析を踏まえて，本論の主張との関係をみていく．まず，所有解釈とは，西山の分析における所有構文で得られる解釈に対応するといえる．つまり，所有解釈とは，「主語が目的語の変項を束縛する場合にのみ得られる解釈である」と再定義することができる．所有解釈を得る場合には，have の目的語に (27a) のような sister 等の非飽和名詞が現れる場合もあれば，(27b) における car 等の飽和名詞が現れる場合も含まれる．いずれの目的語名詞にも，主語に束縛される変項（束縛変項）が存在する．つまり，所有解釈が得られる場合の目的語名詞句は，変項名詞句といえる．Sister 等の非飽和名詞は，α's sister という変項を含み，car 等の飽和名詞は，α's car のように変項を要求する解釈となる．そして，変項名詞であることから，非指示的となる．

(27) a.　John has a sister (of his own).

　　 b.　Eliza has a car.

　一方，所持解釈が得られる文は，西山のリスト存在文に相当すると考えられる．すなわち，所持解釈とは，「目的語名詞が飽和的に解釈される場合にのみ

得られる解釈である」と言い換えることができる．所持解釈を得る場合とは，（28A）のように，目的語に飽和名詞が用いられる場合もあれば，（29）のような非飽和名詞が現れる場合も含まれる．非飽和名詞は，その性質上，変項を含む名詞である．しかし，所持解釈を得る場合は，その変項がすでに埋められた解釈となる．例えば，（29）の Kim の発言における sister は，α's sister における変項 α が，先行文脈に登場する Jack という値ですでに埋まっている．つまり，所有解釈の場合とは異なり，この場合の α は，同一文内の主語によって束縛される変項ではない（自由変項）．所持解釈を得る場合は，非飽和名詞が飽和的な解釈を得ているといえる．この点で，所持解釈を得た場合の目的語名詞句は，指示的名詞句となる．

(28) Q.　What can I use to hold these papers down?

　　 A.　Eliza has a mirror.

　　（A'. #Eliza {owns/possesses} a mirror.）

(29) Paul:　I have a brother of Jack's as secretary.

　　 Kim:　Oh, that's funny! Anne has a sister.

　（27a）の sister と（29）の Kim の発言における sister は，同じ非飽和名詞である．しかしながら，その意味機能は異なる．つまり，非飽和名詞 sister のとる変項 α が，主語によって束縛されるのか，すでに文脈内で埋められているのかという違いがある．言い換えると，所有解釈と所持解釈とでは，その目的語名詞句の意味機能が異なる．所有解釈における目的語は，変項名詞句であるが，所持解釈が得られる場合は，指示的名詞句である．したがって，その名詞句が変項名詞句であるか，指示的名詞句であるかは，目的語の意味だけに着目していては分からないということになる．名詞句がどのような意味機能をもつかは，その当該の文の解釈を考慮する必要があるのである．

　このように，所有解釈と所持解釈とでは，目的語名詞句の意味機能が異なる．そして，この違いは，目的語名詞句の指示性の差に対応する．西山は，日本語の絶対存在文や所有構文の定性効果の原因を，強い数量詞の持つ機能が，変項名詞句の変項の値を数え上げるという要求にそぐわないためだとする．西山の分析対象は日本語であり，日本語には，英語の a, the に相当する冠詞がない．そのため，この説明では，英語の所有構文が所有解釈を得る場合に，なぜ定冠詞 the を許さないのかを説明できない．そこで，西山の分析をあてはめて考えると，次のように説明することが可能と思われる．所有解釈が得られる場合，目的語名詞句は変項を含む変項名詞句である．指示性の観点から考える

と，変項名詞句は，非指示的である。[2] 一方，定冠詞は，指示性を要求する冠詞である．つまり，両者が指示性において相反する機能を有するため，所有解釈では定冠詞が許されないのだと考えられる．一方，所持解釈の場合では，目的語名詞句は指示的名詞句になるため，そのような制限がないといえる．つまり，英語の所有構文の定性効果についても，目的語名詞句の意味機能が重要な要因となるといえる．

7. おわりに

本論では，英語の所有構文について，所有解釈と所持解釈という 2 つの解釈を提案し，その違いから定性効果を説明することを試みた．そして，西山の分析に基づくと，本論の主張をどのように捉えなおすことができるかを考えた．所有解釈と所持解釈の違いは，目的語の名詞句の飽和性や指示性，また主語から束縛される変項があるかどうかという点から捉えなおすことが可能である．強調しておきたいのは，目的語に現れる名詞句だけに注目していても，それが指示的名詞句か変項名詞句かは決定できないという点である．名詞句がどのような意味機能を果たすかは，当該の構文の解釈を考慮する必要があるのである．

参考文献

de Jong, Franciska (1987) "The Compositional Nature of (In)definiteness," *The Representation of (In)definiteness*, ed. by Eric Reuland and Alice ter Meulen, 270–285, MIT Press, Cambridge, MA.

Jensen, Per Anker and Carl Vikner (1996) "The Double Nature of the Verb *Have*," *LAMBDA* 21, Institute for Datalingvistik, Copenhagen Business School.

---

[2] 変項名詞句が非指示的であるという証拠に，西山 (2009: 83) は次の例を挙げる．(i) の文脈で，花子の発言の「話している人」は，具体的に誰かを指示せず，変項名詞句となる．つまり，花子は，変項を埋める値について質問している．というのも，壇上にいる三人のうちのいずれかを指示しておきながら，それはどの人かという質問は不自然だからである．また，太郎の「話している人」という名詞句にも指示対象はない．このように変項名詞句は命題関数を表し，個体を指示する働きはない．

   (i) （三人の腹話術師 A, B, C が壇上におり，そのうち一人が話をしている場面で，聴衆である花子と太郎の会話）

       花子：　話している人はどの人かしら．

       太郎：　話している人は B ではないだろう．

Keenan, Edward L. (1987) "A Semantic Definition of "Indefinite NP"," *The Representation of (In)definiteness*, ed. by Eric Reuland and Alice ter Meulen, 286–317, MIT Press, Cambridge, MA.

Kobukata, Yuko (2009) *A Semantic and Pragmatic Investigation of Posssessive Constructions in English and Japanese,* Doctoral dissertation, University of Tsukuba.

小深田祐子 (2015)「所有構文の定性効果について」『熊本学園大学　文学・言語学論集』第 22 巻第 2 号，105-224.

西山佑司 (2003)『日本語名詞句の意味論と語用論―指示的名詞句と非指示的名詞句』ひつじ書房，東京.

西山佑司 (2009)「コピュラ文，存在文，所有文―名詞句解釈の観点から（上）（中）（下）」『月刊言語』38(4), 78-86; 38(5), 66-73; 38(6), 8-16, 大修館書店，東京.

西山佑司 (2013)『名詞句の世界 その意味と解釈の神秘に迫る』ひつじ書房，東京.

Partee, Barbara H. (1999) "Weak NP's in HAVE Sentences," *JFAK* [a Liber Amicorum for Johan van Benthem on the occasion of his 50th Birthday; CD-ROM], ed. by Jelle Gerbrandy, Maarten Marx, Maarten de Rijke and Yde Venema, University of Amsterdam, Amsterdam.

Tham, Shiao Wei (2006) "The Definiteness Effect in English *Have* Sentences," *Proceedings of Texas Linguistic Society* 8, 137-149.

Everything 再び

長谷　信夫
広島修道大学

1.　はじめに

英語の不定代名詞には意味論的にも，統語論的にも，そして語用論的な観点からも興味深い側面がある一方で，その成立はもとより，語の持つ多種多様性も手伝って詳しく論じられることが少なかったように思われる．例えば安井・中村（1984）においては以下の記述に留められている：

> (1)　いわゆる不定代名詞（indefinite pronoun）とされている語は，あるものは同一指示表現であるとして扱われるべきだと思われ，他のあるものは名詞句内省略の例として扱われるべきだと思われるが，本書でも Halliday-Hassan（1976）と基本的には同じ扱い方をすることになるが，不定代名詞という項を設けることはしていない．(pp. 25-6)

また Declerck（1991）においても以下の記述が見受けられるのみである．

> (2)　Unlike *all* and *each*, *every* cannot be used as a pronoun. The corresponding pronoun is either *everything*, *everybody*, *everyone* or *every one*.（p. 293）

確かに語彙レベルの事柄であるかもしれないが，something や everything などの不定代名詞は発話行為の面から捉えると興味深い側面がある．[1]

---

[1] つまり，something においては，その意味合いから，その語の使用者が「指示物を明確に言及していない」という点，また，everything においては（原義的には）「およそ考えられるすべての物事を指し得る」という性質をもっていながら「どうして everything という語を使用するのか」という点，これらは古典的な Grice 流の語用論からすると「指示対象を明確に限定していない」ことと関連し，人間の「伝達行為」の障害となりはしないか，ということである．

そこですでに長谷 (2000) において，この両語に焦点を当て，語用論的な見地からそれらの語の特性を論じたのであるが，本稿では新たなコーパスを基に，特に書き言葉における everything に絞り，考察を進めたいと考える．

2. これまでの分析

コーパスを利用した英語研究，幅広く言えばコーパス言語学については，1990 年代初めの Ajimer and Altenberg (1991) や斎藤 (1992) などの文献により紹介されていたものの，事実上，それらのコーパスそのものにアクセスし得る環境は制約が多く，大規模な研究機関に限られる嫌いがあった．

その一方で Oxford English Dictionary の改訂版 (1992) が CD-ROM 媒体で入手可能となり，かねてから疑問に思っていた everything の語義説明中の "Often followed by adj., as everything *good* = everything that is good" という記述について，つぶさに検証できることとなった．

そこで同辞典に見られる約 2000 の引用例をつぶさに分類し，この語が使用される統語環境に着目し分類したのが以下の表 1 である．詳細は後述するが，縦軸は修飾語句による類型を表し，横軸は学校文法で用いられるいわゆる「五文型」での役割を示している．[2]

表 1　OED(CD-ROM 版) での everything の使用状況

		S	O	C	PP	misc	計	%
A	everything のみ	427	411	31	227	1	1097	56.7
B	B1 everything + 形容詞	25	32	3	33	6	99	5.1
	B2 everything + 分詞	22	10	0	11	7	50	2.6
	B3 everything + 不定詞	1	6	0	1	0	8	0.4
C	everything + 前置詞句	86	136	2	81	21	326	16.8
D	everything + 関係詞節	7	914	13	99	18	356	18.4
	計	639	743	49	452	53	1936	100
	%	33.0	28.4	2.5	23.3	2.7	100	—

この表からも分かるように，B1，即ち everything に形容詞が後続するパター

---

[2] 表で misc と記されているのは miscellaneous を意味し，everything のが担う文中での役割が確定できなかったものである．OED の場合は引用部分が断片的であることも散見されたというのが主な原因である．また表 3 では，文学作品や楽曲名に everything が用いられている場合が顕著であった．

ンの出現率は僅か 5.1% に過ぎない.

また,1961 年のアメリカ英語の刊行資料 100 万語を素材とした Brown コーパス,[3] 並びに,そのイギリス英語版である LOB コーパスから得られた用例を分類したところ,同様の結果(表2)が得られた:

表2　Brown コーパス,LOB コーパスでの everything の使用状況

		S	O	C	PP	計	%
A	everything のみ	93	89	3	44	229	60.4
	B1 everything + 形容詞	2	10	0	4	16	4.2
B	B2 everything + 分詞	2	3	0	1	6	1.6
	B3 everything + 不定詞	0	1	0	1	2	0.8
C	everything + 前置詞句	17	17	1	12	47	12.4
D	everything + 関係詞節	12	47	3	17	79	20.8
	計	126	167	7	76	379	100
	%	33.2	44.1	1.8	20.8	100	—

この二つの表が明瞭に示している B1 の 5.1%,4.2% という数値は "Often followed by adj." という記述とはそぐわないということである.

形容詞の有無はともかく,表 1,2 から浮かんで来る everything の特徴を長谷(2000)で示したが,その骨子が以下である.

(3) a. everything が本来の意味の「この世の中のありとあらゆるもの」を指すことはまれである.

　　b. everything に形容詞,分詞,不定詞が付くことは比較的少なく,単独で使われることの方が多い.

　　c. 単独の主語で everything が使われた場合,述部においてその指示対象は限定される.

　　d. 目的語として生じる everything は,主語の場合に較べて,修飾語句が付くことが多い.

　　e. 目的語として使われ,しかも修飾語句を伴わない場合,everything は極めて文脈依存的である.

　　f. everything には誇張用法的な側面が見られる場合がある.

---

[3] 均衡コーパスの祖としての Brown コーパスの成り立ち,その諸問題については石川(2008)の第一章「コーパスとはなにか」が詳しい.また,各種コーパスついては,斎藤ほか編(2005)の巻末資料,並びにリンドクヴィスト(2016)の第一章に詳しく紹介されている.

g. everything を用いる際に，聞き手／読み手が筋違いの解釈をしない
　　よう，具体的な名詞が列挙される場合がある．

この（3a-g）を念頭に置きつつ，現時点において恐らく最も簡便に使用できる
コーパス，COCA[4] からリンクされている Time Magazine Corpus から得ら
れた資料をもとに，以下，everything の近年の様相を改めて見てゆく．

3.　COCA（Time 誌 2000 ～ 2006）に見られる everything

　COCA を使用し，例えば「everything の直後に代名詞が生じるケース」を
調べてみると，19719 件の用例がヒットし，その中では一人称単数が 4316 件，
得られることが分かる．そして，用例の出典，ジャンル，著者などの情報，該
当の検索語句の前後，数行も確認できる．しかし上記の条件に限っても得られ
るのは 2 万件近くの例文である．それらを詳細に読み込み，分析することは
不可能ではないにしても数年単位の時間が必要となろう．
　そこで今回は書き言葉に限定し，さらに Time 誌の 2000 年 1 月 1 日号から
2006 年 4 月 10 日号までに期間を定めた．そこで得られた 1438 例を対象とし，
「21 世紀初頭の書き言葉における everything の統語的環境」を考察すること
とした．
　まず分類結果を表 3 に示す．

---

　[4] COCA（CORPUS OF CONTEMPORARY AMERICAN ENGLISH）は Brigham Young
University の Mark Davies 氏によって作られたインターフェイスであり，検索の方法を詳細
に設定することによってどのような統語環境で使用されているのかを数値化でき，語の特性が
顕著に示されるものである．詳細はウェブサイト（http://corpus.byu.edu/coca/）を参照された
い．その使用方法については同志社大学，長谷部陽一郎による「COCA を利用した言語デー
タの採取と統計処理の基本（http://isyoichi.up.seesaa.net/image/coca-introduction.pdf）が極め
て有用である．また，衣笠（2014）でも詳細な説明が与えられている．趣旨は異なるがコーパ
スを英語指導に利用するためには投野（2013），赤野ほか（2014）なども示唆に富み，有益で
ある．

228   IV. 意味論・語用論・機能論・語法

表3 TIME 誌 (2000.01.01 ～ 2006.04.10) における everything の使用状況

		S	O	C	PP	misc	計	%
A	everything のみ	189	260	24	80	6	559	38.9
B	B1 everything + 形容詞	13	39	1	32	1	86	6.0
	B2 everything + 分詞	3	1	1	1	0	6	0.4
	B3 everything + 不定詞	0	11	0	1	0	12	0.8
C	everything + 前置詞句	43	249	0	199	4	495	34.4
D	everything + 関係詞節	52	153	15	58	2	280	19.5
	計	300	713	41	371	13	1438	100
	%	20.9	49.6	2.9	25.8	0.09	100	—

　以前のデータとの数値や比率の比較は次節に譲るとし，それぞれの用例を見てゆきたい.[5]

　まず everything が単独で使用される A の区分，これは表3から分かるように最も頻度としては高いものである．以下，用例を示しつつ，いくつか観察された事項を記すこととする．なお，括弧内の記号は「区分」，続いて 1438 例の中での通し番号，そして掲載された TIME 誌の発行日を示している.

 (4) [AS 638 2002/09/30] Karlan left a voice-mail message for her parents: "Everything is going super."

この例は everything が単独の主語となり，述部においてその指示対象が限定されるというものである．当然ながら，やや hyperbolic 的な意味合いを持つ.

　このパターンでは「単独で使用」されてはいるが，almost, nearly, practically, virtually, just about, pretty much などの adverbials を伴う例も珍しくない.

 (5) [AS 1037 2004/06/07] Just about everything plays better this time.

---

　[5] COCA のデータも品詞のタグ付けが施されたものであるが，実際にはそのようなタグを頼りに検索すると異なった分類結果に繋がりかねない．例えば次の例では，表面上，everything の直後に前置詞が用いられているが，だからと言って APP に分類してはならない．これは，いわゆる「SVOO」の直接目的語であって，後続の in my will は動詞を修飾する副詞句である.

 (i) [AO 100 2000/01/15] Mom, I'm thinking of joining a cult and want to leave it everything in my will

したがってタグを鵜呑みにせずフィロロジカルなスタンスで用例を丹念に読み込むことが必須となる.

AO のパターンは単独の everything が動詞の目的語の位置で用いられるものである.

(6) [AO 1328 2005/10/17] If you offer too many choices, you mess everything up.

ただし，ここでの「目的語」は，いわゆる群動詞のそれをも含めている．また，このパターンでも先の（5）と同様に副詞を伴う例もみられる.

(7) [AO 1056 2004/06/28] I was very blessed that both my mother and I saved virtually everything from my childhood.

続いて単独の everything が補語の位置に生じる AC，さらに前置詞の目的語となった APP の例である.

(8) [AC 1397 2006/01/30] Perhaps Herzog can take solace in the fact that, as those penguins proved, persistence is everything.

(9) [APP 377 2001/06/25] "Someday it will break apart," he tells his shrink, "and that will be the end of everything."

続いて B の項目を概観したい．これは修飾語句を伴う群であり「B1：everything＋形容詞」,[6]「B2: everything＋分詞」，そして「B3: everything＋不定詞」の 3 つに区分しており，また先の（単独で使用される）A と同様，理論上は文中の生起する箇所によって細分化されるが，B3S, B3C はデータ内には認められなかった.

(10) [B1S 526 2002/02/18] Practically everything else—stock values, consumer prices, confidence—is in free fall.

上の例では everything と表現しつつも，その直後に具体的な事物を列挙し，その中味を限定していることにも注目しておきたい.

(11) [B1C 1357 2005/11/21] The cost of Iraq is everything else Bush wanted to do.

(12) [B1O 383 2001/02/02] In a virtuoso display of athlete-speak,

---

[6] 不定代名詞を修飾する形容詞は後置修飾となるのが原則であるが，前置修飾語を伴う this is the country of drive-through everything という用例が 1 件，さらに state-of-the-art everything という表現も 2 件，存在した.

Bonds is doing everything possible to talk down his achievements and keep the media crush at bay.

(13) [B1PP 59 2000/04/03]　It started, as with everything modern, with television.

(14) [B2S 1133 2004/10/18]　Everything needed for surgery goes back to the doctor in a kit, and the entire operation is planned beforehand, using the CT scan.

(15) [B2O 660 2002/10/28]　He works on the case up to eight hours a day, reading everything written about the subject and launching his own unofficial investigations.

(16) [B2C 1316 2005/09/19]　There's something unnerving about Miville's writing.

(17) [B2PP 1248 2005/01/16]　Surviving infancy is often as much as they hope for, with everything else left to luck.

(18) [B3O 779 2003/12/12]　Arafat, however, is doing everything to undermine him.

(19) [B3PP 421 2001/09/03]　After five years of astonishing growth, fueled by an irrationally exuberant stock market that showered money on everything to do with the Internet, both businesses and consumers decided they had all the gizmos they needed.

以下，C，D の区分の用例を並べる.

(20) [CS 1095 2004/09/13]　"The nails, hair, boobs—everything on my characters was fake," says de Matteo, laughing.

(21) [CO 968 2004/02/16]　Among the new inventions currently in circulation that could improve your well-being: the LifeShirt, —; and the Health Dashboard, inspired by the dashboard in your car, which displays everything from environmental metrics like the pollen index and flu trends to personal data like blood pressure, cholesterol levels, exercise patterns and drug compliance.

(22) [CC 0370 2001/06/11]　If today is like any other day, this is what is going to cross the line from Mexico: a million barrels of crude oil, —, $51 million worth of auto parts, everything from the little plastic knob on the air conditioner to your cell-phone charger.

Everything 再び   231

(23) [DS 765 2003/04/07] Everything that came into the individual household was taxed, and everything that went out in the form of savings was excluded from tax, with no tax on companies

(24) [DO 878 2003/10/03] He had worked for the import section of Iraq's powerful Military Industrialization Commission (MIC), essentially the state's weapons-making organ, which owned hundreds of factories, research centers—everything you needed if you wanted to build an arsenal of chemical or biological weapons.

(25) [DC 999 2004/04/19] If the heartbroken Shah Jahan's mausoleum for his wife Mumtaz Mahal is everything India should be—spiritual, awesome, peaceful—Agra, with its choking traffic, litter-strewed dirt roads and throngs of grotesque beggars is everything it unfortunately still is.

次の用例は「目的格補語」の位置に everything が生じている稀有な例である.

(26) [DC 189 2000/09/01] His cartoon elasticity, combined with the longest stroke in swimming, makes "Thorpedo" everything his nickname suggests: sleek, smooth, strangely beautiful and, to the competition, lethal.

(27) [DPP 117 2000/06/05] Millions of years of Darwinian evolution have led to who I am, in addition to everything my parents did to mold me—the Dave Brubeck albums, the fondue, the deification of Danny Kaye, car-pooling me every Wednesday to chemin de fer lessons.

4. 考察

以上, 検索の結果得られた 1438 の用例から, 表 1 ～ 3 に示される各パターンを例示した. 用例を分類する中で, 改めて気づいたのは, everything を用いつつもいくつかの具体的な形容詞や名詞を並べる事例が少なからず見受けられることであった. 上の例で言うならば, (10), (20)-(22), (24)-(27) である.

このような傾向が見られることは (3g) において記していることであるが, その典型的な例は上で見たように everything の直後に「from ～ to ～」の前

232 IV. 意味論・語用論・機能論・語法

置詞句を伴うものである．

(28) a. [CO 138 2000/06/26] The quarter of a million webcam sites now up and running show everyone and everything from naked mole rats to New York City taxi drivers, all live and unedited.

　　b. [CO 369 2001/06/11] You can buy everything from Filipino and Indonesian cabinets to a Kyoto dining room and a Jamaican bedroom.

類例として前置詞を伴わずに単に列挙する方法，後続する文で説明を補強する方法などもある．

(29) a. [APP 104 2000/01/22] In everything—talent, imagination, writing, indeed, curiosity—Jefferson was prodigious, Continental and, hence, supremely American.

　　b. [CPP 882 2003/10/06] Her daughter Kelsey, 10, was enthralled by absolutely everything in the store—the sequined lampshades, the frilly fairy pillows, the rugs, the window coverings and, most of all, the pink canopy bed.

　　c. [DS 603 2002/02/01] Almost everything that makes The Lovely Bones the breakout fiction debut of the year—the sweetness, the humor, the kicky rhythm, the deadpan suburban—is right there, packed into those first two lines, under pressure and waiting to explode.

　　d. [AS 541 2002/03/11] Then suddenly everything changed. Fabrics became worn and soft. Leather became old and brown and distressed. Smooth was out, texture was in.

　ここで表3に立ち返り，そのAの区分が40％弱になっていることに注意を促したい．Aの区分については，表1，2に示されるようにOEDやLOB，Brownコーパスでの比率が6割ほどであったことを考えると，この減少には何かの意味があると思われる．

　続くBの区分についてはそもそも出現率が低く大差ないと言ってよい．なお，「形容詞」を伴うB1の86用例においては（例えば（10）などのように）

else が頻出し，6 割強となる 53 例を占めていたことを付記しておく．[7]

　その一方で C の区分に目を向けると，A の減少分と評しても構わない数値の上昇が観察される．表1, 2 では大まかに 15% ほどであったのが，表3においては 35% 近くとなっているのは偶然だとはみなしづらい．

　この変動が何に起因するものかを考えた場合，上で記した「everything を用いつつもいくつかの具体的な形容詞や名詞を並べる事例」，そしてそれに伴う前置詞句の使用の増加が関与していると推察されるのではなかろうか．

　区分 D については比率からすると大きな変動は見られないが，everything に付随する修飾語句が実際には複合的な用例も散見される．例えば次の文では that によって導かれる関係詞節があるものの，直後に else があるため，B1PP にカウントされている．

(30)　[B1PP 394 2001/02/09] He took the detail-saturated realism of James Joyce and Virginia Woolf, removed it from the confining world of marriage problems and parental blame and everything else that has made novels so small, and used it as a lens for Greek-size tales.

5.　終わりに

　データそのものの出典が異なっているものをベースにした表の比較自体に無理がある可能性はあるものの，いずれの表も everything という語の使用状況をある程度正しく反映しているはずである．だからと言って，即，この語の使用状況に変化が起こったと主張することはできない．というのも，政治，経済，科学，医学，娯楽，文化と，知識人に求められるあらゆる情報を，高品質な英文で提示する雑誌であると世間一般に認知されている TIME 誌の英語の言語使用域，文体的な特徴も関わっているはずだからである．

　今後の課題としては，TIME 誌以外の書き言葉における everything の実態を把握すること，併せて，話し言葉での状況をも視野に入れた観察を進めることが挙げられる．また，その際に（30）で例示したような，複数の修飾語句を

---

[7] 石川（2008）が述べるようにコーパス言語学では「ある仮説の検証の目的でデータを眺めているうちに，当初の問題意識とは別の新しい発見をしたり，新しい仮説を思いついたりすることが珍しくない」(p. 65)．実際，「everything と else が共起する事象」というテーマも興味深いように思われる．

伴う用例を洗い出すために区分基準を見直し，より一層，精査な分析を進めて
ゆくことが必要となるが，それらは今後の研究のテーマとして位置付けたい．

参考文献

赤野一郎・堀正広・投野由紀夫（編著）（2014）『英語教師のためのコーパス活用ガイド』
　　大修館書店，東京．
Declerck, Renaat (1991) *A Comprehensive Descriptive Grammar of English*, Kaitaku-
　　sha, Tokyo.
石川慎一郎（2008）『英語コーパスと言語教育　データとしてのテクスト』大修館書店，
　　東京．
衣笠忠司（2014）『英語学習者のための Google・英辞郎検索術』開拓社，東京．
長谷信夫（2000）「語用論から見た不定代名詞の特性」『言語文化論叢　縄田鉄男教授退
　　官記念論文集』，縄田鉄男教授退官記念論文集刊行会（編），85-100，三省堂，東京．
ハーンス・リンドクヴィスト（著），渡辺秀樹ほか（訳）（2016）『英語コーパスを活用し
　　た言語研究』大修館書店，東京．
齊藤俊雄・中村純作・赤野一郎（編）（2005）『英語コーパス言語学：基礎と実践　改訂
　　新版』研究社出版，東京．
The Oxford English Dictionary, Second Edition, on compact disc, Macintosh ver.
　　(1992), OUP, Oxford.
投野由紀夫ほか（編著）（2013）『英語学習者コーパス活用ハンドブック』大修館書店，
　　東京．
安井稔・中村順良（1984）『現代の英文法　代用表現』研究社出版，東京．

Be 動詞を含む英語の疑問文形成方法は特殊なのか[*]

濱崎　孔一廊

鹿児島大学

1.　はじめに

　英語で疑問文を形成する場合，例文（1a）のように一般動詞が用いられている文は，（1b）のように迂言的（periphrastic）な do が現れ時制要素と共に文頭に移動し，非定形の述語動詞はそのまま元の位置に残すという方法がとられ，（1c）のように主語と定形動詞を倒置すると容認不可能となる．それに対して，例文（2a）のように be 動詞を含む文の場合には，（1a）のような例の場合とは異なり，（2b）のような迂言的 do が文頭に現れる文は非文法的とされ，（2c）のように be 動詞と主語が倒置された文が文法的となる．

(1)　a.　He **saw** a snake.　　　　　　　　　　（Sinclair (1990: 200)）
　　　b.　**Did** he **see** a snake?
　　　c.　***Saw** he a snake?
(2)　a.　He **is** Norwegian.　　　　　　　　　　（Sinclair (1990: 195)）
　　　b.　***Does** he **be** Norwegian?
　　　c.　**Is** he Norwegian?

このことから，be 動詞の場合だけ疑問文の形成方法が違うようにみえる．しかし，なぜ be 動詞の場合だけ違う疑問文形成方法が用いられるのであろうか．本稿では，この謎を英語の文構造のしくみと文を構成する各要素の本質的な意味・機能を明らかにすることによって解き明かすことを目的とする．

---

　[*] 本論考は，2014 年 7 月に鹿児島大学で開催された大学英語教育学会第 27 回九州・沖縄支部研究大会での口頭発表を元に加筆修正されたものである．コメントをいただいた参加者にお礼申し上げます．

2. 英語の文構造における叙述内容

　文を介して人は相手に伝えたい内容を述べる．まず，この叙述（predication）内容を構成する要素は何であるかということ，次に，それらの要素が英語の文構造において，どのような位置を占めるのかということから検討していく．次のような例を考えてみよう．

(3) a. Julie opened the safe.
　　b. Julie was happy.
　　c. Julie is a teacher.
　　d. Julie was in the kitchen.

例文（3a）は，述語動詞 open をもとにした叙述内容の文であり，例文（3b-d）では，be 動詞が現れている．叙述内容を構成する要素は項構造（argument structure）に基づくと，以下のように示すことができよう．[1]

(4) a. open <Julie, safe>
　　b. happy <Julie>
　　c. teacher <Julie>
　　d. in <Julie, kitchen>

最初に表された語が述語で，< > 内に入れてあるのが，述語と意味的に密接な関係のある項（argument）である．すると，be 動詞は叙述内容に含まれないということなのであろうか．そこで，(3) のそれぞれの叙述内容を構成する要素を明らかにするために，これらの文が補部に小節（small clause）として埋め込まれた次のような例を観察してみよう．

(5) a. We made [Julie **open** the safe].
　　b. We found [Julie **happy**].
　　c. We made [Julie a **teacher**].
　　d. We found [Julie **in** the kitchen].

(5a) の補部節では時制要素が消えており，(5b-d) では時制要素だけでなく be 動詞も現れていない．ということは，be 動詞は叙述内容を構成する必須の

---

[1] 限定詞（determiner）や外項（external argument）と内項（internal argument）の区別等は，ここでの議論に直接関わってこないので示していない．

要素ではないということである．もし be 動詞が叙述内容に不可欠な要素であるならば，(5b-d) のそれぞれの角括弧内に示された小節内に be が現れていなければならないはずだからである．

　ついでながら，述語の範疇としては，(4a) に示される動詞だけではなく，(4b-d) に示されるように，形容詞，名詞，前置詞も含まれるのである．[2]

　以上の議論から，英語の文構造で核になるのは，動詞ではなく，さまざまな範疇からなる述語であるということが明らかになった．今度は，be 動詞の特性を考えるために，叙述内容とは直接関係のない要素に焦点を当てていく．

3.　英語の文構造におけるさまざまな機能的要素

　本節では，英語の文構造において，叙述内容を構成する要素以外の要素の文法的機能について考察していく．

(6)　a.　We found that Julie was opening the safe.
　　　b.　We [find + **-ed**] **that** Julie [**be** + **-ed**] [open + **-ing**] the safe.

(6a) は，補部に定形節が埋め込まれ，さらにその補部節に進行相が現れた複雑な文である．(6b) は，例文 (6a) の中で接辞を含む要素を形態的に分解して表し，さらに外界の事物やプロセス等を指示する要素以外の何らかの機能的な要素を太字で表したものである．(6b) の中で，太字になっていない要素は，外界の事物や出来事を指示する働きを有する．生成文法でいう語彙範疇 (lexical category) に属する要素に相当するといえよう．[3] 他方，太字で示された要素は，外界の事物や出来事を指示するというより，なんらかの文法的機能を果たしているものと考えられる．この中で，まず主節の述語動詞に添加された時制接辞に焦点をあてていこう．次の 2 つの例を比較してみたい．

---

　[2] 完了形や進行形，受動文等において，現在分詞や過去分詞等が述語として用いられるとき，これらの範疇をどう捉えるかということも問題になる．Radford (2004, 2009) 等にみられるように，生成文法家はこれらを V と分析することが多いが，はたして V という範疇が妥当なのかは問題である．

　[3] 人称代名詞は，それ自体で特定の事物を指示することは基本的にできず，先行詞に依存しているという点で文法機能をもつ要素に近いといえるかもしれない．Langacker (1991: 240) で英語の助動詞は文法的な構成素ではなく特定の意味をもっていると指摘されている．機能範疇に属するとされる英語の要素（助動詞，不定詞標識 to，補文標識等）の多くは本来語彙的な要素から発達したため，もともとの語彙的意味をある程度内在させているので，語彙的・機能的と厳密に区別すること自体に問題があると考えられる．

(7) a. Julie open**ed** the safe.
　　b. Julie **will** open the safe.

命題内容はどちらも同じであるが，(7a) は時制接辞が明示的に表されているのに対し，(7b) では法助動詞が出現している例である．この時制接辞と法助動詞の統語的な特徴をまず押さえておこう．

(8) a. Julie open**ed** the safe.　(cf. Julie **did** [open the safe].)
　　b. **Did** Julie [open the safe]?
　　c. Julie **did** *not* [open the safe].
(9) a. Julie **will** [open the safe].
　　b. **Will** Julie [open the safe]?
　　c. Julie **will** *not* [open the safe].

(8a) の時制接辞を含む文も (9a) の法助動詞を含む文も，それぞれ (b) の例に示すように，疑問文のときにはこの2つの要素が主語と倒置（いわゆる，主語助動詞倒置）を起こし，(c) の例に示すように，否定文になるとこれらの要素の後に否定辞 not が現れる．すなわち，時制接辞も法助動詞も疑問文形成と否定文形成において同じ振る舞いを示しているということになる．同じような統語的特徴をもっているとすれば，両者には何かしら共通した特性があるのではないかということが推察される．この共通した機能をもっとも適切に説明しているのは，Langacker (1991, 2008) 等の認知文法 (Cognitive Grammar) 理論で主張されている grounding という概念であろう．

(10)

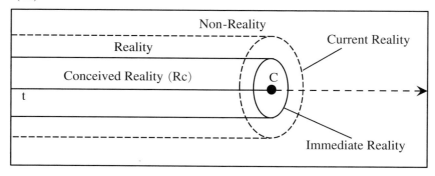

(Langacker (2008: 301))

(8) や (9) の命題内容を表す Julie open the safe というプロセスは，図 (10) に示すような概念上のモデルのどこかに位置づけられる．図 (10) の中で C と略記されているのは conceptualizer のことで，命題内容で示された出来事を概念化する人[4] に相当する．この人物の存在する場が，矢印で示された時間軸上の黒丸の部分にあたる．仮に conceptualizer が発話者であるとすれば，この黒丸の部分は発話時となる．C の位置を中心として過去時に広がる実線の円柱部分は，命題内容が C によって事実だと認識されている領域になる．その外側には非事実領域（Irreality）が広がり，それは事実領域（Reality）と反事実領域（Non-Reality）とに分けられる．反事実領域は点線の円柱部分の外側にあたる．したがって，C の位置より右側の未来時は発話時ではまだ事実となっていない領域なので，未来時の出来事は全て円柱の底面部分より右側に位置づけられることになる．

時制要素が現在時制であれば，命題内容の出来事は C の近接（immediate）領域に位置づけられ，過去時制であれば遠隔（non-immediate）領域に位置づけられると認識していることになる．もし，法助動詞が現れると命題内容の出来事は非事実領域に位置づけられる．したがって，法助動詞が現れ，さらに法助動詞が過去形になっていれば，出来事は，（事実領域内の）C の位置からみてより遠い所へ位置づけられると認識されていることになる．

このことを Langacker (1991: 245-249) に従って，(11) の例文と (12) の図を用いてより具体的に考えてみよう．

(11)　a.　They **may** like it.　　[immediate irreality]

　　　b.　They **might** like it.　[non-immediate irreality]

　　　c.　They like it.　　　　　[immediate reality]

　　　d.　They lik**ed** it.　　　　[non-immediate reality]

---

[4] Langacker の提唱する conceptualizer という概念は，この場合は話し手や聞き手と考えても問題ないが，実際にはもっと多様である．詳細な議論については，Langacker (2008: 445-453) を参照のこと．

(12)

　まず，(11a, b) の例では法助動詞が現れているのに対し，(11c, d) の例では法助動詞が現れていない．すなわち，法助動詞の有無によって，非事実領域に位置づけられるのか，それとも事実領域に位置づけられるのかが示されている．次に，時制の観点からみると，(11b, d) では過去時制接辞が現れているのに対し，(11a, c) では過去時制接辞が現れていない．つまり，過去時制接辞の有無によって，C の位置から離れた時空の出来事と認識されるか，それとも C の位置に近い時空での出来事と認識されるかの対比が表されている．

　上記の内容を図にまとめたのが (12)[5] である．(11) の各例文で示された命題内容 they like it という出来事は，法助動詞のある・なし（すなわち，有標 (marked)・無標 (unmarked)）という対立によって，非事実領域に位置づけられるのか，それとも事実領域に位置づけられるのかが示される．さらに，過去時制接辞 -ed が現れるか，それとも現れないか（すなわち，有標・無標）の対立で，C の位置から遠い出来事，あるいは近い出来事と位置づけられることが表される．したがって，法助動詞と時制要素は，それぞれの要素を組み合わせることで，C の位置からみてどこに位置づけるのかという共通の機能を果たしているということができる．[6]

　以上，英語の文構造において，時制要素と法助動詞は，互いの組み合わせ[7]

---

　[5] 記号 φ は，ゼロ接辞を表す．すなわち，音形や接辞形態をもたないが，一定の文法機能を担っている要素である．

　[6] 英語の機能的な要素には，有標・無標の対立で特定の文法的機能を果たしている例が多い．たとえば，時制接辞，定性 (definiteness) を示す定冠詞，補文標識 (complementizer) の that や for，否定辞 not，不定詞標識の to などが考えられる．本文の後の議論では，迂言的 do や be 動詞等も，同様に有標・無標の対立によって一定の文法的機能が果たされていると主張していく．

　[7] 生成文法理論では，時制要素も法助動詞も T(Tense) という範疇に含まれてはいるが，両者の関係性が明らかではない．さらに，T に含まれる要素としての不定詞標識 to の位置づけも明確ではない．また，法助動詞・時制要素に加えて完了相の have，進行相の be，受動態の be 等が同時に現れる場合があるが，前者と後者の機能は明確に違いがある．前者には

によって，叙述内容を C の位置からみてどこに位置づけられるかという認識を示す機能を果たしていることが確認された．しかし，一方で，be 動詞は，非定形（nonfinite）の場合以外，常に時制接辞と共に現れるのに対して，迂言用法の助動詞 do は，平叙文のときは現れないのに，疑問文や否定文等の場合にのみ時制要素を支える[8]ために顕在化するのは何故であろうか．そこで，次節では，これらの要素の本質的機能をさらに追求していく．

4. 時制要素と助動詞 do と be のもつ多機能性

冒頭で提示した問題には，時制要素と助動詞の do や be が関わっている．そこで，本節では，それぞれの要素がどのような機能を担っているかということを検討していく．

第 1 に，時制要素の最も基本的な機能から始めよう．

(13) a. She **is** happy now.
　　 b. She **was** happy then.

(13a) では現在時制になっていることから，she be happy now という叙述内容を発話時と同一時間帯に位置づけるのに対して，(13b) では過去時制により，叙述内容を発話時よりも前の時間帯に位置づける機能が働いている．

第 2 に，時制要素の派生的な意味を検討してみる．Langacker (1991, 2008) の認知文法理論や Lakoff (1987) の認知意味論等で論じられているように，意味は中核的なものから派生的に広がりをみせ，それら複数の意味は互いにつながりのあるネットワーク構造を成している．時制要素も同じで，発話時と同時かそれより前かという時間関係から発達し，過去時制は発話時からの距離感を含意するようになった．

(14) a. The lift **broke** down. (but it's probably working again now)
　　 b. The lift **has broken** down. (We have to use the stairs.)

(Thomson and Martinet (1986: 166))

(14a) の過去時制の文では，起こった出来事が単に発話時よりも前だという時

---

grounding の機能があり，後者にはそれがない．したがって，それらをすべて同じ範疇のもとにまとめるのは問題であろう．

[8] 生成文法でいう，いわゆる do 支持（*do*-support）という現象である．

間関係を示すだけでなく，カッコ内の発話が後に続いてもおかしくないように，過去に生じた出来事と発話時との間に隔たりの含みが感じられる．それに対して，（14b）の現在完了形の文では，過去に起こった出来事が発話時に何らかの形で関わっているという含意を伴う，と Thomson and Martinet（1986）は指摘している．完了相によって，起こった出来事の完了した側面にだけ焦点があたり，これが have に現れた現在時制のもつ意味によって，発話時の状況への関与という含意が現れ，体系的な対比をなしている．要するに，時制の有標・無標の対立により，叙述内容の出来事は，発話時の状況との間に隔たりが生じるか，それとも発話時の状況に何らかの関与性があるかという意味上の対立を示す機能をもつ．

　第3の機能は，断定の機能である．これは語順と密接に関係している．まず，（15a）と（15b）を比較してみよう．

(15) a.　**I do** feel sorry for Roger.　　　　　　　(Sinclair (1990: 245))
　　 b.　**I feel** sorry for Roger.

通常の場面では（15b）の文が発せられるが，強調したい場合には（15a）のような文が用いられる．音韻上，強勢が置かれるのは do の部分なので，強調されているのは，述語動詞ではなく，do の要素に内在する断定という機能である．これを担っているのは時制要素であり，do は，時制要素が述語動詞から独立してその機能を単独で明示する助けの役割を果たしている．英語は，まず主語として主題（theme）を提示し，これから何についてのメッセージを伝えるかということを相手に知らせる．[9] 次に来るのは，叙述内容の続きではなく，伝達内容に対する話し手の主観的な判断である．[10]

　この主観的な判断の中身は何であろうか．すなわち，伝達内容の事実性（あ

---

[9] ただし，主語の前に付加部（adjunct）を置く場合もありうる．Thompson（2014: 68）が挙げている（i）の例では，surprisingly という Comment Adjunct と however という Conjunctive Adjunct が主語の前に現れている．これらは，叙述内容の一部として経験構成的メタ機能（experiential metafunciton）を担っているのではなく，対人的メタ機能（interpersonal metafunction）やテキスト構成的メタ機能（textual metafunction）と呼ばれる機能をもち，伝達内容に対する自分の見解を示すことによって，相手に何らかの影響を与えたり，伝達内容をテキストの中に位置づけたり方向づけたりする働きをもっているといえよう．(cf. Thompson (2014: 30))

　(i) **Surprisingly**, **however**, this tendency has in fact declined since 1970.

[10] このことは，Yes-No 疑問文への応答文で，Yes/No の極性の次に，主語と共に現れるのが時制や法性（と，場合によっては否定辞）であるという言語事実にも現れている．

るいは，非事実性）を断定する機能と共に，肯定的な内容なのか否定的な内容なのかという極性（polarity）を示す機能である．(15c) の例で考えてみよう．

(15) c. **I do** *not* feel sorry for Roger.

(15c) では，否定辞が現れるのに伴い，時制要素が述語動詞から分離し，do の助けを借りて独立して現れ，これに否定辞が添えられている．肯定と否定では，肯定の方が標準的とみなされ無標となり，否定の方が非標準的・特殊と考えられ，有標の形式がとられている．[11]

時制接辞のもつ第4の機能は，語順に関係している．第3番目の機能でみたように，時制要素は2番目の位置に現れることにより，伝達内容の（非）事実性に対しての話し手の主観的な判断を示している．ところが，(15d) のような疑問文では，時制要素が同じように分離・独立し，do の助けを借りて主語の前，すなわち先頭の位置に現れている．

(15) d. **Do you feel sorry for Roger?**

2番目の位置からずらすことによって，伝達内容を断定できる立場にないということが示されているのである．[12]

このような時制要素の多機能性に対して，do や be はどのような機能をもたらすのかをまとめると，次のような機能が挙げられる．

(16) a. 助動詞 do のあるなしで，プロセスが動的なものか否かを示す
    b. 助動詞 be は，静的なプロセスに時間の幅をもたせる
    c. 助動詞は，単独では現れえない時制接辞が独立して出現することを可能にする支えとなる

出来事は動きや力を伴う動的なプロセスと動的な変化のない静的なプロセスに大別される．これらの有標性を考えると，動的なプロセスの方が標準的な無標

---

[11] 有標・無標の対立では，有標の方が特殊・非標準的，無標の方が標準的という含意がある．現在時制と過去時制の対立においても，発話者の存在する発話の場が基準となるので，現在時制がゼロ接辞という無標の表現，過去時制接辞が有標表現という対立を成していると考えられる．有標・無標の対立を成す他の機能的要素も同様である．

[12] 日本語の場合は，話し手の主観的な判断を基本的に文末で示す構造になっている．これは，日本語話者が，自分の判断をできるだけ後ろの方に置き，伝達内容に対する相手の反応を探ろうとする意識がもたらしたものと考えられる．これに対して，英語話者は，相手の意向がどうであろうと，自分の見解を最初から明示するという発想の仕方が文構造のしくみにも反映されているのだといえよう．

であるのは当然であろう．したがって，(4b-d) のような静的なプロセスには有標の助動詞 be が基本的に伴うのである．[13]

5. むすび

以上の議論から導き出される結論は以下の通りである．英語の疑問文は，法助動詞を含まない場合，一般動詞の場合も be 動詞を伴う文の場合も，述語を元の位置に残したまま，grounding の機能をもつ時制要素と主語を倒置させるという同じ原理で形成されている．

時制要素は，複数ある文法機能の１つである断定という機能を，２番目の位置に置くことによって作用させている．それゆえ，この位置を変え，文頭に移動させることで断定の機能を持たない疑問文が形成される．

さらに，be 動詞は助動詞として静的なプロセスを表す定形節には不可欠な有標の要素なので，時制要素と一緒に移動するのに対して，助動詞 do は無標の要素として通常は顕在化されず，単独で現れえない時制接辞が移動する必要に迫られ独立しなければならなくなった場合に，これを助けるために現れているという助動詞の特性上の違いがあるだけである．be 動詞を述語動詞とみなしてしまうと，この場合だけ異なる疑問文形成法がなされているようにみえているだけなのである．

参考文献

Lakoff, George (1987) *Women, Fire, and Dangerous Things: What Categories Reveal about the Mind*, University of Chicago Press, Chicago.

Langacker, Ronald W. (1991) *Foundations of Cognitive Grammar: Descriptive Application*, Vol. 2, Stanford University Press, Stanford.

Langacker, Ronald W. (2008) *Cognitive Grammar: A Basic Introduction*, Oxford University Press, Oxford.

Radford, Andrew (1997) *Syntactic Theory and the Structure of English: A Minimalist Approach*, Cambridge University Press, Cambridge.

---

[13] 小節のように be 動詞が現れない表現も可能だが，それらの表現は時間的な広がりのない出来事のように認識され，(5d) のような例だと台所にいるという場面を話し手は間近に自分で直接体験して分かったという含みを伴う．また，名詞化やアスペクトによって時間の幅がなくなり，その結果静的なプロセスになると，be が必要とされてくる．このような be の機能を示す意味構造に関しては Langacker (1991: 206) を参照のこと．

Radford, Andrew (2004) *Minimalist Syntax: Exploring the Structure of English*, Cambridge University Press, Cambridge.

Radford, Andrew (2009) *Analysing English Sentences: A Minimalist Approach*, Cambridge University Press, Cambridge.

Sinclair, John, ed. (1990) *Collins Cobuild English Grammar*, HarperCollins, London.

Thompson, Geoff (2014) *Introducing Functional Grammar*, 3rd ed., Routledge, London.

Thomson, A. J. and A. V. Martinet (1986) *A Practical English Grammar*, 4th ed., Oxford University Press, Oxford.

Distribution of Transitive/Intransitive Constructions in Japanese and English[*]

Haruhiko Murao

Prefectural University of Kumamoto

1. Introduction

It has often been claimed that Japanese prefers to use intransitive constructions, while English tends to use more transitive constructions (Ikegami (1981, 2015), Hinds (1986), Honda (2005), Taniguchi (2005), Nomura (2014), among others). These studies examine transitive and intransitive sentences which English and Japanese each are more likely to use, and they explore what construal motivates their different tendency in using transitive and intransitive sentences. They, however, don't show the range of potential instances and actual instances of transitive and intransitive constructions.

This paper considers this typological difference in terms of the constructional network (Langacker (1987, 2000, 2008, etc.)), and claims that Japanese activates higher-level schemas of intransitive constructions in the network, while English activates lower-level schemas in the network. We find that larger regions of the network are occupied by intransitive constructions in Japanese and by transitive constructions in English. The networks show the potential instances and the regions in which actual instances cluster.

---

[*] This article is based on my presentations at The Conference of the English Literary Society of Japan, Kyushu Branch held at Saga University, October 2015 and International Workshop on Cognitive Grammar and Usage-Based Linguistics held at Osaka University, June 2016.

Distribution of Transitive/Intransitive Constructions in Japanese and English   247

2. Constructional Networks and the Degree of Activation of Schemas

2.1. Transitive/Intransitive Constructions in Japanese and English

I deal with constructions including the forms in (1) as intransitive and transitive constructions in this paper.

(1) a. Intransitive Constructions: Japanese—SV (NP-*ga* V)
                                        English—SV (NP V)
     b. Transitive Constructions: Japanese—SOV (NP-*ga* NP-*o* V)
                                        English—SVO (NP V NP)

Look at the examples in (2)-(11). As we move from (2)-(11), we see that the sentences describe events that are less and less autonomous and more and more dependent.

I define this autonomy/dependence scale according to the degree to which an objective external cause or causal relation exists.

(2) a. No life exists on the moon. / There is no life on the moon.
     b. Tsuki ni-wa seimei-wa sonzaishi-nai/ i-nai.
         moon in-Top life-Top   exist-Neg   be-Neg

(3) a. The moon appeared in the sky.
     b. Sora-ni tsuki-ga   araware-ta.
         sky-in   moon-Nom   appear-Past

(4) a. The guests have arrived.
     b. Kyaku-ga   tochakushi-ta.
         guest-Nom arrive-Past

(5) a. The young lady blushed and laughed.
     b. Wakai josei-wa   sekimenshi-te warat-ta.
         young woman-Top blush-Conj   laugh-Past

(6) a. He had to run to catch the train.
     b. Kare-wa densha-ni noru tameni   hashir-
         he-Top   train-on   get in order to run-
         anakerebanaranakat-ta.
         have to-Past

248 IV. 意味論・語用論・機能論・語法

(7) a. I broke the vase. / The vase broke.

    b. Kabin-ga ware-ta. / (Watashi-wa) Kabin-o wat-ta.
       vase-Nom break-Past / (I-Top) vase-Acc break-Past

    c. The wind broke the window. / The window broke (because of the wind).

    d. Kaze-de mado-ga ware-ta. / #Kaze-ga
       wind-because of window-Nom break-Past / wind-Nom
       mado-o wat-ta.
       window-Acc break-Past

(8) a. *We bored with the long speech → **We got / were bored with the long speech.** / The long speech bored us all.

    b. Enzetsu-ga nagaku-te mina unzarishi-ta
       speech-Nom long-because everyone be bored-Past
       #Nagai enzetsu-ga mina-o unzaris-ase-ta
       long speech-Nom everyone-Acc bore-make-Past

(9) a. *A star see. → **I see a star.** (cf. The star is visible.)

    b. (Watashi-ni) hoshi-ga mieru. / *Watashi-ga hoshi-o mieru.
       (I-Dat) star-Nom see / I-Nom star-Acc see

(10) a. *The new house built. → **They built a new house** / The new house was built.

    b. Atarashii ie-ga tat-ta (as an intransitive). /
       new house-Nom be built-Past
       Karera-wa atarashii ie-o tate-ta.
       they-Top new house-Acc build-Past

(11) a. *The ball kicked. → **He kicked the ball.**

    b. *Boru-ga ket-ta. → **Kare-wa boru-o ket-ta.**
       ball-Nom kick-Past he-Top ball-Acc kick-Past

The examples in (2) are the most autonomous events. We cannot find any specific cause to bring about the state (at least experientially). In the case of (3), the appearance of the moon may be brought about by some cause (movement of a cloud, etc.), but we cannot explicitly tell what it is. The sentences in (4) describe comparatively dependent events. It is clear that volition of the subject and movement toward the goal bring about the

Distribution of Transitive/Intransitive Constructions in Japanese and English 249

guests' arrival. We, however, cannot perceive the causes in the arrival event itself and they are backgrounded.

In (5) and (6), some internal causes like physiological phenomena or volition bring about the events (blush, laugh and run) denoted by the verbs (cf. Levin and Rappaport Hovav (1995)). However, we cannot see them overtly, since they are internal.

Thus, both Japanese and English describe the events from (2)-(6) with intransitive sentences. However, we observe the difference between Japanese and English in (7)-(10). The sentences in (7) are more dependent than those in (2)-(6). They show a so-called causative alternation. They consist of some external cause (cf. Levin and Rappaport Hovav (1995)) and the event it brings about. If both parts are profiled, they are transitive; if the external cause is backgrounded, they are intransitive. In principle, both constructions are available in Japanese and English, but Japanese tends to prefer intransitive sentences, while English prefers transitive ones (cf. Hinds (1986)). Inanimate-Subject constructions such as (7c, d) show this tendency more strongly.

As we go from (8) to (10), the sentences describe more dependent events and we find prominent differences between Japanese and English. In (8), though the mind is involved in the bore, it is clear that some external cause such as a long speech brings about the bore.[1] Here, English does not have a pure intransitive form, but instead, it uses constructions like *we were bored with the long speech* or *The long speech bored us all*. *We were bored with the long speech* is a kind of passive construction and is situated between transitive and intransitive sentences on the transitivity scale (cf. Nomura (2014)).

The reaction of our sensory function to the stimulus of an object brings about the activity of seeing like (9), though such a causal relation is not ob-

---

[1] An object like a vase in (7) is usually made from fragile material and it inherently has a property according to which the materials forming a vase can separate into pieces. A vase does not break on its own just because it has a structural property of fragility, and if some energy input is added as a trigger to induce a change of state, a vase undergoes the change of state depending on that structural property. In this sense, events like (7) show more autonomous properties as well as dependent ones than events in (8).

jectively observed. Japanese takes the form of an intransitive sentence such as (X *ni*) Y *ga* V in (9b), but its English corresponding intransitive sentence is not acceptable. Instead, it is coded as a transitive form as in (9a).

Events such as building a house in (10) are even more dependent, since they are not realized without an external cause (such as the act of building by carpenters). Here, the causal relation is more explicit. Note here that we focus on the change of state of the house as well as the activity of building a house (cf. accomplishment verbs (Vendler (1967)). Japanese has an intransitive construction to describe the event focusing on the change of state of the house as well as a transitive construction focusing on the whole event as shown in (10b), but English does not have a corresponding intransitive form. English prefers to use a transitive or a passive construction such as (10a).

An event like someone's kicking a ball in (11) is the most dependent of those described so far, since we don't perceive a change of state or location of the ball or some internal property within a ball to assist the occurrence of the kicking event unlike the *breaking of a vase*, and the realization of the event depends entirely on some explicit entity like a causer or initiator of an action, and in this case even Japanese does not accept an intransitive form as shown in (11b). Rather, both English and Japanese use a transitive sentence as shown in (11). Here, we find the shift to transitive constructions both in Japanese and English.

As we have seen, while both Japanese and English use a transitive form or an intransitive form for some events, for others, Japanese tends to use an intransitive form for which English prefers to use a transitive form, and vice versa.

We describe distribution of these transitive and intransitive constructions in the networks illustrated in Figures 1 and 2. We find specific constructions at the bottom in each network. Looking at Figure 1, for example, *The moon appeared in the sky* and *Two witnesses appeared* are the specific constructions. Above the specific constructions we find more schematic constructions like *NP appear*. This is a schema abstracted away from the specific constructions. However, unlike high-level schemas, this low-level schema has specific lexical content for the verb (*appear*). This is a verb-specific

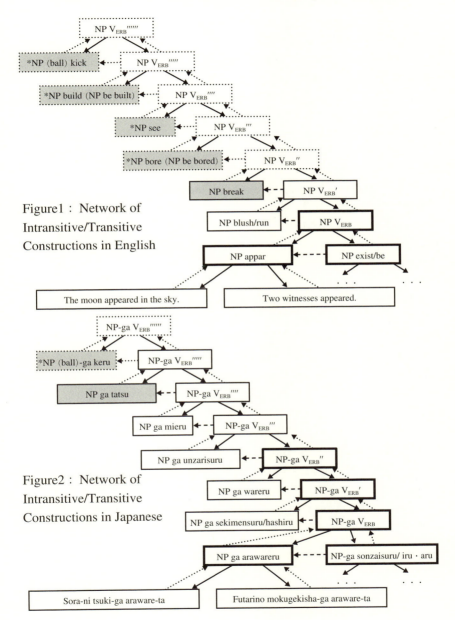

Figure1 : Network of Intransitive/Transitive Constructions in English

Figure2 : Network of Intransitive/Transitive Constructions in Japanese

252   IV. 意味論・語用論・機能論・語法

construction (Croft (2003)).[2] Above it we find some higher-level schemas like NP VERB, NP VERB', NP VERB". These are more schematic constructions which abstract commonalities of the constructions at each level of the network.

Now, if you look at the two networks compared to each other, we could argue that higher-level schemas define a large space of the network including all the potential constructions, but actual constructions to occur cluster in some specific regions. The regions are defined by low-level schemas. Thus, low-level schemas are more essential than high-level schemas to give an adequate description of the constructions (cf. Langacker (2000), Croft (2003), Perek (2015)).

However, the size of the space that the actual instantiations occupy is different in different constructions or in different languages. This is also important. Figure 1 shows that higher-level schemas are not accessible and many regions of the network are not occupied by actual intransitive constructions in English. This is indicated by a box with a dotted line. Instead, they are coded as a transitive construction. The boxes in grey indicate that a transitive sentence should be used (if passives are not used) (the boxes with a dotted line) or is preferred (the box with a solid line).

In the case of Japanese, the opposite is true. Figure 2 shows that most of the high-level schemas are activated in the network, and a large space is occupied by various kinds of intransitive constructions. So the schemas are enclosed by solid lines. On the other hand, only a small space can be occupied by transitive constructions (See the number of boxes in grey.). The boxes in grey indicate that a transitive sentence should be used (the box with a dotted line) or can be used (the box with a solid line).

So far, we have considered transitive and intransitive constructions in Japanese and English in terms of how high-level schemas are accessible and how many regions are occupied by actual instantiations.

---

[2] For a more detailed study of the network of transitive constructions in terms of the verb-specific construction, see Murao (2012).

Distribution of Transitive/Intransitive Constructions in Japanese and English   253

2.2. Other Transitive and Intransitive Constructions

The distributional tendency we have seen in the transitive and intransitive constructions are taken over to other related constructions containing the transitive or intransitive form in some way.

I examine the networks of the caused-motion construction and the resultative construction in Japanese and English in Murao (2012), and claim that the English caused-motion construction and resultative construction incorporate various types of constructions and high-level schemas are accessible, but in the corresponding Japanese constructions, the actual instantiations are limited to specific types and only low-level schemas are accessible.

Here, we examine intransitive constructions, especially focusing on existential constructions. Look at the examples (12) to (14):

(12) a. There is water in the pot.
  b. Oyu-ga   nabe-ni   aru.
      water-Nom pot-in   be
(13) a. Oyu-ga   nabe-ni   wakashite-aru.
      water-Nom pot-in   boiling (transitive) -be
  b. *There boils (transitive) water in the pot.
  c. I have boiled water in the pot. / There is boiled water in the pot.
(14) a. Mado-ga   akete-aru
      window-Nom opening (transitive) -be
  b. *There opens (transitive) a window.
  c. I have opened the window. / The window is open /has been opened.

The examples in (12) are typical existential constructions in English and Japanese. Japanese extends the constructions to the V-*te aru* construction in (13) and (14). These constructions mean *There is boiled water as a result of boiling it for some purpose* or *There is an open window as a result of opening it for some purpose* (cf. Takami and Kuno (2014)). However, English does not allow transitive verbs to occur in the *there*-construction in principle, as illustrated in (13b) and (14b). Instead, sentences like (13c) and (14c) are available.

Note that some transitive verbs occur in the *there*-construction if they denote appearance in a place (cf. Takami and Kuno (2002)) (with the degree of transitivity thus decreasing), as illustrated in (15):

(15) a. There entered the room an indescribably malodorous breath of air.
(Kayne (1979: 715))

b. At this point there hit the embankment a shell from our own lines.
(Harris (1957: 326))

There is no restriction like this in the Japanese *te aru* construction, and more transitive verbs are available including ones with a high degree of transitivity (e.g., *Sentakumono-ga* 'the laundry-Nom' *hoshite-aru* 'hanging out (transitive)-be'.).

To summarize, in the case of existential expressions, Japanese extends the construction to ones with many kinds of transitive verbs with high transitivity, while English does not. This shows that high-level schemas are activated to incorporate various types of constructions in Japanese, but not in English.

3. Conclusion

This paper has considered transitive and intransitive constructions in Japanese and English and has examined how high-level schemas are accessible and how many regions are occupied by actual instantiations in their constructional networks.

Japanese activates higher-level schemas of intransitive constructions in the network, while in English, transitive constructions occupy many regions of the network. The networks show the potential instances and the regions in which actual instances cluster in Japanese and English transitive and intransitive constructions.

References

Croft, William (2003) "Lexical Rules vs. Constructions: A False Dichotomy," *Motivation in Language*, ed. by Hubert Cuyckens, Thomas Berg, René Dirven and Klaus-Uwe Panther, 49–68, John Benjamins, Amsterdam.

Harris, Zellig S. (1957) "Co-occurrence and Transformation in Linguistic Structure,"

Distribution of Transitive/Intransitive Constructions in Japanese and English 255

Language 33, 283-340.

Hinds, John (1986) *Situation vs. Person Focus*, Kurosio, Tokyo.

Honda, Akira (2005) *Afodansu no Ninchi Imiron: Seitaishinrigaku kara Mita Bunpo Gensho* (An Affordance-Theoretic Approach to Cognitive Semantics: Grammar in an Ecological-Psychological Perspective), Tokyo Daigaku Shuppankai, Tokyo.

Ikegami, Yoshihiko (1981) *Suru to Naru no Gengogaku* (The Linguistics of *Do* and *Become*), Taishukan, Tokyo.

Ikegami, Yoshihiko (2015) "'Subjective Construal' and 'Objective Construal': A Typology of How the Speaker of Language Behaves Differently in Linguistically Encoding a Situation," *Journal of Cognitive Linguistics* 1, 1-21.

Kayne, Richard S. (1979) "Rightward NP Movement in French and English," *Linguistic Inquiry* 10, 710-719.

Langacker, Ronald W. (1987) *Foundations of Cognitive Grammar, Vol. I: Theoretical Prerequisites*, Stanford University Press, Stanford.

Langacker, Ronald W. (2000) "A Dynamic Usage-Based Model," *Usage-Based Models of Language*, ed. by Michael Barlow and Suzanne Kemmer, 1-63, CSLI Publications, Stanford.

Langacker, Ronald W. (2008) *Cognitive Grammar: A Basic Introduction*, Oxford University Press, Oxford.

Levin, Beth. and M. Rappaport Hovav (1995) *Unaccusativity*, MIT Press, Cambridge, MA.

Murao, Haruhiko (2012) "Ninchi Kobunron niyoru Nichieigo no Kobun Nettowaaku Kozo no Bunseki (An analysis of Constructional Networks in Japanese and English in terms of Cognitive Construction Grammar)," *Kotoba to Kokoro no Tankyu* (Exploration of Language and Mind), ed. by Hiroshi Ohashi, Tomoyuki Kubo, Nobuaki Nishioka, Yoshihiro Munemasa and Haruhiko Murao, 320-333, Kaitakusha, Tokyo.

Nomura, Masuhiro (2014) *Fandamentaru Ninchigengogaku* (Fundamentals of Cognitive Linguistics), Hituzi Syobo, Tokyo.

Perek, Florent (2015) *Argument Structure in Usage-Based Construction Grammar*, John Benjamins, Amsterdam/Philadelphia.

Takami, Ken-ichi and Susumu Kuno (2002) *Nichieigo no Jidoshi Kobun* (Intransitive Constructions in Japanese and English), Kenkyusha, Tokyo.

Takami, Ken-ichi and Susumu Kuno (2014) *Nihongo Kobun no Imi to Kino o Saguru* (The Semantics and Functions of Some Grammatical Constructions in Japanese), Kurosio, Tokyo.

Taniguchi, Kazumi (2005) *Jitai Gainen no Kigoka ni Kansuru Ninchi Gengogakuteki Kenkyu* (A Cognitive Approach to Symbolization of Event Conception), Hituzi Syobo, Tokyo.

Vendler, Zeno (1967) *Linguistics and Philosophy*, Cornell University Press, Ithaka.

The other day の語法

八幡　成人

島根県立松江北高等学校

The other day「先日」[1] という句は，高校生でもよく知っている基本的な表現である．個人によって受け取り方に差異はあろうが，現在では，"a few days ago"（数日前），"a few weeks ago"（数週間前）という解釈が一般的と思われる．[2]

(1)　A woman lost her driver's license while she was shopping *the other day* at a department store.　ある女性が先日デパートで買い物中に運転免許証をなくしてしまった。

(2)　I bought a dictionary *the other day*.　私は先日一冊の辞書を買いました．

(3)　▶ 2，3日前をさすことが多い．—『スーパーアンカー英和辞典』（2015⁵）

私がこの表現の意味に興味を持つようになったのは，次のような記述を読んだのがきっかけであった（下線は筆者）．

---

[1] 日本語の「先日」も幅のある表現で，辞典には「昨日，一昨日などよりもさらに少し前のある日」（『新明解国語辞典』（2017⁷）），「あまり遠くない過去のある日」（『明鏡国語辞典』（2010²））とある．筆者の語感によれば，一ヶ月以内の「ある日」を指すと思われる．

[2] Ammer（2003）によれば，この句は元々 "the next day"（＝tomorrow）あるいは "the preceding day"（＝yesterday）の意味であったという．現在のような「数日前に」という意味での記録は，1421年にさかのぼる，とある．

そもそも特定できる日が，「昨日」「一昨日」ぐらいだとすれば，最後の任意の日 the other day は，その前の日（つまり，2〜3日前）ということになろう．もし last Tuesday, last Monday … と特定できるとしたら，last Friday あたりまで特定できるであろうから，最後の任意の日は1週間ぐらい前，ということになるであろう．今日までの過去の日に比べ，任意の未来の日は無限に続くことから，最後の任意の日を選びきれないために，the other day は未来の日には使えない．

(4) When a Latin American refers to something happening "the other day," most Americans presume that the speaker is referring to an event that occurred the previous day. To the Latin, however, "the other day" often can mean that the event transpired at some time in the past—perhaps as much as a month or more ago. These two different concepts of time, which members of each culture consider to be "natural," are bound to cause confusion. —*International Exchange News* (Washington International Center of Meredian House).

この記述を読んだ 1992 年当時, いくらなんでもそれはないだろう, と思った. 私は当時『ライトハウス英和辞典』(研究社) の改訂版の準備作業にあたっていたので, 編集顧問のアルジオ博士 (John Algeo, 当時ジョージア大学教授) に現地調査をお願いして, 確認をとっていただいた.[3] 現地でのアンケート調査を踏まえると, やはりアルジオ博士もこの記述は誤りで, "a few days ago", "several days ago", "a couple of weeks ago" という解釈が, ほとんどのアメリカ人にとって普通とのことであった. 学生たちの反応も調査していただいたが, 大部分が過去の数日前を, かなりの学生が数週間前を, 数人は数か月前を表すと答えた. また, 2 人は昨日を表すとし, 2 人は昨日を表すことはない, と反応した。要するに, 近い過去を表すあいまいな表現で, 話し手の状況に応じて幅のある英語表現, ということになるだろう (*cf.* "used to say that something happened recently, without saying exactly when" [*LDOCE*[6]]). しかしどう考えても, 「昨日」という解釈は普通ではない. イギリス英語の立場から, 同じく編集顧問のイルソン博士 (Robert Ilson, 当時ロンドン大学研究員) も, 上のアルジオ博士の反応を支持されたが, 個人的には, 数週間前 (a couple of weeks ago) までさかのぼることは普通ではないとのことであった. この点には, Sylvia Chalker (*The Oxford Dictionary of English Grammar* 編者) さんも同意され, 次のような容認度段階の判定を示された:

(5) I met Mrs. Smith *the other day*.
(6) I met Mrs. Smith *the other night*.
(7) ?I met Mrs. Smith *the other morning*.
(8) ??I met Mrs. Smith *the other week*.

---

[3] 1992 年 12 月におけるジョージア大学での調査. アンケート協力者は 38 名で, 大部分は同大学部生と大学院生. 学部職員 2 名を含む.

(9) *I met Mrs. Smith *the other month*.

　これらを総合して考えてみると，比較的最近の過去を表す表現であることが明らかとなる．[4] 話し手が特定できない（あるいは何がしかの理由によりわざわざ特定したくない）最後に選ぶ任意の過去の日を表すことになろう．

　ところが，最近，英語関係の書籍に，この「昨日を表す the other day」の記述が目立つようになった．

(10)　日本語の「先日」より現在に近いこともあり，場合によっては 1 日前のこともある．—『ジーニアス英和辞典』（2014[5]），『プラクティカルジーニアス英和辞典』（2004），『アクティブジーニアス英和辞典』（1999），『ジーニアス和英辞典』（2011[3]）

(11)　日本語で「先日」というと，比較的前のことを指すこともありますが，the other day はもっと「現在」に近い時を表し，「1 日前」のことを言う場合もあります．—竹岡（2015: 74）

　問題は，ここに取り上げられた「昨日」を表す the other day の用法が，どこまで一般的なのか，それともまれな用法なのかがはっきりしない点である．この the other day の解釈に関して，何人かのネイティブ・スピーカーの意見をネット上から拾ってみる（下線は筆者）．

【数日前とするもの】

(12)　Recently; lately; a few days ago. <u>I would say it applies to any day of the week except "yesterday" and "the day before yesterday"</u>.

(13)　<u>It's an idiom, meaning "a few days ago" or "within the past few</u>

---

[4] McCaig and Manser (1986) には，**the other day/morning/afternoon/evening/night** と併記されているが，the other night（＝a few nights ago）を除いて，他の the other morning, the other afternoon, the other evening は，容認度はずいぶん落ちると思われるので，このような学習辞典の示し方は改めなければならないであろう．日本語においても，「この前の朝にね…」というよりも「この前の晩にね…」と話すことの方が圧倒的に多い，という事実も指摘しておく．同辞典には，the other week も収録されているが，これも怪しい．**the other day/morning/week etc** [*LDOCE*[6]] や **the other day/morning/evening/week** [*OALD*[9]] のような学習辞典の示し方にも問題があると思われる．松江北高 ALT の Edward Delmonico さんの判定によれば，(8) の the other week は，1 度か 2 度耳にしたことはあるが，まれな表現であるという点を除き，Sylvia Chalker さんの容認度判定に同意された．前 ALT の Chelsea Brunner さんもこれを支持し，the other week は耳にしたことはあるけれど，あまり一般的な表現ではない，ということで一致した．英米差があるのかもしれないが，少なくともアメリカ英語では普通ではない．(9) は明らかに "sounds strange" とのことであった．

days". Idioms, by definition, are not to be taken literally.

(14) When I hear the phrase "the other day", I take it to mean a day in the not too distant past, but I certainly don't put a time limit like 3 days on it.

(15) It is an inexact expression, so the meaning is up to the user; but I would agree with your husband. About three days ago—even if the day happened to fail into "last week."

(16) I'd always thought "the other day" meant the day before yesterday, although I can't find a citation for this. Certainly "to do X every other day" means to do it every second day.

(17) I'm not sure with this answer so I'm writing it as a comment, but I think 'the other day' refers to an unspecific day from the past other than yesterday, which cannot actually defined in any other way. Like, it can't be 20 years ago, because you can say "20 years ago" instead.

(18) It actually means Recently & the last day you did that particular thing. Like you met me the other day ... You completed the work for me the other day...

(19) It means recently or lately. It's anyday of the week that's not yesterday or the day before yesterday.

(20) The Free Dictionary says "at a certain time past, not instant, but indefinite; not long ago; recently; rarely, the third day past." Collins simply says "a few days ago." So your girlfriend is closer to right. But to me, a limit of about a week, not a month, sounds right; otherwise, say "last week," "a week or two ago," etc.

【もう少し幅広くとらえるもの】

(21) "The other day" emphasizes the recentness of the event; as such, the range varies somewhat depending on the event. Something that is only expected to happen rarely, or which seems particularly notable, will be "just the other day" for longer than a common or otherwise non-notable event. (If I got a phone call the other day, then if it was from my cousin, it might be months ago; from my best friend, it was probably this week. Six months ago is stretching it, though,

in any case—"the other day" should always be a day recent enough that one almost feels one could count it out, if one took the time.

(22) To my ear, the word "day" anchors the past event to a point in time past that can be easily counted in days. Were you to say "the other week", I would consider the event to be easily countable in terms of weeks. Likewise for larger units of time: months, seasons, etc. All we really know is that event happened in the definite past and, without other context, have to interpret based on individual associations with the phrase.

(23) Actually, "the other day" means an undefined non-specific recent day. So it wouldn't mean "yesterday" or "day-before-yesterday" because those are specified. Nor would it mean "a week ago today" because that too is specific. But it would be recent, say in the last week or two.

(24) A meaningless definition of time used in reference when speaking to the past. Most typically 'the other day' would connote to being as far back as a week or maybe two; but has been so grossly overused, and therefore, any meaningful annotation slaughtered, that it clearly can now define ANY period of past-time leaving the many delusional to refer to infinite time as just 'the other day'.

(25) Although most people agree that whatever happened last week, but not a year ago, can be said to have occurred "the other day", any attempt to specify time limits would be opinion-based. I might use the phrase for any event that occurred during the past four weeks, but some people may not agree.

(26) I would use 'some time ago', which to me means from a couple of weeks to a year ago. I am a native English speaker.

(27) I would use "the other day" in place of a day that I could specify but the exact day was forgotten (or unimportant)—was it yesterday, or the day before, or last Tuesday? Once the event occurred at least a week ago and I'm scrambling to remember which *week* it was, not which *day* (I wouldn't usually specify "three Tuesday ago"), I would use "the other week". As noted by others, age may play a factor, too: at an older age, events that occurred within the past few

months might seem as if they occurred within the week.

これらのネイティブ・スピーカーたちの反応も，私の観察を裏付けるものである．

松江北高前 ALT の Chelsea Brunner(ケンタッキー州出身）さんは，「the other day を昨日の意味に使うことは絶対にない．yesterday は yesterday であって」と語った．現 ALT の Edward Delmonico(アリゾナ州出身）さんも，「a few days ago の意味であって「昨日」の意味で使うことは絶対にない」との意見であった．「平成 28 年度 JET プログラム意見交流会」（島根県庁，2017 年 1 月 27 日）に参加していた ALT5 名（アメリカ人 3 人，ニュージーランド人 1 人，イギリス人 1 人，年齢は皆 20 代後半）の反応も調べてもらったが，やはり「数日前」を表すのであって，「昨日」を指すことはない，ということで一致した．ミシシッピ大学・大学院に留学中の同僚佐藤敦子先生のお手を煩わせて，調査結果をお知らせいただいた．協力してもらったのは地元高校生 13 名，大学生 13 名（地元出身 10 名，中西部出身 3 名），教授 2 名（中西部出身）．彼らは全員口を揃えて「a few days ago, a few weeks ago の意味だ」とのこと．誰も「昨日」の意味では使わないとのことだった．教授たちは「昨日の意味で用いることは聞いたことがない．多くても数週間前」とのことであった．これらの調査からも，「昨日」を表す the other day は普通ではない．

『ジーニアス英和辞典』の現主幹である南出康世先生に，上記（10）の記述の典拠をお伺いしたところ，約 30 年前の初版からある記述なので，おそらく故・小西友七先生の執筆と思われるが，典拠ははっきりしないとのことで，スコウラップ（Lawrence Schourup）大阪府立大学特命教授に聞いてくださった結果もお知らせいただいた．感謝しつつ引用させていただく．

Do you use *the other day* as in *I happened to meet[see] Linda on a crowded train the other day* when you are not definitely sure it was yesterday or the day before yesterday?

それによれば（下線は筆者）

The other day would not normally be used for something that happened yesterday. It would normally have to be at least two or three days ago, but typically less than a week or so. It is often used to refer to events that happened two or three weeks (or more) ago, but in these cases, it is being used somewhat misleadingly—in the sense that it gives the impression that the meeting was less than a week or so ago when in fact it wasn't. People probably use the expression this latter way to make an event seem more relevant by virtue of its recency/recentness.

やはり「昨日」を表すことは普通ではなく，数日前（この1週間以内）を指す，とするのが実態に即している．ここで重要なことは，下線部に示されるように，数週間前に起こったことでも，the other day を使うことによって，あたかもそれが最近起こったことであるように，相手に受け取らせることができるという指摘である．語用論的に重要な要素と思われる．

本稿で分かった the other day という表現に関する言語事実をまとめておく．[5]

① the other day の本質的な意味は，近い過去を表すあいまいな表現であって，話し手の状況に応じて幅のある表現であり，現在では通例「数日前」を表すのが一般的である．
② 「昨日」の意味での使用は不可能ではないにしても，一般的ではなくまれである．
③ 辞書に収録されている the other morning/afternoon/evening/week などの表現は容認度が低い．the other night は普通の表現である．
④ かなり以前に起こったことでも，この句を使うことで，あたかも近い最近に起こったような印象を与えることが可能になる．

参考文献

竹岡広信 (2015)『必携英語表現集』数研出版，京都.
八幡成人 (1980)「LATELY と RECENTLY は同義か」『英語教育』第 28 巻第 12 号，74-77.
八幡成人 (1980)「Forget + V-ing の語法とその問題点」『英語教育』第 29 巻第 8 号，65-70.
八幡成人 (1982)「再び Forget + V-ing の語法とその問題点」『英語教育』第 30 巻第 13 号，80-83.
八幡成人 (1982)「Considerably の語法」*Lexicon*, No. 11, 15-29, 岩崎研究会.

---

[5] 本稿は，現代英語における特定の語法を取り上げて，その実態と問題点を探る筆者の一連の研究の1つである．参考文献も参照されたい．筆者のウェブサイト「チーム八ちゃん」(https://teamhacchan.wordpress.com/) にも，語法小論を随時掲載中である．

八幡成人（1983-1984）「英和辞典のウソ（1）〜（9）」連載『高校通信東書英語』No. 124 〜 No. 134，東京書籍，東京.

八幡成人（1986）「Increasingly の語法」『研究紀要』第 14 号，9-29，島根県立松江南高等学校.

八幡成人（1988）「語法ノート April Fool's Day」*Lexicon*, No. 17, 159-163, 岩崎研究会.

八幡成人（1989）「語法ノート cheap price は誤りか？」*Lexicon*, No. 18, 240-243, 岩崎研究会.

八幡成人（1990-1991）「ボリンジャー博士の語法診断（1）〜（12）」連載『現代英語教育』第 27 巻第 1 号〜第 12 号.

八幡成人（1990）「辞書の記述と英語研究」『高英研』No. 29，22-31，島根県高等学校英語教育研究会.

八幡成人（1996）「現代英語の語法観察」『研究紀要』第 21 号，83-100，島根県立松江南高等学校.

八幡成人（1998）「現代英語の語法観察（2）」『研究紀要』第 22 号，1-14，島根県立松江南高等学校.

八幡成人（2010）「現代英語の語法観察（3）」『研究紀要』第 44 号，43-50，島根県立松江北高等学校.

八幡成人（2015）「現代英語の語法観察（4）」『研究紀要』第 49 号，9-21，島根県立松江北高等学校.

辞　書

Ammer, Christine（2003）*The American Heritage Dictionary of Idioms*, Houghton Mifflin Company, Boston.

Longman Dictionary of Contemporary English, 6th ed. 2014, Pearson Education, Harlow. [*LDOCE*[6]].

McCaig, Isabel and Manser, Martin H（1986）*A Learner's Dictionary of English Idioms,* Oxford University Press, Oxford.

Oxford Advanced Learner's Dictionary of Current English, 9th ed. 2015, Oxford University Press, Oxford. [*OALD*[9]].

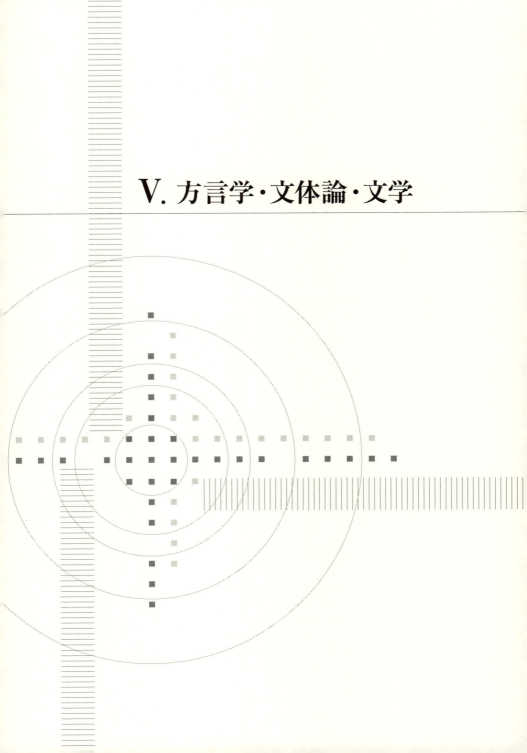

V. 方言学・文体論・文学

ベルトルト・フォン・レーゲンスブルクのドイツ語説教を読む
──第10説教『天使とキリスト教徒の10の合唱隊について』を例にして──

荻野　蔵平
熊本大学

1.　はじめに

　「説教」は，「手記」「手紙」「裁判記録」「戯曲」などと並ぶ「話し言葉に近い」テキストジャンルであり，「歴史語用論」と呼ばれる研究領域では，そこから当時の話し言葉を再建する試みが開始されている。[1] 本論文では，そのような近年の研究動向にも目を向けながら，13世紀ドイツを代表する民衆説教師ベルトルト・フォン・レーゲンスブルク（Berthold von Regensburg）の第10説教『天使とキリスト教徒の10の合唱隊について』（Von zehen kœren der engele unde der kristenheit）を例にとり，中高ドイツ語（1050〜1350）による説教をその構成上の特徴ならびに言語的・文体的観点から記述してみたい。なお本文中の引用は，すべて Pfeiffer（1965）による。[2]

2.　人と作品

　民衆説教師ベルトルトは，Banta（2001: 17）によると，1210年頃にドイツ南東部，ドナウ河畔の都市レーゲンスブルクに生まれ，1272年同地に没したとされる。彼は何よりも民衆説教を重視した托鉢修道会フランシスコ会の説教師として，スイス，オーストリアを含むドイツ語圏南部を中心に各地で精力的

---

[1] ドイツ語の「書き言葉」の中に「話し言葉」を探ろうとする代表的な研究には，Weithase（1961），Sonderegger（1981），Grosse（2000）などがある。

[2] Pfeiffer, Franz（ed.）（1965）*Berthold von Regensburg. Vollständige Ausgabe seiner Predigten. Mit einem Vorwort von Kurt Ruh.* vol. 1, 140-156, Walter de Gruyter & Co, Berlin. なお本説教の日本語訳には次のものがある：荻野蔵平（訳）（2017）「ベルトルト・フォン・レーゲンスブルクの第十番目の説教『天使とキリスト教徒の十の合唱隊について』」，『文学部論叢』（熊本大学文学部）第108号，93-109.

に説教を行った．カリスマ説教師ベルトルトの人気は絶大で，年代記作者によってその数は極度に誇張され，6万人，ときには20万人（！）もの聴衆が集まったという（Röcke (1983: 236)）.

　ベルトルトが生きた13世紀のヨーロッパは，それまでの「聖職者」（祈る人），「騎士」（戦う人），そして「農民」（耕す人）の3階級からなる封建的社会構造が，商品経済の発展に伴って台頭してきた「商人」の存在により大きく動揺した時代に当たる．だが商人に対する当時のキリスト教会の立場は，この上なく矛盾したものであった．というのも教会は，商業を社会を構成する人々の生存のために必要不可欠なものとして認める一方で，天国は地上の富を捨てた人々にこそ約束され，富の根底にある「貪欲」は最も重い罪になると説いていたからだ.

　このような「地上の富の追求と魂の救済」というジレンマに対してベルトルトは，富の追求は神によって定められた天職に基づいて行われるまっとうな商業行為によるものである限り，神の恩寵にあずかる妨げにはならないと主張した．つまり商いにおいて，嘘，不正，詐欺といった「不誠実」(untriuwe) の罪を犯さないことが魂の救いには何よりも肝要であり，それが本説教の中心的なテーマともなっている.

　ところで，ベルトルトの現存する説教集には，ラテン語版と中高ドイツ語版の2種類がある．ラテン語版には5種類の写本があり，Banta (2001: 19) によれば，そのうちの3種類が彼の手になるものとされる．これはベルトルトという有能な説教師が，自らの説教を他の説教師たちの模範となすべく著した聖職者筆録である.

　一方，ドイツ語説教集は，主要な8種類の写本により71編の説教が伝えられている．しかし Röcke (1983: 240) に簡潔にまとめられているように，これらは彼の肉声をそのまま伝えるものでも，また彼自身の手になるものでもなく，むしろ彼の死後（1275年頃），ラテン語版を下敷きにして（フランシスコ会に属する）第三者によって編集された「読む説教」(Lesepredigt) あるいは「説教形式による（信仰）手引書」(Traktat in Predigtform) と考えられる．このようにベルトルトのドイツ語資料は，確かに直接の説教筆録ではないが，説教に用いられる平易な話し言葉を模したものであり，そこから当時の話し言葉をある程度まで覗い知ることが可能である.

3. 説教の構成

さて，今回とりあげる第 10 説教『天使とキリスト教徒の 10 の合唱隊について』は，彼の他の説教同様に，1）聖書の章句による導入部，2）主題，3）結びの祈りの 3 部構成となっている．

3.1. 聖書の章句による導入部

説教はまず聖書の章句から始まる．本説教でそれに相当するのは，『マタイによる福音書』（13: 44）からの次のようなたとえ話である．

> 「天国は宝が隠されている畑と同じである．それをある人が見つけたが，彼はそれを手に入れるために，自分の全財産を売り払ってでもその畑を買うのである．それほどまで彼はその宝が欲しいのである」[140: 1–4].

ここで語られているのは，神（キリスト）の愛の大きさについてである．なぜなら神は，畑（＝キリスト教徒）に隠されている宝（＝キリスト教徒の魂）を自らを十字架上で犠牲にしてまで買い戻したからだ．だが神の愛はこれに尽きることはなく，さらに「聖なるキリスト教徒の住む世界を喜びに満ち溢れた天国と同じにしてくださった」[141: 4–5] とし，説教はいよいよ主題の「天使とキリスト教徒の 10 の合唱隊」へと進む．

3.2. 主題

主題は大別すると，1）天上の合唱隊，2）地上の合唱隊の 2 部からなる．

3.2.1. 天上の合唱隊

天使には神が定めた 9 階級があり，それは kôr（Chor）つまり「合唱隊」と呼ばれていた.[3] カトリック教会では，神の玉座を取り囲む天使は，最上位の熾天使（セラフィム）から最下位の天使に至るまでその階級に応じて合唱隊を構成し，神の栄光を賛美する合唱を続けていると言われる．なお通例では天使は 9 隊よりなるが，ベルトルトにおいて 10 隊となっているのは，第 10 番目の合唱隊として悪魔・堕天使がつけ加えられているためである．

---

[3] 天上位階論は，Röcke（1983: 202）によると，5 世紀頃のシリアの神学者偽ディオニュシオス・アレオパギタにさかのぼり，そこからスコラ哲学の天上論・教会論・社会論に大きな影響を与えたとされる．

3.2.2. 地上の合唱隊

　天上の9階級にならい，神は地上においても9階級の身分・職種を定めている．低い階級の天使が高い階級の天使に仕えるように，人間界においても，下位の身分は上位の身分に服従し仕えなければならない．しかしまたその一方で，上位の身分はそのような奉仕に報いる責務を負っている．ここで言う地上の上位3階級とは，1）法王を頂点とする聖職者，2）修道士，3）法官，王侯，騎士階級のことである．

　それに続く6階級は，以下のような6職種からなる．だだしこちらの職業集団間には，服従と奉仕という上下関係はなく，いわば横並びになっている：1）仕立て屋，靴職人，2）鉄製の道具で仕事をする人（宝石職人・貨幣鋳造者・鍛冶屋・大工・石工），3）商人，4）食料品や飲み物を扱う小売商，5）農民，6）医者．そしてこれらに，天上の第10階級の悪魔・堕天使に対応する位階として，賤民視された「道化，バイオリン弾き，太鼓叩き」（最上位から数えていくと第10番目の職業集団）が続く．

　地上におけるこれらの位階・職業は，すべて神の定めたものであって，序列間の服従と奉仕を遵守することによってのみあるべき社会秩序が維持されるのである．しかしベルトルトの目に映るのは，「貪欲」（gîtikeit）をはじめとする，嘘，不正，詐欺など数多くの悪徳がはびこる神の秩序がないがしろにされたこの世のありようであった．それに対して彼は聴衆に向って，そのような悪行をただちにやめて悔い改めをしなければ，自らも「背反者」（aptrünnic）となり，「必ずや堕天使が待つ地獄に堕ちることになるぞ」と激しい口調で警告する．

3.3. 結びの祈り

　説教はどれも「結びの祈り」で終了するが，本説教は魂の救済を祈念する次のような祈りで締めくくられる．

> 「あなたがたが自らを哀れむのであれば，神もまたあなたがたを哀れんでくださるでしょう．そして死ぬときはまずは魂を，そして最後の審判のときには肉体と魂というように，やさしき心であなたがたを迎え入れてくださることでしょう．われわれすべての者がそうなるように，神がお力をお貸しくだされんことを．アーメン」[156: 10-15].

4. ドイツ語説教の諸特徴

　この節では，ベルトルトのドイツ語説教の特徴を，1）説教構成上の技法と2）言語的・文体的な特徴に分けて論じていく．

4.1. 説教構成上の技法
4.1.1. 数のよる分割

　ベルトルトの説教に共通して認められる構成上の特徴としてはまず，数を基本とした構成原理がある．本説教でもキリスト教において伝統的に聖なる数とされる3（とその倍数）を用いて，導入部の3（畑，宝，購入者），主題の地上における上位3階級と下位6階級，というような構成がとられている．類似の技法は，例えば，第2説教『五つのタラントンについて』，[4] 第4説教『七つの惑星について』，第23説教『三つの壁について』などにも等しく認められるが，これには説教の構成を説得的かつ論理的なものにする効果と同時に，記憶術としての機能も含まれていると推測される．

4.1.2. 主題の繰り返し

　説教を効果的に展開するために，あるいはその根拠づけなどを目的として，聖書をはじめ古代の教父や聖者たちからの引用が見られる．ここではその1例として，下位6番目の合唱隊に序列される「医者」に関する箇所で援用されている聖アンセルムス（1033 ～ 1109：イングランドのカンタベリー大司教）の言葉を取り上げてみよう．

　『創世記』に語られているように，人間のあらゆる病は，アダムとイヴが蛇のそそのかしによって果実を食べたときに同時に飲み込んだとされる蛇の毒に由来する．しかしアンセルムスによると，その毒によって人間は肉体だけではなく魂にも病を背負うこととなり，罪にまみれた人間は神の恩寵なしには救われなくなったという．それを受けてベルトルトは次のように語る．

　　「そのためわれらが主は，そのすべての財産を売り払い，畑を買い入れたのだが，それはそこに隠されている宝，すなわち汚れなきキリスト教徒の

---

　[4] 第2説教『五つのタラントンについて』（『マタイによる福音書』25: 14-30参照）では，神からの授かりものが1）肉体・我々自身，2）職業，3）時間，4）財産，5）隣人愛，という五つのタラントン（通貨単位）に比喩的に分割され，各タラントンがさらにi）自分が生きるため，ii）神のため，というように目的に応じて再分割されていく．

ベルトルト・フォン・レーゲンスブルクのドイツ語説教を読む　271

魂を手に入れるためであった．そして神は受難により聖なる十字架にかけられたが，その目的はわれわれの魂のために薬を調合し，われわれの魂が健康になるためであった」[153: 28-32].

つまりこの箇所でアンセルムスを持ち出した理由は，このような巧みな回帰技法によって，進行中の説教を冒頭のたとえ話に再びリンクさせ，神の恩寵の主題を聴衆の心の中にしっかりと刻みこませることにあった．

4.2.　言語的・文体的特徴
4.2.1.　呼びかけ

呼びかけ・語りかけは，聴衆の心に直接訴えかけることのできる最良の手段であり，ベルトルトでも多用されている．呼びかけの二人称代名詞は，穏やかな忠告には，ir（あなた［がた］，皆さん）が用いられる一方，相手が嫌悪すべき，あるいは糾弾すべき人物の場合には，dû（お前）に切り替わる．

(1)　Dâ sult ir sehen, ir reinen kristenmenschen, wie liep iuch hât gehabet der almehtige got, und ir sult in herzeclîchen liep hân [140: 17-19]（さあ，よく聞くがよい，心清きキリスト教徒たちよ．あなたがたのことを全能なる神がどれほど愛しておられたかを．そしてそのためにこそ，あなたがたも心を尽くして神を愛さねばならないのです．）

(2)　Unde dû würfeler, dû bist der aptrünnigen einer! dû kanst dînem amte niemer rehte getuon [147: 39 〜 148: 2]（そして［そこにいる］さいころ職人のお前．お前は背反者の一人である．お前の職業は，決してまっとうに務められるものではないからだ．）

4.2.2.　反論

ベルトルトは，自らの説教に対して予想される聴衆からの反論を挿入することによって，説教を臨場感溢れるものとして再現することを試みる．

(3)　'Owê, bruoder Berhtolt, ist mir wol vierstunt gar wol dran gelungen.' Sich, daz ist niht wan nâch wâne [154: 18-19]（「とんでもありません，ベルトルト修道士様，わたしは［内科手術を］4回うまくやりとげましたよ」．よく聞きなさい．それはついていただけのことなのです．）

4.2.3. ユーモア

「メメント・モリ」と「最後の審判」がまるで通奏低音のように鳴り響く中世の説教の中で，時として人々の笑いを誘う話しぶりが見られる．

(4) Sô enmac ein man einen guoten huot vinden vor dînem valsche, im gê der regen ze tal in den buosem [146: 37-39] (〔帽子職人の〕お前が行う虚偽のせいで，帽子はどれも雨が漏れて首筋を滴り落ちてくるものばかりだ．)

4.3. 話し言葉の特徴

最後に，Grosse (2000: 1392-1398)[5] が挙げる「話し言葉を反映する特徴」について，本テキストで確認できたものの中から4特徴をとりあげる．

4.3.1. 間投詞

間投詞には，「嘆き・驚き」などを表す owê（2例，(3) に出てくる用例も参照のこと）のほかに，「恥じよ！」を意味する pfî（1例）がある．

(5) Pfî, verrâter, ungetriuwer! wâ sitzest dû vor mînen ougen, Kusîn und Achitoffel? [151: 22-23] (ああ，裏切り者や嘘つきのなんと汚らわしいことか！クシ，そしてアヒトフェルよ [両者とも『旧約聖書』に登場する人物]，お前たちはわたしの目の前のどこに座っているのだ？)

4.3.2. 心態詞

発話に話者の様々なニュアンスを付加する「心態詞」(Abtönungspartikel) として，ベルトルトは，doch（5例），eht（12例），jâ（1例），halt（2例），nû（5例），wol（10例）を用いている．ここでは，その中から「強意」の eht の例を紹介しておく．

(6) dû muost dich sîn abe tuon, oder dû muost eht bî den aptrünnigen tiuveln iemer êwiclîchen brinnen an dem grunde der helle, wan dû bist eht in dem amte [148: 3-5] (お前はそれをやめるか，さもなくば，天国から堕ちた悪魔たちと一緒に地獄の底で永遠に灼かれるかだ．そ

---

[5] Grosse の「話し言葉を反映する特徴」15項目について，ここで詳細を論じることはできないが，今回調査した説教文において，不一致 (Inkongruenzerscheinungen)，破格構文 (Anakoluth) を除く13すべての特徴が確認できた．

ベルトルト・フォン・レーゲンスブルクのドイツ語説教を読む　　　273

れはお前がまさにその職業についているせいなのだ.）

4.3.3. 冗語的指示代名詞の前方照応

「冗語的」（pleonastic）指示代名詞の前方照応とは，例えば，主語の名詞句の直後に述語を続けるのではなく，一度指示代名詞で受けておいてから述語を後続させる語法のことである.

(7)　Die êrsten drîer leie liute daz sint die hœhsten unde die hêrsten [142: 26-27]（まず最初の 3 つの階級，それは最上身分で最も高貴な人々のことである.）

4.3.4. 並列構造の多用

話し言葉では，従属構造よりも並列構造が好まれる傾向がある．ベルトルトでも，従属文（ただし関係文，間接疑問文を除く）を導く接続詞は，daz, als, wie など少数に限られ，文は多くの場合「等位接続詞」（例 unde），「副詞的接続詞」（例 sô）または「連辞省略」（asyndeton）によって連結される．なかでも「理由」を表す wan（50 例）は，等位接続詞，従属接続詞のどちらにも用いることが可能だが，ベルトルトでは前者（48 例）が圧倒的に多い（なお (6) に出てくる wan の用例も参照のこと）.

(8)　Unde die obern kœre sullent dich vertiligen umbe die trügenheit, wan die sint rehte dar zuo geordent, daz sie alle trügenheit rihten sullen, die werltlîchen rihter [146: 32-35]（そして上位の合唱隊は，お前をその詐欺のゆえに処刑するであろう．なぜならば彼ら世俗の法官たちは，あらゆる詐欺を裁くためにその階級に序列されているからだ.）

5.　まとめ

今回の調査では，今後のベルトルト研究にとって参考となると思われる特徴として次のことが確認できた：　1) 説教には構成上一定のパターンがあること，2) 難解な修辞を避けた平明な文構造が使われていること，3) 説教は当時の話し言葉を探る上で貴重な資料となりうること．そして最後に次のことを指摘しておこう．ベルトルトのドイツ語（13 世紀後半）と中世騎士文学興隆期のそれ（13 世紀中頃まで）とは，一様に中高ドイツ語に分類されるが，両者

の間にはとりわけ統語法とテキスト構造の点でかなりの相違が認められる。今回行ったような説教などの散文データに基づく言語分析は，中世騎士文学からの韻文データに多くを依拠してきた伝統的な中高ドイツ語研究のありかたに対して，再検討を迫るような新たな知見をもたらすことが期待できる。

参考文献

Banta, Frank G. (2001) "Berthold von Regensburg," Wachinger, B. (ed.) *Deutschsprachige Literatur des Mittelalters. Studienauswahl aus dem Verfasserlexikon*, 17–23, Walter de Gruyter, Berlin・New York.

Grosse, Siegfried (2000) "Reflexe gesprochener Sprache im Mittelhochdeutschen," Besch, W. et al. (eds) *Sprachgeschichte: ein Handbuch zur Geschichte der deutschen Sprache und ihrer Erforschung*, 4 vols, 2nd edn, 1391–1399, Walter de Gruyter, Berlin・New York.

Röcke, Werner (ed.) (1983) *Berthold von Regensburg. Vier Predigten. Mittelhochdeutsch/Neuhochdeutsch*. Philipp Reclam jun., Stuttgart.

Sonderegger, Stefan (1981) "Gesprochene Sprache im Nibelungenlied," Masser, A. (ed.) *Hohenemser Studien zum Nibelungenlied* 3/4, 360–380.

Weithase, Irmgard (1961) *Zur Geschichte der gesprochenen deutschen Sprache*, 2 vols, Tübingen.

動詞の自他対応による方言の成立とその分布
——「かたる」と「のさる」をめぐって——*

堀畑　正臣
熊本大学

はじめに

　熊本や佐賀，長崎，福岡等の肥筑方言で使用する自動詞「かたる（加わる）」は他動詞「かてる（加える）」と対応する語である．しかし，小学館『日本国語大辞典』（第二版）〔以下『日国大』（第二版）と略す〕の記述は他動詞「語る」の項目に入っている．また，九州西南部（長崎県，熊本県の水俣，天草，球磨，宮崎県，鹿児島県等）で使用する自動詞「のさる」については，記述は方言ばかりで，文献上の使用例の記載はない．自動詞「かたる」—他動詞「かてる」，他動詞「のせる」—自動詞「のさる」は自他の対応の類推から生じた語で，そのため方言の分布にも偏りが見られる．本稿は，自他の対応の類推から新たな方言を成立させることがあり，そのようにして生じた方言は，一見，方言周圏分布のように見えても，実際は地域ごとの成立によるものであり，分布が変則的，限定的になりやすく，文献上も用例がなかなか見つからない語となることを述べる．

1.　「かたる」について

　熊本地方で「かたる」は，

　　(1)　あんたも仲間にかたらんね．　　　（あなたも仲間に加わらないか．）
　　(2)　わたしも仲間にかたりたかね．　　（わたしも仲間に加わりたいな．）
　　(3)　あん人が仲間にかたるといやばい．　（あの人が仲間に入るといやだ．）

---

　* 本稿は第 267 回筑紫日本語研究会（2016 年 8/8，9　於九重共同研修所）で発表したものを改稿したものである．ご意見を戴いた方々に感謝申し上げる．

（4）　あんたも仲間にかたればよか.　　　（あなたも仲間に入ればいい.）
（5）　おまえも仲間にかたれ.　　　　　　（おまえも仲間に加われ.）
（6）　わたしも飲み方にかたろうかね.　　（わたしも宴会に加わろうかな.）

上記のように自動詞として使用され,「かたらん（未然形）, かたります（連用形）, かたった（音便形）, かたる（終止形）, かたる時（連体形）, かたれば（仮定形）, かたれ（命令形）, かたろう（意志形）」をもち, ラ行五段活用の自動詞である. 熊本市内には熊本県の物産を集め販売する施設の名前が「カタランネ」として存在する. これは, 福岡, 熊本, 佐賀, 長崎, 大分, 鹿児島等で使用が認められ, 九州地方でよく使用される語である.

ところが, 『日国大』（第二版）には「語る」の項に次のように記載する.

> **かたる**　〔他ラ行五（四）〕**①**物事を順序だてて話して聞かせる. 物事をことばで述べて相手に伝える. 話す.（文例は必要箇所のみ, 以下同）**②**文章に節（ふし）をつけて読む. 朗読する様に読む.**③**芸能としての語りものを演ずる.**④**いつも語り合っているように親しくする. 親しくまじわる.**⑤**ある状態や性質などが, ある意味をおのずから表し示す.**⑥**（自動詞的に用いて）仲間になる. ＊病院の窓（1908）〈石川啄木〉「野村さんにも加担（カタ）って貰ふべいか」（下線は堀畑, 以下同）

⑥の用例が明治以降と新しい. そして, 方言の記述でも次のように「語る」の意味と「加わる」の意味の「かたる」を混ぜて記載している.

2.　「かたる」の方言分布

『日国大』（第二版）の「かたる」の方言の記述は以下のようである.

> 〔**方言**〕① 話す. しゃべる. ② 告げる. 言いつける. ③ 赤ん坊が話すように声を出す. ④ 縁談を申し込む. ⑤ 夫婦になる. 結婚する. ⑥ 子どもをあやす. 子守をする. ⑦ 仲間入りする. 加入する. ⑧ 仲間に入れる. ⑨ 共同で仕事をする. ⑩ 遊ぶ. ⑪ 従う. 連れだつ. ⑫ けんかの相手になる. ⑬ 世話になる. 扶養してもらう. ⑭ 共鳴する. ⑮ 抱く. ⑯ 教わる. ⑰ しかる.

「かたる」の方言の記述で「①, ②, ③, ④, ⑥, ⑭, ⑯, ⑰」は,「語る」

の意味とその派生と捉えられるが，「⑦ 仲間入りする．加入する．⑧ 仲間に入れる．⑨ 共同で仕事をする．⑩ 遊ぶ．⑪ 従う．連れだつ．⑫ けんかの相手になる．⑬世話になる．扶養してもらう．⑭ 共鳴する」は「語る」ではなく，「かたる（加わる）」と解される．また，「⑤ 夫婦になる．結婚する．」も後述の「かてる（糅てる）」の意味との関連から「かたる（加わる）」の派生と考えられる．（なお，「⑮ 抱く」は未詳である．）

　⑤，⑦～⑭の方言の意味には使用地点（番号）がついているので，それを見てみよう．

> ⑤ **夫婦になる．結婚する．** 伊豆八丈島（情人になる，交合する）077，080 北海道 065 青森県 073，084 岩手県九戸郡 088 秋田県鹿角郡 132 山梨県南巨摩郡 463 長野県東筑摩郡 480 静岡県磐田郡 543
>
> ⑦ **仲間入りする．加入する．** 青森県 073，075 岩手県 088，091，097 宮城県栗原郡 114 秋田県 130 山形県庄内 139 群馬県 221，236，246 埼玉県秩父郡 251 東京都大島 326 八丈島 343 新潟県中越 373，379 福井県大飯郡 447 山梨県南巨摩郡 038 長野県 473，480，488 静岡県 520 滋賀県高島郡 614 京都府 620，622 福岡県 872 福岡市 877 長崎県壱岐島 038，904，910 熊本県 058，918，921 大分県 938 宮崎県西諸県郡 947 都城 957 ◇**かたい** 鹿児島県 963，968，969
>
> ⑧ **仲間に入れる．** 青森県上北郡 082 群馬県吾妻郡 218 鹿児島県種子島 979 　◇**かたらわん** 沖縄県首里 993
>
> ⑨ **共同で仕事をする．** 岩手県下閉伊郡 025 熊本県球磨郡 054
>
> ⑩ **遊ぶ．** 福井県遠敷郡・大飯郡 427
>
> ⑪ **従う．連れ立つ．** 盛岡 054 青森県津軽 075 岩手県九戸郡 038 上閉伊郡 097 秋田県北秋田郡 130 群馬県多野郡 230 埼玉県秩父郡 251 新潟県 347，383
>
> ⑫ **けんかの相手になる．** 京都府竹野郡 622
>
> ⑬ **世話になる．扶養してもらう．** 北海道 065 青森県 073，075 秋田県鹿角郡 132
>
> ⑭ **共鳴する．** 青森県津軽 075

　方言の分布から，「かたる（加わる）」の語は，「⑦ 仲間入りする．加入する．」の意味では，東北の青森，岩手，宮城，秋田，山形に見え，関東では群馬，埼玉，東京都の大島，八丈島の島嶼部，甲信越の山梨，長野，新潟，東海地方の静岡，北陸の福井，近畿の滋賀，京都に見え，西の方では九州地方に見えるこ

とから，一見すると周圏分布した語のように見える．しかし，「⑧ 仲間に入れる」は他動詞とみるべきで，青森県上北郡，群馬県吾妻郡，鹿児島県種子島などでは「他動詞：かたる（仲間に入れる）」が使用されており，形態的にはバリエーションがあったようである．

3. 「かてる」について

「かたる（加わる）〈自動詞〉」に対して，他動詞は「かてる（糅てる）」になる．秋山正次著『肥後の方言』（1979: 75）の「II 肥後の方言」には動詞「カツル」を取り上げて以下のように記載する．

> **カツル**　ウマイ話のとき「おれもカテロ（加えろ）」・「あ奴ばカツルならデケン（駄目）」など．共通語の重言的慣用句「カテテ加えて」の中に，このカテル・カツルという古語が残存している．共通語ではカテル・カツルは独立の語として用いることはなくなっているが，熊本方言ではカツルの外に「おれもカタロウ」のように自由にはたらく．語源は「つき合わせて一緒にする・加える」の意味に古くから用例があり，カテ飯（米にいも・野菜などを加える）など，あるいは飯に野菜をカテテ食うなどの用い方に，古義がよく生かされている．

また，他動詞「糅てる」を『日国大』（第二版）は次のように記載する．

> **かてる**【糅】〔他タ下一〕[文] か・つ〔他タ下二〕混ぜ合わせる．細かにきざんで混ぜる．＊書紀（720）（用例省略，以下同じ），＊万葉（8c 頃），＊南海寄帰内法伝平安後期点（1050 頃），＊色葉字類抄（1177-81），＊壒嚢抄（1445-46）
>
> 〔方言〕❶ **加える．合わせる．混ぜる．**青森県 073 秋田県鹿角郡 132 山形県 139 群馬県多野郡「おかずを御飯にかって食べる」246 神奈川県高座郡 054 津久井郡 314 新潟県西頸城郡 385 長野県諏訪 468 佐久 493 岐阜県加茂郡 052 静岡県 038, 530, 535 愛知県東加茂郡 565 長崎県南高来郡 038 熊本県下益城郡 930 鹿児島県出水郡（用例略）038 ◇**かつる** 熊本県 921, 931, 933
>
> ❷ **仲間に加える．加入させる．**北海道函館 050 青森県 075, 082, 084 岩手県 088, 092, 098 秋田県 130, 132, 136 群馬県勢多郡「おにごとにおれもかてない（入れてください）」236 多野郡 246 埼玉県秩父郡 251

東京都南多摩郡 310 八王子 311 大島 326 神奈川県 314 新潟県 361，373 福井県 431 山梨県 461，463 長野県 475，484，491 静岡県 520 愛知県八名 549 香川小豆島 829 長崎県対馬 913 熊本県「かてん（仲間に入れない）」918 ◇かつる 福岡県 072，876 大分県 938 ◇かっつる 長崎県対馬 910 ◇かってる 大分県大分郡 057 ◇かっちぇる 長崎県対馬 913

❸ **子供をあやす．遊ばせる．守りをする．** 青森県 075，082，084 岩手県 092，093，097 秋田県鹿角郡 132

❹ **副食物にする．** 青森県 073 新潟県 358，366，371 ◇かつる 宮崎県東諸県郡 954 ◇かてぃるん・かてぃん 沖縄県八重山 996 ◇かてぃゆん 沖縄県首里 993

❺ **夫婦にする．めあわす．** 岩手県九戸郡 088 新潟県中頸城郡 384

❻ **老人を養う．** 秋田県鹿角郡 132

❼ **加わる．加入する．** 岩手県岩手郡 089 福井県 428 長野県南佐久郡 054 上田 475 大分県宇佐郡・西国東郡 939

❽ **共に遊ぶ．** 青森県 073 上北郡 074

　先述の「かたる（加わる）〈自動詞〉」の「⑦ 仲間入りする．加入する．」と「かてる〈他動詞〉」の「❷ 仲間に加える．加入させる．」が対応している．「かたる〈自動詞〉」の「⑤ 夫婦になる．結婚する．」と「かてる〈他動詞〉」の「❺ 夫婦にする．めあわす．」が対になっているのがわかる．

　以上のように，自動詞「かたる（加わる）」は，他動詞「かてる」と対をなすもので，「語る」の語の中に，「⑥（自動詞的に用いて）仲間になる．」の項目を記載するのは誤りである．この語は「かたる（加わる）」の意味で新たに立項すべきである．さらには方言の記述では，「かたる」には「語る」からの意味の派生と「かたる（加わる）」からの意味の派生を混じえて記載している．それらを分けて記載する必要があろう．

　また，「かたる」が青森県上北郡，群馬県吾妻郡，鹿児島県種子島で他動詞「⑧ 仲間に入れる」の意で使用されているが，それと対応するように岩手県岩手郡，福井県，長野県南佐久郡，上田，大分県宇佐郡・西国東郡で，「かてる」を自動詞として「❼ 加わる．加入する」の意味で使用する．この他，インターネットの調査では「かたる〈自〉」—「かたす〈他〉」と対応する地域（静岡等）もある．このように自他の対応は地域で変化がある．

　西尾寅彌（1954：43）には，〈-eru〉（他・下一）—〈-aru〉（自・ラ四）の自

他の対立例は多く存在し，語によっては万葉時代から例が見えるが，類推によって派生した語（例：受ける‐受かる）の場合は，「受ける」は古事記・万葉集から用例が見えるが，「受かる」の方は明治以前の用例を見いだすことはできないという．類推により派生した語は新しい場合が多いのである．

4. 自他の対応について

西尾寅彌（1954: 46-48）は自動詞と他動詞の対立を次のように分類する．

　　（A）：（B）以外ノモノ　　　　　　自動詞—他動詞
(1) 〈-eru〉（下一）—〈-u〉（四）：　抜ける—抜く，割れる—割る
(2) 〈-u〉（四）—〈-eru〉（下一）：　附く—附ける，向く—向ける
(3) 〈-aru〉（ラ，四）—〈-u〉（四）：　塞がる—塞ぐ，刺さる—刺す
(4) 〈-aru〉（ラ，四）—〈-eru〉（下一）：掛かる—掛ける，曲がる—枉げる
　　（B）　他動詞がサ行四段（又ハサ行一段）活用ヲナスモノ自動詞ガ四段活
　　　　　用ノ場合
(5) 〈-u〉（四）—〈-asu〉（サ，四）：驚く—驚かす，乾く—乾かす
(5)′ 〈-u〉（四）—〈-aseru〉（サ，下一）：合う—合わせる
　　自動詞がラ行四段活用ノ場合
(6) 〈-ru〉（ラ，四）—〈-su〉（サ，四）：悟る—さとす，残る—残す
(6)′ 〈-ru〉（ラ，四）—〈-seru〉（サ，下一）：乗る—乗せる，寄る—よせる
　　自動詞が下一段活用ノ場合
(7) 〈-eru〉（下一）—〈-asu〉（サ，四）：更ける—更かす，逃げる—逃がす
　　自動詞がヤ行下一段活用ノ場合
(7)′ 〈-eru〉（ヤ，下一）—〈-asu〉（サ，四）：冷える—冷やす，絶える—絶
　　　　　　　　　　　　　　　　　　　　　　やす
　　自動詞がラ行下一段活用ノ場合
(8) 〈-reru〉（ラ，下一）—〈-su〉（サ，四）：現れる—現す，流れる—流す
　　自動詞・他動詞の対立はおよそ上の如くに分類され得るのであるが，この表は見方を変えれば，そのまま直ちに日本語の動詞の自他対立の諸形式を示したものと考え得られよう．（中略），自動詞から他動詞をあるいは他動詞から自動詞を派生せしめる型，いいかえれば，派生形式ともいうべきものとして，動的に把握することのできるものも，中にはあると考えられる．歴史的にみて，相当古くから自動詞他動詞共に存在した例も多いが，

また一方がかなり後れてできたと考えられるものもあり，それらは各々の型による派生と考えられるからである．また，時代による各型の派生力の消長もあるかも知れない．

「かたる〈自〉」—「かてる〈他〉」は「(4)〈-aru〉(ラ，四)—〈-eru〉(下一)」の対立になる．寺村秀夫 (1982: 309)「5. 動詞の自他–語彙的態の類型」には，これが「自他の対立の最も語数の多いもの」と述べる．「かてる〈他〉」から「かたる〈自〉」が生まれ対になったものである．他にも「かたる〈他〉」—「かてる〈自〉」や「かたる〈自〉」—「かたす〈他〉」等，地域で変種が生じた．これらは動詞の自他の対応形式からの類推で成立したもので，古い用例が見えないものである．

「かてる〈他〉」—「かたる〈自〉」等の分布は地域毎の成立によるもので，九州と東北に見られるから方言周圏分布と捉えるべきではない．動詞の自他対応から生じた語は，地域毎にその成立過程を考える必要がある．

5. 「のさる」について

今から 30 年程前，NHK ラジオで水俣病の女性患者と NHK アナウンサーの対談があり，それを録音した．その女性患者は父親と一緒に船にのり，漁をする人だった．水俣病の関係もあり，漁をしながら何度も船から海に落ちたが，海の方がまだ船の上より苦しみが少なかったという話があり，水俣病に苦しんで死にたいと思っていたら，父親から「水俣病はのさりと思え」といわれたという．NHK アナウンサーは分からなかったようで，『『のさり』って何ですか？』とすぐに聞いた．「水俣病は神様からの授かり物と考えよ」と父親は言ったのである．「水俣病をのさりと思え」という父親とその娘さんの重い受け止め方に私は心を打たれた．水俣，天草で使う動詞「のさる」や名詞「のさり」は一般には知られていない，豊かな自然の中で生きていく民が，自分に与えられたものを天からの恵みと捉える「のさり」や「のさる」は天草や水俣だけでなく，宮崎でも使うということがその後わかった．

- わっか時，ようまじめに働いとらんと，年取ってからのさりのなか．
  (若い時によくまじめに働いていないと老後は豊かな生活ができない．)
- 私たち夫婦には子供はのさらんだった．
  (私たち夫婦には子供は授からなかった．)

秋山正次（1979：84）では「ノサル」を取り上げて以下のように記載する.

　ノサル　宝くじ当選のような幸運にめぐりあった人はノサットル，はずれた人はノサランだったことになる．ノサルは俗語のノサバルのノサと同根で，狂言記に「ノサ者どもが酒を食べ乱舞などいたす」とあるノサ者のように，平然として物にこだわることのない状態をいった語である．副詞ノサノサも同じ意で近松「ノサノサと物におそれぬ威勢なり」とある．ノサ者がノサノサしているように泰然とした心境・状態に自然になることがノサルという語の本来の意味であろう．幸運に「乗せられる」とかの「乗ス」とは関係のないことばであると思う．

　この解説には方言使用者として腑に落ちないものがある（尚，真田信治・友定賢治編（2007：283）もこの説を踏襲して似たような説明をしている）．
　藤本憲信（2011）は以下のように用例のみを示す.

　【ノサリ】　（名）中・高年層．授かり．運．⇒ヌサリ．
　【ノサル】　（動・五段）恵みにあずかる．運に恵まれる．ヨカ　オコナイバ　スル　モンナ　ノサル．（いい行いをする人は，運に恵まれる.）⇒ヌサル．
　【ヌサリ】　（名）天草．中・高年層．授かり．天の恵み．⇒ノサリ
　【ヌサル】　（動・五段）八代．高年層．恵みにあずかる．運に恵まれる．オコナイノヨカケン　ヌサットットタイ．（行いがいいから，運に恵まれているのだよ.）⇒ノサル．

『日国大』（第二版）は以下のように記載する.

　のさる【乗】　〔動〕［方言］❶乗る．岩手県 088, 096, 102 宮城県仙台市 125 秋田県北秋田郡「車にのさる」130 鹿角郡 132 山形県「汽車にのさって来た」139 福島県相馬郡 156 栃木県塩谷郡 201 新潟県佐渡 352 静岡県志太郡 535 榛原郡 541 広島県 771 ◇ぬさる 青森圏南部 073 岩手県九戸郡 088 気仙郡「まっこさぬさる（馬に乗る）」100 宮城県 113, 116, 121 秋田県鹿角郡 132 福島県 155 ◇のはる 岩手県気仙沼郡 100 ◇ぬはる 青森県南部 068 岩手県中通 068 宮城県北部 068 山形県村山 138 ◇のっつぁる 新潟県中頸城郡 384
　❷乗せることができる．載せることができる．栃木県「棚の上にまだのさるぞ」198 長野県佐久 493 岐阜県飛騨 502

❸ 上にかぶさる．付いている．広島県比婆郡 774 ◇**のさわる** 長崎県南高
来郡 904

❹ **分配にあずかる．運命づけられる．授かる**．長崎市「この五銭は僕に
のさった」053 熊本県 918, 933「景品ののさらんぢゃった（もらえな
かった）」936 大分県 938 宮崎県東諸県郡 954 都城 956 鹿児島県肝属
郡「あの人は金ののさったしとぢゃ」970 ◇**のさわる** 長崎県南高来郡
904 長崎市「その金はあーたに，のさわっとっとたい」906 ◇**ぬさりゆ
い** 鹿児島県喜界島 983

「のさる」の「❶乗る」は自動詞である．「❷乗せることができる．載せるこ
とができる」は，使役態と可能形を合わせたような意味である．分布も新潟か
ら東北にかけて広がっている．「❸上にかぶさる．付いている」は，「❹分配
にあずかる．運命づけられる．授かる」の派生かと思われる．❹の意味は長
崎，熊本，大分，宮崎，鹿児島に分布していて，九州の南西部に見られるよう
である．

西尾寅彌（1954: 49）「動詞の派生について—自他対立の型による—」には，

次に「戸があく」「戸をあける」における〔あく—あける〕という対立は，
〔向く—向ける〕〔沈む—沈める〕〔育つ—育てる〕等とともに（2）型に属
する．〔あく〕〔あける〕双方とも古くから多く文献に見える．
　これに対して〔あかる〕という語が比較的新しく出来た．大言海には，
　　あかる（自動，四）開〔明くるノ自動（懸くる，かかる．漬くる，つ
　　かる）〕開く．（自動）「戸ガあかッテキル」

とあり，口語（訛語，或ハ俚語）の印が附けられている．これは，〔あく
—あける〕という自他の対立がすでにあるにも拘わらず，他の多くの
〈-eru〉（他，下一）—〈-aru〉（自，ラ四）という形の対立への類推で〔あ
ける〕から〔あかる〕が派生し，ここに自動詞として〔あく〕〔あかる〕が
並び存するに至ったものと考えられる．（意味上語感上多少の相違を担い
つつ）これを今かりに，

　　　あける（他）—あく（自）　　（2）型
　　　　　　↘あかる（自）　（4）型（—は対立を，→は派生を示す）

　（中略）
　（5）′型・（6）′型に対して（4）型がはたらきかけた例もある．
　　　合わせる—合う　　（5）′型　　載せる—載る　　（6）′型
　　　　↘合わさる（4）型　　　　　↘<u>載さる</u>（4）型

寄せる—寄る　　(6)′型
　　　↘寄さる　(4) 型

　(4) 型は〈-eru〉型他動詞から自動詞を派生せしめて，盛に自他の対立を作り出すばかりではなく，(2) (5)′ (6)′ の型の自他の対立がすでに存在する例にさえもはたらきかけて (4) 型の対立をも新たに作り出すことがある．故に (4) の型は派生力が強く，歴史上新しい動詞を派生せしめてきたし，また現に派生の可能性を内包するものといえよう．

と述べる．共通語では**ラ行五段自動詞**「のる」→**サ行下二段他動詞**「のす」→**サ行下一段他動詞**「のせる」という展開であったが，九州西南部では，**ラ行五段自動詞**「のる」→**サ行下二段他動詞**「のす」(のする)→**自動詞**「のさる」の**成立**と展開したものであろう．

　自動詞「のる」と他動詞「のす」(古語) が対になる意味で存在し，その後共通語では「のす」が他動詞「のせる」と下一段化したが，九州は終止連体が合一した後も下二段を維持しつつ，他動詞「のする」が存在した．その「のする」から「自然に何かを授かる，めぐまれる」，そこから発展して「天から恵みとして授かる」という自動詞「のさる」を，九州西南部で新たに作りだしたものであろう．自他対応を利用して，地方で独自に発生した意味と形態がその地域独特な意味を持つ方言を形成したものと思われる．「のさる」が九州西南部だけで使用され，文献上も用例が極めて見つかりにくいというのがその証であろう．尚，『日国大』(第二版) の「のせる」の項目**⑨**に「飲む，食うことをいう，人形浄瑠璃社会の隠語」とあり，洒落本や滑稽本の例を掲載する．この他，動詞「のせる」に対して自動詞の「のさる」(食べられる，何かを授かる) ができたという道筋が考えられる．使用場面では食べ物の恵みが多く，そこから「天から恵みとして授かる」へと進展したかと思える．この点は浄瑠璃の歴史との関連も含め，今少し後考に俟ちたい．

おわりに

　九州肥筑方言で使用する自動詞「かたる (加わる)」は，他動詞「かてる (加える)」と対応する語であり，九州西南部で使用する自動詞「のさる」は他動詞「のせる」から，自他の対応に類推して生じた語である．そのため文献上用例が少なく，方言分布に偏りが見られる．動詞の自他の対応からの類推で新たな方言が日本各地で成立する．それらは方言周圏分布ではなく，地域ごとの成立

であり，そのために分布が限られたり，形態的に自他の入れ替わりがあったり，文献上に用例が見えなかったりするのである．

引用文献・参考文献

秋山正次（1979）『肥後の方言』桜楓社.

秋山正次・吉岡泰夫（1991）『暮らしに生きる　熊本の方言』熊本日日新聞社.

藤本憲信（編著）（2011）『熊本県方言辞典』熊本県方言研究会.

平山輝男他（編）（1992-1994）『現代日本語方言大辞典』明治書院.

西尾寅彌（1954）「動詞の派生について—他対立の型による—」（『国語学』17，国語学会，西尾寅彌（1988）『現代語彙の研究』明治書院，所収）

真田信治・友定賢治（編）（2007）『地方別　方言語源辞典』東京堂出版.

小学館『日本国語大辞典』（第2版）

須賀一好・早津惠美子（編著）（1995）『日本語研究資料集動詞の自他』ひつじ書房.

寺村秀夫（1982）『日本語のシンタクスと意味I』くろしお出版.

『ダーバヴィル家のテス―清純な女―』試論
―〈光〉と〈闇〉の織りなす世界―

光永　武志

熊本高等専門学校

1. はじめに

　トマス・ハーディによる小説『ダーバヴィル家のテス―清純な女―』(以下,
『テス』と略す.) という物語は,幾たび読んでも読者をして飽かすことがない.
あまりに残酷な〈運命〉に翻弄されながらも,その本質としては決してぶれる
ことなく自分の人生を歩んでいく主人公テス (Tess Durbeyfield) の魅力はいっ
たい何処に起因するのだろうか.

　この女主人公は一度ならず,数マイルの距離を物ともせず二本の脚で歩いて
行く.その歩みから受ける印象は極めて力強いものである.[1] 比喩的な意味だ
が,歩行する彼女の周囲には両親・多くの弟妹達からなる家族や村人達,そし
て 2 人の男性エンジェル・クレア (Angel Clare) とアレク・ダーバヴィル
(Alec d'Urberville) が深く関わりを持ちながら,やはり彼女とともに人生の
道を歩いて行く.その意味では彼らもまたテスの美質から生じる渦に抗う事も
出来ずに巻き込まれているとも言えよう.自分の人生を,時に悪戯好きな〈運
命〉に翻弄されながら懸命に生きていくテス.彼女が異教の古代遺跡ストーン
ヘンジの,その昔太陽への生け贄として用いられていた石上で,愛するエン
ジェルに見守られながら暫しの安息を得た時,縁ある全ての者達を後に残しつ
つ,この物語は彼女の人生の最終幕へと突入する.[2]

---

[1] テスは,フリントコム=アッシュ (Flintcomb-Ash) からエミンスター (Emminster) のク
レアの両親の住む牧師館までの片道 15 マイル (44 章) や,母の病気を妹ライザ・ルー (Liza-
Lu) から知らされ,フリントコム=アッシュからマーロット (Marlott) の実家へ夜道を 15 マ
イル進んだりする.(50 章)

[2] Roman Polanski 監督,主演 Nastassja Kinski の映画 *Tess* (1979) 及び itv 版 Justine
Waddell 主演の *Tess Of The D'urbervilles* (DVD 2007) では,このストーンヘンジをラスト
シーンとしている.一方,BBC 版の Gemma Arterton 主演の *Tess of the D'Urbervilles*

この小説は画家ターナーの描く絵画を想起させるような〈闇〉と〈光〉の画布を背景として進行し，最後は朝日の降り注ぐ中，母親ジョウン（Joan）の先祖と関わりのある場所で終わりを迎える．[3]

ヨハネの福音書に "The light shines in the darkness, and the darkness has not overcome it." (John 1:5) とあるが，小説『テス』においてもこの聖書の文句のように〈光〉と〈闇〉は二項対立するもの，対峙するものとしてその役割を果たしているのであろうか．

読者にしてみれば，〈光〉の世界と認識していた状況が，一瞬にして〈闇〉へと反転する，あるいは逆の場合も在り，両者は不可分な要素として存在する．換言すれば，この物語において〈光〉と〈闇〉とは両性具有的な存在，有機的な存在と考えることは出来ないのか．

こういった問題意識から『テス』を再度検討してみたいというのが，小論で扱う内容である．〈光〉と〈闇〉，さらには〈変化〉を手がかりとして，また詩人ミルトンにも触れながら，『テス』のもつ魅力の1つを解すことを目的とする．

2. 序章としての〈闇〉と〈光〉
─アレクによる誘惑とエンジェルによる求婚─

美しい田舎娘テスの身に降りかかる悲劇的な出来事の列挙を試みるならば枚挙にいとまがない．酒好きな行商人の父ジョン（John）と善良だが愚かな母ジョウンという両親の存在のもと，思慮の足りない歴史好きな牧師のお節介，一家の生計に不可欠な馬プリンスの事故死，偽りの親類アレクとの出会い，彼との間に出来た子ソロー（Sorrow）の早すぎる死，農場での過酷な年季奉公などがある．これら1つ1つは，若いときに建築家であったハーディにとり，まるで1つの建物を作る際の材料のようなものである．

作者ハーディはこれらの素材を見事に配置し，事件の連鎖を紡ぎ出していく．甲が生じたために乙が生じ，乙のために丙が引き続き発生するという案配である．テスは一連の因果関係により，アレクと出会い，誘惑され，"Maiden

---

(DVD 2008) では，掲げられた黒い旗を見届け，手を繋ぎ歩き去るエンジェルとライザ・ルーの姿で終わる．

[3] 作家ハーディの画家ターナーへの傾倒については以下を参照．井出弘之 (2009)『ハーディ文学は何処から来たか─伝承バラッド，英国性，そして笑い』（東京：音羽書房鶴見書店，4-7)

288 　　　　　　　　　　V. 方言学・文体論・文学

No More"（第2編「もはや処女ならず」）となりヴィクトリア朝の社会的因習
としての〈罪〉を犯してしまうという筋書きである.

　「ご猟林」（The Chase）での出来事自体は言うに及ばず，それに先立つ場面
では，〈光〉と〈闇〉の対比が果たす役割は甚だ大きい. チェイズバラ（Chase-
borough）の倉庫でのダンスでは埃の舞う中で蝋燭の〈光〉が象徴的にその場
を照らす. この描写はまさに絵画そのものである. その後皆で村へ帰る時には
月光が道を照らしていた（10章）.

　テスにとっての大事件が，作者の言葉を借りるならば，"An immeasurable
social chasm"（*Tess,* 83; ch. 11）[4] が以後の我らがヒロインと以前の彼女とを
分断してしまうことになるのも，その舞台は光溢れる昼間ではなく，〈闇〉の
支配する夜である点を指摘しておきたい.[5]

　だが，これらの不運なる出来事の連鎖は，ヒロインのテスにとってみれば，
後に陥る真なる心の〈闇〉の序章に過ぎない.

　経済的な問題もあり，やむなくトールボットヘイズ（Talbothays）の酪農場
へ働きに行くことになり，そこで当人達，少なくとも敬虔なる牧師の三男エン
ジェルは，2人の最初のダンスでの出会いを明確には記憶していないながらも，
読者からすれば，若い男女は「再会」することになる.

　このトールボットヘイズの酪農場での生活は，恋する若者達が恋愛をめぐり
幸福の中にあるが故に，全般的には〈光〉の側面をより多く持つことは言うま
でもない.

　〈光〉を扱う数ある美しい描写例として以下の2つを挙げる.

> The spectral, half-compounded, *aqueous light* which pervaded the open
> mead impressed them[Clare and Tess] with a feeling of isolation, as if
> they were Adam and Eve. 　　　　　　　　（*Tess*, 145; ch. 20, italics mine）

---

　[4] 『テス』からの引用は *Tess of the d'Urbervilles*, ed. Grindle, Juliet and Simon Gatrell
(New York: Oxford University Press, new edition 2005) を使用し，以後，*Tess* と略記し，
ページ数の後に章を付す. また，邦訳はハーディ『テス』（上・下）井上宗次・石田英二訳（東
京：岩波書店，岩波文庫，1960）を主とし，時に『テス』（上・下）井出弘之訳（東京：筑摩書
房，ちくま文庫，2004）及び『ダーバヴィル家のテス』高桑美子訳，トマスハーディ全集 12
（大阪：大阪教育図書株式会社，2011）を参考とした.
　[5] 先輩作家たちがあまり触れることのなかった「夜」に対してハーディが与えた意図や「昼
間の圧迫感から解放し，安らぎ・精神的自由を与えてくれる唯一の避難的時間」としての「夜」
については以下を参照. 那須雅吾（2014）「トマス・ハーディの描いた「夜」の深意について」
日本ハーディ協会ニュース 75 号.

「水のような光」は 2 人に対してアダムとイヴであるかのように周囲から隔絶された感じを与える.

> The mixed, singular, luminous gloom in which they[Tess and Clare] walked along together to the spot where the cows lay, often made him think of the Resurrection-hour.   He little thought that the Magdalen might be at his side. Whilst all the landscape was in *neutral shade*, his companion's face, which was the focus of his eyes, rising above the mist-stratum, seemed to have *a sort of phosphorescence* upon it.
>
> (*Tess,* 145–46; ch. 20, italics mine)

周囲の風景は「中間色」であるが, テスの顔は霧から浮かび上がり「一種の燐光」を帯びているような美しさである.

　穏やかな酪農場での日々の中, テスは悩みながらも結局はエンジェルの求婚を受け入れる. ただし, 過去の〈罪〉を言葉や手紙で彼に何度も告白しようと試みるも, 不運も重なり果たせないままである.

　本章の最後に, 〈光〉と〈闇〉と〈中間色〉について 1 つ示唆的な例を挙げておきたい.

> The grey half-tones of daybreak are not the grey half-tones of the day's close, though the degree of their shade may be the same. In the twilight of the morning, light seems active, darkness passive; in the twilight of evening it is the darkness which is active and crescent, and the light which is the drowsy reverse. (*Tess,* 145; ch. 20)

ここで作者は, 「夜明け」と「夕暮れ」の中間色を引き合いに出し, 類似してはいても実相は異なることを見事に描写している.〈中間色〉から〈光〉と〈闇〉のどちらにベクトルが向かっているか, 物語の進行と併せてこの点を認識することは, 本作品の理解においてより意味を持ちそうである.

3.　〈闇〉――テスの告白――

　結婚式が行われた大晦日の夜, ダーバヴィル家と縁のあるウェルブリッジ (Wellbridge) の農家で, 互いに行った過去の罪の告白により, 一転〈闇〉の中へたたき落とされたテス. 彼女はエンジェルのロンドンでの過去を許したにも拘わらず, 自分は彼に許されることはない. 彼の場合以上に, テス自らが選択

して犯した罪ではないのにも拘わらず．この瞬間，物語から〈光〉が完全に喪失し，舞台が反転するが如くに暗澹たる様相を帯びる．

　彼女の告白により，「彼の人生に，彼の宇宙にひき起こした恐ろしい全面的な変化」（下，13; 35 章）が生じることとなる．さらにこの箇所より前，テスの話が進行中すでに周囲には〈変化〉の兆しが生じ，「外部の事物すら，その様相を変えるように思われた．」（下，7; 35 章）のである．これはまさに『失楽園』において，堕落した直後のエデンの園における描写と通底する大いなる〈変化〉である．

> Earth felt the wound, and nature from her seat
> Sighing through all her works gave signs of woe,
> That all was lost. *(PL* 9. 782–84)[6]

蛇の姿となったサタンの誘惑により，イヴは禁断の実を口にしてしまう．かくしてテスの場合と同じく「全ては失われた」のである．

　エンジェルは意図せずとは言え，時代の因習に囚われた知識人として，テスを許すことは出来ずに別居することとなり，前者は新天地ブラジルへ，後者はマーロットの実家へ，さらには過酷な労働環境のフリントコム＝アッシュでの年季奉公の境遇に陥ってしまう．

　法的な夫エンジェルとの別離の中で，アレクによる執拗なまでの〈誘惑〉が続き，手紙1つ送ってこないエンジェルへの〈信頼〉と〈不信〉との葛藤が彼女の心中で大きな渦となる．前者としてはフリントコム＝アッシュから牧師館宛に出し，ブラジルのクレアのもとへ転送された手紙（48 章）．これはイギリスに帰国したクレアにより牧師館で読み返される（53 章）．一方，我が身の不条理を嘆き，彼への不信をぶつけた手紙（51 章）．こちらはクレアの帰国が近いこともあり，転送されずに牧師館で彼は初めて読む（53 章）．これら章を跨いで2度ずつ登場する2通の手紙は，物語を大きく動かす重要な役割を担う．

4. 〈光〉──楽園としての逃避行──

　新天地ブラジルでの失意の日々の末，名も示されぬ英国人による感化で因習的な考え方に変化が生まれ，テスの過去の問題を許す気持ちがエンジェルの心

---

[6] *Paradise Lost* からの引用は *Paradise Lost,* ed. Alastair Fowler (London: Longman, 1998) Second Edition に拠る．以後，*PL* と略記し，巻，行数を付す．

に芽生えてくる.

帰国後, 彼は必死でテスを探し求め, ようやくサンドボーン (Sandbourne) で彼女を見つけた時には, 有名な言葉「遅すぎたのよ」を一度ならず投げかけられる (55章). ハーディ文学全体の基本的条件として,「歴史的時間の不可逆性の強烈な認識」を指摘することが可能であろう.[7]

決して帰らぬとアレクが言っていたエンジェルが戻って来たと, またもやその言葉に騙され,「もう我慢することは出来ない」とテスはナイフでアレクを刺殺してしまう.

アレク殺害後, ようやく許し合え, ある意味では真の夫婦となった2人は, 徒歩による束の間の逃避行となる. 彼等は本当のアダムとイヴのごとく, 空き家「ブラムズハースト荘」(Bramshurst Court) を自分たちの楽園として数日を過ごす (57章). 物語中, 最も〈光〉の溢れる場面であると言って差し支えあるまい. まさに十七世紀の宗教詩人ミルトンが『失楽園』において描写する人類の親としてのアダムとイヴの似姿といっても良いかも知れない.

> A stream of morning light through the shutter-chink fell upon the faces of the pair wrapped in profound slumber, Tess's lips being parted like a half-opened flower near his cheek.　　　　　　　　(*Tess*, 413; ch. 58)

空き家の管理を任された地元の老婆が早朝にやって来て, 寝室で両者の休む姿をドアのわずかな隙間から見た際の描写がそのことを強く読者に印象づける.

作者ハーディはこの場面で, 情夫を殺した女と, ともに警察から逃げているその夫に対して "their innocent appearance" (*Tess*, 413; ch. 58) という表現をさり気なく用いている点は興味深い.[8]

5. 結び

テスは殺人の罪を償うためにウィントンスター (Wintoncester) で死刑となるが, その前にストーンヘンジにおいて, 自分なき後, 美しく成長した妹ライ

---

[7] 井出弘之 (2009: 13)

[8] *OED* (ver. 4.0) に拠れば, "innocent" は "Of persons: Doing no evil; free from moral wrong, sin, or guilt (in general); pure, unpolluted." (A. *adj.* 1.a.)「清純」であり「汚れていない」テスに対する, ハーディの暖かな視線からの表現である.

ザ・ルー（Liza-Lu）と夫婦となることをエンジェルに頼む．死後，来世での再会の可能性を問う彼女に，エンジェルはキスにより答えを暗示する．

　処刑後，彼はライザ・ルーと手に手を取り歩みを続ける．来世での再会ではなく，テスの身代わりとしての妹とエンジェルの姿に，読者は若干の心許なさを感じる．この描写はミルトンの『失楽園』最終巻におけるアダムとイヴの描写と類似してはいるが，後者の場合，2人の眼前には進むべき「世界」が暗示され「摂理」が案内者であるのに対して，前者にはそれらが欠如しているようだ．[9]

　ハーディに有名な「両者の邂逅」（"The Convergence of the Twain"）（1912）という詩がある．豪華客船タイタニック号の建造と氷山の形成はともに静かに進行し，いつか出会うことに最初から定まっていたという着想である．[10] 人間の力では変えることなど及ばずに，「内在意志」（18行）により，人生は進んで行く．テスの人生も彼女の意志とは関係なく，最初から決まっていたものと読者は諦観とも言える印象を持つ．[11]「『神々の司』は，テスに対する戯れを終わった」（下，292; 59）という『テス』の結末とともに，作者ハーディの思想の根底にあるものと言えるのかも知れない．第3編のトールボットヘイズの酪農場を舞台として，テスとクレアの将来についてハーディは次のように描く．

> All the while they[Tess and Clare] were converging, under an irresistible
> law, as surely as two streams in one vale.　　　　　　　(*Tess*, 144; ch. 20)

2人の男女の行く末は，まるでタイタニック号と氷山との結末と同じく，既にここで暗示されているではないか．

　拙論2章で引いた如く「灰色の中間色」を基点として，〈光〉へ，あるいは

---

[9] The world was all before them[Adam and Eve], where to choose
Their place of rest, and *providence their guide*:
They *hand in hand* with wandering steps and slow,
Through Eden took their solitary way.　　　　(*PL* 12. 646-49, italics mine)

[10] Ingham は，『テス』との関連において以下のように述べている．"Hardy was always fascinated by accounts of real or fictional events of a sensational kind which involved the utterly improbable actually happening. 'The Convergence of the Twain', his poem on the sinking of the unsinkable *Titanic*, is a perfect example of this." Patricia Ingham (2003) *Thomas Hardy* (New York: Oxford University Press, 171).

[11] "when I[Tess] am forbidden to believe that the great Power who moves the world would alter his plans on my account." (*Tess,* 340; ch. 46)

また〈闇〉へと状況が移ろう世界，自己の意志とは関係なく「内在意志」によって動かされていく世界で，それでも健気に「清純な」ままの女性として人生を全うした主人公テスに，読者は自然と心惹かれるのかも知れない．

参考文献（引用文献以外）

Bayley, John (1979) *An Essay on Hardy*, Cambridge University Press, Cambridge.

Gittings, Robert (2001) *Thomas Hardy*, Penguin Books, Bath.

井出弘之・清水伊津代・永松京子・並木幸充（訳）(2011)『トマス・ハーディの生涯』（トマスハーディ全集 16），大阪教育図書株式会社，大阪.

Kramer, Dale, ed. (2005) *The Cambridge Companion to Thomas Hardy*, Cambridge University Press, Cambridge.

Mallett, Phillip, ed. (2015) *Thomas Hardy in Context*, Cambridge University Press, Cambridge.

森松健介（訳）(1995)『トマス・ハーディ全詩集 I　前期 4 集』中央大学出版部，東京.

中村良雄 (1995)『「ダーバヴィル家のテス」を読む』松柏社，東京.

日本ハーディ協会（編）(2007)『トマス・ハーディ全貌』音羽書房鶴見書店，東京.

山川鴻三 (1995)『楽園の文学——エデンを夢見た作家たち——』世界思想社，京都.

VI. 英語教育

ウィルソン第一読本独習書に関する研究

馬本　勉

県立広島大学

1.　問題の所在と本稿の目的

　幕末から明治期にかけ，英米の生徒・児童用の読本，文典，綴字書などが日本に輸入され，翻刻されて広く英語教科書として用いられた．それら英語のみで書かれた教科書に対し，訳読を助ける「独案内（ひとりあんない）」や「直訳」と呼ばれる独習書が多く発行された．国立国会図書館所蔵のものをはじめ，デジタル資料としてウェブ上で閲覧できるものも多いが，全体像の解明が十分進んでいるとは言えない．独習書の内容や表現形式が多岐に渡ることがその理由の１つであろう．本稿は『ウィルソン第一読本』を取り上げ，独習書の類型を試みることを通じ，その全体像解明の一助とすることを目的とする．他の舶来読本に先駆けて使われ始め，多くの独習書が発行された最初の読本であることから，[1] 続く諸読本の独習書発行の流れを形作ったと考えられるからである．

2.　ウィルソン読本について

　ウィルソン読本は，Marcuis Willson（1813-1905）[2] が執筆した児童用読本であり，Primer（入門読本）に始まり，First Reader（第一読本）から Fifth Reader（第五読本）に至る．[3]「幕末から維新後にかけ各地で起こった洋学塾・英学塾で採用された英語読本中，首位の座を占めただけでなく，明治 5 年の

---

[1] 高梨・出来（1993: 23）によると，ウィルソン第一読本の翻刻本は 18 点（明治 12 ～ 23 年），独案内（直訳）は 31 点（明治 13 ～ 20 年）出版されたという．

[2] New York Times は 1905 年 7 月 3 日，"PROF. MARCIUS WILLSON DEAD: The School Book Author, 91 Years Old—Kept at Work to the Last" と Willson の死を伝えた．

[3] ウィルソン読本については，西本（2007, 2008, 2015）ほか，国語教育の分野で研究が進められている．

学制発布を受け明治6年文部省より出版された田中義廉編『小学読本』の編纂に際しても全面的に参照され（中略），また英語読本としても，明治15〜20年頃訪れる第2期英学熱高揚期にまで人気を保ち続け，明治初期の初等教育史上，大きな影響を与えた書物の一つ」という（大阪女子大学附属図書館 1991: 182）．第一読本（*The First Reader of the School and Family Series*）は Harper & Brothers から1860年に出版され，「本邦英學ヲ修ムル者必ラズ米人マーシアスウヰルソン氏第一讀本或ハサンダース氏ユニヲン第一読本ヲ以テ之カ階梯トス」（生駒（1885: i））と言われた．ただしキリスト教を前面に出した課もあり，「宗教的色彩が強かった」（伊村（2003: 128））とも評されている．ウィルソン第一読本（全84頁）の構成は次の通りである．各パートの特徴と，冒頭レッスンの本文を一部記している．

	各部の概要
Part I Lessons 1–26 pp. 3–10	Lesson 1 は A，2は B というように，各アルファベットで始まる単語を含む短文と挿絵からなる26課．末尾に Writing Lessons と Spelling Lessons. [Lesson 1] The ape and the ant. The ape has hands. The ant has legs. Can the ant run?
Part II Lessons 1–14 pp. 11–20	4文字を超えない単語で書かれた平易な文章と挿絵からなる14課．末尾に Spelling Lessons. [Lesson 1] Is it a new book? Is it a nice new book? May I read the book? You may take the book, and read it, and then you may tell me what is in it. Take good care of the book. Do not soil it, nor tear it.
Part III Lessons 1–16 pp. 21–34	5文字を超えない単語で書かれた平易な文章と挿絵からなる16課． [Lesson 1] CHILDREN IN THE WOODS. Is he kind to her? Yes, he is kind. He leads her by the hand, that she may not fall. Will they get lost there? No, they will get lost for the boy knows the way. Do they fear to be in the wood? No, they do not fear.
Part IV Lessons 1–32 pp. 35–68	6文字からなる単語や2〜3音節からなる易しい単語を含む文章からなる32課．Lesson 31 を除いて挿絵あり． [Lesson 1] THE BOY AND THE LILIES. Ah, my little boy, do not go too deep into the water. Do not reach too far.

	What do you wish to get there? I want to get that pretty lily, and the large lily leaves. Don't you see them on the water?
Part V Lessons 1-14 pp. 69-84	衣食住や自然と関連した計算や通貨，聖書や祈りなどに関する文章からなる14課．Lessons 1, 6, 7-11, 14に挿絵あり．末尾に掛け算表． [Lesson 1] COUNTING. 　Can you count? Can you count one, two, three, four, five, six, seven, eight, nine, ten pennies? 　If John should give you ten apples, and Mary should give you six, can you tell me how many you would then have? 　You must learn to count, and you must learn to do a great many little sums. Do you ever play marbles? How could a boy play marbles if he could not count them?

　　　扉　　　　　　　　Part I　　　　　　　Part III

　上の写真は1860年発行の原書である．使用年は不明であるが，扉ほかの押印や書き込みから日本で用いられたものと判断される．日本で版を改めて出版された翻刻版もあり，筆者が確認した範囲では，出版人として松井忠兵衛ほか（明治13），柳原喜兵衛（明治15），辻本信太郎（明治17），中村順三郎（明治18），山中市兵衛（明治18），永野亀七（明治19）らがある．次の一覧で示す独習書の発行年が明治5年を除き，明治13～20年であることとほぼ一致する．

3. ウィルソン第一読本独習書

　明治期の独習書として代表的なものは，「独案内」と「直訳」である．森岡 (1999: 108) によると，独案内は「英語の各単語に訓を施して，返り点によって語順を示す訓点本」，直訳は「その訓点を書き下した直訳本」である．ウィルソン第一読本にもこれらが発行されており，独案内と直訳以外のものを含め，現在筆者が確認しているものは次の 35 点である．[4] 内訳は，独案内 21 点，直訳 5 点，その他のものとして字書 6 点，音読 2 点，注釈 1 点がある．以下，各独習書の類型や特徴をまとめた一覧を示し，続けて各類型について述べてみたい．

ウィルソン第一読本独習書一覧

出版年	[通し番号]，訳著者，書名，出版者，（総頁数） 【類型】，掲載範囲（全ての場合は記載せず），特徴など
1872 明治 5	[1]　『ウィルソン氏英第一リードル插訳一』紀伊国屋源兵衛（和綴じ 25 葉） 　　　【独案内】Part III, Lesson 10 まで． [2]　『ウィルソン氏英第一リードル插訳二』紀伊国屋源兵衛（和綴じ 35 葉） 　　　【独案内】[1] の続編．Part III, Lesson 11 ～ Part IV, Lesson 14.
1880 明治 13	[3]　村井元道『維孫氏第一読本直譯』三浦源助（和綴じ 53 葉） 　　　【直訳】縦書き，訳文のみ．
1881 明治 14	[4]　中村愿『ウキルソン氏第一リードル字書』松井忠兵衛ほか（98 頁） 　　　【字書】単語と訳語．
1882 明治 15	[5]　岡田篤治『直訳ウキルソンリードル原書獨案内』岡田篤治（20 頁） 　　　【直訳】Part IV, Lesson 22 まで．英語発音カナ振り仮名あり．
1883 明治 16	[6]　中村愿『改正増補ウキルソン氏第一リードル字書』松井忠兵衛（144 頁） 　　　【字書】[4] の増補．続けて読めば訳文が完成するよう単語を列挙． [7]　中村愿『改正増補ウキルソン氏第一リードル直譯字書』松井忠兵衛（144 頁）

---

[4] この一覧は，筆者所蔵のもの，ならびにウェブ公開されている国立国会図書館，早稲田大学図書館の蔵書によって作成した．版（刷）の異なるものは，それぞれに通し番号を付して取り上げている．

	【字書】[6] と同じ内容だが，タイトルに「直譯」が付く.
	[8] 西山義行『ウキルソン氏第一リードル獨案内』岩藤錠太郎ほか（92 頁） 【独案内】Part IV, Lesson 8 まで. 原文・発音・訳語・訳順を罫線中に記す.
	[9] 栗野忠雄『ウキルソン氏第一リードル直訳』栗野忠雄（66 頁） 【直訳】縦書き，訳文のみ.
	[10] 眞野秀雄『ウキルソン氏第一リードル獨稽古』眞野秀雄ほか（146 頁） 【独案内】原文・発音・訳語・訳順を備えた独案内の典型.
	[11] 青木助三郎『ウィルソン氏第一リードル獨学字彙』青木助三郎（24 頁） 【字書】単語と訳語.
	[12] 中村愿『ウキルソン氏第一リードル音読』中村愿ほか（69 頁） 【音読】発音カナ表記のみ.
1884 明治 17	[13] 眞野秀雄『ウキルソン氏第一リードル獨稽古』4 版，眞野秀雄ほか（146 頁） 【独案内】[10] の増刷.
1885 明治 18	[14] 西山義行『ウキルソン氏第一リードル獨案内』岩藤錠太郎ほか（199 頁） 【独案内】[8] が途中までであったものを最後まで. 罫線あり.
	[15] 生駒蕃『ウキルソン氏第一リードル獨案内』花井卯助ほか（136 頁） 【独案内】原文・発音・訳語・訳順を罫線中に記す.
	[16] 馬場栄久・細井僖吉『ウキルソン氏第一リードル獨案内』大竹常治郎（176 頁） 【独案内】課末に品詞別単語一覧を付す.
	[17] 馬場栄久・細井僖吉『ウィルソン氏第一リードル獨案内』再版，大竹常治郎（176 頁） 【独案内】[16] の増刷.
	[18] 伏原有文『ウキルソン氏第一読本字書』内藤半七（44 頁） 【字書】単語と訳語.
	[19] 伏原有文『ウキルソン氏第一読本直訳』内藤半七（132 頁） 【直訳】訳語と訳順. 独案内から原文と発音カナ表記を除いたもの.
	[20] 田中鬼武児『ウキルソン氏第一リードルかな附』夏目鉱三郎（73 頁） 【音読】原文と発音カナ表記. 独案内から訳語と訳順数字を除いたもの.
	[21] 田中利堅『ウィルソン氏第一リードル獨案内』赤沢政吉（139 頁）

	【独案内】原文・発音・訳語・訳順を備えた独案内の典型.
	[22] 増田隼多『ウキルソン氏第一リードル獨稽古』大淵浪（206頁） 【独案内】原文・発音・訳語・訳順を罫線中に記す.
	[23] 岡本信『ウキルソン氏正則変則第一リードル獨学』牧野善兵衛 （149頁） 【独案内】課末に句動詞等のフレーズ一覧を付す.
	[24] 吉田守善『ウキルソン氏第一リードル獨案内』山中市兵衛（100頁） 【独案内】Part IV, Lesson 16 まで. 挿絵が多い.
	[25] 生駒蕃『ウキルソン氏第一リードル獨案内』花井卯助ほか（161頁） 【独案内】[15] の罫線枠を減らし，間隔を広げたもの（10行から 9行へ）.
	[26] 高柳政簿『ウキルソン氏第一リードル獨案内』大野堯運（191頁） 【独案内】Part I は，訳語として漢字のみ使用.
1886 明治19	[27] 青木輔清『ウキルソン氏第一リードル読法改良直訳』洋書読法改 良会（38頁） 【直訳】Part III, Lesson 16 まで，原文と直訳，注釈あり. 英語発 音カナ振り仮名あり.
	[28] 高柳政簿『ウキルソン氏第一リードル獨案内』津田市松（112頁） 【独案内】[26] の行数を増やし，頁数を圧縮したもの.
	[29] 河井源吉『ウキルソン氏第一リードル英和対訳字引』此村彦助 （34頁） 【字書】単語，発音カナ表記，訳語.
	[30] 青木輔清『ウキルソン氏第一リードル読法改良插訳』洋書読法改 良会（106頁） 【独案内】発音カナ表記なし. ひとまとめで訳語を与えるフレー ズに下線を施す. 注釈あり. 祈りに関する課などの省略あり.
	[31] 近藤駒吉『正則第一リードル獨案内』佐藤乙三郎（191頁） 【独案内】[26] と同じ.
	[32] 大久保梅太郎『ウィルソン氏第一リーダー獨案内』栗田浅三郎 （191頁） 【独案内】[26] と同じ.
1887 明治20	[33] 高柳政簿『ウキルソン氏第一リードル獨案内』永野亀七（191頁） 【独案内】[26] の翻刻.
	[34] 長野一枝『ウキルソン氏第一リードル講義』吉岡平助（132頁） 【講義】単語，発音カナ表記，訳語，注釈（一部直訳）.
	[35] 佐藤雄治『ウィルソン氏第一リードル獨案内』吉岡平助（158頁） 【独案内】ひとまとめで訳語を与えるフレーズに下線を施す.

302   VI.　英語教育

3.1.　独案内

【独案内】のうちもっとも古いものは，明治 5 年に発行された『ウィルソン氏英第一リードル挿訳』二巻本（一覧表 [1], [2]）である。[5] 本文の各単語の上部にカタカナによる発音表記，冠詞を除く単語の下部には訳語，さらに訳語の下に訳順を表す漢数字が付されている。Part III, Lesson 1 の次の一文の記述を見てみよう。

(1)   ノウ ゼイ　　ウィル ナット ゲット ロースト フヲールゼ　ボーイ ノース　ゼ　ウェイ
      No, they　wil　not　get　lost,　　for　　the boy　knows the way.
     否ナ　彼ラハ　アロフ　ヌデ　マヨハ　　　如何トナレハ 男子ガ　　知ル　　　路ヲ
                         ユエニ
     一　　四　　三　　二　　　五九　　　六　　　八　　　　七

冒頭 No の訳語「否ナ」には数字がふられていないが，それに続けて数字の順に訳語を繋いでいくと，「否ナ 彼ラハ マヨハ ヌデアロフ，如何トナレハ 男子ガ 路ヲ 知ル ユエニ」となる。同様に，Part 4, Lesson 1 の最後の文は，次のように記されている。

(2)   バット イフ　　ユー　ウェード アウト ツー ファールゼ　ウヲーター メー
     But　if　　you　wade　out　too　far,　the　water　may
     然ドモ　若シ　汝ガ　歩ミ行ク　　余リ　遠ク　　水ガ　　得ル
          ナラバ
     一　　二七　　三　　六　　　四　五　　　八　　　十八

     ビー　　ツー　ヂープ フォール サッチ　エ リットル ボーイ アス ユー
     be　too　deep　for　such　a little　boy　as　you.
     有リ　余リ　深ク　向テハ　此様ナル　小キ　男児ニ 如キ 汝ノ
     十七　十五　十六　十四　　十一　　　十二　　十三 十　九

　古田島（1997: 205）はこうした漢文訓読に似た英文解釈の方法を「英文訓読」と呼び，漢文訓読との共通点を「固定訳語による逐語訳，転倒読み，置き字および再読文字の存在」としている。上の 2 つの文においても，各語に固定された訳語が与えられ，訳すための語順は行きつ戻りつしている。置き字とは漢文では書かれていても読まない字を指すが，英文の場合は a や the の冠詞がそれに相当し，独案内では訳語も訳順の数字もふられていない。再読とは，

---

[5]　早稲田大学図書館「古典籍総合データベース」では，いずれの巻も閲覧が可能である。(http://www.wul.waseda.ac.jp/kotenseki/index.html)

上の文中では接続詞 for, if に 2 つの訳語と訳順数字を与え，訳文を作るために二度訳出する方法である．こうした接続詞のほか，間接疑問文の疑問詞，関係代名詞，使役動詞においても再読が見られる．[6]

　これ以外に注目されるのは，訳語と訳順数字が一語ずつではなく，get lost や wade out ではひとまとまりで与えられていることである．こうした例は come back, get up, look at, sit down, stand up などの句動詞や，ink stand, toy shop などの複合名詞にも見られる．

　独案内の形式・内容は，明治 20 年発行のものまで基本的な枠組みが引き継がれている（写真は明治 16 年発行の [8]）．ただし，後年，[23], [30], [35] のようにフレーズをひとまとめにする記述が顕在化し，再読については減少傾向が見られるようになる．この点については，訳読の変遷という観点からより詳細な分析が必要となろう．

　大阪女子大学附属図書館（1962: 599）によると，「当時はこの種の独案内が数多く出版されていて，たとえ訳者が異なっていても，大抵同じ形式を採用している．訳語も同じようなものが使用されていて，現在からみて不自然なところや誤りは大体同じようなところに見出される」としている．上の一覧では，独案内自体を「翻刻」した例がある（[33]）．また，訳著者も出版者も異なるが，記載内容や頁打ちが同一の「コピー」と思われるものもある（[31], [32]）．明治 20 年頃をピークとする英学ブームを支えた出版事情の一端を示す例として興味深い．

3.2. 直訳

　原文を掲載せず，訳文を記した【直訳】は，[3], [5], [9], [19], [27] の 5 点がある．このうち [19] は，横書きの独案内から原文と発音を除いた形であり，同著者による字書 [18] との併用が意図されていたものかもしれない．

　上で引いた例文（1）に対する [3] と [5] の訳文を見てみよう．

---

[6] 馬本（2014: 62）では，訳読史解明のための分析視点の 1 つとして，独案内に見られる関係代名詞 which の再読が年代を追って減少していく例を紹介している．

[3] 否彼等ハ失ハレヌデアラフ何ト
ナレバ男児ガ道ヲ知ル故ニ
[5] 否ナ彼等ハ惑ヒヌデアロフ如何
ナレバ童児ガ道ヲ知ル故ニ

となっている．下線部は再読された接続詞 for の訳である．[3] は訳文のみ記されているが，[5] の訳文では，縦書きの「故」の左側に「ホール」というルビがふられている．これは「故ニ」が for の訳

[3] の扉と本文

であり，その原語 for の発音を示したものである．この 1 つ前の文では，「彼」の横に「ヒー」，「惑ヒ」の横に「ロスト」とあり，それぞれ原文にある he, lost の発音を示したものである．馬本 (2014: 62) は，このルビを「英語発音カナ振り仮名」と呼んでいるが，書物としての「直訳」が英語の独習書として機能するには，こうした原文との関連づけは重要な点であると思われる．

3.3. その他

単語と訳語からなる【字書】は，[4], [6], [7], [11], [18], [29] の 6 点が確認されている．各単語にカタカナで発音表記を加えたものもある．写真は [7] であるが，本文に登場する冠詞を除いたすべての単語を訳語と併記し，訳す順に並べている．訳語を上から続けて読めば，訳文ができあがる．

カタカナによる発音を記した【音読】は [12], [20] の 2 点が確認された．[12] はカタカナのみであるが，[20] は原文にカナで発音を添えて「かな附」と称している．

詳細な語句・文法説明を加えた [34] は，唯一「講義」を書名に用いている．独案内や直訳に見られる訳読法に批判の集まってくる明治 30 年代以降，訳以外の解説を施す「講義」という書物が広く出版されるようになるが（馬本 (2013)），その原型の 1 つとして注目される．今回，【講義】と分類したが，後年の「講義」との関連をより詳細に分析する必要があろう．

[34] の解説例（国立国会図書館近代デジタルコレクションより）

4. まとめと今後の課題

本稿では，ウィルソン第一読本独習書 35 点の特徴を一覧にし，いくつかの具体例とともに独習書の諸相をまとめてみた．独習書全体の出版点数は明治20 年をピークとするが（馬本（2013）），ウィルソン第一読本独習書のピークはそれより 2 年早い．そのため，他の読本独習書に与えた影響も少なくないと思われる．今回整理した類型をもとに，さらに多数の独習書の分析を続け，全体像の解明を進めていきたい．

参考文献

生駒蕃（1885）『サンダース氏第一リードル獨案内』柏原政次良ほか，大阪.

伊村元道（2003）『日本の英語教育 200 年』大修館書店，東京.

馬本勉（2013）「明治期英語独習書の研究：内容と類型について」日本英語教育史学会第29 回全国大会（四天王寺大学，5 月 18 日）発表資料.

馬本勉（2014）「『パーレー万国史』独習書に関する研究」『英語と英文学と：田村道美先生退職記念論文集』53-62.

大阪女子大学附属図書館（編）（1962）『大阪女子大学蔵日本英学資料解題』大阪女子大学，大阪.

大阪女子大学附属図書館（編）（1991）『大阪女子大学蔵蘭学英学資料選』大阪女子大学，大阪.

木村毅（1969）『丸善外史』丸善，東京.

古田島洋介（1997）「漢文訓読と英文解釈：〈英文訓読〉宿命論」『翻訳の方法』，川本皓嗣・井上健（編），197-215，東京大学出版会，東京.

高梨健吉・出来成訓（1993）『英語教科書の歴史と解題』大空社，東京.

豊田實（1963）『日本英學史の研究』改訂版，千城書房，東京.

西本喜久子（2007）「19 世紀アメリカにおける『ウィルソン・リーダー』の革新的要素と位置づけ：『マクガフィー・リーダー』との比較を中心に」『広島大学大学院教育

学研究科紀要』第二部 56, 131-140.

西本喜久子（2008）「田中義廉編『小學讀本』巻一第一回に関する一考察：『ウィルソン・リーダー』第1読本との比較を通して」『広島大学大学院教育学研究科紀要』第二部 57, 159-168.

西本喜久子（2015）「『ウィルソン・リーダー』の背景と構想："Marcius Willson Notebook"（1865?）に基づいて」『国語教育学研究の創生と展開』『国語教育学研究の創生と展開』編集委員会（編），71-97，渓水社，広島.

森岡健二（1999）『欧文訓読の研究：欧文脈の形成』明治書院，東京.

英語心内辞書変容のための自律的語彙学習

──事前・事後の語彙項目間類似度のペアワイズ比較──

折田　充　　　　村里泰昭　　　　小林　景　　　　神本忠光
熊本大学　　　　熊本大学　　　慶應義塾大学　　熊本学園大学

吉井　誠　　　Richard Lavin　　　相澤一美
熊本県立大学　　熊本県立大学　　　東京電機大学

1.　はじめに

　本研究は，日本人英語学習者の英語心内辞書の再構築・変容に関して，心内
辞書内語彙項目の最も基本的な結びつきの指標である語彙項目間類似度（de-
grees of similarity between lexical items）にはどのような特徴が存在するの
かを解明することを目指す．なお，本稿では，心内辞書（mental lexicon）を
「言語の形態，意味，機能，また付随する体験的知識・記憶など語彙に関する
様々な情報が格納されている脳内機構」，つまり，「人が言語の理解や産出のた
めに使う辞書」とする．また，語彙項目間類似度を「心内辞書の語彙項目ペア
間の距離．特に，心理言語学実験の1つである単語仕分け課題（word sorting
task）結果に基づくデンドログラムから計算される各単語ペア間の距離」と定
義する．なお，語彙項目間類似度（0.0 ～ 1.0）は，その値が小さいほど類似度
は高く，大きいほど低い．

2.　先行研究と研究課題

　折田・小林・村里・相澤・吉井・Lavin（2014）は，心内辞書構造の再構築・
変容のための学習に意識的に取り組むことがない英語学習者の場合は，心内辞
書の一部の（局所的な）構造が母語話者の構造に近似し得ることはあっても，
心内辞書全体を変容させるまでに至るのは容易ではないと指摘している．さら
に，折田・小林・村里・神本・吉井・Lavin・相澤（2015a）は，半期の教養英
語教育2科目を履修し，同時期に，意味と形式のマッピングの強化・復習型
の語彙学習ソフトウェアによる授業内外の自律学習に取り組んだ大学1年生

の英語心内辞書構造に，事前・事後間で有意な変化は現れなかったと報告している．この報告は，英語学習者の心内辞書の再構築・変容が生起するには，マッピング型の語彙学習だけでは不十分であると示唆している．これは，第二言語（L2）における語彙項目間の関係性の理解・習得に関係する心内辞書のネットワーク構造化（network-building）が，通常の英語学習のみでは，その形成だけでなく再構築・変容についても時間を要することに関わる（Haastrup and Henriksen (2000)，Schmitt (2010)，Scott and Nagy (2004)）．

　Haastrup and Henriksen (2000) が指摘するように，目標とする L2 の個々の単語の特徴だけでなく単語間の関係性にも学習者の意識を向けさせることが，心内辞書の構造を変えていくためには不可欠である．加えて，L2 の多様なインプットやアウトプットを適切に取り入れた多面的な学習も欠かせない．Jullian (2000) は，心内辞書の再構築・変容のために，単語間の意味的関連や使い方を段階的に学ばせる指導を行った．ここで言う指導とは，関連のある単語をまとめさせる，目標語の特徴を説明させる，semantic maps や semantic networks を作らせる，目標語を使って文章を作らせるといったものであったが，Jullian はその効果はあったと述べている（同様の研究として，Nation and Yamamoto (2012)，Pavlenko (2009)，Sonaiya (1991) を参照のこと）．

　語彙項目間類似度に着目して，折田ほか（2015a）は，事前・事後のいずれにおいても，日本人英語学習者（NNS）は英語母語話者（NS）よりも，「極めて高い（T < 0.2）」，「高い（0.2 ≦ T < 0.5）」，「中程度～低い（0.5 ≦ T < 0.9）」の頻度が有意に少なく，「極めて低い（0.9 ≦ T）」が有意に多かったと報告している．NNS の心内辞書における語彙項目間のつながりは，NS 程は緊密に構造化されていない，そして一定の L2 学習を経ても容易には構造化されないといえる．折田・小林・村里・神本・吉井・Lavin・相澤（2015b）は，英語母語話者的な心内辞書構造として指摘できるのは語彙項目間類似度が「中程度～低い」語彙項目ペアであり，それらの構造化が不十分な NNS では類似度が「極めて低い」ペア群が多量に産出されると報告している．その原因として，NNS では語彙項目間の結びつき方が母語話者のものほど緊密にかつ安定して構造化されてはおらず，母語である日本語，日本語で形成された概念知識，また不十分な英語語彙知識から仕分け課題に取り組み，実験結果に反映すると推定している．これは，NNS は漠然とした概念連想に基づく単語連想テスト（word association test）結果を多く産出すると述べている Fitzpatrick (2006) に通底する．この母語や母語で形成された概念知識の及ぼす影響は L2 のアウトプット時にも観察される．例えば，ドイツ人英語学習者の発話中

の動詞に着目した Lennon（1996: 35）の「彼らは動詞の意味について大まかな知識は持っているが，その語彙知識はぼんやりしたものである（their lexical knowledge is hazy）」という報告が，それに当たる．

折田・村里・小林・相澤・神本・吉井・Lavin（2016）は，短い期間で終了できる語彙知識の復習・強化から始めて，心内辞書構造の再構築・変容を目的とする学習プログラム Word Cluster Master Program（WCMP）を開発した．その実証研究において，実験群では事前と事後の群デンドログラムの距離行列間に統計的有意差が検出されたが，対照群では検出されなかった．これにより心内辞書構造の再構築・変容を目的とする WCMP の効果が確認され，また特別な語彙学習を課さない場合には心内辞書構造は再構築・変容しないことが確かめられた．では，群デンドログラムレベルにおいて確認されたこの心内辞書の再構築・変容は，語彙項目間類似度に関しては，どのような特徴があるのだろうか．

本研究は，前述した先行研究の概観と問題意識を踏まえて，折田ほか（2016）のデータについて，WCMP の効果に関わる次の 2 つの研究課題を解明することを目指す．

(a) 英語心内辞書内の語彙項目間類似度に計量的な差異があるか．
(b) 英語心内辞書内の語彙項目間類似度分布に特徴的な傾向が存在するか．

3. 方法

3.1. 被験者

本研究の被験者は 2 群より構成された．1 つ目の群（実験群）は，「英語語彙サイズ判定テスト」（熊本大学，初回の授業で実施）において，平均語彙数 4,733.3，$SD = 556.7$ の国立大学 2 年生（英語非専攻）30 名であった．2 つ目の群（対照群）は同じ語彙サイズ判定テスト（同じく初回の授業で実施）において，平均語彙数 4,730.0，$SD = 558.6$ の大学 2 年生（英語非専攻）30 名であった．なお，両群の語彙サイズに有意差はなかった（$t(58) = .023$, $p = .981$, n.s. 両側検定）．両群ともに，半期に 90 分 15 回の教養英語科目「CALL（応用編）」を履修し，CALL 教材 e-sia（e-sia Corporation（2007））を授業内外に自主的・計画的に活用し，英語を使ったコミュニケーションの場面で必要とされる能力を伸ばすこと，そして TOEIC テストのスコアにも反映される総合的な英

310　　　　　　　　　　　　　VI.　英語教育

語力を身につけることに取り組んだ．実験群と対照群の授業者は異なった．

3.2.　WCMP

　WCMP は，プリンストン大学の WordNet (2012) に基づき抽出した基本英語動詞，及びその動詞と意味的に関連する数個の動詞群とで構成する「学習クラスター」の習得を目的とする PC で取り組む学習プログラムである．学習クラスターは，高頻度の基本動詞（コア語）と，コア語と意味的に結びつき度が高い5つの単語（クラスター語）を1セット（例：look（コア語）+ stare, gaze, appear, peep, glare（クラスター語））とする．学習クラスターの単語は，WordNet で公開されている synset（同意語を中心とする単語クラスター）に基づき選定した．4セットで1つのユニットを構成し，合計8ユニットから成る．授業内外で取り組み，1週間に1つのユニットを学習し8週間で終了することとした．

　WCMP には7つのメニューがある．「提示」（動画．コア語とクラスター語の関係把握 → 目標語を使った英文ペアの確認）→「自己診断」（関連する意味の単語を選ぶ）→「学習」（①聞き取った単語を選ぶ → ②文脈にふさわしい意味を選ぶ → ③タイプ入力する）→「強化」（①関連語を選ぶ → ②単語をグループに分ける）である．詳細は，折田ほか (2016) を参照のこと．

　実験群は，CALL 教材に加えて，第4週〜第11週の8週間にわたり独自に設置されたサーバー上に構築された WCMP に，授業内外，キャンパスおよび自宅で取り組んだ．対照群は CALL 教材のみに取り組んだ．

3.3.　データ収集

　データ収集のために，WCMP で取り上げた学習クラスターの中から4つを抽出し，被験者が考える意味のまとまりでグループ分けさせる単語仕分け課題を課した．課題に用いたのは，表1の24語（太字はコア語，他はクラスター語）であった．24語はすべて JACET8000（大学英語教育学会基本語改訂委員会編 (2003)）のレベル8までに入り，うちレベル1に9語，レベル2に5語，レベル3に4語と，合計18語（75%）が順位 3,000 位までの高頻度語であった．このことから，実験群・対照群がともに取り組んだ CALL 教材に，データ収集で使用した実験語が含まれている可能性は高い．しかし，対照群は，体系的な指導を受けない限り，コア語とクラスター語の関係性構築の段階までは到達しない．一方，実験群は，WCMP に取り組むことでコア語とクラスター語の関係理解を深めると期待される．

表1. 単語仕分け課題のコア語とクラスター語（24語）

ユニット名	コア語とクラスター語
UNIT 1	**return,** move, recover, reverse, revert, trace
UNIT 3	**look,** appear, gaze, glare, peep, stare
UNIT 5	**break,** freeze, interrupt, split, suspend, terminate
UNIT 7	**describe,** distinguish, identify, report, represent, sketch

被験者は4回目および11回目の授業で，パソコン上で仕分け課題に取り組んだ．その際，被験者にとっての未知語は，「知らない単語」に分類させた．前者を事前テスト，後者を事後テストとした．実験群の学生には授業の一環として，対照群の学生には協力を依頼したうえで取り組んでもらった．

3.4. データ解析

各被験者群の事前及び事後テストについて，得られたデンドログラム距離を集計したマトリックス表の全データ（語彙項目間類似度：0.0〜1.0の値）について，0.1間隔ごとに，それぞれの間隔に入る頻度を集計した．さらに，得られたデータの全体構造の特徴を明確にするために，4つの語彙項目間類似度（T）区分に基づき頻度を再集計した．4つの区分は，「極めて高い（$T < 0.2$）」，「高い（$0.2 \leqq T < 0.5$）」，「中程度〜低い（$0.5 \leqq T < 0.9$）」，「極めて低い（$0.9 \leqq T$）」とした．なお，Tの分布は非常に非対称であり，特に語彙項目間類似度が極めて高い語彙項目ペアについては，$T < 0.1$ ではサンプル数が少なく検定の信頼性を得られない可能性があり，代わりに $T < 0.2$ を用いることとした．

この頻度データについて，2つのデンドログラム距離行列の限定された語彙項目間類似度（上記の語彙項目間類似度の範囲 0.0〜1.0 を4領域に分割したもの）を持つセルの頻度の差を用いて，それぞれの群間の類似度に差はないという帰無仮説のもとに並べ替え検定を行った．並べ替え検定は，実験で得た4つのデータ（実験群事前テスト，実験群事後テスト，対照群事前テスト，対照群事後テスト）の組み合わせペア数である8回（8通りのペアワイズ比較）実施した．実施した並べ替え検定の繰り返し回数とその信頼性の確認については，「結果」で述べる．なお，デンドログラムの構成法については齋藤・宿久（2006），並べ替え検定については竹村（1991），またデンドログラムを距離行列として扱う統計的手法については小林・折田（2012, 2013）を参照のこと．

また, 並べ替え検定には, MATLAB (Matrix Laboratory) Version 8.6.0.267246 (R2015b) を用いた.

4. 結果と考察

研究課題 (a)「英語心内辞書の語彙項目間類似度に計量的な差異があるか」に関して, デンドログラム距離行列における語彙項目間類似度の頻度およびパーセントを表2に示す.

表2. デンドログラム距離行列における語彙項目間類似度の頻度及び % ($k = 276$)

群 _ 事前/事後	T < 0.2	0.2 ≦ T < 0.5	0.5 ≦ T < 0.9	0.9 ≦ T
EXP_PR	0	2	25	249
	0.0%	0.7%	9.1%	90.2%
EXP_PO	4	29	27	216
	1.4%	10.5%	9.8%	78.3%
CON_PR	0	1	24	251
	0.0%	0.4%	8.7%	90.9%
CON_PO	0	2	17	257
	0.0%	0.7%	6.2%	93.1%

(注) 類似度 (T) = 語彙項目間類似度 (0.0 ～ 1.0 の範囲で値が小さいほど類似度は高く, 大きいほど類似度は低い). T < 0.2 (語彙項目間類似度が極めて高い); 0.2 ≦ T < 0.5 (高い); 0.5 ≦ T < 0.9 (中程度～低い); 0.9 ≦ T (極めて低い). EXP_PR = 実験群事前テストのデンドログラム距離行列における語彙項目間類似度の頻度; EXP_PO = 実験群事後テストのデンドログラム距離行列における語彙項目間類似度の頻度; CON_PR = 対照群事前テストのデンドログラム距離行列における語彙項目間類似度の頻度; CON_PO = 対照群事後テストのデンドログラム距離行列における語彙項目間類似度の頻度. % は総語彙項目間類似度頻度 276 に対する当該頻度の百分率.

表2にまとめた頻度分布に対して並べ替え検定 (ペアワイズ比較) を行った. なお, それぞれのペアワイズ比較において行った並べ替え検定の繰り返し回数は5,000回であった. 並べ替え検定の p 値の信頼区間を計算し, 検定の繰り返し回数が十分か否かを確認したところ, いずれのペアワイズ比較においても十分であることがわかった. 表3に解析結果をまとめた.

英語心内辞書変容のための自律的語彙学習　　　313

表3.　並べ替え検定結果：各ペアワイズ比較の帰無仮説に対する p 値

帰無仮説	T < 0.2	0.2 ≦ T < 0.5	0.5 ≦ T < 0.9	0.9 ≦ T
EXP_PR ≦ EXP_PO	1.000	1.000	0.656	0.000**
CON_PR ≦ CON_PO	0.816	0.863	0.089	0.921
EXP_PR ≦ CON_PR	0.931	0.445	0.468	0.646
EXP_PO ≦ CON_PO	0.000**	0.000**	0.008**	1.000
EXP_PR ≧ EXP_PO	0.000**	0.000**	0.344	1.000
CON_PR ≧ CON_PO	0.184	0.137	0.911	0.079
EXP_PR ≧ CON_PR	0.069	0.555	0.532	0.354
EXP_PO ≧ CON_PO	1.000	1.000	0.992	0.000**

（注）　類似度（T）＝語彙項目間類似度（0.0 ～ 1.0 の範囲で値が小さいほど類似度は高く，大きいほど類似度は低い）．T < 0.2（語彙項目間類似度が極めて高い）；0.2 ≦ T < 0.5（高い）；0.5 ≦ T < 0.9（中程度～低い）；0.9 ≦ T（極めて低い）．EXP_PR ＝実験群事前テストのデンドログラム距離行列における語彙項目間類似度の頻度；EXP_PO ＝実験群事後テストのデンドログラム距離行列における語彙項目間類似度の頻度；CON_PR ＝対照群事前テストのデンドログラム距離行列における語彙項目間類似度の頻度；CON_PO ＝対照群事後テストのデンドログラム距離行列における語彙項目間類似度の頻度．**p < .01．片側検定．

　表3から，実験群では事前と事後間の2つのペアワイズ比較（EXP_PR ≦ EXP_PO, EXP_PR ≧ EXP_PO）のいずれでも，語彙項目間類似度に計量的に有意な差異があることが判明した．一方，対照群では，事前・事後間のいずれのペアワイズ比較（CON_PR ≦ CON_PO, CON_PR ≧ CON_PO）でも有意な差異は検出されなかった．これらのことから，実験群においてのみ，事前・事後間で計量的に有意な差異が存在することが確かめられ，WCMP による自律的語彙学習の効果が確認できた．また，表2と表3から，事前において，全語彙項目間類似度頻度276に占めるパーセントで見るとき，両群ともに圧倒的に「極めて低い（0.9 ≦ T）」が多く（実験群249個（90.2%），対照群251個（90.9%）），NNS では母語や母語で形成された概念知識，また不十分な語彙知識が心理言語学実験結果に反映すると報告した Fitzpatrick（2006）を支持することとなった．

　研究課題（b）「英語心内辞書内の語彙項目間類似度分布に特徴的な傾向が存在するか」に関して，事前における並べ替え検定結果について，実験群と対照群間（EXP_PR ≦ CON_PR, EXP_PR ≧ CON_PR）に，4つの区分すべてにおいて語彙項目間類似度の頻度分布に有意差が検出されなかったことを踏まえて，事後の結果を確認し，両群の特徴的傾向を考察する．

まず，対照群について，語彙項目間類似度の4つの区分すべてにおいて頻度分布に有意差が検出されなかった．このことは，通常の英語学習のみからでは，心内辞書内構造の再構築・変容は容易ではないとする先行研究（Haastrup and Henriksen (2000)，Schmitt (2010)，Scott and Nagy (2004)）を，語彙項目間類似度の点から裏付けることとなった．一方，実験群については，「極めて高い（T < 0.2）」および「高い（0.2 ≦ T < 0.5）」の語彙項目ペアが，事後において有意に多く，「極めて低い（0.9 ≦ T）」では事後が有意に少ないという結果となった．しかし，語彙項目間類似度が「中程度～低い（0.5 ≦ T < 0.9）」では事前・事後間に有意な差異はなかった．そして，実験群は，「極めて高い」，「高い」および「中程度～低い」の語彙項目ペアの頻度が対照群よりも有意に多かった．これらのことから，WCMP による自律的語彙学習の効果が語彙項目間類似度の頻度分布においても確かめられたといえる．

注目すべきは，折田ほか（2015a）で英語母語話者的な心内辞書構造として報告された語彙項目間類似度「中程度～低い」に，実験群でも頻度の増加が見られなかったことである（ただし，事後における実験群の類似度「中程度～低い」の頻度は対照群より有意に多い）．実験群における類似度「中程度～低い」語彙項目ペアは，事前で 25（9.1%），事後で 27（9.8%）である（表2）．これはなぜか．考えられるのは，L2 のリーディングやリスニングの学習やその使用の反映としての心内辞書の再構築・変容とは異なり，WCMP という短期的に集中して取り組む語彙学習では，一種の過剰学習（overlearning）が生じ，実験結果にその影響が表れた可能性である．長い時間を要する漸進的な L2 学習や L2 使用がもたらす心内辞書の再構築・変容であれば，英語母語話者的な語彙項目間の結びつきとして「中程度～低い」語彙項目間類似度が有意に多く表出するであろうと予測できる．しかし，WCMP に設けられた「関連語を選ぶ」や「単語をグループに分ける」結びつき強化のための学習メニューに取り組んだことから，それらの語彙項目ペアは実験群の心内辞書内では過度に強い結びつきを持つ語彙項目として構造化されたのではないか．この解釈の妥当性については，個々の語彙項目の結びつきの類似度分布の変化を事前・事後間で確認し，併せて母語話者のデータを収集し比較する必要がある．今後の課題としたい．

5. 結論

本研究から，実験群では事前・事後間で英語心内辞書の語彙項目間類似度に

有意な計量的な差異があり，対照群では差異はないことが判明した．加えて，実験群では，事後において語彙項目間類似度が「極めて高い」と「高い」語彙項目ペアが有意に多くなり，「極めて低い」が有意に少なくなるという特徴が確認された．これらのことから，WCMP による英語心内辞書の再構築・変容のための自律的語彙学習の効果は，語彙項目間類似度という心内辞書構造の最も基本的な結びつきの指標からも確かめられると結論付けられる．

参考文献

大学英語教育学会基本語改訂委員会（編）（2003）『大学英語教育学会基本語リスト JACET List of 8000 Basic Words』大学英語教育学会，東京.

Fitzpatrick, Tess (2006) "Habits and Rabbits: Word Associations and the L2 Lexicon," *EUROSLA Yearbook* 6, 121–145.

Haastrup, Kirsten and Birgit Henriksen (2000) "Vocabulary Acquisition: Acquiring Depth of Knowledge through Network Building," *InJAL* 10, 221–240.

Jullian, Paula (2000) "Creating Word-Meaning Awareness," *ELT Journal* 54 (1), 37–46.

小林景・折田充（2012）「英語心内辞書の木構造データ解析新手法」『行動計量学会第 40 回大会抄録集』，101–104.

小林景・折田充（2013）「木構造およびクラスター構造をもつデータの測地的解析手法」『2013 年度統計関連学会連合大会予稿集』，313.

Lennon, Paul (1996) "Getting 'Easy' Verbs Wrong at the Advanced Level," *IRAL* 34 (1), 23–36.

Nation, Paul and Azusa Yamamoto (2012) "Applying the Four Strands to Language Learning," *IJIELTR* 1 (2), 173–187.

折田充・小林景・村里泰昭・相澤一美・吉井誠・Richard Lavin（2014）「英語熟達度と心内辞書内の意味的クラスタリング構造の関係」『九州英語教育学会紀要』第 42 号，1–10.

折田充・小林景・村里泰昭・神本忠光・吉井誠・Richard Lavin・相澤一美（2015a）「自律的語彙学習が英語心内辞書構造に与える影響」『九州英語教育学会紀要』第 43 号，1–10.

折田充・小林景・村里泰昭・神本忠光・吉井誠・Richard Lavin・相澤一美（2015b）「日本人大学生の英語心内辞書の変容」『熊本大学社会文化研究』第 13 号，15–30.

折田充・村里泰昭・小林景・相澤一美・神本忠光・吉井誠・Richard Lavin（2016）「英語心内辞書の変容を目指した単語学習プログラムの効果」『九州英語教育学会紀要』第 44 号，1–10.

Pavlenko, Aneta (2009) "Conceptual Representation in the Bilingual Lexicon and

Second Language Vocabulary Learning," *The Bilingual Mental Lexicon: Interdisciplinary Approaches*, ed. by Aneta Pavlenko, 125-160, Multilingual Matters, Bristol.

Princeton University (2012) *WordNet Search-3.1.* <http://wordnetweb. princeton.edu/perl/webwn>

齋藤堯幸・宿久洋 (2006)『関連性データの解析法――多次元尺度構成法とクラスター分析法』共立出版, 東京.

Schmitt, Norbert (2010) *Researching Vocabulary: A Vocabulary Research Manual,* Palgrave Macmillan, Basingstoke.

Scott, Judith A. and William E. Nagy (2004) "Developing Word Consciousness," *Vocabulary Instruction: Research to Practice*, ed. by James F. Baumann and Edward J. Kame'enui, 201-217, The Guilford Press, New York.

Sonaiya, Remi (1991) "Vocabulary Acquisition as a Process of Continuous Lexical Disambiguation," *IRAL* 29(4), 273-284.

竹村彰通 (1991)『現代数理統計学』創文社, 東京.

An Investigation into Person Misfit and Ability Measures: A Focus on Performance on English Proficiency Tests[*]

Hiroshi Shimatani, Ken Norizuki and Akihiro Ito

Kumamoto University, Shizuoka Sangyo University and *Seinan Gakuin University*

1. Introduction

Test takers with misfitting response patterns have typically failed expectations to answer correctly relatively easy items and/or have answered correctly relatively difficult items without understanding anything. These misfit persons' abilities are not being appropriately measured due to various reasons: The misfit items are either poorly designed, or are measuring something other than what is being measured in the rest of the test (Davies et al. (1999)). It is generally agreed that misfit items should be deleted to get more reliable item difficulty parameter and person measures (Henning (1987), Bond and Fox (2001), Nakamura (2002), and Linacre (2010)).

This article aimed to investigate person misfit and ability measures on test performance of English proficiency tests by analyzing the test results of the TOEIC® test, one of the most influential English proficiency tests in Japan. The TOEIC® tests have been used for placement or proficiency decisions at many institutions. The tasks in the assessment are made to be authentic by using various contexts from real-world settings. The format of the redesigned TOEIC® test (Educational Testing Service (2005)) is shown in Table 1.

---

[*] This article is a revised version of a paper delivered at the 2011 PKETA International Conference held at Pusan University of Foreign Studies, in September 2011. The project was supported by the TOEIC® research fund.

VI. 英語教育

Table 1. Format of the TOEIC® Test Redesigned in 2005

Part	Name of Each Part	N. of Questions	Section	Test Time
1	Photographs	10	Listening	45 min.
2	Question-Response	30		
3	Short Conversations	30		
4	Short Talks	30		
5	Incomplete Sentences	40	Reading	75 min.
6	Text Completion	12		
7	Reading Comprehension			
	· Single passage	28		
	· Double passage	20		

Some of the major changes in the redesigned TOEIC® include the following: (1) fewer photo items in Part 1, (2) the printing of the audio presentation of Parts 3 and 4 questions in the test book, (3) the provision of a set of three questions for each segment of audio input in Parts 3 and 4, (4) the adoption of various regional accents of L1 English speakers - US, British, Canadian, Australian (as well as New Zealand), (5) the replacement of error correction items by text completion items, and (6) the adoption of double-passage questions (TOEIC® Steering Committee (2006)).

In this paper, by analyzing the test data obtained by the administration of the publicized TOEIC® Practice Test, we investigated person misfit and changes of ability measures on test performance and explored some reasons underlying the occurrence of misfit persons and misfit items.

2. Research Design

2.1. Subjects

The subjects for this study were 222 university students (201 Japanese students and 21 international students). In 2008, 136 test takers (115 Japanese and 21 non-Japanese students) took our TOEIC® Practice Test, and 86 Japanese test takers took the test in 2010. As shown in Tables 6 and 7, numbers starting with 2 ... were assigned to test takers in 2008 and 5 ... to test takers in 2010.

Our test takers were from five different universities and had different majors at various departments. The international students were from seven different countries: China (8), Bangladesh (4), Indonesia (3), Nepal (3), Myanmar (1), Honduras (1), and the Philippines (1). All the test takers participated in our research voluntarily.

2.2. Test Instrument

The TOEIC® practice test was reproduced from a TOEIC® official preparation book (TOEIC® Steering Committee (2008)). The TOEIC® practice test in the official preparation book contained the same number of items, overall structure, and quality as the actual TOEIC® tests administered at official test sites. Therefore, the test data obtained in this study can be regarded as almost identical to that obtained from an actual TOEIC® test.

2.3. Data Analysis

All the test data were analyzed using the Test Data Analysis Program (TDAP) Ver. 2.02 for Windows® (Ohtomo et al. (2007)). The TDAP program is based on the PROX method, which is renowned for its simple but reliable approximation of the Rasch model maximum-likelihood estimation procedure. The TDAP program produces ability measures relative to the mean of item difficulty estimates, set by default at zero as the center of the logarithmic interval scale.

3. Results

3.1. The Basic Statistics and Reliability Coefficient of the TOEIC® Practice Test

The basic statistics of the TOEIC® Practice Test is presented in Table 2. A statistically significant difference between Listening and Reading sections was observed; however, this difference is because the Listening section of this test was found distinctly easier than Listening and Reading sections of other TOEIC® tests (Norizuki et al. (2011)).

320　　　　　　　　　　　VI.　英語教育

Table 2. Basic Statistics of the TOEIC® Practice Test

	Listening Section	Reading Section
Number of examinees	222	222
Sum of raw scores	15112	11693
Minimum score	40	20
Maximum score	98	95
Median	68	52
Range	58	75
Mean	68.072	52.671
Variance	150.526	189.500
Standard deviation	12.269	13.766
Skewness	0.009	0.285
Kurtosis	−0.660	0.079

Table 3 shows the Coefficient Alpha and the standard error of measurement (SEM) of the Listening and Reading sections. The reliability of the TOEIC® Practice Test seems quite high.

Table 3. Reliability Coefficient of the TOEIC® Practice Test

	Listening Section	Reading Section
Coefficient Alpha	0.889	0.900
SEM	4.086	4.360

3.2. Misfit Items in the TOEIC® Practice Test

Tables 4 and 5 show the misfit items in the TOEIC® Practice Test. The t-statistic shows the result of the Rasch item-fit analysis. If t is more than 2.0, the item is regarded as a misfit. The item difficulty parameter (b) is based on the Rasch Model. DIFF (item difficulty), DISC (item discrimination power index), and AENO (Actual Equivalent Number of Options) are based on the Classical Test Theory (Ohtomo (1996)).

Table 4. Misfit Items in the Listening Section

Part	Item	t	b	DIFF	DISC	AENO
1	Q1	7.642	− 4.920	0.995	− 0.011	1.029
1	Q3	3.026	− 1.817	0.932	0.100	1.352
1	Q6	6.126	− 2.420	0.959	0.007	1.226
1	Q8	4.230	− 3.681	0.986	0.048	1.074
2	Q18	3.360	1.444	0.428	0.039	2.929
2	Q23	4.338	0.412	0.653	0.248	2.409
2	Q38	3.211	1.342	0.450	0.026	2.887
3	Q43	3.173	− 0.043	0.739	0.178	2.171
3	Q50	2.716	0.084	0.716	0.252	2.104
3	Q56	4.199	2.257	0.266	0.051	3.649
3	Q65	2.287	2.362	0.248	0.208	3.890
4	Q90	4.322	2.011	0.311	0.056	3.441
4	Q91	2.349	0.543	0.410	0.180	3.329

Table 5. Misfit Items in the Reading Section

Part	Item	t	b	DIFF	DISC	AENO
5	Q101	4.070	− 2.628	0.928	0.060	1.318
5	Q120	2.297	0.584	0.405	0.086	3.549
5	Q128	3.077	1.353	0.252	0.052	3.219
5	Q139	2.243	1.603	0.212	0.106	2.962
5	Q140	6.179	2.693	0.090	0.045	2.944
6	Q142	2.230	1.380	0.248	0.097	3.204
6	Q144	3.158	0.584	0.405	− 0.026	3.642
6	Q150	2.577	1.632	0.207	0.127	3.499
7	Q177	4.091	1.756	0.189	0.007	3.554
7	Q180	2.056	1.106	0.297	0.123	3.803
7	Q198	2.881	2.073	0.149	0.161	3.547

3.3. The Changes of Person Measures

Table 6 shows the changes of Person Measures (PM) of misfit persons after misfit items were deleted in the Listening section. There were 22 misfit persons. After 13 misfit items were deleted, all Person Measures were recomputed. The following changes were observed:

1. The number of misfit persons decreased from 22 to 12. Among the participants, 12 test takers (Candidates 21007, 21024, 22005, 22022, 22026, 24002, 24016, 24047, 51106, 51121, 51129, and 51202) remained misfit persons.

2. The average of Person Measures changed from 1.057 to 1.087. The difference was statistically significant ($t = 3.247$, $p < 0.01$). A person was eliminated from our comparative analysis, as the participant had achieved a perfect raw score (i.e. 87 points) in this section when 13 misfit items were deleted from the original data.

3. The average standard error of measurements of Person Measures changed from 0.259 to 0.280. The difference was statistically significant ($t = 11.368$, $p < 0.01$).

4. The coefficient alpha changed from 0.889 to 0.894, and the reliability remained high.

5. In the analysis, five misfit items were generated.

Table 6. The Changes of Person Measures in the Listening Section

	Person No.	Before deletion of 13 misfit items			After deletion of 13 misfit items		
		t	PM	SEM	t	PM	SEM
1	21004	2.311	0.628	0.233	0.741	0.600	0.244
2	21006	10.485	1.625	0.274	0.637	1.912	0.313
3	21007	2.228	0.000	0.227	2.545	0.084	0.237
4	21024	2.744	−0.051	0.227	2.533	−0.084	0.237
5	21029	4.188	4.080	0.578	−0.618	4.570	0.790
6	22005	2.519	2.227	0.317	3.381	2.356	0.356
7	22022	2.421	0.467	0.230	2.029	0.660	0.245
8	22023	2.563	1.551	0.269	0.213	1.725	0.298
9	22026	3.100	0.467	0.230	3.244	0.367	0.239
10	22027	3.582	1.861	0.289	0.833	2.233	0.343
11	22029	3.626	−0.103	0.227	0.271	−0.028	0.237
12	23025	18.738	1.088	0.247	−2.791	1.176	0.265
13	23029	4.678	1.947	0.295	1.209	2.119	0.332
14	23034	3.506	2.684	0.362	−0.790	3.172	0.467
15	24002	2.005	0.795	0.238	2.831	0.908	0.253

16	24016	2.338	0.795	0.238	3.092	0.845	0.251
17	24041	4.464	0.683	0.235	−0.214	0.660	0.245
18	24047	5.606	1.343	0.258	6.899	1.396	0.277
19	51106	4.750	−0.310	0.228	2.984	−0.482	0.241
20	51121	4.085	0.467	0.230	3.781	0.310	0.239
21	51129	3.138	0.206	0.227	3.647	0.197	0.237
22	51202	2.676	−0.521	0.231	2.852	−0.600	0.244

Table 7 shows the changes of Person Measures of misfit persons after misfit items were deleted in the Reading section. There were 16 misfit persons. After 11 misfit items were deleted, all Person Measures were recomputed. The following changes were observed:

1. The number of misfit persons decreased from 16 to 8. Among the participants, 8 test takers (Candidates 21008, 22007, 22029, 22030, 24019, 24024, 24041, and 52206) remained misfit persons.
2. The average of Person Measures changed from 0.151 to 0.299. The difference was statistically significant ($t = 17.463$, $p < 0.01$).
3. The average standard error of measurements of Person Measures changed from 0.231 to 0.247. The difference was statistically significant ($t = 16.411$, $p < 0.01$).
4. The coefficient alpha changed from 0.900 to 0.907, and the reliability remained high.
5. In the analysis, three misfit items were generated.

Table 7. The Changes of Person Measures in the Reading Section

	Person No.	Before deletion of 11 misfit items			After deletion of 11 misfit items		
		t	PM	SEM	t	PM	SEM
1	21008	5.823	0.096	0.219	7.414	0.291	0.231
2	22007	4.802	−0.794	0.231	3.456	−0.851	0.245
3	22029	3.731	−0.958	0.237	3.854	−1.036	0.252
4	22030	2.826	−0.848	0.233	2.907	−0.733	0.241
5	23023	2.214	−0.689	0.228	0.227	−0.676	0.239

6	24015	2.220	−0.903	0.235	1.762	−0.851	0.245
7	24017	2.262	−0.958	0.237	1.169	−0.851	0.245
8	24019	3.308	−1.131	0.244	4.294	−0.973	0.249
9	24024	3.820	−1.253	0.249	2.003	−1.303	0.266
10	24041	4.482	−1.381	0.256	3.301	−1.449	0.275
11	51115	2.593	−0.689	0.228	0.917	−0.676	0.239
12	51218	2.765	1.816	0.285	−2.727	2.557	0.380
13	52102	3.033	−0.586	0.225	1.205	−0.676	0.239
14	52201	2.018	−0.436	0.223	−0.848	−0.563	0.236
15	52206	4.355	−0.794	0.231	4.551	−0.733	0.241
16	52209	4.384	−1.447	0.260	0.655	−1.449	0.275

4. Discussions

As shown in Tables 6 and 7, after misfit items were deleted, the number of misfit persons decreased, and Person Measures in both Listening and Reading sections improved. The differences were statistically significant. These results may suggest that our test takers' abilities were not being appropriately measured due to some misfit items.

Most of the misfit items are either too easy or too difficult as shown in Tables 4 and 5 because their DISC scores are too low. Norizuki et al. (2011) indicated that the presence of some unfamiliar words in the aural input, despite the abundance of syntactic clues, could deter the comprehension of advanced foreign language learners. Apart from structural variability, text difficulty, question types, and vocabulary familiarity, we believe that the following characteristics are some of the major determinants of high or low level of item difficulty, as indicated by past studies (e.g. Freedle and Kostin (1999), Brindley and Slatyer (2002) and Norizuki, et al. (2011)): (1) syntactic complexity, (2) directness of the correct option in relation to the notion that is described in the text, (3) frequency of key words used in the wrong options, (4) concreteness of key concepts and vocabulary, (5) topic familiarity, (6) logical or cognitive complexity, and (7) speech rate of aural input. However, some misfit items such as Q23 (DIFF = 0.653), Q38 (DIFF = 0.450), Q43 (DIFF = 0.739), and Q50 (DIFF = 0.716) are of medium difficulty.

There were 13 and 11 misfit items in the Listening and Reading section of the TOEIC® practice test, respectively. Let us examine how misfit items were generated.

Q38 in Part 2 of the Listening section is one of the misfit items with medium difficulty. Its b is 1.342, t is 3.211, and this item requires test takers to choose an appropriate response to the question. Table 8 shows how our test takers answered Q38. Both DISC and ULD scores are quite low (DISC $= 0.026$, ULD $= -0.083$).

Q38 Didn't Wen leave instructions for how to use the fax machine?
    (A) He used to teach mathematics.
    (B) Yes, they're on his desk. *(correct option)
    (C) I am, in fact.

Table 8. Item Analysis of Q38

	A	(B)	C	No Answer
UPP	11	27	22	0
MID	27	41	34	0
LOW	12	32	16	0
TOTAL	50	100	72	0
%	0.225	0.450	0.324	0.000
ULD	-0.017	-0.083	0.100	0.000

If the name used in the question is Ben or Ken, this question might have been quite easy. After the test, one Japanese test taker said that he could not understand the question at all because he took "Wen" for "when." Since the structure "Didn't when" is ungrammatical, most of the test takers seemed to choose the wrong option from guessing. This confusion may be the origin of the misfit item.

The TOEIC® test is designed to test intercultural communication abilities; therefore, there will be no problem even if foreign names are included in the question. Japanese test takers may find difficulty in identifying unfamiliar names. In fact, the original sound of Chinese names are seldom used in Japan, so it is advisable for Japanese test takers of the TOEIC® test to be ac-

326   VI.　英語教育

customed with the sound of foreign names, especially those used in business communication in Asia.

Q140 in Part 5 of the Reading section is one of the misfit items with high difficulty. Its b is 2.693, t is 6.179, and this item requires test takers to choose an appropriate word to fill the blank in a subordinate clause.

Q140 Although the possibility of damage in transit is ___ , the client has requested that the shipment of equipment to the Vadeleux facility be insured.
   (A) contrary
   (B) concerned
   (C) detached
   (D) remote ＊(correct option)

Table 9 shows how our test takers answered Q140. Both DIFF and DISC are almost zero (DIFF = 0.090, DISC = 0.045), and ULD is below zero (-0.017).

Table 9. Item Analysis of Q140

	A	B	C	(D)	No Answer
UPP	2	37	14	7	0
MID	6	54	37	5	0
LOW	5	28	17	8	2
TOTAL	13	119	68	20	2
%	0.059	0.536	0.306	0.090	0.009
ULD	-0.050	0.150	-0.050	-0.017	-0.033

The correct option "remote" is a familiar word; however, the meaning in this context is rarely learned in the English classroom in Japan. Many test takers seemed to choose Option B "concerned" because the form of the verb "to be" and past participle "concerned" is frequently used although the sentence does not make sense. The unfamiliar meaning of familiar vocabulary may be a contributing factor for the occurrence of misfit items.

As shown above, misfit items can be generated by some characteristic features of Japanese English learners, such as the lack of ability to understand foreign names in international communication and the lack of ability to recognize unfamiliar meanings of familiar vocabulary.

5. Conclusion

Through an examination of the ability measures based on the Rasch analysis, we investigated person misfit and ability measures on the test performance of English proficiency tests. The changes of ability measures of misfit persons after the misfit items were deleted in both Listening and Reading sections indicated that (1) the number of misfit persons decreased; (2) the average of Person Measures improved and the differences in both sections were statistically significant; (3) the average standard error of measurements of Person Measures increased and the differences in both sections were statistically significant; (4) the reliability remained high; and (5) in the analysis, five misfit items in the Listening section and three misfit items in the Reading section were generated.

Our analysis of the test results revealed that misfit items could be generated by some characteristic features of Japanese English learners such as the lack of ability to understand foreign names in international communication and the lack of ability to recognize unfamiliar meanings of familiar vocabulary.

References

Bond, Trevor G., and Christine M. Fox (2001) *Applying the Rasch Model: Fundamental Measurement in the Human Sciences*, Lawrence Erlbaum Associates, Mahwah, NJ.

Brindley, Geoff, and Helen Slatyer (2002) "Exploring Task Difficulty in ESL Listening Assessment," *Language Testing* 19, 369–394.

Davies, Alan, Annie Brown, Cathie Elder, Kathryn Hill, Tom Lumley and Tim McNamara (1999) *Dictionary of Language Testing*, Cambridge University Press, Cambridge.

Educational Testing Service (2005) *The Redesigned TOEIC® Test: Rationale, Evidence, and Future Direction*, Educational Testing Service, Princeton, NJ.

Freedle, Roy, and Irene Kostin (1999) "Does the Text Matter in a Multiple-Choice Test of Comprehension? The Case for the Construct Validity of TOEFL's Minitalks," *Language Testing* 16, 2-32.

Henning, Grant (1987) *A Guide to Language Testing: Development, Evaluation, Research*, Newbury House Publishers, Rowley, MA.

Linacre, John M. (2010) "When to Stop Removing Items and Persons in Rasch Misfit Analysis?" *Rasch Measurement Transactions* 23 (4), 1241. <http://rasch.org/rmt/rmt234g.htm>

Nakamura, Youichi (2002) *Test de Gengo Nouryoku wa Hakareruka* (Can Tests Measure Language Ability?), Kirihara Shoten, Tokyo.

Norizuki, Ken, Akihiro Ito and Hiroshi Shimatani (2011) "Exploring Item-Examinee Response Characteristics in Search of Diagnostic Functions of TOEIC® Tests for University Students in Japan," *JLTA Journal* 14, 1-20.

Ohtomo, Kenji (1996) *Koumoku Outou Riron Nyumon* (Introduction to Item Response Theory), Taishukan Shoten, Tokyo.

Ohtomo, Kenji, Youichi Nakamura, and Minoru Akiyama (2007) *Test Data Analysis Program: TDAP Ver. 2.02*. Open source program.

TOEIC® Steering Committee (2006) "The New TOEIC® Test," *TOEIC® Newsletter* 92, 1-3.

TOEIC® Steering Committee (2008) *TOEIC® Test New Official Preparation Book, Vol. 3 (Japanese version)*, The Institute for International Business Communication, Tokyo.

第二言語習得におけるダミー be 助動詞[*]

末永　広大

熊本信愛女学院高等学校

1.　はじめに

日本人の英語学習者がおかす誤りのひとつに，以下の（1）に見られるようなダミー be 助動詞（dummy *be* auxiliary）の使用がある．この誤りの特徴は，定形動詞が使われる場面で，[be＋動詞] の形態が使用されることである．

(1) a. *I *am belong* to a music circle.
    b. *She *is play* the piano every day.
    c. *They *are like* bread, I don't like bread.

これまでの先行研究では，このダミー be 助動詞が，機能範疇の主要部位置 T に表れ，三単現の -s や過去の -ed などの時制屈折形態素の代わりに，時制や人称を処理しているということが頻繁に議論されてきたが（Ionin and Wexler (2002)，Otaki (2004)，遊佐 (2008)），あまり議論されて来なかった問題が残っている．それは，「学習者たちが，ある種のストラテジーのように，[be＋動詞] を総称や，状態，過去などを表すための形態と見なして意識的に使用しているかもしれないという可能性」の検討である．本論では，この問題ついての考察を行い，一時的な解答を示す．

---

　* 本稿は，筆者の修士論文 Suenaga (2017) の一部に修正・加筆を施したものである．修士論文完成までの 2 年間において浅学の筆者を終始励まし，常に的確なご助言と丁寧なご指導をしていただいた登田龍彦先生（熊本大学）には，感謝してもしきれない．ここに記して感謝したい．

2. ダミー be 助動詞の使用の実態

ダミー be 助動詞の使用は，外国語環境で英語を学ぶ日本人の英語学習者に広く観察されている．Noji (2016) および Otaki (2004) の中学生の被験者を扱った研究では，日本語から英語への翻訳タスクが行われている．その結果，被験者が，(2a) のような文を産出すべき場面で，(2b) のようなダミー be 助動詞が使用された文を産出することが観察された．

(2) a. Mary knows Tom's mother.
    b. Mary *is know* Tom's mother.　　　　　　　　(Otaki (2004))

Suenaga (2015) は，投野由紀夫を中心として構築された日本人中高生の英作文コーパス Japanese EFL Learner (JEFLL) Corpus における約 200 名のデータから，以下の (3) のようなダミー be 助動詞の使用を報告している．また，大学生の英作文を分析している伊東 (2013) や，日本人大学生 12 名の発話データをもとに時制屈折形態素の習得についての横断的分析を行っている Suenaga (2017) でも同様の誤りが報告されている．

(3) a. We *are enjoy* dancing.　　　　　　　　　　(Suenaga (2015))
    b. An *is speak* Japanese.　　　　　　　　　　　(伊東 (2013))
    c. I'*m belong* to volunteer circle.　　　　　　(Suenaga (2017))

興味深いことに，ダミー be 助動詞の使用は，ロシア語や韓国語，スペイン語などの言語を母語とする第二言語環境で英語を習得中の学習者を対象とした研究でも報告されてきた．

(4) a. The lion *is go* down. (L1 = ロシア語)　(Ionin and Wexler (2002))
    b. *Is sleep*. (L1 = 韓国語)　　　　　　　　　　(Lee (2001))
    c. That *is go* to my house. (L1 = スペイン語)　(Fleta (2003))

この現象は，学習者たちが進行形を産出しようとした際に，-ing が省略されている可能性も十分考えられるが，Ionin and Wexler (2002) は，ロシア語を母語とする 3 ～ 13 歳の子ども 20 名の発話データから得られた 108 件のダミー be 助動詞が使用された文脈や動詞の意味を分析し，(5) のように総称，状態，過去，未来など，約 70% が進行以外の意味が含意された場面で使用されることを明らかにした．また，日本人中高生を対象とした Suenaga (2015) でも，同様の結果が報告されている．

第二言語習得におけるダミー be 助動詞　　　　331

(5)　a.　the cats *are pull* mouse's tail.　［進行：30%］

　　　b.　they *are help* people when people in trouble.　［総称：31%］

　　　c.　he *is want* go up then.　［状態：11%］

　　　d.　he *is run* away, I stayed there.　［過去：19%］

　　　f.　I'*m buy* for my mother something.　［未来：5%］

　　　　　　　　　　　　　　　　　　　　　　　　(Ionin and Wexler (2002))

ダミー be 助動詞の使用における興味深い特徴は，以下の (6) のように否定文や疑問文などにおいてもダミー be 助動詞が使用されることである.

(6)　a.　An *is* not open the door.　　　　　　　　　　(伊東 (2013))

　　　b.　*Is* it live in Australia?　　　　　　　　　　　(Fleta (2003))

　　　c.　I like it very much.　My mother *is* too.　　(Suenaga (2015))

さらに，過去時制を表そうとして，(7) のような [was + 動詞] の形態が使用されることも観察されている (伊東 (2013)，Lee (2001)，Otaki (2004)).

(7)　*Hanako *was watch* TV yesterday.　　　　　(Otaki (2004))

ダミー be 助動詞の使用は，英語習得の初期段階に起こる現象だと示唆されてきたが (Ionin and Wexler (2002))，この現象は，習得の初期段階だけではなく，習得の安定状態にある学習者や英語学習期間の長い学習者にも観察されている.　Lardiere (2007) が縦断的研究で扱った中国語を母語とする成人の被験者 Patty は，アメリカでの生活が 20 年近くになるが，以下の (8) のようなダミー be 助動詞を使用した文を産出している.　また，日本人大学生を扱った伊東 (2013) でも，この現象は観察されている.

(8)　he'*s* also *speak* in tongue that day.　　　　(Lardiere (2007))

英語習得におけるダミー be 助動詞の使用を見てきたが，類似の現象がドイツ語やオランダ語，フランス語などを目標言語とする学習者にも見られる.

(9)　a.　Ein Junge *ist* die Fussball *spielen*.　　（目標言語＝ドイツ語）

　　　　A　boy　 is　the football　play.ɪɴғ　（Haberzettle (2003)）

　　　b.　Papa　*is* niet *komen*.　　　　　　（目標言語＝オランダ語）

　　　　Daddy is not　come.ɪɴғ　　　　　　（Van de Craats (2009)）

　　　c.　Monsieur Vert,　il　*est dormir*.　　（目標言語＝フランス語）

　　　　Mr.　　 Green, he is　 sleep.ɪɴғ　　　 （Schimke (2013)）

(9) では，英語の場合と同じように，本来の定形動詞の代わりに，ドイツ語では [sein＋動詞] が，オランダ語では [zijn＋動詞]，フランス語では [être＋動詞] が使用されている．同様の現象が，オランダ語を母語とする子どもの発話にも観察されている (Julien et al. (2013))．また，Tesan and Thornton (2004) は，母語として英語を獲得中の子どもが，以下の (10) のような三人称単数形の主語に -s を接語化したような誤りをおかすことを報告している．

(10) a. It *s* not fit here.

b. He *s* not eat carrots. (Tesan and Thornton (2004))

国際養子縁組で中国から生後約 1 年以内に英語圏に移り住んだ子ども 5 名の英語獲得を扱っている Pierce et al. (2013) でも，数は少ないが，以下の (11) のような誤りが報告されている．

(11) a. it'*s go* here.

b. it'*s go* there. (Pierce et al. (2013))

3. ダミー be 助動詞の言語学的特性

ダミー be 助動詞に関して，これまでの英語習得研究で主に議論されて来たのは，be が，以下の (12) のように機能範疇の主要部位置 T に表れ，時制や人称を処理しているということである．

(12) a. [$_{TP}$ John [$_T$ is [$_{VP}$ often play baseball]]]

b. [$_{TP}$ John [$_T$ is [$_{NegP}$ not [$_{VP}$ play baseball]]]]

ここで，生成文法における動詞屈折のシステムについて考えてみる．三単現の -s や be 動詞などの主語と動詞の一致，過去の -ed などの時制による動詞屈折は，機能範疇 T を介して処理される．

(13) a. John is often late.

b. John often arrives late.

c. [$_{TP}$ John [$_T$ [T] [$_{VP}$ often be/arrive late]]]

機能範疇 T は，時制（±past）と一致（人称，数など）の素性の束から成り立っており，often などの副詞の位置との関係から英語では，V を T の位置へ顕在的に繰り上げる be 動詞などの屈折と，V を T の位置へ非顕在的に繰

り上げる一般動詞の屈折という，異なる2つの統語操作が行われる．

　問題のダミー be 助動詞がどのようにして機能範疇 T に表れるのかについ
ては，未だ統一した言語学的見解は示されていないが，遊佐（2008）の分散形
態論の枠組みによる分析では，例えば三単現の -s を処理する際に，接辞の -s
を V に付加する形態論的併合を適用できていない学習者が，機能範疇 T の素
性 [$_T$ -past, 3person, singular] を -s ではなく，誤って is として音声化すると
して，この現象を be 支持（*be*-support）と呼んでいる．この be 支持が適用さ
れた場合，V には T が具現化せず，形態論的併合がなされた定形動詞と be
が共起した以下の（14）のような文が表れないことを予測する．

(14)　#He *is goes* to elementary school.

実際，先行研究からは（14）のような文の使用はほとんど報告されていない．
さらに，Suenaga（2017）は，Suenaga（2015）で観察された350件のダミー
be 助動詞文を分析し，ダミー be 助動詞が can や do などの T の位置に具現
化される助動詞や，T の位置に繰り上がる完了の have や be と共起した（15）
のような産出は，全体の10% ほどしか見られなかったと指摘している．

(15)　a.　Thiro *is can't* go my home.
　　　b.　But my father *is don't* like bread.
　　　c.　Urashima Taro *is have* been dead.
　　　d.　So all my family *is* seldom *be* sick in bed.　　　(Suenaga (2017))

これらの事実から言えることは，ダミー be 助動詞の使用は決して無秩序に起
こる誤りではなく，時制や人称を処理するために体系的に構築された学習者た
ちの中間言語文法の表れであるということである．また，[be＋動詞] のよう
な文は学習者たちが取り込むインプットには存在せず，母語の相違，年齢およ
び学習期間の相違，習得環境の相違にもかかわらず見られる現象であるという
点を考慮すれば，この現象の分析は，学習者たちの中間言語生成のメカニズム
の解明において，意義のある手掛かりを提供するだろう．

4.　分析

　ダミー be 助動詞を生成するメカニズムを解明するにあたって，第一に考慮
すべき問題は，この現象が，学習者たちによって意識的に状態，総称，過去な
どを表すための形態として使用され得るのかを検証することである．そこで，

334   VI. 英語教育

この問題を検証するために，小規模な文法性判断テストを行った．

4.1. 参加者

　本分析で扱う参加者は，日本語を母語とする 18 〜 19 歳の大学 1 年生 101 名である．参加者は，経済学や教育学，理学などを専攻する学生であり，英語専攻の学生は含まれていない．参加者には文法性判断テストを受ける前に，自分たちの故郷，サークル活動や震災後の生活などをテーマにした 15 分間の英作文を書いてもらい，問題のダミー be 助動詞を使用するかを調査している．その結果，101 名中 6 名の参加者が，以下のような誤りの文を産出した．

(16) a. I*'m not like* swimming.
　　　b. That *is make* her feel sad.
　　　c. They *are help* Tsushima's economy.

そこで，参加者を 2 つのグループに分け，ダミー助動詞を使用した 6 名をグループ A，残りの 95 名をグループ B として分析を行った．

4.2. 文法性判断テスト

　本分析では，以下の (17) のような選択問題形式のペーパーテストを行った．

(17) a. My uncle (is have, has) a big cat.   (状態)
　　　b. I (am belong, belong) to the club.   (状態)
　　　c. The girl (is like, likes) soccer very much.   (状態)
　　　d. (Do, Are) they speak English?   (総称)
　　　e. Mary (is study, studied) Japanese with Yuka yesterday.   (過去)
　　　f. He (play, plays) basketball very well.
　　　g. She (laid, lay, lain, lied) the book on the desk.
　　　h. When (have you finished, did you finish) reading the book?
　　　i. I visited Kyoto (while, during) my holiday.
　　　j. My brother (married, married to) a high school teacher last July.

本分析で扱うのは，(17a-e) のダミー be 助動詞が使用された場面での文法性判断であり，錯乱肢として採用した (17f-j) は分析に含まれない．テストは参加者が普段授業を受けている教室で実施し，明確な時間制限は設けなかったが，101 名全員が 5 分以内で解き終わった．無回答は 1 件も無かった．もし参加者たちが，総称や状態，過去を表す本来の定形動詞ではなく，[be＋動詞]

の形態を文法的に正しいと見なしているとすれば，問題の誤答率は高くなると予想される．本分析で行った文法性判断テストの結果を表1に示す．表1での％は，参加者たちが定形動詞では無く，[be＋動詞] の形態を正しいと判断した値を示している．また，括弧内の数値は [be＋動詞] の形態を正しいと判断した参加者の人数を示している．

表1　文法性判断テストの結果

	グループ A (n=6)	グループ B (n=95)	全体 (n=101)
(17a) *is have*	0%(0/6)	1%(0/95)	1%(1/101)
(17b) *am belong*	16%(1/6)	33%(31/95)	32%(32/101)
(17c) *is like*	16%(1/6)	2%(2/95)	3%(3/101)
(17d) *Are speak*	33%(2/6)	16%(15/95)	17%(17/101)
(17e) *is study*	16%(1/6)	0%(0/95)	1%(1/101)

　表1から見てとれるように，(17b) と (17d) を除けば，全体的な誤答率は低いことが明らかとなったが，グループ A だけではなく，グループ B でも [be＋動詞] の形態を正しいと判断した参加者が複数存在した．同様の結果が，Ionin and Wexler (2002) や Otaki (2004) が行っている調査でも報告されているが，これらの調査では，ダミー be 助動詞を使用していない被験者のデータも含まれている．そこで，グループ A のデータをより細かく見ていくことにする．グループ A における6名の結果を表2に示す．表における○は定形動詞を選択したことを示し，×は [be＋動詞] を選択したことを示している．

表2　6名のダミー be 助動詞使用者の結果

参加者名	(17a)	(17b)	(17c)	(17d)	(17e)	誤答数
FN	○	○	○	○	○	0/5(0%)
IH	○	○	○	×	○	1/5(20%)
OS	○	×	×	×	×	4/5(80%)
EM	○	○	○	○	○	0/5(0%)
UK	○	○	○	○	○	0/5(0%)
BF	○	○	○	○	○	0/5(0%)

　表2から分かるように，参加者 OS を除けば，ダミー be 助動詞を使用した参加者たちの誤答率は非常に低く，彼らは適切に [be＋動詞] の形態ではなく定形動詞を文法的であると見なしている．この結果が意味していることは，ダ

ミー be 助動詞文を産出した参加者たちは決して意識的に [be＋動詞] の形態を使用しているわけではなく，適切な定形動詞を産出しようとする際に何らかの問題が発生し，このような誤りを半ば無意識的に使用している可能性があるということである．

5. おわりに

本論では，文法性判断テストを行い，日本人の英語学習者が使用するダミー be 助動詞についての考察を行った．この現象は，時制や人称を処理するために体系的に構築された学習者たちの中間言語文法の表れであり，学習者たちが，[be＋動詞] を総称や，状態，過去などを表すための形態と見なして意識的に使用しているのではなく，適切な定形動詞を産出しようとする際に無意識的に使用され得る誤りであることを指摘した．しかし，[be＋動詞] を正しいと形態だと認識して使用している学習者が存在することは明らかであり，また，なぜダミー be 助動詞を使用する学習者と使用しない学習者がいるのか，なぜダミー be 助動詞現象が通言語的にみられるのか，という多くの課題が残されており，さらなる中間言語生成のメカニズム解明のため，この現象の分析，調査を続けていく必要があるだろう．

参考文献

Fleta, M. Teresa (2003) "Is-Insertion in L2 Grammars of English: A Step Forward between Developmental Stages," *Proceedings of the 6th Generative Approaches to Second Language Acquisition Conference*, 85-96.

Haberzettl, Stefanie (2003) "Tinkering with Chunks: Form-oriented Strategies and Idiosyncratic Utterance Patterns without Functional Implications in the IL of Turkish Speaking Children Learning German," *Information Structure and the Dynamics of Language Acquisition*, ed. by Christine Dimroth and Marianne Starren, 45-63, Benjamins, Amsterdam.

Ionin, Tania and Kenneth Wexler (2002) "Why Is 'Is' Easier than '-S'?: Acquisition of Tense/Agreement Morphology by Child Second Language Learners of English," *Second Language Research* 18(2), 95-136.

伊東美津 (2013)「Be 動詞の過剰生成」『九州国際大学教養研究』第 19 巻第 3 号, 1-19.

Julien, Manuela, Ineke van de Craats and Roeland van Hout (2013) "There Is a Dummy 'Is' in Early First Language Acquisition," *Dummy Auxiliaries in First and Second Language Acquisition*, ed. by Elma Blom, Ineke van de Craats and Josje Verhagen, 101-140, De Gruyter Mouton, Berlin.

Lardiere, Donna (2007) *Ultimate Attainment in Second Language Acquisition: A Case Study*, Lawrence Erlbaum Associates, Mahwah, NJ.

Lee, Eun-Joo (2001) "Interlanguage Development by Two Korean Speakers of English with a Focus on Temporality," *Language Learning* 51(4), 591-633.

Noji, Miyuki (2015) "L1 Influence on Be Overgeneration in L2 English," *Bulletin of Joetsu University of Education* 34, 195-202.

Otaki, Koich (2004) *Be Overgeneration in Second Language Acquisition: A Comparison between L2 English and L2 French*, Master thesis, Keio University.

Pierce, Lara J., Fred Genesee and Johanne Paradis (2013) "Acquisition of English Grammatical Morphology by Internationally Adopted Children from China," *Journal of Child Language* 40(5), 1076-1090.

Schimke, Sarah (2013) "Dummy Verbs and the Acquisition of Verb Raising in L2 German and French," *Dummy Auxiliaries in First and Second Language Acquisition*, ed. by Elma Blom, Ineke van de Craats and Josje Verhagen, 307-338, De Gruyter Mouton, Berlin.

Suenaga, Kodai (2015) *Overgeneration of Be in Second Language Acquisition: A Corpus Study*, Bachelor thesis, Kumamoto University.

Suenaga, Kodai (2017) *The Acquisition of Tense and Agreement in Second Language Acquisition*, Master thesis, Kumamoto University.

Tesan, Graciela, and Rosalind Thornton (2004) "Overspecification in Early English," *LOT Occasional Series* 3, 469-480.

Van de Craats, Ineke (2009) "The Role of Is in the Acquisition of Finiteness by Adult Turkish Learners of Dutch," *Studies in Second Language Acquisition* 31(1), 59-92.

遊佐典昭 (2008)「*He is often play tennis* に見られる *be* 動詞の過剰生成」『言語研究の現在─形式と意味のインターフェイス』，金子義明・菊地朗・高橋大厚・小川芳樹・島越郎（編），470-480，開拓社，東京.

Application of Comprehensibility to the IELTS Pronunciation Assessment

Yui Suzukida
Birkbeck, University of London

1. Background

To date, English has become the primary language of international and intercultural communication, not only between native and non-native speakers, but also among non-native speakers all over the world. Therefore, developing good English language and communication skills is highly important for many non-native speakers to achieve their career- and academic-related goals in such a globalized society. Given the research evidence that even early bilinguals (who have started learning target language before puberty) likely have accents and its suggestion that accent is a normative characteristic of second language (L2) production (e.g. Abrahamsson and Hyltenstam (2009), Saito (2015)), L2 education researchers have examined key linguistic features of non-native speakers' comprehensible speech (i.e., accented but intelligible speech measured via the listeners' degrees of understanding) instead of reduction of accentedness (i.e., the listeners' perception of how close the speaker's language is to the speech patterns of the target-language community namely nativelikeness) (Munro and Derwing (1999), Saito, Trofimovich and Isaacs (2015)) for attaining successful international and intercultural communication in an optimal fashion (e.g. Derwing and Munro (2009), Saito and Shintani (2016), Saito, Trofimovich and Isaacs (2016), Saito, Webb, Trofimovich and Isaacs (2016)).

Following the line of thought, and providing pedagogical/practical advice, L2 testing researchers have paid a great amount of attention to validating, elaborating and refining high-stake speaking tests including the International English Language Testing System (IELTS) (DeVelle (2008) for review).

IELTS is a dominant and recommended test to prove one's proficiency level when applying for UK universities. Its speaking section consists of three interactive tasks with an IELTS examiner and is assessed based on the official speaking rubric (British Council (n.d. -a, -b)). Despite its high-stake nature, the vagueness of the speaking scale consulted by accredited IELTS examiners (the scales are different from publically available version) has been pointed out by researchers (Harding (2013); Isaacs and Trofimovich (2012)). In fact, it shows preference towards nativelikeness (low accentedness) as well as comprehensibility: "Pronunciation refers to the capacity to produce comprehensible speech in fulfilling the speaking test requirements. The key indicators will be the amount of strain caused to the listener, the amount of unintelligible speech and the noticeability of L1 influence (referring "L1" as first language)" (Seedhouse, Harris, Naeb, and Üstünel (2014: 5)). According to the definitions above, it can be speculated that the terms "comprehensible speech" and "strain caused to the listener" refer to comprehensibility, and "unintelligible speech" corresponds to intelligibility as a synonym of comprehensibility, indicating that their construct is built on a comprehensibility paradigm. However, "the noticeability of L1 influence" is associated with accentedness. Considering the fact that empirical evidence supports that an L2 speaker with an accent can be highly comprehensible (Derwing and Munro (2009), Jenkins (2000)), it is unclear both how and to what extent comprehensibility matter to IELTS scoring.

Surprisingly, however, little has been researched regarding the constructs being measured in the IELTS speaking test until the recent study by Isaacs, Trofimovich, Yu and Chereau (2015), which tapped onto this aspect of the L2 oral testing research as a part of their large scale investigation of IELTS raters' behaviour. Their study used 80 pre-rated speeches of the IELTS candidates from various L1 backgrounds such as Chinese, Arabic, Tagalog, Spanish, Thai, Kannada to examine the correlation between pre-rated pronunciation scores and newly rated comprehensibility score by hiring eight accredited IELTS raters. They revealed a positive correlation between IELTS pronunciation and comprehensibility scores, indicating that comprehensibility positively influence on the IELTS pronunciation scoring under the condition of multiple L1 groups described above.

In the context of native speakers of Japanese (NJs), who receive a limited amount of instructions on English pronunciation in classrooms, it would be assumed that further specialised instructions is required for success in the speaking section of IELTS test. Hence, it would be highly crucial for NJs and their instructors to acknowledge the relevancy of comprehensible speech production for becoming not only successful communicators but also successful test-takers. In addition to such pressing need of pronunciation learning, second language acquisition (SLA) researchers have claimed that Japanese learners likely face difficulties in articulating English regarding various dimensions ranging from segmentals (Nishi and Kewley-Port (2007), Riney and Takagi (1999), Sekiyama and Tohkura (1993)) to suprasegmental levels (Ohata (2004), Tsujimura (2013)) due to the great difference in phonetic system of Japanese from English. Therefore, it is reasonable to focus on a specific L1 group (Japanese) in order to compare the result with Isaacs et al.'s (2015) result with a mixed L1 group, and present the appropriateness of the adaptation of comprehensibility practice to IELTS pronunciation skill for Japanese learners of English and instructors. The research question is as follows:

(1) Question: Does comprehensible speech skill of Japanese learners of English predict the success in the IELTS pronunciation skill assessment?

2. Method

In line with the series of research on L2 prosodic features and development (e.g. Crowther, Trofimovich, Isaacs, and Saito (2015), Saito, Trofimovich, and Isaacs (2016)) and the original study by Isaacs et al. (2015), the current study employs a quantitative approach to seek answers for the aforementioned research question.

2.1. Participants

The participants (henceforth, raters) for speech rating in the present study included seven teachers ($M_{age} = 36$ years, *range* = 29-56) recruited via email in London, United Kingdom. They speak English as their L1 and were borne and/or raised in English-speaking home environment with at least one

English-speaking parent except for one rater whose parents' L1 were Urdu. They reported that English is the major medium of the communication ($M = 96\%$, $range = 90$-100). In order to minimise the inconsistency and inaccuracy in evaluating the speech, the current study controlled two rater variables via language background questionnaire: (a) raters' familiarity with non-native speakers' L2 (see Isaacs and Trofimovich (2012) for detailed discussion of listener factor), and (b) raters' linguistic and teaching experience (for the high reliability and accuracy in pronunciation rating of linguistic and teaching experience, see Saito et al. (2015)). With respect to the familiarity of Japanese-accented English, the raters reported high familiarity with Japanese-accented English ($M = 5.14$, $range = 4$-6) on 6-point Likert scale ($1 = not\ at\ all$, $6 = very\ much$) with frequent contact with NJs ($M = 5$, $range = 4$-6) on 6-point Likert scale ($1 = very\ infrequent$, $6 = very\ often$). Four out of seven had experience of visiting Japan (two weeks, one month, six month, and two years) and two of the four raters took short-term Japanese language courses. Thus, all the rater's familiarities with Japanese-accented English were regarded as consistent. Considering their linguistic knowledge and teaching background, all the raters responded that they have teaching experience in EFL/ESL contexts ($M = 9.9$ years, $range = 3$-25), and have extensive linguistic/phonological knowledge obtained through either enrolled in or completed their master degrees in Applied Linguistics, TESOL, or TEFL courses in English-medium universities. Therefore, the seven raters were regarded as relatively homogenous in their phonological and linguistic knowledge as well as their teaching experience.

2.2. Speech Data

The present study used 40 speech data from Saito's (2011) unpublished corpus, which contains more than 200 audios of Japanese learners who completed various speaking tasks in Japan and Canada. For the sake of the investigation, a careful selection was made to include various proficiency levels of the speakers based on their amount of L2 immersion, which is regarded as a contributing factor to define one's L2 developmental stage (see Fledge and Liu (2001) for detailed discussion). The following Table 1 illustrates the distribution of the length of residence in English speaking countries, ranging from 0 to 24 months ($M = 4.6$) with their age information.

Table 1 *Length of residence and age for 40 Japanese speakers*

Length of the stay(month)	n	Age	n
0	16	18–19	5
0–1	9	19–20	16
1–10	7	20–30	11
10–24	8	30–53	8
Total	40	Total	40

On the selection of the audios, those 40 speakers' performance was chosen specifically because the prompt for eliciting those audios was designed to simulate the IELTS independent long-turn task, which was also chosen for the prior IELTS pronunciation study by Isaacs et al. (2015). The IELTS speaking test takes an interview style with an examiner. In the long-turn part, which is the second part of the test, an examiner provides a test-taker a prompt sheet and asks the test-taker to speak after one or two minutes of preparation time. The prompt used in this study was "*Describe the hardest and toughest challenge in your life*" with four discussion points (i.e. "*when? how old and where were you?*," "*why did you encounter this challenge?*", "*why was it so challenging?*" and "*did anybody (e.g. friends, parents) help you?*"). Being in line with previous speech judgement studies (e.g. Iwashita, Brown, McNamara, and O'Hagan (2008), Derwing and Munro (1997)), first 30 seconds of the entire speech were used from each of the 40 speakers' performance (approximately three minutes each) for preparation of the ratings. Since this study's focus is on pronunciation but not on lexicogrammar or fluency, this study decided that 30 seconds was long enough to identify pronunciation errors due to the empirical evidence such as Munro, Derwing, and Burgess's (2010), which revealed that accent-detecting ability of native speakers of English (NEs) was fairly reliable even with single word. Also, due to the time-consuming nature of rating, this length was relevant for avoiding raters' fatigue, which affects the accuracy of the rating result.

2.3. Speech Rating

Seven raters judged the 40 speeches of Japanese learners of English based on the IELTS pronunciation rubric and comprehensibility. The rating sessions were conducted individually in a quiet room (each rater participated in rating sessions on different days and time) using a rating software *Praat* which shows two box-shaped 9-point Likert scales (1–9) for comprehensibility and the IELTS pronunciation judgement respectively. The raters then clicked the numbers to make the judgements. They listened to the audios through a pair of earphones connected to a personal laptop computer.

In each rating session, the raters were asked to listen to a whole audio (i.e. 30 seconds) before they made the judgements on the two scales. The software played the speech only once at randomised order, and the next speech was played right after the raters made the judgements of the previous speech. All the ratings were recorded by clicking the numbers on the two scales. Prior to the actual rating sessions, the language background questionnaire and sufficient training were given to the raters. In the first phase, the researcher asked the raters to complete the language background questionnaire shown on the computer screen, in order to obtain the information about the languages they speak and their degree of the familiarity with Japanese and Japanese-accented English. In the second stage, rater training session was directed by the researcher to ensure that the raters fully understood the IELTS rubric and concept of comprehensibility. In the training session, the raters were provided with the physical copies of the IELTS pronunciation rubric and adequate time for learning the rubric. They were allowed to check the rubric anytime during the rating process if necessary. The researcher then explained typical pronunciation errors made by Japanese learners of English (e.g., syllabification problem caused by the frequent vowel insertion) to raise the raters' awareness to the pronunciation errors. Subsequently, based on the definition used in the previous research of comprehensibility (e.g. Trofimovich and Isaacs (2012)), the concept of comprehensibility (*how effortless to understand L2 speech*) was introduced to the raters with a 9-point scale (1 = hard to understand, 9 = easy to understand). For the comprehensibility rating, they were asked to make judgement intuitively and use the scales flexibly. The raters listened to three sample audios and

344   VI.　英語教育

complete rating practice with the rating software. Then, they discussed the result with the researcher to confirm their accurate ratings.

2.4.　Data Analysis Procedure

In line with the prior relevant literature, which examined L2 speech from various perspectives (e.g. Saito et al. (2015)), the quantitative methods were carefully selected for the data analysis based on the research questions set in this study. First, each speaker's mean IELTS pronunciation scores and comprehensibility scores were calculated respectively through the averaging of seven raters' rating results in order to estimate each speaker's IELTS pronunciation and comprehensibility scores. Those two types of scores were then compared via Pearson's correlation coefficient.

3.　Result

3.1.　Rater Consistency

An inter-rater reliability among seven NE raters was calculated through the averaging of the values yielded through Pearson's correlation. The result supported a strong correlation in their ratings ($r = .633$, $p > .1$), suggesting seven raters' judgements were consistent.

3.2.　Correlation between the IELTS Pronunciation Rating and Comprehensibility Judgement

The research question was set to identify the relationship between IELTS pronunciation rating and that of comprehensibility rating by the use of Pearson's correlation coefficient ($-1 \leq r \geq 1$). Firstly, mean IELTS score and mean comprehensibility score of each audio were calculated separately. Then, the averaged rating results of each of the 40 recordings were inserted to run Person's correlation coefficient.

The correlation between the IELTS rating and comprehensibility rating yielded 0.958, suggesting a significantly positive correlation between the two rating patterns (see Table 2). According to Evans and Over (2013), if the value falls between 0.80 and 1.0, the correlation between measured variable is regarded as very strong. This confirms that the strong link between two rating results in this study.

Table 2 *The Result of Pearson Correlation between the IELTS Pronunciation Rating and Comprehensibility Judgement*

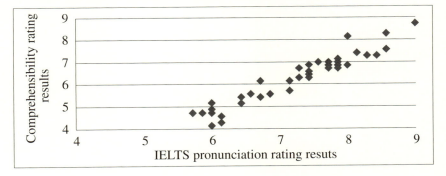

4. Discussion and Conclusion

The present study investigated the benefit of developing Japanese learners' comprehensible speech in English rather than nativelike speech for achiving higher IELTS pronunciation scores. Being in line with the researchers' belief that comprehensibility is the key facilitator of successful L2 communication, comprehensibility rating was used as an indicator of success in L2 communication and was compared with the rating based on the IELTS pronunciation scale by hiring seven native speakers of English as the judges. The research question was answered by the statistical calculation of correlation between mean rating scores of the IELTS pronunciation rating and comprehensibility rating. The Pearson's correlation showed an extremely high correlation between the two types of rating, indicating that comprehensibility in test-takers speech gives a major and positive impact on the IELTS pronunciation rating. This result does support the findings of the prior study

346   VI. 英語教育

directed by Isaacs et al. (2015), which showed relatively weak but positive correlation between IELTS pronunciation rating and that of comprehensibility. The result also highlighted that Japanese candidates of IELTS would strongly benefit from comprehensible speech development.

To close, two limitations of this study should be acknowledged. Although the finding of this study re-confirmed the findings proposed by Isaacs et al. (2015), the raters of the present study and IELTS pronunciation rubric for the judgements were different from theirs. Regarding the raters, whereas they used professional IELTS raters who were uniquely trained by British Council, the raters in this study were trained based on the publically available IELTS pronunciation rubric (this is not the same as the one IELTS examiners consult). Pertain to the judgement criteria, Isaacs et al. (2015) used examiner version of pronunciation rubric, which is different from that of the present study that used public version. Thus, these two differences in raters' nature and rubric might raise an issue in the validity of judgement patterns in this study, therefore the findings.

However, despite these differences in the condition of the study (using specific L1 group) from the prior study of Isaacs et al. (2015), at least this study proved that measuring construct of public IELTS pronunciation rubric is highly likely to be interpreted as a similar construct as comprehensibility by the IELTS rubric-based judges. This means that pronunciation instruction based on comprehensibility would surely help test-takers to improve their IELTS pronunciation scores.

References

Abrahamsson, Niclas and Kenneth Hyltenstam. (2009) "Age of Onset and Nativelikeness in a Second Language: Listener Perception versus Linguistic Scrutiny," *Language Learning* 59, 249–306.

British Council (n.d.-a) IELTS assessment criteria: Understand your score. Retrieved from http://takeielts.britishcouncil.org/find-out-about-results/ielts-assessment-criteria/

British Council (n.d.-b) Who accepts IELTS? Retrieved from http://takeielts.britishcouncil. org/choose-ielts/who-accepts-ielts/

Crowther, Dustin, Pavel Trofimovich, Talia Isaacs and Kazuya Saito (2015) "Does a

Speaking Task Affect Second Language Comprehensibility?" *The Modern Language Journal* 99, 80–95.

Derwing, Tracey M. and Murray J. Munro (1997) "Accent, Intelligibility, and Comprehensibility," *Studies in Second Language Acquisition* 19, 1–16.

Derwing, Tracey M. and Murray J. Munro (2009) "Putting Accent in Its Place: Rethinking Obstacles to Communication," *Language teaching* 42, 476–490.

DeVelle, Sacha (2008) "The 2007 Revised IELTS Pronunciation Scale," *Cambridge ESOL Research Notes* 34, 36–39.

Evans, Jonathon St B and David E. Over (2013) *Rationality and Reasoning*, Psychology Press, Hove, UK.

Flege, James Emil and Serena Liu (2001) "The Effect of Experience on Adults' Acquisition of a Second Language," *Studies in Second Language Acquisition* 23, 527–552.

Isaacs, Talia (2008) "Towards Defining a Valid Assessment Criterion of Pronunciation Proficiency in Non-native English-speaking Graduate Students," *Canadian Modern Language Review* 64, 555–580.

Isaacs, Talia and Pavel Trofimovich (2012) "Deconstructing Comprehensibility," *Studies in Second Language Acquisition* 34, 475–505.

Isaacs, Talia, Pavel Trofimovich, Guoxing Yu and Bernardita Munoz Chereau (2015) "Examining the Linguistic Aspects of Speech that Most Efficiently Discriminate between Upper Levels of the Revised IELTS Pronunciation Scale," *IELTS Research Reports Online Series* 48, 1–48.

Iwashita, Noriko, Annie Brown, Tim McNamara and Sally O'Hagan (2008) "Assessed Levels of Second Language Speaking Proficiency: How Distinct?" *Applied Linguistics* 29, 24–49.

Jenkins, Jennifer (2000) *The Phonology of English as an International Language*, Oxford University, Oxford.

Munro, Murray J. and Tracey M. Derwing (1999) "Foreign Accent, Comprehensibility, and Intelligibility in the Speech of Second Language Learners," *Language Learning* 49, 285–310.

Munro, Murray J., Tracey M. Derwing and Clifford S. Burgess (2010) "Detection of Nonnative Speaker Status from Content-masked Speech," *Speech Communication* 52, 626–637.

Nishi, Kanae and Diane Kewley-Port (2007) "Training Japanese Listeners to Perceive American English Vowels: Influence of Training Sets," *Journal of Speech, Language, and Hearing Research* 50, 1496–1509.

Ohata, Kota (2004) "Phonological Differences between Japanese and English: Several Potentially Problematic," *Language Learning* 22, 29–41.

Riney, Timothy J. and Naoyuki Takagi (1999) "Global Foreign Accent and Voice Onset Time among Japanese EFL Speakers," *Language Learning* 49, 275–302.

Saito, Kazuya (2011) *"Beginner, Intermediate and Advanced Japanese Learners of English in Canada,"* unpublished corpus of second language speech.

Saito, Kazuya (2015) "Experience Effects on the Development of Late Second Language Learners' Oral Proficiency," *Language Learning* 65, 563–595.

Saito, Kazuya and Natsuko Shintani (2016) "Do Native Speakers of North American and Singapore English Differentially Perceive Comprehensibility in Second Language Speech?" *TESOL Quarterly* 50, 421–446.

Saito, Kazuya, Pavel Trofimovich and Talia Isaacs (2015) "Using Listener Judgments to Investigate Linguistic Influences on L2 Comprehensibility and Accentedness: A Validation and Generalization Study," *Applied Linguistics*, Advance online publication.

Saito, Kazuya, Pavel Trofimovich and Talia Isaacs (2016) "Second Language Speech Production: Investigating Linguistic Correlates of Comprehensibility and Accentedness for Learners at Different Ability Levels," *Applied Psycholinguistics* 37, 217–240.

Saito, Kazuya, Stuart Webb, Pavel Trofimovich and Talia Isaacs (2016) "Lexical Correlates of Comprehensibility versus Accentedness in Second Language Speech," *Bilingualism: Language and Cognition* 19, 597–609.

Seedhouse, Paul, Andrew Harris, Rola Naeb and Eda Üstünel (2014) "Relationship between Speaking Features and Band Descriptors: A Mixed Methods Study," *IELTS Research Reports Online Series* 30, 1–30.

Sekiyama, Kaoru and Yoh'ichi Tohkura (1993) "Inter-language Differences in the Influence of Visual Cues in Speech Perception," *Journal of Phonetics* 21, 427–444.

Trofimovich, Pavel and Tali Isaacs (2012) "Disentangling Accent from Comprehensibility," *Bilingualism: Language and Cognition* 15, 905–916.

Tsujimura, Natsuko (2013) *An Introduction to Japanese Linguistics*, Blackwell, Oxford.

英語教師のイントネーションに関する知識について

津江　親博

水俣市立袋中学校

1. はじめに

コミュニカティブ・アプローチが盛んに提唱されるようになった1980年代から，英語教育の発音指導においては，リズム，ストレス，イントネーションなど超分節的要素の重要性が広く認識されるようになり今日に至っている (Celce-Murcia et el. (2010))．しかし，イントネーションは明確にとらえることの難しい音声要素であり (Ladefoged et el. (2006))，これをどのように指導するかという問題が英語教師を悩ませてきた (Dalton et el. (1994))．発音指導の中でイントネーションをどの程度，どのように取り扱うか，あるいは，そもそもイントネーションを明示的に教授すべきかどうかなどについて様々な議論はあるが (Jenkins (2000), Roach (2009), 清水 (2011), 中村 (2012), Cruttenden (2014))，どのような立場をとるにせよ，英語教師はイントネーションの指導について何らかの指針を持つ必要がある．

2017年3月31日に公示された次期の学習指導要領（文科省 (2017)）では，教科としての「外国語」が，新たに小学校5, 6年生に導入されている．小学校における英語のイントネーションの指導に関しては，「内容」の項に中学校向けのものと同じ文言が用いられており，「文における基本的なイントネーション」を取り扱うこととしている．すなわち，今後は小学校の教師にもイントネーション指導が課せられることになる．

しかし，イントネーションは分節音や語強勢などに比べ明示的にとらえにくい面があり，理論や知識が一般に普及していないこともあって，指導に自信をもてないという教師が多い (Tsue (2014))．たとえ自分自身のイントネーションがコミュニケーションに十分耐えうるものだという自信はあっても，児童・生徒に指導するためには，ある程度明示的に説明できるような理論や知識が必要だからである．これらの点については，かなり以前から，奥田 (1975)，渡

349

辺 (1994b) なども指摘し改善案を提示しているが，今日の日本の英語教育においても状況はほとんど変わっていないといえよう．

そもそも英語教師はイントネーションに関してどのようなことを知っておくべきだろうか．また，イントネーションの学問的な研究において現在どのようなことが確立されており，教育の現場にどの部分が適用可能なのだろうか．中学校の英語教師である筆者は，以上のような問題意識を持ちつつ，英米日のイントネーション研究に関する主要な文献やイントネーションを扱った教本などを概観してきた．本稿では，英語教師に求められるイントネーションに関する知識について論じ，合わせて，筆者が修士論文（Tsue (2014)）作成の際に行った現職英語教師のイントネーションに関する知識についてのアンケート調査をもとに，英語科教員養成に対する意見を述べることにする．

2. イントネーション句，音調核，および音調

英語のイントネーション研究は，16 世紀の英国の発音の手引書に始まり現代に至る（Crystal (1969)，Cruttenden (1997)）．英国では主に発音教育の立場からの研究が行われ，20 世紀前半から始まった核音調アプローチ（nuclear tone approach）を中心に詳細なイントネーション分析がなされ，これに基づいて，O'Connor et el. (1973) などのイントネーション教本が作成されてきた．さらに Brazil et el. (1987) は，核音調を宣言調（proclaiming tone）と言及調（referring tone）に分けて音調の意味の一般化を図り，これを教育の場に生かすための具体的なカリキュラムの提案も行っている．現在では，Wells (2006)，Roach (2009)，Cruttenden (2014) に，教育的立場からイントネーションに関する総合的な知見がまとめられている．

一方米国では，20 世紀の中頃から 4 段階のピッチ・レベルによるイントネーション分析が盛んになった．4 段階のピッチ・レベル分析は，後に段階設定の恣意性が批判され，これを用いた学問的な研究は見られなくなったが，米語発音の代表的な教本である Celce-Marcia et el. (2010) には，今でも指導の便宜として採用されている．現在のイントネーション研究では，H（高）と L（低）の 2 レベルを用いた分析法が主流となり，英語以外のイントネーション分析にも用いられるようになった（Ladd (2008)）．この他に米国の代表的なイントネーション研究として知られる Bolinger (1986, 1989) などは例外的にピッチ・レベルを用いず，プロファイルという分析方法を用いた．

このように，イントネーションの研究には大きく分けて英国の音調核研究の

流れと米国のピッチ・レベル研究の流れがあり，それぞれの理論に基づいたイントネーションの教本が多数出版されてきた．

　以上のような欧米におけるイントネーション研究やそれらに基づく教本などを概観してわかるのは，ひとまとまりの発話の中にイントネーションの中心となる音節が存在し，そこから大きくピッチが変化し音声的に最大の卓立を示すという点は，ほとんどの研究者が認めているということである．イントネーションを分析する際のひとまとまりの発話は，intonation phrase, intonation group, word group, tone group, tone unit, sense group, thought group 等と呼ばれ，その中での最大の卓立は，nucleus, nuclear stress, nuclear accent, tonic stress, tonic accent, intonation center, primary accent, major sentence stress, sentence main stress, nuclear pitch accent 等と様々な名称で呼ばれている．本稿では Wells (2006) にしたがって，前者の概念をイントネーション句 (intonation phrase)，後者の概念を音調核 (nucleus) と呼ぶことにする．この音調核において上昇調，下降調，下降上昇調，上昇下降調，平坦調などの音調 (tone) が用いられる．

3.　指導に当たって 3 つの概念は切りはなせないということ

　イントネーション句，音調核，音調という 3 つの概念を用いて，次の 3 つの手順でイントネーションを決定することができる (Wells (2006))．すなわち，第 1 に発話を区切ってイントネーション句を決めること，第 2 にイントネーション句内の音調核配置を決めること，第 3 に音調核でどの音調を用いるかを決めることである．当然のことながら，この 3 つの手続きは相互に関連し，実際の発話では同時に行われる．

　学習指導要領解説外国語編（文部科学省 (2008)）は，イントネーションに関して下降調，上昇調といった音調についてのみ述べており，その音調をどこに置くのかについては触れていない．また，大学生のための国際英語の発音習得基準を提案した中村 (2012) は，イントネーションの習得基準について，「音調群や核強勢に関わる説明は（英語）音声学に精通している指導者でなければ無理であろう．大学教員の多くは（英語）音声学を学んだ経験を持たない現状を踏まえ，音調群・核強勢については最低習得条件から外さざるを得ない」としている．

　しかし，いかなる形であれ明示的なイントネーションの指導を行おうとすれば，ある発話が上昇調で終わるのか下降調で終わるのかといった音調選択の問

題だけでなく，その音調がどの音節から始まるのか，つまり音調核はどこに置かれるのかという問題を避けて通ることはできない．すなわち，音調核配置についての知識がなければ，イントネーションを明示的に指導することは不可能なのである．

4. 音調核の配置について

　音調核はイントネーション句内の最後の内容語に置かれるという原則があり，これは日本で現在出版されているほとんどの音声学の教本にも書かれている（松阪（1986），片山・長瀬・上斗（1996），竹林・斉藤（1998），牧野（2005），川越（2007），服部（2012））．2語以上で構成されるイントネーション句の8割から9割は，この原則に従って最後の内容語に音調核が置かれる（渡辺（1994a），Wells（2006））．つまりこの原則を知っていれば，8割から9割の場合に正しく音調核の位置を決めることができる．（以下この原則を，渡辺（1994b）などに倣い便宜的にノーマル・ストレスを呼ぶ.）

　しかし逆に言えば，この原則にはずれる場合が1割から2割はあるということになる．この音調核の可動性は，英語のイントネーションの大きな特徴でもある（Rogerson-Revell（2011））．

　音調核配置がノーマル・ストレスからはずれて移動する場合としてよく知られているのは次の2つである．ひとつは，イントネーション句の後方にある内容語が旧情報であった時，その語が除アクセントされ，新情報である前方の内容語に音調核が移動する場合である．もうひとつは，ある語と何かを対比するときなど，特に強調したい語へ音調核を移動させる場合である．その際しばしば機能語に音調核が置かれることもある．

　ところが，上記のような，文脈から推測しやすい除アクセントや強調によるもの以外でも，音調核配置がノーマル・ストレスにならない場合がある．

　例えば，(1)，(2)は機能語のみで構成されているが，音調核がどこかに置かれなければならないため，be動詞に音調核が置かれる（Wells（2006: 145））．

(1)　How are you?
(2)　What is it?

　また，(3)，(4)のような慣用的音調核配置も存在する（Dalton et el.（1994: 45））．

(3) There's a good girl!

(4) Beats me!

　これらの例にとどまらず，文脈から推測することの難しい，ノーマル・ストレス以外の音調核配置には様々な種類があり，Wells (2006) はそれらを40項目以上にわたって詳細に解説しているほどである．つまり，核配置を正しく決めようとすれば膨大な知識が必要となるわけである．いくらイントネーション指導において核配置を知ることが必要条件であるといっても，これらの知識を一般の英語教師に要求することは非現実的である．問題は，どの程度の知識が必要かということであろう．

　文法指導を例にとれば，英語教師はすべての文法事項について精通していなくても，英語文法の基本的な理解をもとに，英作文などを明示的に教えることができる．イントネーションの指導においても同様に，基本となる部分を知っておくことが大切ではなかろうか．核配置については，ノーマル・ストレスの原則に加え，新旧情報の伝達や強調による音調核の移動について理解することが，イントネーション指導の基本の部分にあたるのであり，英語教師はこれらの規則に基づいて核配置をおおよそ予測できることが必要であろう．(3)，(4) のような慣用的なイントネーションについては，そのような存在もあるということを知っておくだけで十分であろう．

5. 3つの概念とイントネーションの諸機能

　イントネーションには様々な機能があり，研究者によってさまざまな分類がなされている（渡辺 (1994a)，Chun (2002)，Wells (2006)，Roach (2009)）が，いずれの研究者も取り上げているイントネーションの代表的な機能は，感情や態度などを表すための態度的機能（attitudinal function)，発話の意味的，統語的な区切りを示したり，肯定文や疑問文などのちがいを示すための文法的機能（grammatical function），そして，情報の新旧を示したり，適切な強調をおこなうための焦点化機能（focusing function）の3つである．渡辺 (1994a) によれば，以前は主に態度的機能と文法的機能が問題にされていたが，発話行為理論，語用論，談話分析というような言語学分野の進歩とともに，焦点化機能の重要性が明らかになってきたという．

　これら3つの機能と，前節までで論じてきた3つの概念の結びつきを Wells (2006) に倣って整理すれば，態度的機能は音調によって，文法的な機能はイ

ントネーション句の分割と音調によって，焦点化機能は音調核配置によって行われるということができる．Roach（2009: 151）が言うように，イントネーションを指導する際には，イントネーションが何に役立っているのかを教師自身が理解しておくことが大切であり，その意味において，英語教師がイントネーションの形式を示す3つの概念とイントネーションの3つの機能との結びつきをととらえておくことは非常に重要である．

6. 英語教師のイントネーションに関する知識の実情と教員養成におけるイントネーション教育の必要性について

　現場の英語教師はイントネーションについてどの程度の知識を持っているのだろうか．筆者は2013年に熊本県下の70名の中学校英語教師に対して，イントネーション指導に関するアンケートへの回答を依頼し，46名から回答を得た（Tsue（2014））．その中から，イントネーションに関する知識について調査した部分を引用する．教師の知識をテスト形式で調査することは困難なので，英語のイントネーションに関する6つの文言を挙げ，それぞれの文言に対して，「よくわかる」，「概ねわかる」，「少し分かる」，「あまりわからない」の4つの選択肢から回答してもらった．その文言と回答状況を（5）から（10）に示す．

(5) 文言1 「英語のイントネーションには，文法的機能，態度的機能，焦点化機能など様々な働きがある.」
よくわかる4　概ねわかる15　少しわかる13　よくわからない14

(6) 文言2 「英語の音調（tone）には上昇調，下降調，下降上昇調，平坦調などがある.」
よくわかる7　概ねわかる23　少しわかる11　よくわからない5

(7) 文言3 「英語は強勢によってリズムが作られる stress-timed な言語である.」
よくわかる8　概ねわかる20　少しわかる11　よくわからない7

(8) 文言4 「『原則として Yes/No 疑問文は上昇調で，Wh 疑問文は下降調で』と学習指導要領解説編には記述されているが，実際の使用場面では，この原則に外れる場合もある.」
よくわかる5　概ねわかる24　少しわかる12　よくわからない5

(9) 文言5 「英語では，原則として内容語の音節に強勢が置かれ，機能語

には強勢が置かれない.」
　　　よくわかる 11　概ねわかる 24　少しわかる 7　よくわからない 4
(10)　文言 6 「英語では, 文の最後の内容語が最も目立つように発音され,
　　　　イントネーションの核となることが多い.」
　　　よくわかる 3　概ねわかる 15　少しわかる 13　よくわからない 15

(9) の「英語では原則として内容語の音節に強勢が置かれ, 機能語には強勢が置かれない.」, (7) の「英語は強勢によってリズムが作られる stress-timed な言語である.」という文言に対しては,「わかる」と「概ねわかる」の合計がそれぞれ 35 名 (約 76%), 28 名 (約 61%) と比較的多く, (5) の「英語のイントネーションには, 文法的機能, 態度的機能, 焦点化機能など様々な働きがある.」, (10) の「英語では, 文の最後の内容語が最も目立つように発音され, イントネーションの核となることが多い.」に対しては, それぞれ 19 名 (約 41%), 18 名 (約 39%) と比較的少ない.

これらの結果から, 内容語に強勢が置かれるという傾向や, 英語の等時的なリズムについては, 比較的多くの教師が理解しているということがわかる. これらの項目についての理解度が高いのは,「中学校学習指導要領解説 (外国語編)」(文科省 (2008)) の中で触れられているからでもあろう.

一方, 半数以上の教師が, イントネーションの機能や音調核について, ほとんど, あるいは, あまり理解していないということが明らかになった. すなわち, 多くの中学校英語教師のイントネーションに関する知識は, イントネーションの指導を適切に行える水準に達していないといえるだろう.

したがって, 文科省が学習指導要領で英語教師にイントネーションの指導を求めるのならば, それに応じた大学における教職課程の授業を義務化したり, 現役教師への適切な研修を行ったりすることにより, 英語教師がある程度の自信を持ってイントネーションの指導を行えるようにする必要があると考える.

7.　まとめ

本稿では, 英語教師がイントネーションの指導を行うに当たって, イントネーション句, 音調核, 音調という 3 つの概念, 及びそれらとイントネーションの機能との関係を理解しておくこと, 特に, 音調核の基本的な配置について理解しておくことが必要であるということを, 内外の文献をもとに論じた. 一方で, 現場の教師がイントネーションの指導をするための知識を十分に持って

いないということを，中学校英語教師への意識調査をもとに論じた．今後これ
らの点が考慮され，教育現場でイントネーションの指導が適切に行われるため
の方策がとられることを望みたい．

参考文献

Bolinger, Dwight (1986) *Intonation and Its Parts*, Stanford University Press, Stanford.

Bolinger, Dwight (1989) *Intonation and Its Uses*, Stanford University Press, Stanford.

Brazil, David, Malcolm Coulthard and Catherine Johns (1980) *Discourse Intonation and Language Teaching*, Longman Group Limited, London.

Celce-Murcia, Marianne, Donna M. Brinton, Janet M. Goodwin and Barry Griner (2010) *Teaching Pronunciation — A Course Book and Reference Guide,* 2nd ed., Cambridge University Press, Cambridge.

Chun, Dorothy M (2002) *Discourse Intonation in L2: From Theory and Research to Practice*, John Benjamins, Amsterdam.

Cruttenden, Allan (1997) *Intonation*, 2nd ed., Cambridge University Press, Cambridge.

Cruttenden, Allan (2014) *Gimson's Pronunciation of English*, 8th ed., Routledge, New York.

Crystal, David (1969) *Prosodic Systems and Intonation in English*, Cambridge University Press, Cambridge.

Dalton, Christiane and Barbara Seidlhofer (1994) *Pronunciation*, Oxford University Press, Oxford.

服部範子 (2012)『入門英語音声学』研究社，東京．

Jenkins, Jennifer (2000) *The Phonology of English as an International Language*, Oxford University Press, London.

片山嘉雄・長瀬慶來・上斗晶代 (1996)『英語音声学の基礎——音変化とプロソディーを中心に——』研究社，東京．

川越いつえ (2007)『英語の音声を科学する』大修館書店，東京．

Ladd, D. Robert (2008) *Intonational Phonology*, 2nd ed., Cambridge University Press, Cambridge.

Ladefoged, Peter and Keith Johnson (2006) *A Course in Phonetics — International Edition*, 6th ed., Wadsworth Cengage Learning, www.cengage.com/international.

O'Connor, J. D. and G. F. Arnold (1973) *Intonation of Colloquial English*, 2nd ed., Longman Group Ltd., London.

奥田夏子 (1975)『英語のイントネーション——研究と指導——』英和出版，東京．

Roach, Peter (2009) *English Phonetics and Phonology*, 4th ed., Cambridge University Press, Cambridge.

Rogerson-Revell, Pamela (2011) *English Phonology and Pronunciation Teaching*, Continuum International Publishing Group, London.

清水あつ子 (2011)「国際語としての英語と発音教育」『音声教育』第 15 巻第 1 号, 44-62.

Tsue, Chikahiro (2014) *What Kind of Knowledge Helps Teachers to Implement Intonation Instruction? — A Preliminary Exploration —*, Master's thesis presented to the Graduate School of Education, Kumamoto University.

松阪ヒロシ (1986)『英語音声学入門』研究社, 東京.

牧野武彦 (2005)『日本人のための英語音声学レッスン』大修館書店, 東京.

文部科学省 (2008)『中学校学習指導要領解説外国語編』開隆堂出版株式会社, 東京.

文部科学省 (2017)『学習指導要領』文科省 HP, http://www.mext.go.jp/a_menu/shotou/new-cs/1383986.htm.

中村聡 (2012)「日本語母語話者が習得すべき国際英語の発音基準—大学英語教育の場から考える」『コミュニケーション文化』6, 162-167.

竹林滋・斉藤弘子 (1998)『英語音声学入門』大修館書店, 東京.

渡辺和幸 (1994a)『英語イントネーション論』研究者出版, 東京.

渡辺和幸 (1994b)『英語のリズムとイントネーションの指導』大修館書店, 東京.

Wells, J. C. (2006) *English Intonation An Introduction*, Cambridge University Press, Cambridge.

Reflecting to Learn from Experience: Issues of Teacher Cognition and Affect[*]

Toshinobu Nagamine

Kumamoto University

1. Introduction

There are two major pedagogical approaches to English as a second language (ESL) and English as a foreign language (EFL) teacher education and development, namely, an exploratory approach (e.g. Allwright (2003)) and a reflective approach (e.g. Farrell (2008)). Both hinge on teacher autonomy, aim at the integration of theory and practice, and are usually employed by teacher educators in a guided manner. In addition, both the approaches share a common concept in that the improvement of teaching techniques is not necessarily the ultimate goal. The exploratory approach targets the qualitative change of the learning-teaching environment through teacher research,[1] while the reflective approach actualizes informed decision making in teaching practice through reflective teaching. The exploratory approach, which is realized in a form of exploratory practice (EP), entails teacher reflection in the practice procedure. In the EP procedure, the first step (the puzzle) requires teachers to identify and refine a set of research questions so that they can focus on a specific area to explore. The next step (the method) includes the selection of one or more classroom procedures (e.g. survey, poster session, journaling) and the implementation of teacher

---

[*] This work is based on a qualitative research project that has been supported by a Grant-in-Aid for Challenging Exploratory Research (Project No. 15K12913) awarded to the author by the Japan Society for the Promotion of Science (JSPS).

[1] Research conducted by teachers, individually or collaboratively, with the major goal of understanding teaching and learning in context; it can take a variety of forms and serves a range of purposes (Meier and Henderson (2007), Zeichner (1999)).

research to collect in-class data. Following data collection is the step where teachers are required to reflect on and interpret the outcomes of the research. In the last step (implications), teachers are required to decide on implications and plan accordingly. The determining factor of the outcome is the quality of reflection done with a prime focus on the process of reflectively expressing and appraising collective, as well as personal, insights. Hence, the exploratory approach can be conceptualized as a type of practitioner research (cf. action research) that includes reflective teaching.

A crucial principle pertinent to the two approaches is that change in teacher beliefs plays a central role in professional development (Nagamine (2008), Richards, Gallo, and Renandya (2001)). The two pedagogical approaches have been recognized in the TESOL field as effective ways of empowering teachers to grow as professionals who can constantly seek "context-sensitive, location-specific pedagogy" (Kumaravadivelu (2006: 69)).

The feasibility of the two major pedagogical approaches has been acknowledged by EFL teacher educators, and these two approaches are widely employed in Japanese EFL teacher education contexts today. In the recently established Graduate School of Professional Development in Education (*Kyoushoku Daigakuin*) at Kumamoto University, for instance, multiple reflection activities are incorporated into the curriculum, and teacher research (similar in some respects to EP) is a requisite for the completion of the program. Pre-service teachers and in-service teachers enrolled in the program are thus expected to learn and theorize from experience to develop as professionals. Nevertheless, in both ESL and EFL teacher education programs, it is rare to find reflection activities that require teachers to reflect on and analyze the affective aspects of teaching practice (Nagamine (in press-b)). In sum, teacher reflection is considered to be merely a cognitive rational activity and hence teacher emotionality has been neglected, if not totally ignored, in ESL and EFL teacher education and development. As Felten, Gilchrist, and Darby (2006) call for a synthesis between emotion and cognition in the general education field, the roles of teacher emotions in reflection and reflective teaching should receive more research, as well as more pedagogical attention in the TESOL field (cf. Demetriou and Wilson (2008)).

2. Teacher Knowledge and Social Constructivism

2.1. Types of Knowledge

Nagamine (2014) proposes four different types of knowledge based on the previous studies of language teacher cognition: personal theoretical knowledge, personal practical knowledge, impersonal theoretical knowledge, and impersonal practical knowledge (see Figure 1). Impersonal types of knowledge can change into personal types of knowledge by going through a teacher's belief system. This personalization process is often referred to as "teacher's theorization/theorizing," which necessitates cultural appropriation in the professional technical culture (cf. Sato and Kleinsasser (2004)). It is noteworthy that teacher's theorizing is always mediated by the teacher's belief system. As we will discuss later, this fact indicates that the process of teacher's theorizing is evaluative and affective in nature.

The aforementioned two pedagogical approaches are expected to help teachers acquire personal practical knowledge, which is personalized, implicit, procedural, experiential knowledge that can be performed in one's teaching practice (see Figure 2).

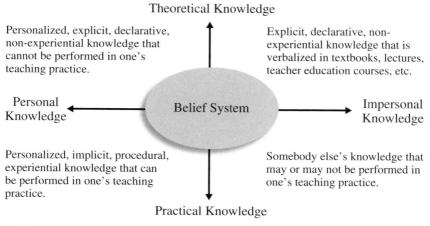

Figure 1. Four Types of Knowledge (Adopted from Nagamine (2014))

As a core concept of postmethod (Kumaravadivelu (2006)), context-sensitive, location-specific pedagogy is based on a teacher's understanding of "lo-

Reflecting to Learn from Experience: Issues of Teacher Cognition and Affect   361

cal linguistic, sociocultural and political particularities" (Edge (2006: 21)). Edge further claims: "The parameter of practicality seeks to rupture the reified role relationship between theorizers and practitioners by enabling and encouraging teachers to theorize from their practice and practice what they theorize." What teachers theorize from their teaching practice can be categorized into six domains of content: theories of teaching, teaching skills, communication skills, subject matter knowledge, pedagogical reasoning and decision-making skills, and contextual knowledge (Richards (1998)). Roberts (1998) proposes other types of teacher knowledge as a system of knowledge bases including content knowledge, pedagogical content knowledge, general pedagogic knowledge, curricular knowledge, contextual knowledge, and process knowledge. According to Graves (2009), such knowledge bases are the foundation of current ESL teacher education curricula.

2.2. Reconceptualizing Teacher Knowledge Based on Social Constructivism[2]

Unlike formal theoretical knowledge, which is known and produced by researchers or scholars (Fenstermacher (1994)), teacher knowledge, particularly personal practical knowledge, is an internal, socially constructed experiential entity (Nagamine (2008)). From the social constructivist perspective, teacher knowledge can be regarded as "essentially a social construct" (Op 't Eynde, De Corte, and Verschaffel (2002: 23)); it is an entity that is intersubjectively[3] constructed by the "accumulation of experiences" (Johnson (1999: 30)) and re-constructed "in light of new experience" (Schwandt (2001: 30)) throughout a career. Thus, it can be said that the

---

[2] Two versions of social constructivism exist: a strong version and a weak version. Any ontology (an explicit description of a shared conceptualization of the nature of reality) is denied in the strong version; the weak version accepts other ontologies and encompasses various types of conceptualizations of reality. The author's use of the term *social constructivism* here is in concordance with the weak version (cf. Beck and Kosnik (2006), Schwandt (2001)).

[3] This intersubjective nature of knowledge has been a crucial point of reference for social constructivists. Intersubjectivity refers to a perception of reality shared by more than one individual.

distinction between knowledge and beliefs, frequently made in academia until around two decades ago, is a false dichotomy. Teacher knowledge can be regarded as teacher beliefs, or vice versa. Figure 2 shows a schematic representation of a teacher's belief system in relation to relevant constructs.

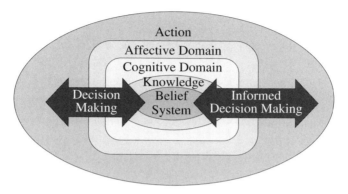

Figure 2. Teacher's Belief System and Associated Constructs (Adopted from Nagamine (2014))

The affective domain entails the cognitive domain, signifying the central role of the teacher's belief system. A teacher's cognition (e.g. thinking, knowing, decision making) can be greatly influenced by affective factors. Figure 2 also demonstrates that informed decision making can be achieved mainly by changing a teacher's beliefs. As illustrated in the figure, however, because the belief system is situated in the affective domain (which includes the cognitive domain), changing teacher beliefs calls for a crucial analysis of emotions and feelings attached to teaching experiences. Much literature, however, indicates that it is not easy to examine teachers' beliefs and clarify what they are. For instance, Johnson (1999) emphasizes that it is hard for teachers to realize how much they have been influenced by their own beliefs. It is also difficult, if not impossible, for teachers to identify what kinds of beliefs they actually possess. Even if teachers are aware of their beliefs, it is still difficult for them to change the belief structure (Pajares (1992)). One of the major causes of such difficulties is the excessive emphasis on teachers' intellectual rational thinking (cognition) about teaching experiences (see Felten, Gilchrist, and Darby (2006)). As Nespor (1987) argues, because teachers' beliefs are affective and evaluative in nature, a synthesis between cognition and emotion must be made to enable teachers to explore their affective aspects deeply.

3. Teaching Profession and Emotionality

3.1. Teaching as Emotional Labor/Work

The teaching profession includes many characteristics of emotional labor (cf. Hochschild (2003)); it certainly entails various types of emotional work (Hargreaves (1998), Schutz and Zembylas (2011)). Kawamura (2006) claims that approximately 1,000 teachers voluntarily resign every year before their compulsory retirement at the age of 60 in Tokyo, Japan. There is another statistic indicating that about 300 newly employed teachers across Japan in the academic year 2010 chose to leave the profession within a year (MEXT (2012)). The previous statistical surveys released by MEXT (e.g. MEXT (2013)) clearly show that the ratio of teachers who voluntarily left the profession because of sickness/disease has constantly increased. Furthermore, it is clearly indicated that the major type of sickness/disease reported by those teachers was "mental illness." What should also be emphasized here is that the development of mental illness started after they were employed as full-time school teachers (Nagamine (in press-a)).

Reflecting on teaching experience does not always result in positive outcomes; it can sometimes generate uneasy or uncomfortable feelings (Nagamine (in press-b)). There are two prime reasons. One reason is that teaching experience itself can be both positive and negative. As Flores and Day (2006) assert, teaching involves both intensive and extensive use of emotional labor and work.[4] Critical incidents to reflect on can be identified with an inquiry "what was perceived to go wrong," as well as "what has worked

---

[4] Emotional work and emotional labor can be viewed as interrelated processes. The following explanation of Callahan and McCollum (2002: 221; emphasis in original) is pivotal here: "We argue that the term *emotional work* is appropriate for situations in which individuals are personally choosing to manage their emotions for their own non-compensated benefit. The term *emotional labor*, on the other hand, is appropriate only when emotion work is *exchanged* for something such as a wage or some other type of valued compensation."

364   VI. 英語教育

well" and "why." Novice teachers tend to wonder "what went wrong" and
"why," focusing too much on negative aspects when they reflect on their ex-
perience in the classroom (Gebhard and Oprandy (1999)). The other rea-
son is that reflection is not only a cognitive activity but also an affective
activity (Nagamine (in press-b)). Although Dewey (1895, 1916, 1933)
viewed emotion as a catalyst for rational thinking, recent research into the
relationships between cognition and emotion demonstrates that they are in-
separable and that emotion plays a central role in determining the quality
not only of teachers' learning but also of their professional lives (cf. Day
and Lee (2011), Felten, Gilchrist, and Darby (2006), Nagamine (in press-
a)). Zembylas (2002), for instance, reports on science teachers whose ways
of organizing the curriculum and teaching were highly influenced by emo-
tions and argues that teachers' reflections on their emotional experiences are
inextricably linked to their pedagogy.

3.2. Psychotherapeutic Approach to Critical Reflection

Effective reflection requires teachers to critically examine and analyze
their teaching experience (cf. Farrell (2015), Gebhard and Oprandy (1999),
Johnson (1999, 2000)). In a sense, critical reflection can be viewed as an
extension of critical thinking. If it is done through higher-order thinking,
critical reflection "moves the teacher beyond practice and links practice
more closely to the broader socio-political as well as affective/moral issues
that impact practice" (Farrell (2015: 86)). However, the development and
utilization of higher-order thinking is not enough; critical reflection on both
cognitive and affective aspects of teaching experience must be done to maxi-
mize the power of reflection.

Nevertheless, some teachers may end up giving up changing their beliefs
because of negative emotions they encounter in critical reflection. Critically
reflecting on emotional teaching experiences (particularly negative ones) in-
creases this risk unless teacher educators guide reflection appropriately. It is
thus necessary for teacher educators to provide teachers with sufficient sup-
port and guidance (i.e. cognitive and affective scaffolding) so that teachers
can safely engage in critical reflection. A relevant question can be raised:
Can any teacher educator provide sufficient support and guidance to troubled

teachers engaged in critical reflection? Nagamine (in press-b) reports on a qualitative case study in which a psychotherapeutic approach was employed in reflection activities. The study demonstrates that tacit personal practical knowledge is acquired as a bodily felt sense[5] in teaching contexts, and that by critically examining various affective factors, it is possible to identify, explore, and verbalize the felt sense to embody the tacit personal practical knowledge using a simplified version of focusing-oriented psychotherapy called Thinking at the Edge (TAE).[6] The research findings also include the facilitative role of psychotherapeutic L2 poetry writing in the in-depth exploration of emotions. More specifically, it was argued that since the L2 poetry writing was done using English by Japanese pre-service teachers, the negotiation over the participant's "self-referential use of language" (Hanauer (2004: 10)) necessarily became the in-depth examination of affective aspects of teaching experiences from multiple perspectives.

4. Concluding Remarks

Teachers/practitioners are viewed as theorizers in the postmethod era. The act of theorizing necessitates not only intellectual rational thinking but also critical in-depth examination of affective aspects of teaching practices. To change teachers' beliefs through reflection and to maximize the power of reflection, there should be a synthesis of cognition and emotion. Critical reflection on emotional teaching experiences, however, carries some risks of teachers' reacting emotionally to negative critical incidents. The important issue is thus whether teacher educators can appropriately provide support and guidance to troubled teachers engaged in critical reflection. A psychotherapeutic approach such as TAE used in tandem with therapeutic L2 poetry

---

[5] A felt sense is a combination of emotion, awareness, intuitiveness, and embodiment. Gendlin (1962, 1978) argues that our bodies know a pre-verbal sense of something experienced in the body; Gendlin calls this pre-verbal sense "felt meaning" or "bodily felt sense." It is tacit intuitive practical knowledge that is accumulated in one's body through experience (see Nagamine (in press-b)).

[6] TAE is a structured method to help a person articulate a felt sense in adequate linguistic forms and accurately describe tacit personal practical knowledge through fourteen steps.

writing might be an optimal option and can be incorporated into guided reflection activities. Such perspectives on teacher development are needed today more than ever before to maintain teachers' emotional well-being and progressive teaching-learning environments (Day and Lee (2011)). Teachers' emotional well-being affects their performance in the classroom.

References

Allwright, Dick (2003) "Exploratory Practice: Rethinking Practitioner Research in Language Teaching," *Language Teaching Research* 7(2), 113–14.

Beck, Clive and Clare Kosnik (2006) *Innovations in Teacher Education: A Social Constructivist Approach*, SUNY Press, Albany, NY.

Callahan, Jamie L. and Eric E. McCollum (2002) "Obscured Variability: The Distinction between Emotion Work and Emotional Labor," *Managing Emotions in the Workplace*, ed. by Neal M. Ashkanasy, Wilfred J. Zerbe, and Charmine E. J. Härtel, 219–231, Routledge, New York.

Day, Christopher and John Chi-Kin Lee, eds. (2011) *New Understandings of Teacher's Work: Emotions and Educational Change*, Springer, New York.

Demetriou, Helen and Elaine Wilson (2008) "The Psychology of Teaching: A Return to the Use of Emotion and Reflection in the Classroom," *The Psychologist* 21(11), 938–940.

Dewey, John (1895) "The Theory of Emotion: The Significance of Emotions," *Psychological Review* 2, 13–32.

Dewey, John (1916) *Democracy and Education: An Introduction to the Philosophy of Education* (1966 edition), Free Press, New York.

Dewey, John (1933) *How We Think*, D.C. Heath, Boston, MA.

Edge, Julian, ed. (2006) *(Re-)Locating TESOL in an Age of Empire*, Palgrave Macmillan, New York.

Farrell, Thomas S. C. (2008) *Reflective Language Teaching: From Research to Practice*, Continuum, London.

Farrell, Thomas S. C. (2015) "It's Not Who You Are! It's How You Teach! Critical Competencies Associated with Effective Teaching," *RELC Journal* 46(1), 79–88.

Felten, Peter, Leigh Z. Gilchrist and Alexa Darby (2006) "Emotion and Learning: Feeling our Way Toward a New Theory of Reflection in Service-Learning," *Michigan Journal of Community Service Learning* 12(2), 38–46.

Fenstermacher, Gary D. (1994) "The Knower and the Known: The Nature of Knowledge in Research on Teaching," *Review of Research in Education 20*, ed. by Linda D. Hammond, 3–56, American Educational Research Association, Washington,

D.C.

Flores, Maria Assunção and Christopher Day (2006) "Contexts which Shape and Reshape New Teachers' Identities: A Multi-perspective Study," *Teaching and Teacher Education* 22(2), 219-232.

Gebhard, Jerry G. and Robert Oprandy (1999) *Language Teaching Awareness: A Guide to Exploring Beliefs and Practices*, Cambridge University Press, New York.

Gendlin, Eugene T. (1962) *Experiencing and the Creation of Meaning: A Philosophical and Psychological Approach to the Subjective*, Free Press of Glencoe, New York.

Gendlin, Eugene T. (1978) "Befindlichkeit: Heidegger and the Philosophy of Psychology," *Review of Existential Psychology and Psychiatry* 16(1-3), 43-71.

Graves, Kathleen (2009) "The Curriculum of Second Language Teacher Education," *The Cambridge Guide to Second Language Teacher Education*, ed. by Anne Burns and Jack C. Richards, 115-124, Cambridge University Press, Cambridge.

Hanauer, David I. (2004) *Poetry and the Meaning of Life*, Pippin, Santa Barbara, CA.

Hargreaves, Andy (1998) "The Emotional Practice of Teaching," *Teaching and Teacher Education* 14(8), 835-854.

Hochschild, Arlie Russell (2003) *The Managed Heart: Commercialization of Human Feeling*, University of California Press, Berkeley, CA.

Johnson, Karen E. (1999) *Understanding Language Teaching: Reasoning in Action*, Heinle & Heinle, Boston, MA.

Johnson, Karen E. ed. (2000) *Teacher Education*, TESOL, Alexandria, VA.

Kawamura, Shigeo (2006) *Henka ni Chokumen shita Kyoushi tachi* (Teachers Who Were Faced with Change), Seishinshobo, Tokyo.

Kumaravadivelu, B. (2006) "TESOL Methods: Changing Tracks, Challenging Trends," *TESOL Quarterly* 40(1), 59-81.

Meier, Daniel R. and Barbara Henderson (2007) *Learning from Young Children in the Classroom: The Art and Science of Teacher Research*, Teachers College Press, New York.

MEXT (2012) *Heisei 22 Nendo Gakkou Kyouin Toukeichousa Houkoku* (A Statistical Survey of School Teachers 2010). <http://www.mext.go.jp/>

MEXT (2013) *Kyoshokuin no Mental Health Care Taisaku nitsuite: Saishu Matome* (Regarding the Measures for School Teachers' Mental Health Care: A Final Summary Report). <http://www.mext.go.jp/>

Nagamine, Toshinobu (2008) *Exploring Preservice Teachers' Beliefs: What Does it Mean to Become an English Teacher in Japan?* VDM Verlag, Saarbrücken, Germany.

Nagamine, Toshinobu (2014) "Gengo Kyoushi Ninchi Kenkyu no Saikin no Doukou" (Recent Trends in Language Teacher Cognition Research), *Gengo Kyoushi Ninchi no Doukou* (Trends in Language Teacher Cognition), eds. by Shigeru Sasajima, Takako Nishino and Toshinobu Nagamine, 16–32, Kaitakusha, Tokyo.

Nagamine, Toshinobu (in press, a) "L2 Teachers' Professional Burnout and Emotional Stress: Facing Frustration and Demotivation Toward One's Profession in a Japanese EFL Context," *Emotions in Second Language Teaching: Advances in Theory and Research, and Teacher Education*, ed. by Juan de Dios Martínez Agudo, Springer, New York.

Nagamine, Toshinobu (in press, b) "The Role of Emotions in Reflective Teaching in Second Language Classrooms: Felt Sense, Emotionality, and Practical Knowledge Acquisition," *Emotions in Second Language Teaching: Advances in Theory and Research, and Teacher Education*, ed. by Juan de Dios Martínez Agudo, Springer, New York.

Nespor, Jan (1987) "The Role of Beliefs in the Practice of Teaching," *Journal of Curriculum Studies* 19(4), 317–328.

Op 't Eynde, Peter, Erik De Corte, and Lievan Verschaffel (2002) "Framing Students' Mathematics Related Beliefs: A Quest for Conceptual Clarity and a Comprehensive Categorization," *Beliefs: A Hidden Variable in Mathematics Education*, ed. by Gilah Leder, Erkki Pehkonen and Günter Törner, 13–38, Kluwer Academic Publishing, Boston, MA.

Pajares, M. Frank (1992) "Teachers' Beliefs and Educational Research: Cleaning Up a Messy Construct," *Review of Educational Research* 62(3), 307–332.

Richards, Jack C. (1998) *Beyond Training*, Cambridge University Press, Cambridge.

Richards, Jack C., Patrick B. Gallo and Willy A. Renandya (2001) "Exploring Teachers' Beliefs and the Process of Change," *The PAC Journal* 1(1), 41–62.

Roberts, Jon (1998) *Language Teacher Education,* Arnold, London.

Sato, Kazuyoshi and Robert C. Kleinsasser (2004) "Beliefs, Practices, and Interactions of Teachers in a Japanese High School English Department," *Teaching and Teacher Education* 20(8), 797–816.

Schutz, Paul A. and Michalinos Zembylas, eds. (2011) *Advances in Teacher Emotion Research: The Impact on Teachers' Lives*, Springer, New York.

Schwandt, Thomas A. (2001) *Dictionary of Qualitative Inquiry*, Sage, Thousand Oaks, CA.

Zembylas, Michalinos (2002) "Constructing Genealogies of Teachers' Emotions in Science Teaching," *Journal of Research in Science Teaching* 39, 79–103.

Zeichner, Ken (1999) "The New Scholarship in Teacher Education," *Educational Researcher* 28(9), 4–15.

航空英語リスニング試験に関する予備的分析

縄田　義直
航空大学校

1. 緒言

　本稿は，独立行政法人航空大学校（以下，航大）で行っている航空通信英語に関するリスニング試験（以下，航空英語能力判定試験）の結果，及び，今後の改善を視野に入れた分析結果をまとめたものである．具体的には，信頼性，項目難易度・項目弁別力・実質選択肢数，妥当性に関する検討などを行った．その結果，テスト全体としては概ね満足のいくものではあったが，問題・選択肢の改良・削除が必要とされる項目も散見され，今後の課題として提起された．

2. 航空英語能力証明制度の概要及び研究目的

　平成 15 年，国際民間航空機関（以下，ICAO）は国際線運航に従事する操縦士の英語能力に関するライセンス制度の導入を加盟国に勧告し，日本においても平成 18 年に航空英語能力証明制度が創設され現在に至っている．ICAO が規定した語学要件に係る試験には全世界的に統一されたものはなく，試験の作成や実施は加盟国の実情に沿った判断に委ねられている（あくまでも ICAO は評価項目や基準を示したにすぎない）ため，国によって試験の形式・内容などは異なっている．日本での航空英語能力証明制度における国家試験は航空英語能力証明試験といい，リスニング試験とインタビュー試験とで構成されている．試験の実施主体は国であるが，指定航空英語能力判定航空運送事業者，航大を修了した者に対しては，試験の全部又は一部が省略される．なお，図 1 のように航大の修了者は，国が行う航空英語能力証明試験の一部（リスニング試験）を行わなくてもよい．航大でリスニング試験を行わなければならない法令上の義務はないが，航大以外の試験実施機関との均衡上，リスニング能力を

測定する学内試験として航空英語能力判定試験を独自に行っているところである.

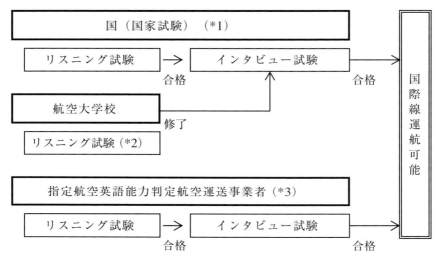

(*1) 航空英語能力証明試験のことである.
(*2) 航空英語能力判定試験のことである.
(*3) 航空英語能力判定業務を実施する能力があると国土交通大臣より判定された事業者のことで，平成29年3月現在，ANA/JALの2社である.

図1 航空英語能力証明制度に係る試験実施体制について

日本で行う国家試験の形式・内容の原形は，公益財団法人航空輸送技術研究センター及び上智大学が中心となった組織である「操縦士等に対する語学能力要件調査研究委員会」によって検討・作成が行われたものである．航大で行っている航空英語能力判定試験，及びそのほかの実施主体が行う試験も基本的にこの形式・内容に沿った形である．実施主体によって試験形式・内容に大きな乖離があってはならないのはいうまでもない．

本稿では，この航大が独自に作成した試験である航空英語能力判定試験の分析・評価などを行う．具体的には，古典的テスト理論を参考に，以下の3点に関する分析を中心に行う．

　・信頼性（クロンバックの α 係数によりこのテストの信頼性を検討）
　・項目難易度，項目弁別力及び実質選択肢数（不当に難しい，あるいは簡単な問題をみつけ出し，今後改善が必要とされる項目を検討）

・妥当性（外部試験である TOEIC IP TEST との関係より，このテスト
の「併存的妥当性」を検討）

更に，上記結果を踏まえて，航空英語能力判定試験の評価・考察を行い，今
後の改善点・課題などを指摘することとしたい.

3. 分析対象及び方法など

3.1. 航空英語能力判定試験

航空英語能力判定試験は，「Non-Routine Situation」（付録参照）での管制機
関と操縦士との会話 17 つから構成される．会話 1 つにつき設問は 3 つの計
51 問で，選択肢は 4 択のマークシート方式で，実施時間は概ね 40 分である.
ダイアログは読まれるが，設問・選択肢は試験問題に記載してあり読まれな
い．パーセンテージに換算したものを得点とし，60% 以上（60 点以上）を合
格としている．なお，今回使用した問題は，事前に今回の対象学生とは異なる
学生に予行テスト（プリテスト）を行い，項目に修正・改良を加えて質の向上
を行ってきたものであり，本稿は，本テストでの有用性の評価分析・確認など
を行うものである.

航空通信で使用される英語は「Phraseology」と「Plain English」に大別され
る．ICAO（2010）によれば，前者は航空通信において使用すべき予め規定さ
れた標準的言語であり，後者はそれでは対応できない状況で使用する一般的な
英語とされている．現実の運航の大部分を占める「Routine Situation」では
「Phraseology」で事足りる場合がほとんどであり，この項目は英語力の差が表
れることに間違いはないものの，操縦士であれば必須の分野であるため，
「Plain English」の項目に比べ多くの者が正解することが予想される（なお，
「Non-Routine Situation」での会話は，すべて「Plain English」で行われるわ
けではなく，「Phraseology」と「Plain English」の両方を含んだものである）.
航空輸送技術センター（2006: 26）によれば，この試験においては，一般的な
英語能力のみならず操縦士に必要とされる能力も測定するという観点より
「Plain English」のみならず「Phraseology」の聞き取り能力も確認する必要が
あるとされ，試験において「Phraseology」と「Plain English」を問う項目の推
奨される割合は概ね 3 対 7 とされている．本稿では，「Phraseology」を扱った
17 項目と「Plain English」を扱った 34 項目を考慮し分析を行っている．なお，
「Phraseology」と「Plain English」の分類に関しては，その線引きは必ずしも

容易ではないが，便宜上，航空輸送技術センター（2006: 38）による以下の基準を元に判断した（付録参照）．

> 「Phraseology」の問題項目とは，問題文（ダイアログ）の中で，特に問題項目の答えが表れる箇所で，航空英語の決まり文句，専門用語，もしくはフレーズだけで話すような省略形を使っていて（例えば be 動詞の省略など）それが聞き取れれば容易に答えられる項目を指す．
>
> 「Plain English」の問題項目とは，それら以外，つまり問題文（ダイアログ）の中で航空英語の決まり文句ではなく，またフレーズだけで話すような省略形でもない英語が使われている箇所が聞き取りの上で重要とされる問題項目を指す．

3.2. 対象者

対象者は平成 27 年 10 月から平成 29 年 2 月までに卒業した 5 回期の総数 88 名である．実施時期は全回期とも卒業前（民間操縦士として歩み出す前の最終訓練を終える時期：入学後約 2 年）に行った．試験問題は講義では使用していない問題であり，実施後は回収するため受験者同士では共有できない．なお，TOEIC IP TEST の実施時期は，航空英語能力判定試験を実施する概ね 1 年半前（飛行訓練前の座学の課程：入学後約 5 か月）である．

3.3. 分析方法

まず，得点の分布を確認後，信頼性の検討を行う．信頼性とは，同じ受験者が異なる状況で受験した場合にどの程度安定した得点が与えられるかという安定性と，テストの各項目間の得点に一貫性があるかという内的整合性である．今回は，再テスト法，平行テスト法，折半法による方法などによらず，クロンバックの α 係数による信頼性係数を求めることにより内的整合性の検証を行った．上記方法を用いなかった理由は以下のとおりである．

- ・航空通信英語の試験という特性上，航空に関する知識が必要不可欠である．学生の訓練課程が進むにつれて，航空に関する知識・経験が増えてくるため，学習効果が認められる可能性がある．
- ・学生の負担・カリキュラム上の観点から時間的制約・時期的制約があり，複数回行うことができない．
- ・試験の難易度・質・量が同等なもので，事実上利用可能なものがない．

次に，古典的テスト理論を参考に，各設問の項目難易度，項目弁別力及び実質選択肢数を検討する．項目困難度は，正答した受験者の全体受験者に対する割合である．0から1までの値をとり，0に近いほどその項目が難しいことを，1に近いほど簡単であることを意味する．項目弁別力は，当該項目によりどの程度成績上位者と下位者を区別できるかの指標である．弁別力を表す指数として点双列相関係数を使用した．これは，その項目得点と合計点との間の積率相関係数であり，−1から1までをとる．実質選択肢数は，4つの選択肢のそれぞれに対する解答数を元に，実質的に受験者が選択した選択肢数を算出したものである．言い換えれば，いくつの選択肢に解答が分布しているかについての指標であり，数値の低い項目は，錯乱肢が実質的に機能していない可能性が高く改良の余地があると考えることができる．また，「Plain English」と「Phraseology」の分類別の得点結果の計算も行う．

最後に，一般的な英語能力の指標として TOEIC IP TEST を利用し，航空英語能力判定試験というある特定の分野に特化した試験と一般的な英語能力との関係性，及び「併存的妥当性」を検討する．

4. 結果

4.1. 基本統計量

テストの得点分布を確認するため，表1に基本統計量を，図2にヒストグラムを，図3に正規確率プロットを示す．図2及び図3から，概ね正規分布に従っているとみなせるであろう．なお，シャピロ・ウィルク検定においても，$p = 0.064$ となり，極端に正規性を欠く分布ではないようである．

表1 基本統計量

平均	標準誤差	中央値	最頻値	標準偏差	分散	尖度	歪度	範囲	最小	最大	標本数
70.7	1.2	68.6	64.7	11.0	120.8	−0.9	0.2	47.1	47.1	94.1	88

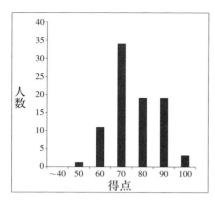
図2 航空英語能力判定試験の
得点分布

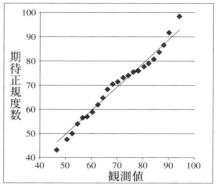
図3 航空英語能力判定試験の
正規確率プロット

4.2. 信頼性

計算の結果，クロンバックの α 係数は 0.75 であった．クロンバックの信頼性係数は一般に 0.70 から 0.80 以上であればよいとされており，内的整合性についてはある程度の一貫性があるとの解釈が可能であろう．

4.3. 古典的テスト理論による項目分析

表2に，各項目の項目困難度，点双列相関係数，実質選択肢数，「Phraseology」と「Plain English」の別を示す．なお，項目困難度は，不当に難しすぎる可能性があると考えられる 0.29 以下の項目，逆に簡単すぎると考えられる 0.81 以上の項目について下線を，点双列相関係数（項目弁別力）は，大友 (1996: 36) に倣い，Henning による改良が必要とされる 0.25 以下の項目に下線を，実質選択肢数は，2.00 以下の実質選択肢数に下線を付している．また，表3に「Plain English」と「Phraseology」の分類別の得点結果などを示す．

表2 項目分析結果

項目	項目困難度	点双列相関係数	実質選択肢数	Phraseology(*1) Plain English	項目	項目困難度	点双列相関係数	実質選択肢数	Phraseology Plain English
1	0.74	0.43	2.37	Phrase	26	0.95	0.36	1.26	Phrase
2	0.90	0.08	1.56	Phrase	27	0.94	0.34	1.32	Plain
3	0.44	0.23	3.66	Plain	28	0.89	0.14	1.61	Phrase
4	0.78	0.26	2.14	Plain	29	0.43	0.39	3.70	Plain
5	0.49	0.53	3.51	Plain	30	0.80	0.31	2.08	Plain
6	0.52	0.38	3.38	Plain	31	0.35	0.16	3.90	Plain
7	0.61	0.18	2.98	Plain	32	0.28	0.12	3.99	Plain
8	0.51	0.59	3.42	Plain	33	0.93	0.00	1.38	Phrase
9	0.72	0.25	2.48	Plain	34	0.57	0.27	3.18	Plain
10	0.70	0.21	2.54	Plain	35	0.76	0.28	2.25	Plain
11	0.83	0.25	1.90	Plain	36	0.91	0.30	1.50	Phrase
12	0.66	0.38	2.76	Plain	37	0.91	0.30	1.50	Plain
13	0.78	0.34	2.14	Plain	38	0.83	0.17	1.90	Plain
14	0.35	0.41	3.90	Plain	39	0.81	0.46	2.02	Plain
15	0.59	0.47	3.08	Plain	40	0.97	0.08	1.20	Phrase
16	0.95	0.12	1.26	Phrase	41	0.88	0.18	1.67	Phrase
17	0.92	0.15	1.44	Phrase	42	0.47	0.25	3.59	Plain
18	0.85	0.17	1.79	Plain	43	0.42	0.32	3.73	Phrase
19	0.03	0.02	3.35	Plain	44	0.74	0.36	2.37	Plain
20	0.70	0.47	2.54	Plain	45	0.68	0.35	2.65	Plan
21	0.85	0.24	1.79	Phrase	46	0.34	0.27	3.92	Plain
22	0.99	0.17	1.08	Phrase	47	0.89	0.30	1.61	Plain
23	0.41	0.12	3.76	Plain	48	0.89	0.22	1.61	Phrase
24	0.60	0.34	3.03	Plain	49	0.93	0.17	1.38	Phrase
25	0.95	0.26	1.26	Phrase	50	0.85	0.20	1.79	Phrase
					51	0.74	0.29	2.37	Plain

(*1) 「Phraseology」は「Phrase」,「Plain English」は「Plain」と表記する.

表3 「Phraseology」と「Plain English」の分類別の得点結果

	受験者数	項目数	最高点 (%)	最低点 (%)	平均点 (%)	標準偏差
Phraseology	88	17	100.00	64.71	87.77	1.58
Plain English	88	34	91.18	35.29	62.17	4.69

4.4. 航空英語能力判定試験と一般的な英語能力との関係

表4にTOEIC IP TESTの得点結果などを示す.また,航空英語能力判定試験とTOEIC IP TESTとの相関係数を表5に,TOEIC IP TESTリスニングスコアとの散布図を図4に示す.

表4　TOEIC IP TEST の得点結果　(n = 88)

	TOEIC IP TEST			
	平均点	最高点	最低点	標準偏差
Total	702.61	970	370	132.53
Listening	375.63	495	225	67.00
Reading	326.99	475	145	73.85

表5　航空英語能力判定試験と TOEIC IP TEST の相関係数　(n = 88)

	TOEIC IP TEST		
	Total	Listening	Reading
航空英語能力判定試験	0.66	0.65	0.59

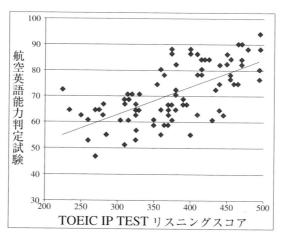

図4　航空英語能力判定試験と TOEIC IP TEST リスニングスコアの分布

5. 考察

　上記結果より，特徴的な点を指摘しておきたい．

　「Phraseology」を扱った項目 17 問のうち 15 問が簡単すぎであって，かつ，実質選択肢数でも 2.00 以下という改良を必要とする数値であり，錯乱肢が有効に機能していなかった．点双列相関係数においても改良が必要とされるのが 15 問中 13 問あり，弁別力の点においても問題がある．また，「Phraseology」と「Plain English」の別にみると，予想通り，「Plain English」を扱った項目

のほうが難易度が高く，標準偏差の点からも「Plain English」のほうが「Phraseology」より得点のばらつきを生じさせやすいと考えられる．なお，両者の相関係数は $r = 0.46$ となり，中程度の相関がある．この結果，及び「Phraseology」の性質を鑑みるに，以下の点が指摘できよう．

　まず，「Phraseology」の項目は，大多数の受験生が正解するものであり，俗にいう「下駄をはかせる」性質を有している．英語能力の測定，選別・識別という目的にとっては無駄となる可能性は否定できず，削除や改良が必要な項目に分類される．しかし，この試験は一般的な英語のリスニング能力を測定する性質に加え，操縦士に必要とされる専門知識を前提とするリスニング能力・理解力を測定する意味合いもあり，一概に不要なものというのは性急に過ぎる．今回の分析対象である航空を専門とする受験者群（A とする）と同程度の一般的な英語能力を有する航空を専門としない受験者群（B とする）とでは項目困難度・実質選択肢数・弁別力が異なる可能性（所属集団の違いにより結果に差が生じる可能性）は多分にある．仮に B が A より低い結果となる場合，「Phraseology」の項目は操縦士に必要とされる能力を測定するのに必要な項目であると考えられる．更に，「Phraseology」と「Plain English」が別の構成概念・能力を測定している可能性も否定できない．すなわち「Phraseology」の項目は，熟達度テスト的な性質というよりはむしろ航空英語という目標領域への達成度を測定する到達度テスト的な性質に近いのではないかと考えることもできる．なお，A と B の結果がほぼ同一であった場合や A より B のほうが高い結果となる場合，英語能力や航空知識の有無の問題ではなく項目それ自体に問題がある可能性もある．これらの点については紙幅の都合上詳細に論ずることはできないが，今後の課題として提起したい．

　「Plain English」を扱った 34 項目については，6 項目において簡単すぎる傾向が，加えて実質選択肢数の観点からも錯乱肢が有効に機能しておらず，改良する必要がある．また，そのほかでも弁別力に問題がある項目も散見され，改善の余地があろう．

　一般的な英語能力との関係でいえば，TOEIC IP TEST のリスニングスコアとでは，$r = 0.65$ と中程度の相関があった．リスニングという同じ能力を測定しているといえるほど強い相関がみられないのは，上述したように「Phraseology」の項目が影響していることに加え，このテストが航空に特化した内容であり，かつ，航空無線通信という限定された言語使用状況であることが影響を及ぼしている可能性が指摘される．運航業務に非常に近い内容で業務に関連する言語能力，及び，言語を利用した業務遂行能力を評価するのがこのテストの

性質だからである．一般的な言語能力に加え，航空分野で特有な発音・文構造・語彙，航空関連知識，操縦士としての適性（技能・能力など）が，相互に複雑に絡み合った言語能力が必要とされる．そもそも，完全なる相関であれば，TOEIC などの既存試験で代用すればよい．

6. 今後の課題

　航空英語能力判定試験は，ダイアログ・質問文・選択肢・音声などの作成をすべて独自で行ったため，その信頼性と妥当性についての懸念があったが，今回の結果から概ね適切なテストであったと考えられる．最後に，今後の課題と検討事項をあげてまとめとする．

　第一に，一部の項目で更なる改良が必要であるという点である．テスト全体としてみた場合の信頼性，妥当性は概ね満足のいくものであった一方で，いくつかの項目では，難易度が不適切なもの，弁別力が低いもの，選択肢が有効に機能していないものが散見された．こういった項目については適宜修正を加え，より精度の高いテストを目指していくことが必要である．

　第二に，「Phraseology」に関する問題である．航空英語能力判定試験には「Phraseology」の項目を含めなければならないが，古典的テスト理論に基づいた本分析結果からはあまりよい結果がみられなかった．今後は，項目自体の検証のみならず，航空を専門とする集団とそれ以外の集団との比較といった受験者集団の違いによる検証を行うなど，「Phraseology」の問題のあり方を再検討する必要がある．また，今回は事実上利用可能なものがなかったため断念したが，可能であれば航空会社及び諸外国の試験を利用して航空英語能力判定試験との比較検証を行う必要もあろう．

　第三に，本稿は古典的テスト理論に基づくため，過度に一般化することができない点である．古典的テスト理論に基づく研究結果（信頼性，妥当性，項目分析結果など）は受験者の得点やテストそのものにより影響を受けるからである．今後は，これらの問題点を解決するために項目応答理論などによる更なる分析が必要である．

参考文献

International Civil Aviation Organization (ICAO) (2010) *Manual on the Implementation of ICAO Language Proficiency Requirements, Second Edition*, ICAO Document 9835, November 2010, Montreal.

航空輸送技術センター（2006）『操縦士等に対する航空英語能力証明試験モデル開発調
　　査研究報告書』，東京．

大友賢二（1996）『項目応答理論』大修館書店，東京．

付録　試験問題のサンプル及び「Routine/Non-Routine Situation」と「Phraseology/ Plain English」について

「Routine Situation」は通常運航の場面であって，「Non-Routine Situation」はそれ以外のイレギュラーな場面である．例えば，下記は空港
から離陸した航空機と管制官との会話（Routine Situation）と，その最中に乗客の問題が発生した場合の会話（Non-Routine Situation）である．

Routine Situation

空港から上昇中の会話

PIL: Tokyo Departure, JA 8850, leaving 1,200, FL 180.
DEP: JA 8850, Tokyo Departure, radar contact, turn right heading 180 vector to TAURA, maintain FL 180.
PIL: Heading 180, maintain FL 180, JA 8850.

DEP: JA 8850, turn right heading 210.
PIL: Right heading 210, JA 8850.

DEP: JA 8850, resume own navigation direct TAURA, climb via SID to FL 180.
PIL: JA 8850, direct TAURA, climb via SID to FL 180.

DEP: JA 8850, contact Tokyo Control 120.5.

■　「PIL」はパイロットを，「DEP」は出域管制官
(Departure Control) を指す.

■　「Phraseology」とは，「radar contact」「turn left
heading 180」「resume own navigation」「climb via
SID to」「descend and maintain」などを指す.

■　「Plain English」とは，「we've got a situation
with a passenger」「he's been restrained by other
passengers」などを指す.

Non-Routine Situation 航空英語能力判定試験の問題サンプル（一部抜粋）

空港から上昇中の会話で，途中で Passenger Problem が発生した場合

PIL: Tokyo Departure, JA 8850, leaving 1,200, FL 180.
DEP: JA 8850, Tokyo Departure, radar contact, turn right heading 180 vector to TAURA, maintain FL 180.
PIL: Heading 180, maintain FL 180, JA 8850.

PIL: Tokyo Departure, JA 8850, we've got a situation with a passenger. We're going to have to return back to the airport. Right now, it's not an emergency.
DEP: JA 8850, stand by, turn right heading 210.
PIL: Right heading 210, JA 8850.

PIL: Tokyo Departure, JA 8850, declaring an emergency due to a passenger disturbance. He is restrained. We need to return to the airport.
DEP: JA 8850, roger. Amendy our altitude, descend and maintain 7,000, turn left heading 190, say nature of emergency.
PIL: Left heading 190, descend 7,000, and we had a passenger becoming violent. No weapon involved. He's been restrained by other passengers now though. We don't know his mental condition, but it sounds like he is restrained for now. We just need to get on the ground.

（以下略）

■　左記会話から質問項目を作成すると以下のよう
になる．実際の試験においては，「Phraseology」と
「Plain English」を適宜組み合わせた 3 つの質問で
構成される．

「Phraseology」を問う問題

Question At the initial contact, JA 8850 is…
1. climbing via SID.
2. radar contact at FL 180.
3. approaching TAURA.
4. maintaining FL 180.

「Plain English」を問う問題

Question The pilot's request is for…
1. law enforcement officials to meet the air craft at the gate and detain the passenger.
2. the passengers to be transported to a hospital.
3. cops with bomb-sniffing dogs to board the plane.
4. fire trucks to be ready at the airport.

英語の時制と相の指導に関する一考察

橋本　美喜男

大分大学

1.　はじめに

　本論文の目的は，大学生がどの程度英語の時制と相を理解しているのかを把握するとともに，英語だけではなく日本語に関連する時制と相についても文法指導を行えば，学生の理解を促すことができるのかを考察することである．紙幅の関係上，具体的には小テストの一部として以下の2問 (1) を2クラス（クラス A とクラス B）に課し，どの程度理解しているのかを把握する．1問目は日本語の「相対時制」に関する問題で，2問目は英語の「到達動詞」が進行形で使用されているときの解釈に関する問題である．次に，クラス A には関連する英語の文法項目を説明し，クラス B には関連する英語の文法項目を説明するとともに日本語に関連する文法項目の説明も行った．その一ヶ月後，同じ問題とその類題 (2) を出し，理解度の変化があるのかを見た．

(1) a.　「子供を見かけたら，家に送るよ.」を英語にしなさい.
　　 b.　John is running in the park. を日本語にしなさい.
　　 c.　The bus is stopping. を日本語にしなさい.
(2) a.　「大分に行ったときに，人形を買います.」を英語にしなさい.
　　 b.　The insect is dying. を日本語にしなさい.

調査の流れは以下の表 1-1 の通りである.

表 1-1

	5月	6月第一週	6月第四週	8月第一週
クラスA	アンケート調査	第一回の小テスト (1a, b, c) を出題	英語の時制と相について説明	第二回目のテスト (1a, c) と類題 (2a, b) を出題
クラスB	アンケート調査	第一回の小テスト (1a, b, c) を出題	英語と日本語の時制と相について説明	第二回目のテスト (1a, c) と類題 (2a, b) を出題

　第2節では，本論文が依拠する時制と相の概念について示す．第3節では，大分大学の学生がどの程度英語の時制と相について理解しているのかについて示すとともに，時制と相に関する文法指導の後，理解に変化があったのかを見る．第4節でその結果と考察を述べたい．

2.　時制と相について

　本論文で扱う時制と相の概念は宗宮（2012）に基づく．ここで宗宮（2012）を使う理由は2つある．1つは，英語と日本語のそれぞれの時制と相を同様な体系で分類していることである。2つ目は後で述べる語彙的相において，英語の動詞分類を基本的に日本語にも適用しており，この2点により，英語と日本語における時制と相の対応関係について学習者への説明が煩雑にならないと考えたからである．

　宗宮（2012）によれば，英語と日本語の時制と相はそれぞれ以下の通りである．

　　表 2-1　英語の時制と形式的相 (s)he の場合

	現在時制	過去時制
単純相	V-s	V-ed
完了相	has V-ed	had V-ed
進行相	is V-ing	was V-ing
（完了進行相）	(has been V-ing)	(had been V-ing)

（宗宮（2012: 1））

382 VI. 英語教育

表 2–2　日本語の時制と形式的相

	現在時制	過去時制
単純相	する	した
継続相	している	していた
完了相	した	×

(宗宮 (2012: 1))

表 2–1 で表しているように，英語の時制は現在時制と過去時制の 2 つを認め，Declerck (1991) 等が分類している未来時制という用語は文法指導の場では使用しなかった.

　英語の形式的相が表す意味は以下の通りである.

表 2–3

相 (＝形式的相)	相性
単純相	事態の存在
完了相	先立つ事態の存在
進行相	完了に向かう事態の進行

(宗宮 (2012: 18))

語彙的相の分類には様々あるが，本論では，Vendler (1967) による，四つの分類に基本的に従い，以下のようにまとめる.

表 2–4　Vendler (1967) の四つの語彙的相の分類のまとめ

語彙的相	特　徴
達成動詞	一定の時間がかかり，明確な終結点がある事態を表す.
活動動詞	一定の時間がかかり，明確な終結点がない事態を表す.
到達動詞	瞬間的に終わる事態を表す.
状態動詞	始まりも終わりも含意しないすでに成立している状態

前にも述べたように，宗宮 (2012) に従い，この語彙的分類は英語だけではなく日本語にも当てはまると仮定する.

3.　大学生の時制と相に関する理解の現状と文法指導の結果について

　本節では，時制と相に関する理解の現状と文法指導の効果について述べる.大分大学教育学部に 2016 年の 4 月に入学した一年生のうち，筆者が担当する

「総合英語」を受講した学生76名（2クラス：クラスA　37名，クラスB　39名）に，2016年の5月に以下の2点について口頭で尋ねた．1つは，「現在時制」での時制という言葉と「進行相」での「相」という言葉自体を聞いたことがあるか，2つ目は，「時制と相」について中学と高校でどのように学習したかであり，5分程度時間を取ってレポート用紙に自由に記述してもらった．学生が書いたものをまとめると以下の通りになった．括弧内はその旨を書いた人数を表す．

(3) a. 時制という言葉自体を知らない．　（35名 46%）
    b. 相という言葉自体を知らない．　　（69名 90%）

中学や高校では「現在形」，「過去形」，「進行形」，「現在完了形」等の表現を用いて，特に「時制」と「相」の区別を言葉の上では区別していないことが推測され，また，例えば「現在形」の「現在」と「時間」の枠組みにおける「現在」とを同一視している回答が散見され，全般的に「時制」と「時間」を混同している傾向が見られた．

　この結果を踏まえ，6月の第一週に小テストを行った．学生に時制や相について特に意識させないように，毎週行っているリスニングテストに付け加える形で，日本文を英文に直す課題1問（4a）と英文を日本文に直す課題2問（4b, c）を与えた．

(4) a. 子供を見かけたら，家に送るよ．（＝(1)）
    b. John is running in the park.
    c. The bus is stopping.

(4) の解答例を（5）に示す．

(5) a. If I see your child, I will take him home.
    b. ジョンは公園を走っている．
    c. バスがとまりつつある．

(4a) の日本文が表している事態は，発話時よりも未来のことを表しているが，従属節は主節よりも先行する事態なので，「タ形」で表されている．学生76名中（4a）の相対時制に惑わされずに，従属節を現在時制単純相で解答できた学生は53名（69%）であった．（時制以外の間違い，例えば see child のように「子供」に何も冠詞等を付けていなくても，ここでは正答に加えた．）対して，時制に関する誤答には以下のようなものがあった．

384   VI. 英語教育

(6) a. If I saw the child, I send him to your house.
    b. I will take them to house, when I saw children.
    c. If I saw the child, I would send to the house.

(6a, b, c) のように従属節の時制に過去時制単純相を用いた学生はクラス A で 4 名 (5%)，クラス B で 3 名 (4%) の合計 7 名 (9%) いた．残り 16 名 (21%) の内訳は，白紙が 6 名 (7%)，従属節に助動詞 will を用いたもの 6 名 (7%)，従属節に動詞が抜けていたもの 3 名 (4%)，最後に従属節に助動詞 would を用いたもの 1 名であった．

　この結果は，文全体の意味を考えずに，「タ形」は過去を表すと機械的に考え，英語に直すときに過去時制を用いたと考えられる学生が 7 名 (9%) いることを示唆していると思われる．

　次に，問題 (4b, c) の解答を見てみる．活動動詞を用いた (4b) の日本語訳は全員正解した一方，到達動詞を用いた (4c) の解答は 76 名中 73 名 (96%) が間違え，「バスがとまっている．」とし，終結点に到達しつつある状態を示す「バスがとまりつつある．」とした学生はわずか 3 名 (4%)（クラス A が 2 名，クラス B が 1 名）であった．

　この結果が示しているのは，英語の到達動詞の進行相は終結点へ到達しつつある状態を示しているのに対して，一般に ～ing 形に対応していると考えられている「テイル形」が日本語の到達動詞と一緒に用いられると結果状態を示すことを学生は理解していないことであると思われる．

　この第一回の小テストの結果を踏まえ，クラス A の学生に対しては 6 月の第 4 週の時間に以下の 2 点を説明した．

　1 つは，日本語において「タ形」が用いられている場合，その文が表す事態が発話時より未来であれば，仮定法でない限り英語において過去形は用いられないことを指摘した．

　2 つ目に指摘したことは，英語の動詞には 4 種類（達成，活動，到達，状態）あり，セクション 2 でまとめた各々の動詞の特性を簡単に説明したことである．さらに，進行形で使用されるときは，原則「達成」と「活動」はその動詞（句）が表す事態の途中経過を表すのに対して，「到達」は終結点に到達しつつある状態を表すことを以下の例文を使用しながら，5 分程度時間をかけて説明した．

(7) a. He is drawing a circle. 達成
    b. She is swimming. 活動

c.　She is falling asleep.　　到達

　一方，クラス B に対してはクラス A に説明したことに加えて，以下の 2 点を追加して説明した．1 つは，日本語の相対時制について，以下の例文を用いて「タ形」や「ル形」が用いられていても，必ずしも過去と現在を表さないことを明示的に意識させた．

(8) a.　二人は日本に留学しているときに，知り合った．
　　 b.　雨が降ったら，試合は中止です．

(8a) では，「留学している」と「ル形」が用いられている．従属節で用いられているときには相対時制として用いられる場合があり，この例文のおいて主節が「タ形」なので文全体は過去の事態を表していることを説明した．(8b) では，従属節にある「タ形」も相対時制で，主節が「ル形」であるので文全体が発話時より未来のことを表していることを示した．
　2 つ目は，日本語にも英語と同様な動詞の分類が可能であることを指摘し，特に以下の例文を用いて，到達動詞に「テイル」が付く場合の振る舞いに注意するように指導した．

(9) a.　バスがとまっている．
　　 b.　メアリーを知っている．
　　 c.　ジョンが公園を走っている．

「とまる」も「知る」も到達動詞であり「テイル形」になると「結果状態」を表す一方，活動動詞である「走る」が「テイル形」になると「途中経過」の意味になることを示し，同じ「テイル形」でも動詞によって事態の表し方が異なることを意識させた．
　上記の文法指導を行った約一ヶ月後の 8 月第一週の前期試験の問題の一部として以下の問題を課した．

(10) a.　「子供を見かけたら，家に送るよ．」を英語にしなさい．
　　　b.　The bus is stopping. を日本語にしなさい．
(11) a.　「大分に行ったときに，人形を買います．」を英語にしなさい．
　　　b.　The insect is dying. を日本語にしなさい．

(10) は第一回の小テストで行った問題と同一であり，(11) は追加した類題である．誤答数を以下の表に示す．

表 3-1

	(10a)	(10b)	(11a)	(11b)
クラス A (37)	2	5	2	20
クラス B (39)	1	4	1	18

　問題に関連する英語の時制と語彙的相を説明したクラス A の結果をみる．相対時制に関する問題（10a）では，第一回の小テストで従属節に過去形を用いた 4 名（5%）の学生のうち 2 名（2%）の学生が依然として過去形を用いた．類例の（11a）でも同じ 2 名の学生が過去形を用いていた．到達動詞を用いた進行形の日本語訳（10b）は劇的に誤答数が減少したが，類例の（11b）では半数以上の学生が「死んでいる」と解釈した．

　関連する日本語の時制と語彙的相を追加して説明したクラス B の結果もほぼクラス A と同じになった．（10a）において，第一回の小テストで従属節に過去形を用いた学生は 3 名であったが，今回は 1 名に減っている．（11a）に過去形を用いたのも 3 名の中の 1 名の学生であった．（10b）で「とまっている」と結果状態で解釈した学生は 4 名になったが，類例（11b）では 18 名が「死んでいる」と誤って解釈した．

4. 考察

　表 3-1 を見て分かるように，相対時制に関する問題（10a, 11a）と到達動詞を進行形にした文の解釈の問題（10b, 11b）において，クラス A とクラス B ではまったく差が生じなかった．このことから，英語の文法項目とそれに関連する日本語の文法項目を指導すれば，理解が促進されるという仮説を示すことはできなかった．考えられる理由としては，5 分から 10 分程度の一回だけの文法指導では不十分であること，英語と日本語の時制と相の体系全体の一部しか触れていないこと，文法項目の説明と二回目のテストの間に一ヶ月程度の時間が経過し，学生の記憶が薄れてしまった可能性があることなどいろいろ考えられる．

　しかしながら，6 月の第一週に行った小テストの結果と関連する文法項目を説明した後で行った第二回目のテストの結果を比べると，改善が見られると思われる．相対時制の問題に関して，従属節に過去形を使用した学生が一回目の小テストでは 7 名（9%）いたが，二回目のテストの結果では，同じ問題で過去形を使用した学生が 3 名（4%），類題で 4 名（5%）になった．第一回の小

テストで間違えた学生7名（9%）のうち3名（4%）が類題でも相対時制に気を配ることができるようになったと推測できる．また，到達動詞を使用した進行形に関する問題（10b, 11b）においては，第一回の小テストで76名中73名（96%）が問題（10b）を誤って解釈したが，第二回目のテストでは9名（11%）に減少した．しかし，表3-1から分かるように，The bus is stopping. が「バスがとまっている」ではなく，「バスがとまりつつある」と理解しても，The insect is dying. が「虫が死んでいる．」と結果状態として解釈する学生がいることが分かる．到達動詞に分類される die は，学生に説明する際に例示しなかった動詞である．これは，覚えたことをそのまま解答させるのではなく，新しい例に応用可能かどうかを見た問題であるが，クラスAとクラスB併せて38名（50%）と半数の学生が正答できなかったことは，動詞の分類に関する理解がまだ浅いことを示していると考えられる．

　今回は，英語だけではなく日本語の基礎的な時制や相の概念も指導する必要があることを示唆する結果を得ることはできなかった．しかし，今回扱った問題は，英語と日本語の時制と相の違いから生じている問題である．日本語の表現形式をそのまま英語の表現形式に置き換え，逆に英語の表現形式をそのまま日本語の表現形式に置き換える傾向が強い学生にとって，日本語と英語を1対1の対応関係ではなく，英語の時制と相の体系と母語である日本語の時制と相の体系の両方を理解させる指導が必要であるとともに，英語の文法体系をより理解しやすくするための日本語文法が必要だと思われるが，以上の点については今後の課題としたい．

参考文献

安藤貞雄（1986）『英語の論理・日本語の論理』大修館書店，東京．

安藤貞雄（2005）『現代英文法講義』開拓社，東京．

Comrie, Bernard (1976) *Aspect*, Cambridge University Press, Cambridge.

Comrie, Bernard (1975) *Tense*, Cambridge University Press, Cambridge.

Declerck, Renaat (1991) *A Comprehensive Descriptive Grammar*, Kaitakusha, Tokyo.

深田智・仲本康一郎（2008）『概念化と意味の世界』研究社，東京．

原沢伊都夫（2010）『考えて，解いて，学ぶ日本語教育の文法』スリーエーネットワーク，東京．

池上嘉彦（1981）『「する」と「なる」の言語学』大修館書店，東京．

池上嘉彦（2006）『英語の感覚・日本語の感覚』日本放送出版協会，東京．

今井隆夫（2010）『イメージで捉える感覚英文法』開拓社，東京．

金谷武洋（2002）『日本語に主語はいらない』講談社，東京.

金谷武洋（2003）『日本語文法の謎を解く』筑摩書房，東京.

柏野健次（1999）『テンスとアスペクトの語法』開拓社，東京.

久野暲・高見健一（2005）『謎解きの英文法　文の意味』くろしお出版，東京.

Langacker, Ronald W. (1990) *Concept, Image, and Symbol*, Mouton de Gruyter, Berlin.

Langacker, Ronald W. (2009) *Investigations in Cognitive Grammar*, Mouton de Gruyter, Berlin.

中右実（1994）『認知意味論の原理』大修館書店，東京.

Radden, Günter and René Dirven (2007) *Cognitive English Grammar*, John Benjamins, Amsterdam.

宗宮喜代子（2012）『文化の観点から見た文法の日英対照』ひつじ書房，東京.

上野義和（2007）『英語教育における理論と実践』英宝社，東京.

安井稔（1978）『新しい聞き手の文法』大修館書店，東京.

安井稔（1996）『英文法総覧（改訂版）』開拓社，東京.

Vendler, Zeno (1967) *Linguistics in Philosophy,* Cornell University Press, New York.

中学生が意欲的にライティング活動に取り組む指導についての実践研究
――スモールステップを踏んだ指導の試み――[*]

原田　尚孝

熊本市立武蔵中学校

1. はじめに

　中学生が英語で意欲的に「書くこと」の学習に取り組み，豊かな表現力を身につけることのできる指導のあり方についての実践を試みた．その際，特に学習者の理解が難しい後置修飾，不定詞など，英語の文構造を理解する力（文構造理解力）と文章を構成する力（文章構成力）がつくような具体的方策を考え，スモールステップを踏んだ3つの指導段階を設定して取り組んだ．本稿では，その指導の実際と結果について報告する．

2. 実践の方法

2.1. 実施形態

　本実践は，学習指導要領（平成10年12月告示，平成14年4月施行）に基づく「選択教科」としての3年生の英語の授業（受講生徒数20名）の時間内に，年間を通して計画的・継続的に段階的な指導を行ったものである．

2.2. 目標の設定

　目標として，以下の3点を設定した．

- ・英語の構造や語順を理解し，正確な英文を書くことができる．
- ・場面や状況に応じて，適切な英文を書くことができる．
- ・日記，手紙，スピーチ原稿などのまとまりのある英文を書くことができる．

---

　[*] 本稿は第33回全国英語教育学会（2007年8月）で口頭発表し，「九州英語育学会紀要第36号」（2008）に掲載された論文に加筆修正を施したものである．

2.3. 指導段階と内容

目標を達成するために，次の3つの段階を設定し，それに応じた内容の指導を行った．

① ステージ1（基礎段階）

語順や語句のまとまり，修飾・被修飾の関係などを含めた文構造の系統的指導や語彙，慣用表現，文型などの練習を十分に行う段階．（語句，1文レベル）

② ステージ2（応用段階）

英文の正確さだけでなく，話題の一貫性，継続性を意識しながら，状況に応じて適切な英文を書く段階．（3文以上レベル）

③ ステージ3（実践段階）

さまざまなトピックについて，構成を考えながら，まとまりのある文章を書く段階．（10文以上レベル）

2.4. 検証方法

2006年6月にWritingに関するプレテストを実施した．さらに半年間の指導後（同年12月）にポストテストを行い，得られたデータを比較分析した．また，学習意欲や情意面に関する生徒へのアンケートも実施し，その結果を分析した．

3. 各ステージの具体的活動例

3.1. ステージ1（基礎段階）の例

① 英語の基本的な語順を理解する．

だれ・何が／は→ どうする→ だれ・何を／に→ どのように→ どこ→ いつ
(Who・what　　does　　whom・what　　how　　where when)

何が ＋ どうする ＋ 何を ＋ （どのように） ＋ （どこ） ＋ （いつ）

　主語　　　動詞　　　目的語　　　　様態　　　　場所　　　　時

私は英語を勉強しました．

I studied English .

私は友達と英語を勉強しました．

I studied English with my friends.

私は学校で友達と英語を勉強しました．

中学生が意欲的にライティング活動に取り組む指導についての実践研究　　391

$\boxed{\text{I}}$ $\boxed{\text{studied}}$ $\boxed{\boxed{\text{English}}}$ with my friends at school.
私はきのう学校で友達と英語を勉強しました．
$\boxed{\text{I}}$ $\boxed{\text{studied}}$ $\boxed{\boxed{\text{English}}}$ with my friends at school yesterday.

② 授業で学習した文型を使って，自己表現をさせる．
【生徒作文例 1：ask＋人＋to 不定詞】
・I asked Mickey Mouse to take me to Disneyland.
・I asked Santa Claus to give me a lot of presents on December 24.
【生徒作文例 2：how to＋動詞の原形】
・Tom doesn't know how to catch Jerry.
・I know how to jump like a kangaroo.
・I don't know how to create a robot.

③ B になったつもりで，A に対する応答を英語で自由に書かせる．
A： I didn't finish my homework last night.
B：（　　　　　　　　　　　　　　　　　　　）
【生徒作文例】
・Me, either. Let's do it together!
・Oh, really? I finished it. You should do your homework now. Your teacher will scold you.
・Hurry up! You will be in trouble.
・Oh, shall I help you?

3.2.　ステージ 2（応用段階）の例
与えられたトピックについて，3 文以上のまとまりのある英文を書かせる．

【生徒作文例 1：課題 Last Week】
・My cousin came to my house. We made some cookies together. I had a very good time.
【生徒作文例 2：課題 My Golden Week】
・I went to a shopping center with my sister and my mother. We saw a movie there. It was very exciting. I bought very cute clothes. I was very happy. It was fun.
・I played tennis and went shopping with my family. I wanted to travel. But I had to study hard.

3.3. ステージ3（実践段階）の例

Writing演習として，文章の組み立て方等を指導したあとに，実際にトピックを与え，制限時間20分間で10文以上の英文を書かせた．答案については，ALT（Assistant Language Teacher）とJTE（Japanese Teacher of English）で添削し，生徒にアドバイスをしながら返却した．実施のトピック例を示す．

〈**Writing演習　トピック例一覧**〉

月	日	回	ト　ピ　ッ　ク
9	1	夏休みの課題	あなたの夏休みについて説明しなさい．具体的に説明しながら英文をまとめましょう．
9	21	演習1	あなたの趣味について説明しなさい．具体的に説明しながら英文をまとめましょう．
10	5	演習2	あなたの将来の夢について説明しなさい．やってみたいことやなりたい職業など，具体的に説明しながら英文をまとめましょう．
10	19	演習3	あなたはアメリカでのホームステイプログラムに参加することになり，出発前にホストファミリーに手紙を出すことになりました．自己紹介，家族紹介，アメリカでやってみたいことなどを含めて，英語の手紙を書きなさい．
10	27	演習4	あなたはイギリスのメール友達から「日本では今，何が流行しているの？」という質問をメールで受け取ったので，返事を書くことになりました． 課題：最近，日本で流行しているもの（こと）について説明しなさい．気に入っている持ち物やテレビ番組など，具体的に説明しながら英文をまとめましょう．
11	17	演習5	あなたは将来，都会（the city）と田舎（the country）のどちらに住みたいですか．次の注意に従って，あなたの考えを英語で書きなさい． ◎都会と田舎のどちらに住みたいかを明確にすること ◎住みたい理由をはっきり書くこと
11	30	演習6	将来，外国人の友人ができたとき，あなたが自分のことをよりよく知ってもらうために，次のテーマであなた自身の考えを英語でまとめてみましょう． 課題：あなたが，とても大切にしているもの（こと）を1つ取り上げて，どうしてそれを大切にしているのかについて自分の考えを述べなさい．

4. プレテストとポストテストについて

今回は GTEC for STUDENTS Core（Benesse Corporation）の第 8 回と第 10 回の Writing 問題を，それぞれプレテストとポストテストとして使用した.

4.1. テストの具体的内容

① 出題のねらい
与えられたトピックに対して，自分の意見を明らかにさせるとともに，その意見の背景となる理由付けを自由記述（フリーライティング）形式で行わせ，意見を展開する力を測定する.

② 題材
意見展開をするためのテーマを与える.

③ 解答時間と内容
解答時間 20 分で，与えられたテーマについての自分の意見を明らかにした上で，理由となる考えを英語で展開する.

④ 採点基準
採点基準では「語彙（Vocabulary）」，「文法（Language Elements）」，「構成（Organization）・展開（Development）」の 3 観点（8 段階評価）および，内容評価を含めた基準準拠評価（criterion-referenced-assessment）を行う.

また，Writing の習熟度ガイドラインは以下の通りである.

394   VI. 英語教育

〈WRITING 習熟度ガイドライン (Benesse Corporation より)〉

グレード4	課題に沿った話の展開が十分にできている／接続語句をうまく使いながら，論理的に整理された文章が書けている／難しい語句を使おうとする努力が認められる／ごくまれにミスによって考えが伝わりにくいことがある．
グレード3	話の展開はやや不十分だが，具体的な事例を含めて，ほぼ課題に沿った内容が書けている／文の多くは論理的に整理され，構文や語彙にもいくらか多様性が見られる／時にミスによって考えが伝わりにくいことがある．
グレード2	語彙が少なく，文型・構文は単純なものであるが，英語で表現しようとする意志が認められる／最後まで書けていない文や語順が不確かな文があり，考えが伝わりにくいことがある．
グレード1	文章が短く，ごく簡単な単語と文型で表現ができる／文の一つ一つが最後まで書けていないことがある／日本語を使って表現している部分がある．

⑤　問題内容

─── プレテスト問題 ───
あなたは海外で語学研修に参加しています．授業で次の課題が出されました．課題：あなたにとって，「親友」とはどのような友達であるべきですか？今までにあったことや想像した事を例としてあげ，考えをまとめましょう．

(2006 年　6 月実施)

─── ポストテスト問題 ───
あなたは海外で語学研修に参加しています．授業で次の課題が出されました．課題：ふだんの学校生活であなたが楽しいと思うことは何ですか．またその理由は何ですか．身近な事例や経験などを取り上げて，あなた自身の考えを書きなさい．

(2006 年 12 月実施)

4.2.　生徒作文例

以下にある一人の生徒の作品例を示す．

［プレテスト（6 月）］

I didn't like English. But my friends taught me English. It is very fun for me to study English now.

I think friends are more important than money. I think friends have to help their friends.

［ポストテスト（12月）］

> I like talking with my friends in my school life.
> First, we enjoy talking about many things in our classroom every day. For example, we talked about our favorite musicians last week and we also talked about TV.
> Second, if I have a lot of friends, they may help me when I am upset. One day I did not understand how to study math. My friends taught me how to study math.
> So, it is fun for me to talk with my friends and it is important for us to make a lot of friends. I want to make more friends when I am a juniorhigh school student.

4.3.　結果比較

① 数値面

〈プレテストとポストテストの結果比較〉

	プレテスト（6月実施）				ポストテスト（12月実施）				
テスト名	GTEC Core 第8回				GTEC Core 第10回				
受験人数	20				20				
平均スコア	81.0				99.6				
最高値	100				100				
スコア	単純(%)	累積(%)	単純人数	累積人数	単純(%)	累積(%)	単純人数	累積人数	グレード
100	20	20	4	4	95	95	19	19	G4
90	25	45	5	9	5	100	1	20	G3
80	15	60	3	12		100		20	
70	25	85	5	17		100		20	
60		85		17		100		20	G2
50	5	90	1	18		100		20	
40	10	100	2	20		100		20	
30		100		20		100		20	
20		100		20		100		20	G1
10		100		20		100		20	

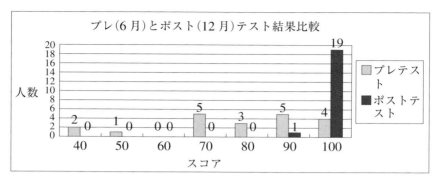

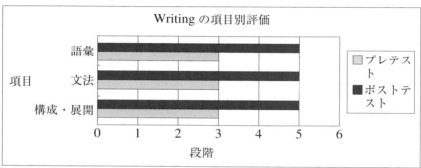

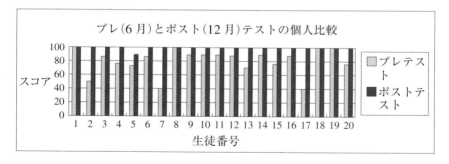

② 学習意欲や情意面

2007年3月に実施したアンケート結果より,生徒の学習意欲や情意面に関する結果は次の通りである.

中学生が意欲的にライティング活動に取り組む指導についての実践研究　　　397

〈**1年間のコースをふりかえって**〉

ふりかえりの視点	自己評価（平均値）
①興味・関心をもって，授業に取り組むことができたか	4.5
②自分の課題を設定し，追究することができたか	3.8
③学習の成果を確認し，これからの課題を見つけることができたか	4.4
④自分自身の得意なこと・よさに気づくことができたか	3.8

自己評価の基準：5…よくできた　4…おおむねできた　3…ふつう
　　　　　　　　2…あまりできなかった　1…できなかった

　3つの活動（読むこと，聞くこと，書くこと）の中で，生徒に得意と思う順番を，コースの最初と最後に答えさせたところ，以下の結果となった．

〈**好きな活動について　数字は人数，回答数 20**〉

	2006 年 5 月			2007 年 3 月		
	読むこと	聞くこと	書くこと	読むこと	聞くこと	書くこと
1 番好き	13	4	**3**	7	0	**13**
2 番目	5	10	5	10	3	7
3 番目	2	6	12	3	17	0

5.　成果と課題

5.1.　成果

○　全体（20 人）の Writing の平均スコアが，81.0 から 99.6 に上昇した．

○　成績層別伸長度推移も，すべての層において上昇した（上位 25%：91 → 100，中上位 25%：77 → 100，中下位 25%：84 → 100，下位 25%：72 → 98）．

○　書こうとする内容や構成を論理的に考え，まとまった英文を書く力が向上したと考えられる．

○　アンケート結果から，生徒は，興味・関心を持って授業に取り組み，自分の学習の成果を確認し，これからの課題を見つけることができたと思われる．また，「書くこと」が得意と答えた生徒の数が増加した．

5.2. 課題

○ トピックに応じた必要な語彙や慣用表現を，生徒に提示し，使いこなせるようにする必要がある．

○ 生徒の学習状況を見ながら，3つの指導段階（ステージ 1，2，3）を必要に応じて繰り返しスパイラルに行うことで，定着の徹底が図れると考えられる．

6. おわりに

生徒の自己表現作品を評価する際には，正確さ（語彙，文法）と意思伝達（構成，展開）のバランスが取れた評価基準を設定することが重要である．そして，その内容を重視し，作品のいいところを加点方式で評価することが大切であると考える．年間を通して，定期的に「書くこと」の活動と評価を行い，ALT とも協力しながら結果を迅速に生徒にフィードバックすることが重要である．

参考文献

田尻悟郎（2005）『中学校英語自己表現お助けブック』教育出版，東京．

参考資料

GTEC for STUDENTS Core（Benesse Corporation）の第 8 回と第 10 回問題及び結果比較資料

学校英文法における「法」について

―英語史的観点から―

松瀬　憲司

熊本大学

1.　はじめに

　(1) のような「仮定法（通時的に言えば『接続法』）」は高校で初めて導入されるので，『高等学校学習指導要領解説　外国語編・英語編』p. 49 には「各科目に応じたふさわしいものを指導する」とある.

　(1)　It is necessary that we (should) *be* prepared for the worst.

（江川 (1991[3]: 251)）

　学校現場ではしばしば，この法助動詞 should はオプションであることを「省略」と説明している. ただ，ここには少なくとも 2 つの不都合がある. まず，「省略」と言う以上，(1) では，should の使用がデフォルトであることが前提になろうが，通時的には全くその逆で，実は当該の should は近代英語 (Modern English: ModE) 期になってから「挿入」されるようになったので（児馬 (1996: 64)，堀田 (2016: 92-93) 参照），[1] 厳密には前提たり得ないことが 1 つ. そしてそれ以上に，それが省略されたとすると，定形動詞が消失するわけだから，we be … はもはや普通の意味で節とは呼べない「主格 NP＋（原形）不定詞（＝非定形）」という連鎖になってしまうにもかかわらず，従属 that 節内に「堂々と」生起することは問題であろう.[2] 果たしてこの「省略」という捉え方は，文法の本質に照らして，また，高校生の仮定法学習にとって

---

　[1] 当然のことながら古英語 (Old English: OE) 期には，法助動詞としての should は存在せず，(1) の we be は we beon であった. この beon は，（原形）不定詞 beon と「たまたま」同一になっているが，現代標準英語の（原形）不定詞 be とは異なり，歴とした複数人称用の接続法現在を表す定形動詞である.

　[2] Huddleston and Pullum (2002: 89) は，この問題を形態的ではなく，「統語的に」定形であるという説明で乗り切っている.

400 VI. 英語教育

「ふさわしいもの」と言えるだろうか.

このことはしかし，(2) の take のような語彙動詞が使われた場合には，往々にして見落とされがちである.[3]

(2)　I propose that we *take* a vote on that next week. (江川 (1991[3]: 250))

なぜなら，be 動詞の場合とは異なり，当該の take を，その法（mood）の区別は殊更問題にせずとも，「見かけ上定形」と捉えたとしても何ら不都合はないからである（むしろその take は，通時的には間違いなく「定形だった」のだが）．筆者は，第一点目の英語史的観点を，学校現場の現代標準英語（Present-day Standard English: PSE）[4] 文法指導にまで無理矢理持ち込む必要は全くない（共時的に見て should は「省略された」と捉えても一向に差し支えない）と考えるが，第二点目の，それによって we be のようなある種「奇妙な」連鎖が生じてしまうことに対しては，何らかのより納得できる，包括的な説明が高校生にとっても必要ではないかと思っている．そこで本稿では，このような法に纏わる問題を解決するために，高校における PSE 文法指導上考えられる手立てについて，英語史的観点を踏まえて検討してみたい.

2.　PSE 文法用語として「法」は適切か？

松瀬 (2013) でも主張したが，そもそも英語では，他の欧州諸語とは異なり，（法というよりはむしろ概念としての）法性（modality）を表示する手段が昔と今では大きく変質してしまっているので，現在この「法」という文法用語をそのまま用いると必然的に混乱を招来してしまう．PSE では，もはや法は定形動詞に標準装備された可視／聴的「形態素」たり得なくなっているからである（唯一，いわゆる「三単現の -s」が直説法現在を明示的に表示しているに過ぎない）．ただ，このような法の種類に関する議論自体が高校ではほとんど取り上げられないし，文法用語を多用した教授法が問題視されている昨今，仮定法と対比させてわざわざ「直説法」を導入することなど今後は特に考えにくい．そういう意味では，法という用語に殊更こだわる必要はないのかもしれない

---

[3] もちろん言うまでもなく，主語の人称と数によっては，当該の動詞が非定形であることは容易に判明する．例えば，三人称単数主語を持つ *he take であれば，現代標準英語においては，その take は定形とは考えられないという意味で，非定形であると即座に判断可能である.

[4] Horobin (2016: 72-73) は a standard language を "an agreed norm that is selected in order to facilitate communication" と定義している.

し，「仮定法の『法』は方法の『法』だと思ってました」（p.c.）という学生の認識であまり問題ないとも思う．しかしその用語はともかく，英語における法性をしっかり理解しておくことは，例えば（3）のような語彙動詞 insist の「意味」の違いを把握する時など必須であろう．

(3) a. I insisted that she *was* right.
    b. I insisted that we *keep* early hours.

これは単に insist の訳語の問題ではなく，that 節内の事象が「事実」と捉えられているか否かによって that 節内において異なる動詞形態が選択されるという点が何よりも重要で，主節の主語である I は，従属節での記述内容である she *is* right を事実（＝「真」）と受け止める一方，we *keep* early hours を事実とは認めていない（＝「偽」）ということを表している．かつてこの「事実 vs. 非事実」という法性の違いは原則的に「直説法 vs. 仮定法等」の定形動詞形態の違いにそれぞれ対応していたのだが，PSE では動詞屈折語尾の摩耗（特に後者の）により両者の形態的境界が甚だ曖昧になってしまったのである．OE では，前者が we cep*aþ*，後者が we cep*en* とはっきり「定形として」区別できていたことに加えて，不定詞はそれらともまた別形態の cep*an* が用意されていた．

　さらに言えば，（3b）は下例（4）とも表せるわけだが，この従属節では，内容的には非事実を表しつつも，そこで使用された定形動詞 should の形態は厳密には，事象を事実として捉える直説法であると言わねばならない．

(4)   I insisted that we <u>should</u> *keep* early hours.

このような現状に関して，（5）の命令文や（6）の祈願文に見られる法も含めて，PSE における，記述内容の事実性の捉え方と伝統的な各種法形態名称との関係を（7）に図式的に示す．

(5) a. *Be* quiet.
    b. <u>Don't</u> *let* me down.
(6) a. God *bless* you.
    b. <u>May</u> the force *be* with you.
(7) 伝統的法形態名称：　直説法　仮定法（希求法含む）　命令法　不定詞

	直説法	仮定法（希求法含む）	命令法	不定詞
事実として把握：	＋	*－	*－	－
非事実として把握：	*－	＋	＋	＋

まず，話者が述べる内容に対する心的態度を表す動詞形態要素が「法」であるとするならば，それを事実として表すものが直説法であり，それ以外の法は大まか非事実として表すという前提がある．しかしながら，一方で，上述のように事実ではない内容を担う伝統的な各種法において，(4) の should, (5b) の Don't, (6b) の May のように，厳密には形態上，内容を事実として表す「直説法」の定形を利用する場合もあるので，[5] このような動詞形態と把握する内容の事実性とが一致していない PSE の実情は，条件付きの「−」(「*−」と表示する) とせざるを得ない．他方，不定法とは非定形の不定詞そのもののことであるから，これは形式も含めて事実には一切関与しないため，「−」とだけ表示可能である．[6] ということは，この (7) を見る限り，PSE では，実はすべての伝統的法で使用される動詞形態において非事実的内容を表すことが可能であり，「形態上」明らかに非事実だけを表すのは，不定詞のみであることがわかる．「不定法」などというラテン語文法用語の模倣は PSE には全くの蛇足であり，「不定詞」で十分なので無視するとすれば，「法」という用語を殊更 PSE 文法に持ち込む必要はないという結論に落ち着く．つまり，PSE では動詞形態がいわゆる伝統的な，無標の直説法であっても十分に非事実を表せるシステムになってしまっている，ということが改めて確認できる．このようにして，伝統的な法による「区別」を放棄するとしても，当該の動詞は節を構成する定形とみなすべきか，それとも本来的には節を構成し得ない非定形であるが，何らかの「特別な解釈」によって従属節内にも生起できるとするのか，[7] という問題は依然として残っている．

3. 従属節の当該動詞は「常に定形である」とする解釈の是非

英語史的に見て，法の概念は定形動詞のみに存するわけだから，PSE における当該の動詞は，まずは定形であるという解釈があっていい．ただしこの場合の法とは純粋に形態論的概念であることから，前節で議論したように，PSE にはもはや厳格な意味での形態論的法は存在しないと言える．そのため，その

---

[5] 典型的には，(i) のような if 節内における直説法の使用が挙げられるだろう．

(i) If it *is* fine tomorrow, we can go fishing.

[6] 今井 (2010: 158-159) 流に言えば，不定法は (記述内容が)「未だ実現されていない」ことを表す，となる．

[7] 中野 (2016: 96-105) は，用語としては矛盾すると思われるが，主・従属節内に非定形の (原形) 不定詞が生起する現象を「原形仮定法」と呼んでいる．

定形動詞が内容を事実として表すにしろ，非事実として表すにしろ，それぞれに対応する「独自の」動詞形態を特に要求することなく，定形性を保っていると考えられる．そしてもしこの解釈を採用するならば，上例 (1) や (3b) の従属節に生起しているのは，should の有無にかかわらず，定形動詞であることになる．

ここで，(3b) の keep は，見た目上もその解釈であまり問題はないように思われるが（実は，ここに問題の本質があるのだが），(1) の場合，(原形) 不定詞として見慣れた be を単複に亘る全人称に対応する定形と捉えることには異論も出て来よう．ただ，それを言うなら，仮定法過去では既に，統一的な定形動詞形態 were が全人称で使用されている実態を想起すべきであるし（ただし口語では，(8a) のように一・三人称単数主語の場合，was も使われるが），(8b) のような語彙動詞でも，同じく過去形は全人称に共通する現実がある．

(8) a. I wish I *were/was* a bird.
   b. I wish I *knew* the answer.　　　　　　　　（児馬 (1996: 60-61)）

さらに言えば，元々 OE の仮定法現在として b- で始まる定形動詞形態（単数主語用の beo や複数主語用の beon）が存在したわけだから，その子孫である PSE 摩耗形として be をたてることに大きな違和感はないはずである．また実際，Upton et al. (1994: 494-495) によると，PSE 以外の地域土着英語 (Vernacular English: VE) では，現在でも be という形態が単数および複数の全人称用直説法現在定形動詞として使用され続けているものもある．つまり，非事実的内容を従属節で述べる時に be 動詞が必要な場合には，もし should を使用しないのであれば，事実として表す am, are, is とは異なる，全人称に共通する「定形動詞として」有標の be を別途たてることが PSE 文法にも可能なのではないかということである．そして何度も言うように，それこそが英語の伝統的なやり方だったのである．そうなれば，我々は大手を振って，we be や he be を be 動詞のパラダイムの一員とみなし，(原形) 不定詞の be と共起する should と共に，統一的に be を定形動詞としても把握できる．つまり，be 動詞を語彙動詞の振る舞いとパラレルに捉えることができるのである．

ところがここにこの be を，そしてそれ以外の語彙動詞の無変化動詞形を PSE ではどうしても定形動詞と見ることができない決定的な理由がある．それは，(9a) や (10a) のような否定文でのそれらの振る舞いである．この場合，否定辞 not が「単体で」当該動詞の前に置かれなくてはならない．

404 VI. 英語教育

(9) a. It was important that exceptions <u>not</u> *be* made. (江川 (1991³: 251))

   b. *It was important that exceptions <u>don't</u> *be/be* <u>not</u> made.[8]

(10) a. I suggest (that) we <u>not</u> *jump* to the conclusion.

(江川 (1991³: 250))

   b. *I suggest (that) we <u>don't</u> *jump/jump* <u>not</u> to the conclusion.[9]

したがって PSE では，(9b) や (10b) はまず容認されないことになり，be の定形性 (finiteness) はここで完全に否定されてしまう．

4. 従属節の当該動詞は定形「でも」あるとする解釈の妥当性

　そうであれば，(1) に現れる be は，やはり非定形の（原形）不定詞であると認めざるを得ず，1 節で指摘した，従属節内に定形動詞が存在しない「奇妙な」状況は解消されないことになる．

　ここでこの従属節における動詞の定形性に関連して，松瀬 (2014, 2015) で議論した，上例 (5) や (6) に見られる，命令文や祈願文といった主節について考えてみよう．それらを以下の (11)，(12) として再掲する．

(11) a. *Be* quiet. (= (5a))

   b. <u>Don't</u> *let* me down. (= (5b))

(12) a. God *bless* you. (= (6a))

   b. <u>May</u> the force *be* with you. (= (6b))

これらはどちらも非事実的内容を表すために用いられる文形式であり，学校英文法では，事実として表す伝統的な直説法平叙文とは区別して教えられる文法項目である．そしてかつては英語でも，こういった命令や願望を表すために，

---

　[8] とは言うものの，Eric Clapton が 1978 年に発表したアルバム *Backless* には，Bob Dylan が作詩した "If I <u>Don't</u> *Be* There by Morning" という曲が納められている．また，Why <u>don't</u> you *be* quiet? は PSE 表現として可能である．Google site:edu でも 10 件がヒットした (Mar./7/2017 アクセス)．後者の場合，Why <u>don't</u> you … 全体が，従える動詞の種類にかかわらず，ある種の語用論的な不変マーカーとして機能していると考えられる．いずれの場合も口語に典型的な現象だと言えるだろう．さらに言えば，VE では，*OED*² (s.v. *be*) によると，ben't, beant, baint などといった be not の否定縮約形も使われている．

　[9] Quirk et al. (1985: 1182) がイギリス英語では従属節に直説法現在が現れることを指摘しているので，ここでも Google を検索してみたが，suggest we <u>don't</u> *jump* to conclusions が 5 件ヒットした (Feb./23/2017 アクセス)．このこともまた直説法が非事実の内容を表せることをある意味如実に物語っている．

直説法とは異なる独自の屈折形態がそれらの定形動詞に搭載されていたことを念のためもう一度ここで指摘しておく.

さて，PSE において，そこで使用される動詞の定形性を確認すると，原則命令文は (11a) の Be に見られるように非定形（＝不定詞）であり，祈願文は (12b) の法助動詞 May のような定形であると考えられる．今「原則」と断ったのは，実は両者にはそれぞれ，定形の助動詞 Don't を持つ (11b)[10] や定形法助動詞 may が省略されたことで生じると「解釈できる」非定形の bless を持つ (12a) も付随しているからである.[11] 2 節の (7) が示すように，いわゆる直説法形が，事実として捉えた内容も，そして非事実として捉えた内容も両方表すことができるという PSE での実態は，言い換えれば，非定形動詞は確かに非事実しか表さないが，それに対して定形動詞は，捉えた内容を事実としても非事実としても表すことができるということに他ならない．PSE では「定形＝直説法」がまず成り立つからである．このように，命令文や祈願文といった「主節」においては，それが歴とした節であるにもかかわらず，そこで使用される当該の動詞に関して，定形性の混在が既に容認されており，この実態をこれまで我々は特段疑問視してこなかったと言える．であるならば，その定形性の混在がたとえ従属節にまで敷衍され得るとしても，それはそれでそこまで奇妙な現象ではないという結論を導き出すことができるだろう.

ではなぜ，主節として機能する命令文や祈願文は，従属節と違って，取り立てて奇異な感じを持たれることなく，このように定形性の混在が見過ごされてきたのであろうか（少なくとも筆者は見過ごしていた）．まず，二人称命令文の場合は，主格の you がオプションである点が大きく関わっていると思われる (Biber et al. (1999: 219), Huddleston and Pullum (2002: 857) 参照).[12] 命令文で be 動詞以外の動詞を使った場合，それが主格の you と共起したとしても，例えば You do it. のように，この do は通常の直説法形と同一であるため，何の問題もなくすんなりと受け入れられる．他方 be 動詞の場合を考えてみると，You be … といった連鎖にはなかなか遭遇しにくいのではないか

---

[10] 安藤 (2005: 880) は，この Don't を否定命令文専用の「不変化詞」，つまり Not と等価であると見なしており，定形の助動詞とは捉えていない.

[11] もちろんこの bless は，英語史的・通時的見方をすれば，現在でも歴とした接続法現在「定形」動詞形であることは言うまでもない．ここでは，あくまでも PSE の視点で考えられる解釈という意味で提示している.

[12] 学校現場での直説法平叙文との混同を避けるためか，『中学校学習指導要領解説　外国語編』p. 36 には，このオプションについては全く触れられていない.

406 VI. 英語教育

（まして，一・三人称命令文としての He be ... や We be ... は考えられない.
その場合には，let と共に目的格 NP が必要だからである）.[13] また，祈願文の
場合は，確かに（12a）のような三人称単数主格 NP と非定形と目される無変
化動詞形である（原形）不定詞との共起が可能だが，このタイプには定型句が
多く，その中でも特に（12a）は非常に人口に膾炙した定型表現であるため，
例えば God *be* with you. が Good-bye に変化したように，当該動詞の「非」
定形性を感じにくいと思われる．それよりも，そもそも口語においては，節性
や動詞の定形性に関わる規則がそれほど厳格に意識されないという実態がまず
あるだろう．これに対して，それらの文法的正確性が否応なしに注目を集める
のはやはり書き言葉においてである.[14] そしてとりわけ最大の問題点として，
PSE においては，動詞の定形と非定形がほとんど融合してしまっていること
を改めてここで挙げなければならない.

(13) a.　I insisted that we *keep* early hours.　（= (3b)）
　　 b.　定形：keep, keeps, kept；非定形：(to) keep, keeping, kept
　　 c.　定形：am, are, is, was, were；非定形：(to) be, being, been

我々が PSE で直面している問題は，（13b）で言えば，定形の keep と非定形
の keep を見分けることは事実上不可能だということである．この keep の場
合，過去形 kept はさておき,[15] 厳然たる PSE の事実として keep という形態
は定形でもあり，非定形でもあるから，唯一 keeps になる一握りの場合を除
いて「定形 vs. 非定形」の構図が我々にはどうしても見えないのである．これ
に対して，be 動詞の場合は，（13c）を見れば，その対立があからさまに浮上
してくることが分かる．歴史的に be 動詞は，全く異なる 3 つの動詞系列のパ
ラダイムから構成されているからである.

　語彙動詞においては，このような定形性の判断の困難さが実際あるとして

---

　[13] しかし例えば，以下の（i）のように，当該動詞に直接並置されたのは主格の you ではな
く，「呼格（vocative）」の you と解釈できる場合はあるだろう.
　　(i)　You, *be* quiet.
　[14] McCarthy（2017: 99）は，特に PSE において，従属 that 節で動詞の非定形を仮定法と
して使用することに関して，以下の（i）のように述べている.
　　(i)　... these forms belong to rather formal writing and are rare in anything but the
　　　　most formal speech.
　[15] 確かに，kept の場合，定形と非定形が同一になるが，新聞の見出しなどの場合を除いて，
過去分詞が主格 NP と直接並置されることはないので，それと過去定形動詞形との混同はま
ず問題にならないと言っていい.

も，結局，(1) のようないわゆる仮定法現在については，McCarthy (2017: 98) が以下のように述べていることに尽きている．

(14) the base form of the verb is always used (i.e. you don't need an -s ending on the present tense with *he, she, it* or a third-person noun and you don't need to mark the plural or past tense)

したがって，提案・勧告・要求等の内容を従属 that 節で表す場合，いわゆる動詞の非定形である「(原形) 不定詞の使用」が基本用法としてある（そのことは PSE では定形ではあり得ない be という形態によって明確に示されている）のであって，[16] それに加えて，「定形法助動詞 should をそれらと共に用いることもまた可能である」という言い方の方が，同じく非事実的内容を表す命令文や祈願文という主節も含めて，この事象を包括的に捉えることができる．そしてこれはある意味英語史の流れに沿った説明にもなっており，これまでなされてきた should を「省略した」とする説明よりも収まりがよいのではないかと思うのである．

5. 結び

　本稿では，PSE を扱う学校英文法において，伝統的な「法」による区別を特に意識せずに，仮定法現在に見られるような法性に関わる，従属節における動詞形態をどのように捉えるべきかについて議論した．英語がこれまで辿ってきた歴史を一言で要約すると，「総合から分析へ (Synthesis to Analysis)」であり，それは「形態の簡素化」と同義であると言っていい．それによって従来の仮定法・命令法等を体現していた総合的な動詞形態において失われてしまった部分は，ModE 期以降，should(や祈願文においては may) といった法助動詞によって，[17] 分析的な形で補強されることになったのである．したがって，学校英文法においても，これら非事実的法性を持つ文に現れる（仮定法過去・過去完了など過去時制に関わる場合を除く）動詞形態は，非定形の（原形）不定

---

[16] おもしろいことに，註1で既に述べたように，むしろ OE 期には，定形の複数人称用仮定法現在動詞形 beon が不定詞形 beon と同一であり，定形・非定形の区別ができなかったという事実がある．ただし，b- 系列の直説法現在の動詞形は beo(m), bist, biþ, beoþ であり，不定詞形 beon とは異なっていた．

[17] この may は定形動詞としての役割と言うよりはむしろ「語用論的に装着された祈願マーカー」として機能していると考えられる．詳しくは，松瀬 (2015) を参照．

408 　　　　　　　　VI. 英語教育

詞こそがデフォルトであり，時としてそれに定形（法）助動詞によるサポート
が加わることもあるという考え方で問題ないのではないか．そこには，

(15) a. It is necessary that we *be* prepared for the worst. （＝(1)）
　　 b. *Be* quiet. （＝(11a)）
　　 c. God *bless* you. （＝(12a)）

上記のように (15a) から (15c) を並べてみるとよくわかるが，(15a) と (15b)
では，現在形の am, are, is とは全く異なる動詞形態 be が使われており，
(15c) では，三人称単数主語に呼応する現在形動詞語尾 -s が欠けているので，
これらは全て非定形の（原形）不定詞であり，したがって非事実的内容を表し
ているという，三者間のパラレルな構造にも我々は容易に気づくことができる
という利点さえもあるのだから．

参考文献

安藤貞雄（2005）『現代英文法講義』開拓社，東京.

Biber, Douglas et al., eds. (1999) *Longman Grammar of Spoken and Written English*, Pearson, Harlow.

江川泰一郎（1991）『英文法解説』改訂三版，金子書房，東京.

Horobin, Simon (2016) *How English Became English,* Oxford University Press, Oxford.

堀田隆一（2016）『初めての英語史』研究社，東京.

Huddleston, Rodney and Geoffrey Pullum (2002) *The Cambridge Grammar of the English Language*, Cambridge University Press, Cambridge.

今井隆夫（2010）『イメージで捉える感覚英文法』開拓社，東京.

児馬修（1996）『ファンダメンタル英語史』ひつじ書房，東京.

松瀬憲司（2013）「未来時に「事実性」はあるのか――英語の直説法と接続法――」『熊本大学教育学部紀要』第 62 号，91-100.

松瀬憲司（2014）「定形か非定形か――英語の命令『文』について――」『熊本大学教育学部紀要』第 63 号，73-79.

松瀬憲司（2015）「"*May* the Force Be with You!" ――英語の may 祈願文について――」『熊本大学教育学部紀要』第 64 号，77-84.

McCarthy, Michael (2017) *English Grammar: Your Questions Answered*, Prolinguam Publishing, Cambridge.

文部科学省（2009）『中学校学習指導要領解説　外国語編』第 2 版　開隆堂，東京.

文部科学省（2010）『高等学校学習指導要領解説　外国語編・英語編』開隆堂，東京.

Murray, James A. H. et al., eds., prepared by J. A. Simpson and E. S. C. Weiner (1989) *The Oxford English Dictionary*, 2nd ed., Clarendon Press, Oxford.

中野清治 (2016)『英語仮定法を洗い直す』開拓社, 東京.

Quirk, Randolph et al. (1985) *A Comprehensive Grammar of the English Language*, Longman, London.

Upton, Clive et al. (1994) *Survey of English Dialects*, Routledge, London.

ライティング方略の言語間転移に関する事例研究[*]

松永　志野

熊本県立翔陽高等学校

1.　研究の背景と目的

　分かり易く説得力のある文章を産出するライティング能力は，グローバル化，情報化が進む現代社会において，ますます重視されていくものと思われる．熟達した書き手は効果的にライティング方略を使用すると考えられており（Arndt（1987: 258）），L1 のライティング方略が L2 のそれに転移する可能性も示唆されている．しかしながら，どのような L1 ライティング方略がどのようにして L2 ライティングに転移するのかを詳しく調査した研究はほとんどない（Mu and Carrington（2007: 14））．

　ここでは，ライティング方略の言語間転移について探索することを目的とし，EFL 環境（英語圏以外において，母語ではない英語を学ぶ環境）における大学生 1 名に，「課題を達成する間に頭に浮かんだことをすべて，声に出して語る（海保・原田（1993: 82））」思考発話法により L1（日本語）及び L2（英語）ライティングを行ってもらい，実際のライティング方略の使用を分析した．補足インタビューとアンケート結果による考察も加え，L1，L2 ライティングで用いられるライティング方略の使用に違いはあるのか，言語間においてライティング方略の転移が起こり得るのか，メタ認知方略に関係する「計画」，「評価」，「自問」を中心に探索した．その結果，ライティング方略の使用は言語間で類似していたが，L2 から L1 への方略使用の転移が示唆され，受けてきたライティング教育も影響していると考えられた．本事例は，L2 能力と L1 ラ

---

[*] 本研究を進めるにあたり，終始ご懇篤なるご指導，ご鞭撻を賜りました熊本大学大学院社会文化科学研究科教授　山下徹先生に謹んで感謝の意を表します．
　また，興味深い講義と丁寧なご指導で学問への興味を喚起して頂きました学部・修士課程の恩師登田龍彦先生に，心より厚く御礼申し上げます．

ィティング能力が平均的であるにもかかわらず，質の高い L2 プロダクトを産出しているため，分析の対象とした.

　尚，本稿は，ライティング方略の言語間転移の可能性について，ひとつの事例分析の結果を報告した松永 (2011) を要約したものである.

2.　研究方法

2.1.　参加者

　参加者は，大学 3 年生の A，1 名である．L2 能力診断テストである CELT (Comprehensive English Language Test) Form A (Harris and Palmer (1986)) の文法部門と語彙部門（各 75 項目・各 100 点）の結果が，文法 85 点，語彙 43 点の合計 128 点であった.

2.2.　データ収集

　研究材料は，L1 及び L2 ライティングの思考発話プロトコル・データ，L1 及び L2 プロダクトと母語話者各 2 名によるそれらの評価結果，ライティング方略使用と動機付けに関する事前アンケート（Mu and Carrington (2007) 及び田中・廣森 (2007) に基づき作成した 5 件法 90 項目），ライティング直後のインタビュー，L2 能力診断テスト（CELT）の結果である.

　第 1 回セッションでは，L2 能力診断テストとライティング方略と動機づけに関するアンケート，思考発話の説明と練習を行った．第 2 回セッションでは，思考発話法による L2 ライティング（手元の録画，IC レコーダーでの録音，時間・字数制限なし，辞書使用不可，ボールペン使用）と補足インタビューを実施し，実験者は，ライティング時間を計測し，参加者の様子を観察，記録した．第 3 回セッションは，第 2 回セッションと同じ要領で L1 ライティングを実施した．タスクは，Manchón et al. (2005) のものに変更を加えた，教育的な問題に関して賛成・反対の立場を決めて書く論証文とした.

2.3.　データ分析

　録音したライティング中の発話を全て書き起こしてプロトコルを得た．プロトコル・データの分析単位を決めるセグメント化基準には，1 つのライティング方略あるいは活動を 1 つのセグメントとする基準（Van Weijen (2009)）を用いた．プロトコル・データをライティング方略などにコード化するための範

412　　　　　　　　　　VI.　英語教育

疇は，Hayes and Flower（1980）に基づき Van Weijen（2009）が設定した範疇を基盤とした．ただし，メタ認知方略である「計画」と「評価」に焦点を当てるため，それらの下位範疇は Sasaki（2000）に基づき設定した．さらに，実際のプロトコル・データより，「リハーサル」と「自問」を追加した（資料1）．

3.　結果と考察

　A は，書き出し後，L1 ライティングでは 18 分 56 秒かけて 521 字を産出し，L2 ライティングでは 47 分 40 秒で 243 語を産出した．L1 プロダクトの評価は 105 点（200 点満点）であったが，L2 プロダクトは 182 点で，内容（60）55 点，構成（40）36 点，語彙（40）36 点，言語使用（50）46 点，句読点や綴りなどの機械的技能（10）9 点と，全ての項目において，最も高い「優れているから大変良い」に相当する評価を受けた．しかしながら，A の L2 能力は特に優れて高いわけではない．また，A の書くときの流暢さ（1 分間当たりに産出した字数または語数．書き出し前の計画時間は書いた時間に含まない．）は，L1 ライティングで 27.5 字／分，L2 ライティング 5.1 語／分である．Hirose（2005）では，L2 能力高グループが L1 で 22.12 字／分，L2 で 6.14 語／分，低グループが L1 で 20.43 字／分，L2 で 4.35 語／分であるので，A は L2 ライティングでは特に流暢に書いたわけでもない．それにもかかわらず，A は質の高い L2 プロダクトを産出した．どのようなライティング方略を使用しているのか，言語間でのライティング方略の転移はみられるのか，メタ認知方略に関係する「計画」，「評価」，「自問」を中心に，A の L1 及び L2 ライティングのプロセスを探る．

　まず，書き出し前の「計画」がどのように行われたかをみる．A は，インタビューで，L1，L2 ライティング共に，日頃からメモを作成し計画を立てると述べている．今回も，L1 ライティングでは書き始める前にメモを使用して 7 分かけて計画している．L2 ライティングでは書き出しまでは 1 分 16 秒だが，"I disagree with it." という最初の文を書いた後，メモを使って，さらに 5 分以上計画を立てている．この段階での方略使用をみると，テーマの計画はL1，L2 ライティングで，それぞれ 2，3 回で変わらないが，L1 ライティングの方が「アイディア創出」が多い（L1 ライティング 12 回，L2 ライティング 7 回）．また，L1 ライティングでは自問も多く（6 回），全て内容に関するものである．L2 ライティングでの自問は 1 回のみで，論理に矛盾があると感じ，

賛成か反対かの結論に迷う，メタ認知方略に関するものであった．書き出し前のメタコメントは，L1，L2 ライティングでそれぞれ 2 回ずつあり，L1 では自分の創出した考えに「確かに」と納得したり，課題を前回より難しいと判断したりしたものであったが，L2 では，2 回とも，結論と書こうとする内容が一致しているかを考えるものであった．このように，書き出し前の計画段階で使用された方略は，L1，L2 ライティングで共通しているが，L1 ライティングでは内容に関する計画が主で，一方，L2 ライティングでは，自分がとった立場とその後の展開の一貫性に注意を払いつつ計画しており，よりメタ認知が働いているように思われる．

表 1 は，A のライティング・プロセス全体におけるライティング方略の使用回数と割合を示している．尚，A の L1 ライティングの発話プロトコルのセグメント数は 186，L2 ライティングでは 413 であった．

表1．A のライティング方略の使用回数と割合

方略	L1 ライティング　n（%）	L2 ライティング　n（%）
課題の確認	9(4.8)	8(1.9)
計画全体	7(3.8)	13(3.1)
包括的計画	0(0)	0(0)
テーマの計画	6(3.2)	6(1.5)
局所的計画	0(0)	3(0.7)
構成計画	0(0)	3(0.7)
結論計画	1(0.5)	1(0.2)
アイディア創出	22(11.8)	21(5.1)
メタコメント	6(3.2)	17(4.1)
ポーズ	25(13.4)	42(10.2)
文章化	52(28.0)	100(24.2)
読み返し	12(6.5)	55(13.3)
評価全体	1(0.5)	5(1.2)
L2 能力評価	—	0(0)
局所的評価	1(0.5)	4(1.0)
包括的評価	0(0)	1(0.2)
修正	4(2.2)	19(4.6)
自問	10(5.4)	33(8.0)
リハーサル	36(19.4)	97(23.5)
身体活動	2(1.1)	2(0.5)
その他	0(0)	1(0.2)

L1，L2 ライティング共に，「文章化」に次いで多いのは「リハーサル」であるが，L2 ライティングではほとんど常にリハーサルを行った後に文章化し，一語ずつのリハーサルも多く見られた．Hu and Chen (2006) では，熟達した書き手にはリハーサルが多く，長い文もリハーサルしている．A の場合は，L1，L2 ライティング共に，語，句，節レベルのリハーサルがほとんどではあるが，文レベルのリハーサルは L1 ライティングでは全くみられなかったのに対して，L2 ライティングでは以下の (1a, b) がみられた．

(1) a. High school students study all the time at school.
    b. They are busy in studying.

書いたテクストの「読み返し」は，つながりを考えたり次に書くことを考えたりするためのもの（L1 ライティング 66.7％，L2 ライティング 68.8％）が，つながりや表現の評価を目的とするもの（L1 ライティング 25.0％，L2 ライティング 29.2％）よりも多く，割合も L1，L2 ライティングでほぼ同程度であった．しかし，L2 ライティングにおける評価目的の読み返しには，書いたテクストと，言いたいことが一致しているかを確認するためのものが 10.4％含まれるが，L1 ライティングでは全く見られなかった．

ライティング・プロセスの途中で行われた「計画」についてみてみると，「テーマの計画」，「結論計画」は，L1，L2 ライティング共に行われたが，L2 ライティングでは，L1 ライティングで全く見られなかった「構成計画」と「局所的計画」も行っている．

計画における A のライティング・プロセスの注目すべき特徴は，その柔軟性である．L1 ライティングでは，2 段落目に主張の根拠を書いている途中で「その前に，成功の定義．」と言い，「教育の成功」を「成績の良さや，留年や退学がないこと」と定義して 1 段落目の最後に挿入する構成の変更を行った．また，L2 ライティングでも，最初に書いた結論を途中で変更するなど，はじめの計画に固執することは無かった．計画変更に柔軟性があり，再帰的プロセスを示している点は，Matsumoto (1995) の 4 人の熟達した L2 の書き手である教授の事例と一致している．

「評価」については，全体を書き終えた後の読み直しによる評価は日頃からしないということであるが，ライティング・プロセスの途中での評価が行われた．L1 ライティングでは表現についての局所的評価が 1 回みられただけであるが，L2 ライティングでは，People では広義すぎると判断して Students に修正するなど，4 回の局所的評価と，テクストの構成が必要という包括的評価

が 1 回あった.

A に最も特徴的なライティング・プロセスは,「自問」の多用である. L1 ライティングで 10 回 (5.9%), L2 ライティングでは 33 回 (7.6%) に及んだ. Wong (2005) が母語話者に近い英語能力を持つ熟達した書き手 4 人の L2 ライティングにおける主要な特徴であったメタ認知方略としての自問を調査した結果,約 500 語を産出する過程で平均 51.3 回自問していた. A は L2 では 243 語を書く間に 33 回自問しているので, Wong (2005) の事例よりライティング・プロセス中に占める割合は高い. Wong (2005) によると,参加者たちの自問の割合は,テクストのチェックのため 8.3%,評価のため 3.6%,構成のため 10.1%,テクスト産出のため 76% であった. これに比して, A の自問には,「except study hour? こんな単語あるの?」などの評価 (L1 で 30%, L2 で 39.4%) の割合が顕著に多かった. また,ライティング・プロセスをモニターしていると考えられる自問も点在していた. 即ち,以下の (2a-e) の自問が L2 ライティング・プロセスの所々で生じ,最初に書いた結論を,反対から賛成に修正している.

(2) a. 何を書こうとしたっけ?
　　 b. あれ,じゃあ,それは先生の問題,になるのか?
　　 c. ん?勉強しなければならない. なのに先生の問題?
　　 d. 生徒?んー,そうも限らん.
　　 e. んー,てことはやっぱり生徒の問題?

内田 (1986: 185-186) は,ライティング・プロセスは自分が伝えたいことと生みだされた表現とのズレを調整しようとする自己内対話であり,作文の進行をモニターする機能が重要だと述べている. 例に挙げたような A の自問は,まさに,テーマや構想とのズレを意識する過程で生じる自己内対話 (内田 (1986: 172)) であると考えられる. 自問によるモニタリング機能が働いていることが, A のライティング・プロセスの最大の特徴であり,特に L2 ライティングにおいて顕著であったことは, L2 のプロダクトの質と関係している可能性がある.

L1 ライティングより L2 ライティングで,時間をかけて多くの語を産出したことを先に述べたが,これは A の英語学習に対する強い内発的動機付けと無関係ではないように思われる. 田中・廣森 (2007: 69) は,内発的動機付けの促進にとって最も重要な役割を果たすのは自律性の欲求であると述べており, A がメタ認知方略の一種である自問を多用しているのは,内発的動機付

け，ひいては自立性の欲求と関係しているのかもしれない．この点についての探索は，今後の課題である．

アンケートとインタビューから，A は L2 ライティングに対してあまり不安がなく，自信と楽しさを感じていることが読み取れる．5 件法のアンケートでは，「英語で書くときは自信がない」という項目に対して「2 反対する」を，「英語圏の人々が自分の書いたものを理解できないのではないかと心配する」に対しては「1 強く反対する」を選んでいる．また，インタビューでは，L2 ライティングについて，「まあまあ楽しい．」と言い，その理由を，大学の英語の授業で構成法などのライティング方略を学んだためであると述べている．一方，L1 ライティングについては小学生の頃から大学生の現在に至るまで構成を含めてきちんと指導を受けた経験がなく，自信がない．A は，インタビューで(3) のように述べている．

(3)　日本語の方が難しいです．構成も習ってないし，書く練習もしてこなかったから．英語は構成など習ったので，日本語より書ける気がします … 英語に関しては枠組みで決められていて英語は苦じゃないです．

Hirose（2005: 197）は，L2 ライティングの指導と経験が L1 ライティングに転移する可能性があるかもしれないと述べている．実際，A のライティング・プロセスにおいて，構成法や語句の使い方について，学んだ L2 ライティング方略を L1 ライティングにも使ったり，使おうとしたりした場面が見られた．即ち，A は，まず結論を述べ，根拠となる理由を 2，3 挙げて，具体例を述べるという構成法を大学で学び，それを L1 ライティングでも使用している．さらに，L1 ライティングで，「ました？」という自問を発した場面があったが，この時 A は，「… と私は考えました．」という文を書いたものの，英語では I think とは書かないので，「考えました．」と書いてよいのか迷っていたという．A は，L1 ライティングでのしっかりとした指導を受けた経験が無いと感じているために自信が無く，指導により自信をつけた L2 ライティングの方略を L1 ライティングに転移させているように思われる．

4.　おわりに

本研究では，L1・L2 間でのライティング方略転移について探るため，メタ認知方略（計画，評価，自問）を中心に，A の事例を取り上げ，L1 と L2 のライティング・プロセスを調査した．その結果，A のライティング方略の使

用は L1, L2 ライティングにおいて類似しているが, L2 ライティングでは, L1 ライティングでは行わなかった局所的計画, 構成計画, 包括的評価を行っており, 方略使用のバリエーションがより豊かであった. また, A のライティング・プロセスの顕著な特徴はリハーサルと自問の多用であるが, L1 ライティングより L2 ライティングでさらに多かった. リハーサルは熟達した書き手の用いる方略とされている. そして自問は, ライティング・プロセスのモニターにつながっていると考えられた. さらに, メタコメントや自問の内容から, L1 ライティングより L2 ライティングにおいて, 一貫性に注意を払うメタ認知がより機能しているように思われた. また, 構成に関するライティング方略の言語間転移は, L2 ライティングから L1 ライティングへと生じているようであった. A の事例は, L2 ライティングから L1 ライティングへの方略転移の可能性と, ライティング方略についての指導がライティング・プロセスに影響する可能性を示唆している.

参考文献

Arndt, Valerie (1987) "Six writers in search of texts: A protocol-based study of L1 and L2 writing," *ELT Journal* 41(4), 257–267.

内田伸子 (1986)「作文の心理学—作文の教授理論への示唆」『教育心理学年報　展望』第 25 集, 162–177.

海保博之・原田悦子編 (1993)『プロトコル分析入門：発話データから何を読むか』新曜社, 東京.

Harris, David P. and Leslie A. Palmer (1986) *CELT: Examiners' Instructions and Technical Manual*, McGraw-Hill, New York.

Hayes, John R. and Linda Flower (1980) "Identifying the Organization of Writing Processes," *Cognitive Processes in Writing*, ed. by Lee W. Cregg and Erwin R. Steinberg, 31–50, Lawrence Erlbaum Associates, Hillsdale, NJ.

Hirose, Keiko (2005) *Product and Process in the L1 and L2 Writing of Japanese Students of English*, Keisuisha, Hiroshima.

Hu, Guangwei and Bo Chen (2006) "A Protocol-based Study of University-level Chinese EFL Learners' Writing Strategies," *EA Journal* 23(2), 37–56.

Jacobs, Holly L., Stephen A. Zingraf, Deanna R. Wormuth, V. Faye Hartfiel and Jane B. Hughey (1981) *Testing ESL Composition: A Practical Approach*, Newbury House, Rowley, MA.

Manchón, Rosa M., Liz Murphy and Julio Roca de Larios (2005) "Using Concurrent Protocols to Explore L2 Writing Processes: Methodological Issues in the Collection and Analysis of Data," *Second Language Writing Research*, ed. by Paul K. Matsuda and Tony Silva, 191–205, Lawrence Erlbaum Associates, Mahwah, NJ.

Matsumoto, Kazuko (1995) "Research Paper Writing Strategies of Professional Japanese EFL Writers," *TESL Canada Journal* 13(1), 17–27.

松永志野 (2011)「ライティング方略の L1・L2 転移に関する研究」『九州英語教育学会紀要』第 39 号，79–88.

Mu, Congjun and Suzanne Carrington (2007) "An Investigation of Three Chinese Students' English Writing Strategies," *Teaching English as a Second or Foreign Language* 11(1), 1–23.

Sasaki, Miyuki (2000) "Toward an Empirical Model of EFL Writing Processes: An Exploratory Study," *Journal of Second Language Writing* 9, 29–48.

田中博晃・廣森友人 (2007)「英語学習者の内発的動機付けを高める教育実践的介入とその効果の検証」*JLTA Journal* 29(1), 59–80.

Van Weijen, Daphne (2009) *Writing Processes, Text Quality, and Task Effects*, LOT, Utrecht.

Wong, Albert T. Y. (2005) "Writers' Mental Representations of the Intended Audience and of the Rhetorical Purpose for Writing and the Strategies that They Employed when They Composed," *System* 33(1), 29–47.

資料1　コード化範疇

範疇と定義	例
課題の確認：課題を読む	
計画	
包括的計画：全体についての計画	
テーマの計画：テーマの意識化とおおまかな計画	理由 1. 東大生を見ると，東大生の親は年収がいい．ということは，家庭の環境による．
局所的計画：次に何を書くかの計画	College students, university students, ただの students, どういうふうに書くか．
構成計画：創出した考えを選択し構成する計画	これは，結論で持ってこよう．
結論計画：結論の計画	最後の結論で，conclusion が..
アイディア創出：長期記憶より情報を検索し考えを得る	親が勉強してないのに子どもが勉強するようにはなりにくい．
メタコメント：ライティング・プロセスや課題についてのコメント	I agree with it.
ポーズ：ポーズや間投詞（んー，えー，など）	えーと
文章化：テクストの産出	
読み返し：書いた文の読み返し	

評価
　L2 能力評価：自分の L2 能力についての評価
　局所的評価：書いたテクストの局所的評価　　　　　　　study ばっかり出てくる.
　包括的評価：書いたテクストの全体的評価　　　　　　　ちゃんと構成を考えた方がいいのか
修正：書いたテクストの修正　　　　　　　　　　　　　[Therefore を消して So と書く]
質問：実験者への質問
自問：自分自身への問いかけ　　　　　　　　　　　　　あれ？じゃあそれは先生の問題にな
　　　　　　　　　　　　　　　　　　　　　　　　　　るのか？
リハーサル：書こうとする語・句・文のリハーサル　　　動機付け, motivation
身体活動：ライティング以外の活動　　　　　　　　　　［タオルを落として拾う］
その他：上記のどの範疇にも分類できないもの　　　　　あ,（消しゴムは使っちゃいけない
　　　　　　　　　　　　　　　　　　　　　　　　　　んだった.）

※例は全て A のプロトコルのもの.（　）内はライティング後の内省報告から判明した思考内
容.

English as a Lingua Franca:
A New Window to English Language Teaching[*]

Takayuki Minami
Wasedasaga Junior and Senior High School

1. Introduction

It is now an acknowledged fact that English is the most-widely-used language in the world in terms of the use of domain and geography and that non-native speakers of English (NNS) far outnumber native speakers of English (NS). With English, people are able to share ideas beyond national boundaries and lingua-cultural differences. In this sense, English functions as a common language, or as a lingua franca (ELF).

This reality, nevertheless, appears to be sparsely reflected in the practice of English classes: "there is a blatant mismatch between the purpose for which English is most learnt in the world, namely ELF use, and what is focused on in S[econd] L[anguage] A[quisition]" (Seidlhofer (2011: 11)). It will be argued in this paper, based on Minami (2012), that incorporating an ELF perspective in English lessons will help bridge this gap and lead to a better understanding of the language and a better implementation of English pedagogy.

2. English as a Lingua Franca (ELF)

This section will look at fundamental features of ELF. Our aim is not to give a comprehensive description on ELF (see Seidlhofer (2011)), but to outline several aspects of ELF, which will be important when we consider

---

[*] I would like to thank Benoit Forgues, who kindly suggested stylistic improvements in this paper. All remaining errors and inadequacies are my own.

pedagogical issues in the following section.

2.1. What is ELF?

The term "ELF" is understood as "a means of communication in English between speakers who have different first languages" (Jenkins (2009: 41)). While ELF interactions include both NSs and NNSs, it needs to be stressed that NSs do not serve as linguistic models and NNSs are not expected to conform to NS norms (*ibid*). That is, NSs' expected roles in ELF are totally different from those in the context of English as a foreign language, as "a lingua franca offers no necessary linguistic advantages to any speaker" (Kirkpatrick (2011: 213)). Accordingly, in ELF communication, each participant is given an equal responsibility for establishing mutual understanding.

2.2. Features of ELF

ELF communication is often characterized as "consensus-oriented, cooperative and mutually supportive" (Seidlhofer (2001: 143)). Recent research has revealed several communication strategies commonly used by ELF speakers. For instance, ELF speakers use "repetition," "paraphrase/reformulation," and "request for clarification" quite frequently (Kaur (2010)). Furthermore, ELF participants sometimes "ignore" part of utterances when they face incomprehensible expressions on the assumption that the unknown meaning will become "clear or redundant as talk progresses" (Firth (1996: 243)). The participants do not pay much attention to utterances which do not seem to have significance in the context. ELF speakers also incorporate unconventional usages into their own usage (Firth (1996: 246)). This ability to accommodate their language use in accordance with the situational and communicative needs is found to be quite meaningful in ELF communication "to promote intelligibility" and "to signal solidarity" (Jenkins (2009: 48)).

Each of these communication strategies results from the participants' attempt to increase the likelihood of reaching shared understanding. It should be pointed out that they are not exclusive to ELF speakers; they are simply more conspicuous in ELF communication (Kaur (2010: 205)), and these communication strategies play a more crucial role in ELF, where the priority is placed on success in communication.

2.3. Deviations or Manipulations?

While ELF communication is sometimes regarded as full of *mistakes* just because it is *different* from NS English, studies on ELF communication show that a *mistake* is not necessarily a mistake in ELF as long as it does not hinder success in communication, and that success in ELF communication depends less on a form of language (Canagarajah (2007: 929)). This will lead us to state that sticking to NS norms in ELF communication does not always guarantee success, or may sometimes lead to communication problems. Thus, competence in English as a native language is qualitatively different from that of English as a lingua franca. Jenkins (2009: 47) argues that "proficient ELF speakers are very skilled users of English," who are able "to exploit the English language in more flexible and resourceful ways," not simply conforming to NS English. In a sense, what has been regarded as "deviations" in the face of NS standards should be seen as "manipulations" of their linguistic resources in ELF communication.

3. Viewing English Language Teaching from an ELF Perspective

Given that most speakers of English in the world use it as a lingua franca and that most learners of English are more likely to be involved in ELF communications, it is unreasonable for English classes to make no account of it. However, this reality has been reflected in neither English language teaching theory nor practice. In this sense, there is a discrepancy between what learners need and what they learn in classrooms (Seidlhofer (2011: 11)).

3.1. Adhering to NS Norms in Classroom

It has been customary to consider NS English a pedagogical model for NNSs. One of the reasons for this is its prestige: Ministries of Education in the world assume that an NS model is "the best" for learners (Kirkpatrick (2007: 185)). Accordingly, its legitimacy has rarely been questioned. It is

English as a Lingua Franca: A New Window to English Language Teaching   423

true that we cannot deny the significance of NS English when NNSs learn English. For example, NS English has been well codified, and its grammar and teaching materials are readily available in many countries (Kirkpatrick (2007)). Furthermore, knowledge based on NS English can actually facilitate mutual understanding, serving as a common ground to which speakers from different backgrounds make accommodations. After all, what is expected for English language teaching is to equip learners with a foundation of conducting successful communication, most of which is undoubtedly composed of NS English.

In the face of global spread of English, however, sticking to NS norms in classrooms seems to bear at least three detrimental effects in nurturing learners' readiness and willingness to communicate. One of the drawbacks is that it may embed a sense of inferiority in learners' as well as teachers' minds. Since its ultimate goal is to acquire "near-native competence" (Jenkins (2006: 139)), an NS model focuses on the closeness to NSs rather than intelligibility, or assimilation rather than communication. That is, it is concerned with reducing the influence of one's first language. Such an approach, however, would exacerbate learners' "inferiority complex" (Seidlhofer (2011: 59)). Miura (2000: 23) points out that language learning should not be "a subtraction" which leads to the loss of a mother tongue; it should be "an addition." If learners lose something important at the cost of learning English, that would be meaningless.

In addition, persisting in an NS model could lead learners to misunderstand that native-like competence would always guarantee success in communication. In fact, as Kubota (2001: 61) argues, "communication is always a two-way street," in which every participant, whether NSs or NNSs, needs to make an effort to establish mutual understanding. If language teaching ignores this innate element of communication, NNSs will never be free from the curse that any breakdown in communication is their fault—their lack of proficiency, which is not the case. As Canagarajah (2007: 929) states, "an error occurs when someone fails to ascribe meaning to a linguistic form used by another."

Another negative effect of learning in an NS English structure is that it can bring about linguistic prejudice. Provided that learners are exposed only

424   VI. 英語教育

to American English, for example, they might assume that it is the only and best English to learn. As a consequence, whenever they face a variety of Englishes "different" from American English, they might be inclined to express intolerance, derision, and denigration, even before establishing mutual understanding. It is counter-productive if learning English encourages learners to be biased and narrow-minded to linguistic and cultural diversity. Instead, English language teaching should capitalize on the richness this diversity has to offer.

3.2. Incorporating an ELF Perspective into English Language Teaching

It would not be incorrect to argue that few NNS English teachers, if any, have contemplated concomitant disadvantages of sticking to NS English as a pedagogical model. English teachers in the world should be aware of the fact that NS English is just one aspect of English in the world, and that most NNSs learn English not to assimilate themselves with NSs, but to communicate with people in many parts of the world. We can no longer be blind to this discrepancy.

From now on, the focus of English language teaching should be shifted toward success in cross-cultural communication. English language teaching is sure to be enriched if it embraces an ELF perspective in terms of its theory and practice. One of the most practical examples is "a *lingua franca* approach," proposed by Kirkpatrick (2007: 193). It largely focuses on how ELF speakers achieve mutual understanding in cross-cultural communication. It needs to be understood with caution that a lingua franca approach does not presume learning or teaching ELF as a pedagogical model, for it is impossible to describe ELF as a static entity. It does not attempt to make a fundamental shift from traditional English language teaching, but to reflect the reality of current English use in its pedagogy.

It could be conceivable that incorporating an ELF perspective into English language teaching will compensate for the disadvantages of holding on to an NS model mentioned earlier. For example, if learners realize that their socio-linguistic background can facilitate successful ELF communication, they will be confident in their own English rather than feeling a sense of inferior-

English as a Lingua Franca: A New Window to English Language Teaching   425

ity and will feel a lot easier using English. Additionally, instead of owing "a one-way communicative burden" (Kubota (2001: 47)), they will get adapted in diverse communicative contexts with the understanding that reaching mutual understanding always requires efforts of each participant. They will also be more tolerant and less prejudiced to different varieties, which will develop "a readiness" to engage with different people (Canagarajah (2007: 936)).

If learners of English hope to cope with the unpredictability of ELF communication, it is important for them to develop not only grammatical competence but also "language awareness" and "strategic competence" (Canagarajah (2007: 936)). It would be admirable that learners spend more time in developing these aspects in classrooms. To this end, teachers should provide learners with opportunities to be exposed to a variety of English and ELF communications, not solely to NS English. Although NNSs have been obsessed with the idea that deviation from NS English always ends up in failure in communication, through these learning experiences, they will realize how far ELF speakers "divert" from NS English while maintaining mutual understanding. This will also help increase learners' confidence in using English and raise their awareness of the importance of communication strategies. Thus, English language teaching with an ELF perspective, which puts its emphasis more on successful communication than on correctness, could offer a new insight into teaching English in this age of globalization.

4. Conclusion

In an attempt to improve English language teaching, there have been several changes in its approach; for instance, we have seen a shift from a "grammar-translation" to "communicative" or "task-based" approach. These changes have been brought about by a number of different social changes. Taking the current use of English on a global scale into consideration, it is time to implement an ELF perspective in classrooms. Given that the aim of English language teaching is to help learners prepare for successful cross-cultural communication, teachers should equip learners with a broader and more up-to-date view of the language, along with its basic structure and vocabulary. In order to keep up with the rapid changes in this world, English teachers have to see English from a different viewpoint, as how they see the language has an enormous impact on how their students view it as well. Students' perspective on English should not be restricted due to teachers' conveniences. Just as learners of English have benefitted from learning differences between American and British English, concepts of ELF are sure to be advantageous for them. An ELF perspective can open a new window which has been closed for too long now by an outdated NS model, and it can lead to better English pedagogy.

References

Canagarajah, Suresh (2007) "Lingua Franca English, Multilingual Communities, and Language Acquisition," *The Modern Language Journal* 91, 923-939.

Firth, Alan (1996) "The Discursive Accomplishment of Normality: On 'Lingua Franca' English and Conversation Analysis," *Journal of Pragmatics* 26, 237-259.

Jenkins, Jennifer (2006) "Points of View and Blind Spots: ELF and SLA," *International Journal of Applied Linguistics* 16(2), 137-162.

Jenkins, Jennifer (2009) "Exploring Attitudes towards English as a Lingua Franca in the East Asian Context," *Global Englishes in Asian Contexts: Current and Future Debates*, ed. by Kumiko Murata and Jennifer Jenkins, 40-56, Basingstoke, Palgrave Macmillan.

Kaur, Jagdish (2010) "Achieving Mutual Understanding in World Englishes," *World Englishes* 29(2), 192-208.

Kirkpatrick, Andy (2007) *World Englishes*, Cambridge University Press, Cambridge.

Kirkpatrick, Andy (2011) "English as an Asian Lingua Franca and the Multilingual Model of ELT," *Language Teaching* 44(2), 212-224.

Kubota, Ryuko (2001) "Teaching World Englishes to Native Speakers of English in the USA," *World Englishes* 20(1), 47-64.

Minami, Takayuki (2012) *English as a Lingua Franca in Asian Contexts: How Do Japanese People Make Use of Their Multilingual/cultural Resources in ELF Communication?*, unpublished ME thesis, Kumamoto University.

Miura, Nobutaka. (2000). "Shokuminchijidai to Posuto Shokuminchijidai no Gengoshihai (Linguistic Imperialism in the Colonial age and the Post-colonial Age)," *Gengoteikokushugi towa Nanika* (What Is Linguistic Imperialism?), ed. by Nobutaka Miura and Keisuke Kasuya, 6-24, Fujiwara Shoten, Tokyo.

Seidlhofer, Barbara (2001) "Closing a Conceptual Gap: The Case for a Description of English as a Lingua Franca," *International Journal of Applied Linguistics* 11(2), 133–158.

Seidlhofer, Barbara (2011) *Understanding English as a Lingua Franca*, Oxford University Press, Oxford.

執筆者一覧

(論文掲載順)

大室剛志	名古屋大学大学院人文学研究科
上田　功	大阪大学大学院言語文化研究科
斎藤弘子	東京外国語大学大学院総合国際学研究院
越水雄二	同志社大学社会学部
阿部幸一	愛知工業大学基礎教育センター
一瀬陽子	福岡大学人文学部
團迫雅彦	九州大学大学院人文科学研究院
木戸康人	神戸大学・コネチカット大学・日本学術振興会
樗木勇作	愛知淑徳大学文学部
加藤正治	大阪大学大学院文学研究科
鈴木憲夫	元神戸親和女子大学文学部
西岡宣明	九州大学大学院人文科学研究院
福田　稔	宮崎公立大学人文学部
太田　聡	山口大学人文学部
小野浩司	佐賀大学教育学部
高橋勝忠	京都女子大学文学部
山田英二	福岡大学人文学部
大竹芳夫	新潟大学人文社会・教育科学系
大橋　浩	九州大学基幹教育院
緒方隆文	筑紫女学園大学文学部
木原美樹子	中村学園大学教育学部
小深田祐子	熊本学園大学商学部
長谷信夫	広島修道大学健康科学部
濱崎孔一廊	鹿児島大学教育学部
村尾治彦	熊本県立大学文学部
八幡成人	島根県立松江北高等学校

執筆者一覧

荻野蔵平	熊本大学大学院人文社会科学研究部
堀畑正臣	熊本大学教育学部
光永武志	熊本高等専門学校共通教育科

馬本　勉	県立広島大学生命環境学部
折田　充	熊本大学文学部
村里泰昭	熊本大学大学教育統括管理運営機構
小林　景	慶應義塾大学理工学部
神本忠光	熊本学園大学外国語学部
吉井　誠	熊本県立大学文学部
Richard Lavin	熊本県立大学文学部
相澤一美	東京電機大学工学部
島谷　浩	熊本大学教育学部
法月　健	静岡産業大学情報学部
伊藤彰浩	西南学院大学文学部
末永広大	熊本信愛女学院高校
鈴木田優衣	Birkbeck, University of London 博士課程
津江親博	熊本県水俣市立袋中学校
長嶺寿宣	熊本大学教育学部
縄田義直	航空大学校
橋本美喜男	大分大学教育学部
原田尚孝	熊本市立武蔵中学校
松瀬憲司	熊本大学教育学部
松永志野	熊本県立翔陽高等学校
南　貴之	早稲田佐賀中学校・高等学校

ことばを編む

ISBN978-4-7589-2255-5　C3080

編　者	西岡宣明・福田　稔・松瀬憲司
	長谷信夫・緒方隆文・橋本美喜男
発行者	武村哲司
印刷所	日之出印刷株式会社

2018 年 2 月 26 日　第 1 版第 1 刷発行©

発行所	株式会社　開 拓 社	〒113-0023　東京都文京区向丘 1-5-2 電話　（03）5842-8900（代表） 振替　00160-8-39587 http://www.kaitakusha.co.jp

JCOPY ＜出版者著作権管理機構 委託出版物＞

本書の無断複製は，著作権法上での例外を除き禁じられています．複製される場合は，そのつど事前に，出版者著作権管理機構（電話 03-3513-6969，FAX 03-3513-6979，e-mail: info@jcopy.or.jp）の許諾を得てください．